Michaela Glöckler
ELTERNFRAGEN HEUTE

Meiner lieben Mutter, Gisela von Kügelgen,
sowie den Freunden Wolfgang Dessecker
und Hans Berlin
in Dankbarkeit gewidmet.

Michaela Glöckler

ELTERNFRAGEN HEUTE

Erziehung aus Verantwortung

Suche nach Identität
Umgang mit Konflikten
Sexualität, Sinnesschulung
Suchtverhalten – Erziehung
Geistige Gesundheit
Partnerschaft und Freiheit

Urachhaus

SPRECHSTUNDE
Ratgeber für die Praxis

Zur Autorin

Dr. med. Michaela Glöckler, geb. 1946 in Stuttgart. Besuch der Freien Waldorf-schule bis zum Abitur. Studium der Germanistik und Geschichte in Freiburg und Heidelberg. Zahlreiche Praktika an Waldorfschulen während der Semesterferien. 1971 Staatsexamen für das Lehramt an Unter- und Mittelstufen der Gymnasien. 1972 bis 1978 Studium der Medizin in Tübingen und Marburg. Weiterbildung zur Kinderärztin am Gemeinschaftskrankenhaus in Herdecke und an der Universitätskinderklinik in Bochum. Bis 1988 Mitarbeit in der Kinderambulanz am Gemeinschaftskrankenhaus in Herdecke und schulärztliche Tätigkeit an der Ru-dolf-Steiner-Schule in Witten. Seit Ostern 1988 Leitung der Medizinischen Sektion am Goetheanum, Freie Hochschule für Geisteswissenschaften in Dornach/Schweiz.

Die Deutsche Bibliothek – CIP-Einheitsaufnahme

Glöckler, Michaela:

Elternfragen heute : Erziehung aus Verantwortung ;
Suche nach Identität, Umgang mit Konflikten, Sexualität,
Sinnesschulung, Suchtverhalten-Erziehung, geistige Gesundheit,
Partnerschaft und Freiheit / Michaela Glöckler. –
Stuttgart : Urachhaus, 1995

 ISBN 3-87838-940-x

ISBN 3-87838-940-x

2. Auflage 1995

© 1992 Verlag Urachhaus GmbH, Stuttgart.
Umschlaggestaltung: Rudolf P. Gorbach, Gauting-Buchendorf.
Fotos: Gruner+Jahr Fotoservice. Foto: Bokelberg (links).
Anthony Verlag. Foto: van der Kallen (rechts).
Interfoto Pressebild Agentur (oben).
Satz: Offizin Chr. Scheufele, Stuttgart.
Druck und Bindung: Franz Spiegel Buch GmbH, Ulm.

Inhalt

Vorwort

Seit dem Erscheinen der »Elternsprechstunde« im Herbst 1989 ist die Elternarbeit am Gemeinschaftskrankenhaus in Herdecke unvermindert weitergegangen. Die Fragestellungen haben sich jedoch deutlich verändert. Die bedrückende Situation des Golfkrieges, der Zusammenbruch des eisernen Vorhangs, die aufflammenden Ressentiments zwischen ethnischen Minderheiten und Mehrheiten haben insbesondere solche Fragen angeregt, die nach den Bedingungen des Friedens hinzielen. Dabei wurde deutlich, daß Not, Streit und Krieg draußen auch als Projektionen aufgefaßt werden können von seelischer Not, Uneinigkeit mit sich selbst und einem Mangel an innerem Frieden. Die Suche nach Anhaltspunkten für die Selbsterziehung, nach neuen Wert- und Zielvorstellungen für die eigene Entwicklung stand im Vordergrund. Insbesondere war die Frage: Wie kann eine Suche zugleich auch der Weg sein, die chaotischen sozialen und politischen Verhältnisse mit mehr Verständnis zu begleiten und, wo möglich, auch positiv zu beeinflussen? Diese Suche zog sich wie ein roter Faden durch die gemeinsame Arbeit hindurch. Sie ist es aber auch, die mich motiviert hat, die Vorträge und Gesprächsbeiträge für den Druck zu bearbeiten und damit einem größeren Menschenkreis zugänglich zu machen. Hinzu kam die Erfahrung, wie anregend und hilfreich sich die Forschungsergebnisse aus der anthroposophischen Geisteswissenschaft Rudolf Steiners bei der Bearbeitung der »Elternfragen heute« erwiesen haben. Dennoch wäre dieses Buch nicht zustande gekommen, wenn nicht einige Eltern selbst die Vorarbeiten dazu geleistet hätten.

So gilt mein herzlichster Dank wieder der Elterngruppe der Patienteninitiative Herdecke, die nicht nur die regelmäßige Durchführung der Elternabende am Gemeinschaftskrankenhaus besorgt, sondern auch die Tonbandaufzeichnungen und das Erstellen der Manuskripte. Frau Wiltrud Deggim hat die umfangreichen Schreibarbeiten neben Familie und Beruf übernommen und Frau Barbara Mey die mühevolle Bearbeitung der Rohmanuskripte.

Der Lektorin Frau Roswitha von dem Borne im Verlag Urachhaus danke ich sehr herzlich für die konstruktive redaktionelle Mithilfe. Ebenso gilt mein Dank Frau Gisela Goebel für ihr kritisches Mitdenken und Frau Gudrun Hettich für die liebevolle Durchführung der gesamten Schreibarbeiten bis zur Drucklegung.

Arlesheim, im September 1992   Michaela Glöckler

Kinderwunsch in unserer Zeit –
Fragen an das Schicksal

An ein Kind

Schnee fiel auf das Haus deiner Mutter,
Sie wußte noch nichts von dir,
Noch nicht, mit welchen Augen
Du blicken würdest auf sie.
Sie ging durch den Tag oft so bang,
Als ob ihr ein Leid von dir drohte,
Und hielt ihre schwachen Hände
Doch schützend über dein Blut.
Wie Wettermorgen die Sonne
Trug sie dein Los aus dem Dunkel.
Du warst noch nicht auf Erden
Und doch schon überall da.

HANS CAROSSA

Liebe

Die umfassende Liebe, die alle menschlichen Daseinsebenen einschließt, ist ein Ideal, das zwar in jedem Menschen irgendwie lebt,
dessen – auch nur teilweise – Verwirklichung aber nur wenigen
gelingt. Niemals ist jedoch der einzelne so begünstigt gewesen,
diese Erfahrung zu machen, wie in der Gegenwart. Das Zusammenleben der Geschlechter wird immer weniger, wie noch in vergangenen Jahrhunderten, durch soziale Bindungen wie bestimmte Fami-
liensitten, religiöse Gebräuche, Standesbewußtsein oder politische
Motive gelenkt und beeinflußt. Früher wurden die meisten Ehen
nicht aufgrund einer persönlichen Liebesbeziehung eingegangen,

13

sondern aus politischen oder sozialen Gründen, oder aber durch die Entscheidung der Eltern. Da war für die Frau der Kinderwunsch und das Glück, Kinder zu haben, von ihnen gebraucht und geliebt zu werden und sie aufzuziehen, der Ausgleich für den oft erlebten persönlichen Liebesmangel in der Ehe. Heute haben wir allgemein das Ideal der Liebesheirat. Die persönliche Beziehung und Bindung steht im Mittelpunkt des Interesses. Damit ist die Ehe zu etwas geworden, das jeder einzelne ausschließlich als seine private Sphäre erlebt und auch so betrachtet wissen möchte. So ist auch die Empfängnisverhütung zu einer weithin empfohlenen und anerkannten Maßnahme geworden, den Kinderwunsch so weit als möglich zu regeln. Dies entspricht dem persönlichen Entscheid der Menschen, zwischen der Liebe zum Partner und der Hinwendung zu einem unbekannten Dritten – dem Kind – deutlich trennen zu wollen. Damit ist jedoch zugleich auch etwas geschehen, das zu einer Vielzahl neuer Probleme Anlaß gegeben hat und Anlaß gibt. Denn jetzt können auch gegenseitige Ansprüche auf sexueller Ebene gestellt werden, wie das früher in dieser Form nicht möglich war. Auch hat es dazu geführt, daß unter Liebe vielfach nur noch die Sexualität, das heißt die körperliche Beziehung zwischen den Menschen, verstanden wird. Die seelische und geistige Dimension der Liebe wird oft nicht mehr erlebt und gesucht. Damit schwindet aber auch der Altruismus aus der Liebe, das heißt die Möglichkeit, den anderen um seiner selbst willen zu lieben und nicht nur deshalb, weil man ihn braucht oder etwas von ihm hat. Es fällt aber auch der Gedanke schwer, den Kinderwunsch nicht nur als persönliche Angelegenheit der Partner anzusehen und die Intentionen der Ungeborenen in die eigenen Überlegungen miteinzubeziehen. Davon zeugt die heute weltweit betriebene Abtreibung bzw. der Abbruch einer ungewollten Schwangerschaft. Pro tausend Geburten werden – je nach Land verschieden – etwa hundert bis vierhundert Frühschwangerschaften abgebrochen. Wissen wir, was wir mit dieser Vorgehensweise den ungeborenen Menschenwesen antun? Vernachlässigen wir sie bei unseren Überlegungen, weil wir so wenig Sicheres von ihnen wissen? Die Frage nach dem Kinderwunsch in unserer Zeit ist brennend geworden. Sie ist nicht nur eine Frage an uns und unsere Bereitschaft, Kinder aufzunehmen, sondern auch eine Frage an die Welt der Ungeborenen und unsere Verantwortung ihnen gegenüber.

Empfängnisverhütung angesichts der Ungeborenen

Wer der Meinung ist, daß das körperliche, seelische und geistige Leben des Menschen mit der Befruchtung beginnt und daß es keine vorgeburtliche Existenz des Menschen gibt, für den ist die Empfängnisverhütung erst dann ein Problem, wenn dadurch befruchtete Eizellen zerstört werden. Dies trifft bekanntlich nur für die »Pille danach« zu oder aber für mechanische Empfängnisverhütungsmittel wie beispielsweise die Spirale, wobei es zur Befruchtung kommt und die befruchtete Eizelle dann an ihrer Einnistung in die Uterusschleimhaut gehindert wird. Nimmt man jedoch die geisteswissenschaftliche Betrachtung des Lebens ernst und rechnet dementsprechend mit der vorgeburtlichen Existenz der Kinder, so sieht die Frage nach der Empfängnisverhütung anders aus. Dann muß von vornherein mit der möglichen Ankunft eines Kindes gerechnet werden. Wie kann nun das Kind in die Überlegungen der Eltern miteinbezogen werden?

Da gibt es verschiedene Möglichkeiten:

– Wenn Kinderwunsch besteht, kann sich das Ungeborene beim häufigen Zusammenkommen der Eltern den für es passenden Konzeptionstermin wählen.
– Besteht kein Kinderwunsch und werden empfängnisverhütende Maßnahmen ergriffen, so können die Partner dennoch offenbleiben für Signale aus der Welt der Ungeborenen. Es kann sein, daß

die Frau (bisweilen auch der Mann) die Anwesenheit eines Kindes empfindet, von ihm wiederholt in derselben Art träumt oder aber während des Tages immer wieder recht unvermittelt daran denken muß, wie es wäre, wenn doch ein Kind käme. Läßt sich eine Erfahrung dieser Art mit dem Partner besprechen und finden sich beide bereit, so kommt es meist kurz darauf zur Konzeption. Sind die Ungeborenen doch nicht unbeteiligt beim Zusammenkommen der von ihnen gesuchten Eltern.* Wird jedoch die Anwesenheit eines Ungeborenen nicht erlebt, so können beide relativ sicher sein, daß auf Seiten der Ungeborenen kein dringender »Elternwunsch« besteht.

– Wo Paare freiwillige sexuelle Enthaltsamkeit üben bzw. es beim sexuellen Umgang miteinander nicht zu einer möglichen Empfängnis kommen lassen, wird ähnliches beschrieben. Meist kommt es dann nicht zum Anwesenheitserlebnis eines Kindes. Bisweilen kann dies jedoch ebenfalls auftreten und die Partner veranlassen, ihre Entscheidung nochmals zu überdenken. Finden sie sich dann zu einer Empfängnis bereit, so tritt diese in der Regel rasch ein. Geschieht dies nicht, so schwindet früher oder später auch das Empfinden, daß sich ein Ungeborenes in ihrer unmittelbaren seelischen Nähe aufhält.

Wer mit dem Wissen um die Ungeborenen lebt, wird sensibler für Eindrücke, die aus ihrer Welt kommen. Eine Mutter hat mir einmal erzählt, wie sie zwei Jahre lang darum gerungen hätte, ihren Mann zu einer Empfängnis zu bewegen und wie ihr das Kind keine Ruhe gelassen habe, bis er einverstanden gewesen sei. Daraufhin sei sie dann sehr rasch schwanger geworden. Auch gibt es Frauen, die beispielsweise nach dem dritten Kind sagen: So, jetzt möchte ich keine Kinder mehr, und die dann von dem vierten Kind eines Besseren belehrt werden. Nach Jahren kann es eben doch sein, daß dieses vierte Kind sich so deutlich bemerkbar macht, daß die Mutter die

---

* Vgl. Max Hoffmeister, »Die übersinnliche Vorbereitung der Inkarnation«, Basel 1979.

eben begonnene berufliche Tätigkeit wieder aufgibt und bereit ist, das Kind zu empfangen. Natürlich kann es auch so sein, daß sie bei ihrem Entschluß bleibt, nach drei Kindern das familiäre Leben zu begrenzen, und dann kann es geschehen, daß das sich Kind noch eine Zeitlang bemerkbar macht, nach einer bestimmten Zeit jedoch damit aufhört. Augenscheinlich hat es eine andere Verkörperungsmöglichkeit gefunden. Entsprechendes wird auch von Frauen berichtet, die eine Abtreibung hinter sich haben. Es kann vorkommen, daß sie noch jahrelang nach diesem Eingriff den Kontakt zu dem Kind behalten, das sich bei ihnen verkörpern wollte, dem gegenüber sie sich aber versagt haben. Das kann zu einer starken seelischen Belastung für die betroffene Frau werden. Es kann aber auch nur ganz vorübergehend sein oder aber von der Mutter gar nicht bemerkt werden. In dem Buch »Gespräche mit Ungeborenen«* sind eine Vielzahl von Begebenheiten dieser Art dokumentiert.

Viele Kinder fragen auch in einem bestimmten Alter ihre Eltern etwa so: »Woher hast du denn gewußt, daß ich das bin, der zu dir kommen wollte?« Oder aber sie sagen: »Wie froh bin ich, daß du meine Mutter oder daß ihr meine Mama und Papa seid.« Oft wissen die Erwachsenen nicht, wie sie mit solchen kindlichen Äußerungen umgehen sollen. Kinder sind jedenfalls immer tief befriedigt, wenn die Eltern berichten können, daß sie beispielsweise schon vor der Geburt gewußt hätten, ob es ein Mädchen oder ein Junge ist, oder daß sie den Namen schon vorher geträumt hätten oder sogar schon vor der Empfängnis gewußt hätten, daß da ein Kind zu ihnen kommen möchte.

---

* Dietrich Bauer/Max Hoffmeister/Hartmut Görg, »Gespräche mit Ungeborenen. Kinder kündigen sich an«, Stuttgart 1991³.

Schicksal und menschliche Beziehung

Kinderwunsch und Elternwunsch treffen keineswegs immer positiv aufeinander. Empfängnisverhütende Maßnahmen oder schwierige soziale Umstände können den Elternwunsch eines ungeborenen Kindes zunichte machen. Umgekehrt kann aber auch bei einem Paar der dringende Kinderwunsch bestehen, ohne daß von seiten der Ungeborenen der Wunsch nach diesem Elternpaar vorhanden ist. Bereits hier tut sich die ganze Fülle der Möglichkeiten für das Zustandekommen oder Nichtzustandekommen menschlicher Beziehungen auf, für das Eingehen einer schicksalhaften Bindung oder für das Verweigern einer solchen.

Wie gestaltet sich Schicksal unter den Menschen? Was passiert denn eigentlich, wenn ich mich beispielsweise um einen Studienplatz für Medizin in Tübingen bewerbe und statt dessen einen in Marburg bekomme, wo ich gar nicht hinwollte? Ob das jetzt der ideale Platz für mich ist, ist eine offene Frage. Sicher ist jedoch, daß ich viel dazu beitragen kann, daß es der richtige Platz für mich *wird*. Diese beiden Komponenten sind immer im Schicksal vorhanden: Eine Konstellation, die scheinbar ganz ohne mein Zutun zustande kommt, und dann alles dasjenige, was ich aus dieser Konstellation zu machen in der Lage bin. Rudolf Steiners bahnbrechende Forschungen auf dem Gebiete der Schicksalserkenntnis und der wiederholten Erdenleben sind noch wenig verstanden und aufgegriffen worden.* Auch in der psychologischen Beratung und der Biographiearbeit stehen wir damit noch sehr am Anfang.

Konkrete Schicksalsbetrachtung ist schwer. Was bedeutet es für ein ungeborenes Kind, wenn es erwünscht ist oder nicht, oder wenn mit allen Mitteln verhindert wird, daß es sich verkörpert? Das wirkt sich nicht nur für das Kind, sondern auch für die betroffenen Eltern aus. Es wirkt schicksalsbildend und hat Konsequenzen. Kürzlich

---

* Vgl. Rudolf Steiner, »Esoterische Betrachtungen karmischer Zusammenhänge«, Bd. 1–6, GA 235–240.

wurde ich gefragt, ob ich Material darüber hätte, welche Entwicklung ungewollte Kinder durchmachen; ob sie beispielsweise irgendwelche gemeinsamen Merkmale in ihrer Persönlichkeitsstruktur haben. Da konnte ich nur antworten, daß ich diesbezüglich keine Untersuchungen kenne, denn alles hängt letztlich davon ab, in welcher Weise sich Mutter, Vater und auch das Kind mit der Situation auseinandersetzen. Auch wenn das Kind zunächst ungewollt war, kann es durch einen entsprechenden Entschluß der Eltern akzeptiert und zum geliebten Kind werden. Auch kann es sich durchaus die Zuneigung seiner Eltern erwerben, sobald es da ist. Umgekehrt kann ein anderes Kind dringend erwünscht gewesen sein und sich später mit seinen Eltern überhaupt nicht vertragen. Was sich als Liebe unter den Menschen entwickelt, ist nicht zuletzt auch Ergebnis von Arbeit – Arbeit am Zustandekommen, an der Intensivierung, an der Erfüllung einer menschlichen Beziehung.

Die Frage nach der Wiederverkörperung ist untrennbar verbunden mit dieser Arbeits- und Schicksalsfrage. So wenig sich das Entwicklungsziel des Menschen, »durch Erkenntnis der Wahrheit zur Freiheit zu gelangen« – wie dies im Johannes-Evangelium prophezeit ist – in einem Erdenleben verwirklichen läßt, so läßt sich auch in einem Erdenleben nicht ausgleichen, was die Menschen einander antun. Nehmen wir den drastischsten Fall: Ein Mensch ermordet einen anderen. Ohne Reinkarnation könnte diese Tat nie einen Ausgleich finden. Sie könnte höchstens von Gott als reiner Gnadenakt am Jüngsten Tage vergeben werden, ohne daß man selbst irgend etwas an seiner Schuld hätte wandeln können. Das Ideal von der Würde des Menschen ruht jedoch auf seiner Befähigung zur persönlichen Mitverantwortung für die eigene Schicksalsgestaltung. Es braucht die Möglichkeit, daß ein Irrtum entdeckt, eine Schuld erkannt, eine Untat vergeben werden kann. Es bedarf auch der Annahme und Verwandlung von Schuld durch Taten der Liebe. Sonst bliebe der Gedanke von Freiheit und Würde des Menschen eine leere Idee, ohne Möglichkeit der Verwirklichung.

Es ist sicher kein Zufall, daß die Freiheit, die sich heute im Umgang mit der Sexualität und der Empfängnisverhütung auftut, mit einem ersten Aufdämmern der Einsicht in die wiederholten Erdenleben und in die Gesetzmäßigkeiten der Schicksalsbildung und -gestaltung zusammenfällt. Wer tut wem weh? Wer vertraut auf wen? Wer sucht wen? Wer verläßt wen? Wer findet wen? Was verdanken wir uns gegenseitig?

Wie blicken wir hin auf die Vielfalt oft tragischer Schicksalsverkettungen? Sehen wir die Aufgaben und Möglichkeiten zur Entwicklung, die neben aller Tragik auch darin verborgen liegen und Anlaß werden können für eine immer bewußtere Gestaltung der menschlichen Beziehungen? Sind wir uns darüber klar, welche Motive tatsächlich hinter unseren Handlungen stehen? Weiß ich wirklich, warum ich Familienplanung mache? Geschieht es, weil ich dies persönlich will, oder tue ich es meinem Partner zuliebe und will es eigentlich nicht? Warum können wir nicht immer ehrlich miteinander sein auf diesem Gebiet? Sind wir *beide* mit der Form unserer Empfängnisverhütung zufrieden? Oder ordnet sich hier einer stillschweigend dem anderen unter?

Andererseits: Welche Motive stehen hinter dem Kinderwunsch? Möchte ich das Kind für mich haben, damit mein Leben einen Sinn hat? Möchten wir das Kind haben, damit unsere Ehe einen Sinn hat? Möchten wir das Kind haben, einfach weil das doch dazugehört? Freuen wir uns auf das Kind, einfach um seiner selbst willen? All diese verschiedenen Nuancen, die in unseren Motiven mitschwingen, wirken sich selbstverständlich aus auf die Schicksalsgestaltung. Das Kind fühlt sich anders in einer Familie, in der es erwünscht ist oder nicht, in der es bestimmten Erwartungen entsprechen muß oder so angenommen wird, wie es nun einmal ist.

Fragen zum Thema

Frage: Gibt es eine seelisch-geistige Methode der Empfängnisverhütung?

Antwort: Ja – es ist dies die älteste Methode. Sie beruht auf sexueller Enthaltsamkeit bzw. auf dem Verzicht auf das vollständige körperliche Zusammenkommen. Diese Methode ist nur durch seelischgeistige Disziplin möglich und setzt voraus, daß man die eigene Triebnatur beherrschen oder jedenfalls bestimmten Regeln unterwerfen lernt, mögen sie nun von außen übernommen oder aber selbstgewählt sein. Diese Methode setzt auch voraus, daß sich die Partner darüber ganz einig sind und daß der Verzicht auf den voll ausgelebten Geschlechtsverkehr ausgeglichen wird durch das seelische und geistige Kommunionserlebnis mit dem geliebten Menschen. Wer auf diese Weise mit einem anderen zusammenlebt, kann dennoch offenbleiben für den Elternwunsch eines Kindes, und wenn sich dieser als eindeutig erweist, die Entscheidung zur Empfängnisverhütung nochmals überdenken.

Andererseits kann die Lebenssituation so sein, daß dem Wunsch des Ungeborenen nicht entsprochen werden kann und daher auch keine Empfängnis herbeigeführt wird. In jedem Fall ist dieses Vorgehen die für alle Beteiligten freilassendste Art des Umgangs miteinander, auch wenn hier einem Kind eine eindeutige Absage gegeben wird. Erfahrungen aus Gesprächen mit kinderlosen Ehepaaren zeigen jedoch, daß Vorkommnisse dieser Art selten sind und daß Paare, die keinen Kinderwunsch haben und deshalb freiwillige Enthaltsamkeit üben, von den Ungeborenen nicht in der Weise umgeben sind wie solche Paare, die es immer wieder zur vollen Empfängnismöglichkeit kommen lassen. Bei der postkonzeptionellen mechanischen Empfängnisverhütung sowie bei der Pille danach wird – im Falle einer stattgehabten Konzeption – dem Kind die Lebensgrundlage wiederum entzogen, was für das Ungeborene schon deutlicher bemerkbar ist und unter Umständen Auswirkungen haben kann auf das weitere Schicksal der Beteiligten. Es ist jedoch wichtig zu wissen, daß die volle Vereinigung des ungeborenen Menschenwesens mit dem Embryo – gemäß den Forschungen Rudolf Steiners – erst ab dem 17. Tag geschieht. Je weiter die Schwangerschaft dann fortschreitet, um so schmerzlicher ist es, wenn ein Abbruch erfolgt.

Frage: Können sich Ungeborene auch mit Gewalt den Zugang zur Verkörperung verschaffen, zum Beispiel bei einer Vergewaltigung?

Antwort: Auch wenn es schwer ist, zu dieser Frage etwas allgemein Zutreffendes zu sagen, will ich doch andeuten, in welche Richtung ich hier denke. Zweifellos ist bei den Kindern der Verkörperungswunsch vorhanden – auch wenn der Empfängnisakt nicht freiwillig, sondern unter Gewaltanwendung vollzogen wird. Lernt man Kinder kennen, die aus einer Vergewaltigung hervorgegangen sind, so ist man immer wieder erstaunt, was das für prächtige, frohe, lebensbejahende Kinder sein können. Allerdings würde ich hier nie davon sprechen, daß sich diese Kinder gewaltsam auf die Erde drängen, sondern davon, daß eben auch durch Gewaltanwendung auf der Erde die Möglichkeit zur Empfängnis gegeben sein kann. Aus den geisteswissenschaftlichen Schilderungen Rudolf Steiners geht deutlich hervor, daß die Kinder sich in erster Linie bei der Wahl ihrer Eltern nach der Mutter orientieren. Denn in ihr findet die Empfängnis und die Reifung und Entwicklung statt. Dem Vater kommt in diesem Zusammenhang mehr eine anregende und nicht so sehr eine konstituierende Funktion zu. Daher kann die Frau auch im Falle einer Vergewaltigung immer davon ausgehen, daß das Kind zu ihr möchte, auch wenn sie mit dem Mann nichts zu tun hatte und auch nichts zu tun haben will.

Blickt man jedoch auf den Mann, der eine Frau vergewaltigt hat, wirft dies schwierige Fragen auf. Was mußte alles geschehen, damit der betreffende Mann zu einer derartigen Tat fähig geworden ist? Welche Erziehung hat er genossen, welche Probleme konnte er nicht bewältigen, daß er sich jetzt so wenig in der Hand hat? Auf jeden Fall ist durch dieses Ereignis zwischen den drei betroffenen Menschen eine Beziehung entstanden, an der auch in Zukunft weiterzuarbeiten sein wird. Welchen Sinn jedoch diese tragische Schicksalssituation im Hinblick auf die Zukunft hat, muß zunächst offenbleiben, auch wenn verschiedenes denkbar ist. Das Kind zumindest verdankt diesem Mann die Möglichkeit der Inkarnation zu diesem Zeitpunkt. Und was kann im Leben nicht alles davon abhängen, daß man genau in einem bestimmten Jahrgang, an einem bestimmten Ort, zusammen mit bestimmten Menschen dieses oder jenes erlebt, plant oder ausführt!

Will man derartig komplizierte und auch problematische Schicksalsverhältnisse genauer verstehen, so müssen viele Fragen gestellt werden, wobei immer auch das Risiko besteht, in spekulative Überlegungen hineinzukommen. Dennoch gehört es zu den Aufgaben, die heute zu leisten sind, daß auch in diese verworrenen Schicksalsverhältnisse Licht gebracht wird und die Menschen den Mut finden, Vorkommnisse dieser Art nicht nur zu verurteilen und sich davon zu distanzieren, sondern sie geistig und praktisch zu bewältigen, indem man diese Kinder liebt und aufzieht. Hier ist nicht nur die betroffene Mutter gefragt, sondern auch die soziale Gemeinschaft.

Frage: Verlieren die Kinder, die nicht bei den »vorgesehenen« Eltern geboren werden, ihren biographischen Faden?

Antwort: Der biographische Faden kann nur dann verlorengehen, wenn das Kind nicht den Anschluß an seine Schicksalsgenossen findet. Zu diesen gehören jedoch nicht nur Vater und Mutter, sondern auch Freunde und Lebensgefährten und Arbeitsgenossen. Rudolf Steiner berichtet durchaus von Einzelschicksalen, bei denen dieses aus bestimmten Gründen der Fall sein kann. Dann können bestimmte Schicksalszusammenhänge in einer Inkarnation nicht weiterbearbeitet werden.

Was jedoch Adoptivkinder anbetrifft, so kann gerade durch eine Adoption das Kind den eigentlich gesuchten Eltern begegnen, ebenso, wie es diesen durch die Adoption entrissen werden kann. Auf jeden Fall liegen hier komplizierte Schicksalszusammenhänge vor, die in jedem Einzelfall entsprechend der Gesamtsituation angeschaut und überdacht werden müssen.

Wird ein Adoptionsschicksal geistgemäß verarbeitet, kann dies zu besonders tragenden Lebenseinsichten führen: Es wird deutli-

cher empfunden, daß das Kind nicht seinen Eltern gehört, sondern
sein eigenes Schicksal mitbringt. Andererseits kann den Eltern eine
besondere Dankbarkeit von seiten des Kindes entgegenkommen,
das in dem Bewußtsein lebt, von den Adoptiveltern vollständig freiwillig aufgenommen worden und somit auf jeden Fall ein Wunsch-
kind zu sein.

Frage: Wie ist es mit der künstlichen Befruchtung?

Antwort: Auch diese Frage ist sehr vielschichtig. Schon der Vorgang der sogenannten Retortenbefruchtung spricht ja für sich. Die
Mutter bedarf zunächst einer hormonellen Vorbehandlung, es reifen mehr Eier als normalerweise heran, es werden auch einige dieser
Eier befruchtet – mehr als nachher Kinder geboren werden –, und
es kommt recht oft zur Anlage von Mehrlingsbildung, wenn sich
ein, zwei oder drei der so künstlich befruchteten Eier in die Uterusschleimhaut einnisten. Da ist schon zunächst zu fragen: Sind das
spezifisch menschliche Entwicklungsbedingungen, die hier herbeigeführt werden, oder entspricht die Verschmelzung von Ei und Sa-
menzelle im Wasser einer Petrischale nicht eher der Fortpflan-
zungsart, wie sie die Fische haben?

Das zweite ist das *Motiv* für die künstliche Befruchtung. Warum
muß es unbedingt das eigene leibliche Kind sein? Warum kann nicht
ein verlassenes Kind adoptiert werden?

Eins ist jedenfalls ganz sicher: Kein Mensch kann eine Frau zu
einer künstlichen Befruchtung zwingen. Hier liegt ein freiwilliger
Entschluß ihrerseits vor, diese Manipulation vornehmen zu lassen,
wodurch sie für sich und das werdende Kind etwas auf sich nimmt,
das selbstverständlich auch schicksalsmäßige Konsequenzen hat.
Daß es Kinder gibt, die eine außerhalb des Leibes zustande gekom-
mene Empfängnis für ihre eigene Entwicklung annehmen, mag von
einer geistigen Warte aus gesehen sicher verschiedene Gründe haben. Einer liegt jedoch sicherlich darin, daß angesichts der sehr hohen Zahl von Abtreibungen eine große Not bei den Ungeborenen

herrscht, überhaupt einen Leib zur Verkörperung zu finden, weswegen jede nur sich bietende Möglichkeit ergriffen wird, um den Anschluß an eine bestimmte Generation und an ein bestimmtes Erdenschicksal, welches man ersehnt, zu finden.

Selbstverständlich bedarf diese Frage gründlicher empirischer Untersuchung im Sinne von Beobachtungen und Verfolgen solcher Kinder, um hier genauere und zutreffendere Aussagen machen zu können.

Frage: Wie sehen Sie die Problematik in der Dritten Welt in diesem Zusammenhang?

Antwort: Wir leben heute in einer Zeit, in der es nicht mehr möglich ist, nur an sich und die Probleme seiner Stadt und seines Landes zu denken. Mehr und mehr wird es notwendig, daß wir uns mitverantwortlich fühlen für dasjenige, was auch in anderen Ländern geschieht. Die Probleme in der Dritten Welt sind in erster Linie Probleme des Nichtverstehens. Wer gelungene Projekte der Entwicklungshilfe kennt wie beispielsweise die Favela-Monte-Azul in São Paulo*, der weiß, welche jahrelange, manchmal jahrzehntelange Arbeit geleistet werden muß, bis diese Entwicklungshilfe von den Betroffenen wirklich angenommen wird und auch die positiven Folgen zum Tragen kommen. Hinzu kommt, daß da, wo äußere Armut und Not und zumeist auch Arbeitslosigkeit herrschen, das Zusammensein mit dem anderen Geschlecht zu den schönsten Lebens- und Erdenerfahrungen überhaupt gehört und einen gewissen Höhepunkt in der Freizeitgestaltung darstellt. Dies kann sich erst dadurch ändern, daß andere Wertsetzungen verfolgt und kulturelle Interessen auf wissenschaftlichem, künstlerischem und sozialem Gebiet durch Pflege und Erziehung geweckt und gefördert werden. Auch ist in vielen Ländern der Dritten Welt die Aussicht, durch

---

* Vgl. Ute Craemer, »Favela-Kinder. Sozialarbeit am Rande der Gesellschaft. Brasilianisches Tagebuch«, Stuttgart 1987⁴.

viele Kinder eine bessere Altersversorgung zu haben, eine zentrale Motivation für den Kinderwunsch.

Die Frage lastet schwer auf der Seele, daß gerade in diesen noch nicht so hoch technisierten und zivilisierten Ländern das Bevölkerungswachstum so enorm im Zunehmen begriffen und mit Not und Elend verbunden ist. Neben der genannten Häufigkeit des körperlichen Zusammenseins hat die Antwort jedoch auch noch andere Aspekte. Die weltweit betriebene Abtreibung und die praktizierten Methoden der Empfängnisverhütung haben dazu geführt, daß viele Kinder, die dies zu einem bestimmten Zeitpunkt angestrebt haben, nicht zur Welt kommen können und sich deshalb andere Wege suchen. Ein weiterer Aspekt ist die von Rudolf Steiner dargestellte Situation, daß ein Mensch, der stirbt, ohne von der geistigen Welt Notiz genommen zu haben (das heißt ein Mensch mit einer konsequent materialistischen Gesinnung und Denkart), es schwer hat, sich nach dem Tode in der geistigen Welt zurechtzufinden und deshalb früher bestrebt ist als eine geistorientierte Seele, sich wiederum auf der Erde zu verkörpern. Der frühe Tod im Kindesalter kann dann auch Ausdruck dafür sein, daß der Zeitpunkt für ein voll auszulebendes Menschenleben jetzt noch nicht gegeben ist. Unsere Aufgabe ist, Entwicklungshilfe in der Dritten Welt in Form von echter Kulturhilfe zu leisten. Der Abgrund zwischen Arm und Reich, zwischen Hunger und Übersättigung, zwischen Abtreibung und zu hoher Geburtenrate wird sich nur dadurch überbrücken lassen, daß wir uns mitverantwortlich fühlen und einsehen, daß es uns in den reichen Ländern nur auf Kosten der Menschen in der Dritten Welt so gut geht. Um so mehr wird auch der Wille sich regen, hier etwas Konstruktives zum Ausgleich der schreienden Ungerechtigkeit zu tun. Initiative ist hier gefragt wie auch das Bewußtsein für die reale Mitverantwortung und Mitschuld.

Frage: Was ist mit den Frühgeburten, die im 5. oder 6. Monat geboren werden und nur mit Hilfe medizinischer Methoden am Leben erhalten werden können? Und was bedeutet eine Fehlgeburt?

Antwort: Wer mit Frühgeborenen zu tun hat, weiß, daß diese einen außerordentlich starken Lebenswillen haben können und die angebotenen technischen Hilfen zum Überleben gerne ergreifen. Andere hingegen ziehen sich trotz aller Hilfen wieder zurück und sterben. Wiederum andere tragen infolge dieser Tatsache schwere Behinderungen mit ins Leben herein und bedürfen einer heilpädagogischen Betreuung. Wenn man jedoch den Lebenswillen dieser frühgeborenen Kinder wahrnimmt, so tut man alles Menschenmögliche, um diesen Willen nicht zu enttäuschen. Es ist eben auch eine Tatsache, daß heute, da einerseits durch die weltweit betriebene Abtreibungspraxis achtlos am Lebenswillen eines Kindes vorbeigegangen wird, auf der anderen Seite enormer Einsatz von Zeit, Kraft und Geld aufgeboten wird, um diesem Lebenswillen der Kinder entgegenzukommen.

Ich persönlich habe nie das Empfinden gehabt, daß wir für die Frühgeborenen etwas gegen ihren Willen getan haben. Denn man sieht auf Frühgeborenenstationen Kinder durchkommen, von denen man es nie erwartet hätte, und man sieht andere sterben, von denen man es nicht für möglich gehalten hätte. Auch unter Einsatz aller Apparate kann sowohl ein Frühgeborenes wie auch ein erwachsener Mensch jederzeit auf einer Intensivstation sterben. Die Ärzte sind keineswegs Halbgötter in Weiß, die Leben willkürlich verlängern können, das von dem betreffenden Menschen nicht gewollt wird. Ich persönlich empfinde es als eine Wohltat, daß wir unsere Technik auch für die Erhaltung von Leben einsetzen und nicht nur für das Verfertigen von Waffen.

Bei Fehlgeburten haben wir die Situation vor uns, daß das betreffende Kind den zunächst angenommenen Leib als untauglich erlebt und wieder losläßt und sich aus ihm zurückzieht. Manche Mütter, die nach ein oder zwei Fehlgeburten wiederum schwanger sind, können auch deutlich sagen, ob es sich dabei um dasselbe Kind oder um ein anderes handelt. Bisweilen sind eben mehrere Anläufe nötig, um den passenden Leib für die Erdenaufgabe zu finden.

So schmerzlich eine Fehlgeburt für die Mutter auch ist, so ist es auf der anderen Seite doch auch ein Zeichen dafür, daß eine Verkörperung keinesfalls nur vom Menschen planbar ist, sondern daß auch das Zubereiten des geeigneten Körpers eine Arbeit darstellt, an der das Kind selber mittätig ist.

Frage: Kann die Ursache einer angeborenen Behinderung darin liegen, daß das Kind nicht bei den ursprünglich ausgesuchten Eltern geboren werden konnte?

Antwort: Daß das »Ausweichen« auf ein anderes Elternpaar gegebenenfalls eine Behinderung mit sich bringen kann, ist für mich zunächst eine Spekulation, für die ich keinen Gesichtspunkt habe. Für Behindertenschicksale jedoch gibt es eine Vielzahl von Gesichtspunkten, die zeigen, daß dieses Schicksal sorgfältig vorbereitet wird. Auf keinen Fall gibt es gleichsam zufällige, nicht wohl im Schicksal begründete Behinderungen. Behinderung ist so wie auch eine Krankheit etwas sehr Persönliches und Unvergleichbares und intim mit dem Schicksal eines bestimmten Menschen verbunden. Daher ist das Umgekehrte häufig erlebbar: Ein Kind wird gesund geboren, das Erbgut ermöglicht eigentlich eine optimale Entwicklung, und es tritt ein Unfall oder eine Krankheit ein, aus der das Kind schwer behindert hervorgeht. Es hat sich durch diesen Schicksalsschlag die Behinderung gleichsam selbst geschaffen. Vorkommnisse dieser Art werden sicher in Zukunft in dem Maße noch zunehmen, als wir versuchen, angeborene Behinderungen schon im Vorgeburtlichen von vorneherein auszuschließen.*

Frage: Ich möchte gern etwas zur Empfängnisverhütung aus medizinischer Indikation wissen. Wie soll man mit der Empfängnisverhütung umgehen, wenn für die Mutter eine Schwangerschaft problematisch bzw. risikoreich ist?

---

* Vgl. das Kapitel über chronische Krankheiten und Behinderungen in der »Kindersprechstunde«.

Antwort: Da möchte ich gerne ein Gesprächsprotokoll zitieren, welches Emil Leinhas aus einer Unterredung mit Rudolf Steiner überliefert hat:

»Oft bin ich auch von Freunden gebeten worden, bei dieser Gelegenheit Fragen an Rudolf Steiner heranzubringen. Einmal hatte mich zum Beispiel ein bekannter Gynäkologe, dem die Frage der Berechtigung einer Unterbrechung der Schwangerschaft selbst in Fällen, die sonst als ganz dringende angesehen wurden, Gewissensqualen verursachte, gebeten, Rudolf Steiner gelegentlich darüber zu befragen. Die Frage ging dahin, ob es berechtigt sei, eine Schwangerschaft dann zu unterbrechen, wenn als sicher anzunehmen sei, daß bei Fortsetzung derselben die Mutter das Leben einbüßen müsse. Rudolf Steiners Antwort darauf war ganz eindeutig. Er sagte ziemlich genau das folgende: Erstens kann man nie mit absoluter Gewißheit sagen, daß bei Fortsetzung einer Schwangerschaft die Mutter wird sterben müssen; es kann in einem solchen Fall immer noch eine Wendung eintreten, durch die das Leben der Mutter gerettet wird. Aber selbst wenn man mit einem absolut sicheren Tod der Mutter würde rechnen müssen, könne der Arzt nicht das Recht in Anspruch nehmen, zu entscheiden, ob die Mutter oder das Kind am Leben bleiben solle. Es kann durchaus sein, daß es in einem bestimmten Fall im Karma der beiden begründet ist, daß die Mutter sterben soll, dem Kind aber bestimmt ist, am Leben zu bleiben. In diesem Fall zum Beispiel würde der Arzt durch einen Eingriff störend in das Karma dieser Menschen eingreifen.«*

Wir stehen hier vor der erstaunlichen Tatsache, daß nicht einmal der Schwangerschaftsabbruch aus medizinischer Indikation eine objektiv legale Seite hat. Was vom irdischen Gesichtspunkt aus als Recht erscheinen kann (das Leben der Mutter ist wichtiger als das Leben des ungeborenen Kindes), kann von einer höheren Warte aus gesehen gerade das Unrecht sein. Letztlich sollte die Mutter selbst entscheiden, ob sie ein Kind empfangen möchte – auch, wenn es

---

* Emil Leinhas, »Aus der Arbeit mit Rudolf Steiner«, Basel 1950, S. 147.

mit einem großen Risiko verbunden ist. Sie sollte in dieser Angelegenheit auch ihr Herz befragen und nicht nur den behandelnden Arzt.

Frage: Gibt es nicht auch Seelen, die schon so vollkommen sind, daß sie sich nicht mehr zu verkörpern brauchen?

Antwort: Hier berühren wir eine gerade in der heutigen Zeit sehr aktuelle Fragestellung. Es gibt eine Reihe von Schulungswegen, die die möglichst schnelle Selbsterlösung empfehlen und darauf hinarbeiten, daß eine Wiedergeburt bald nicht mehr nötig ist. Da ist natürlich die Frage zu stellen: Welches Motiv liegt hier vor, und warum will man nicht mehr zurück auf die Erde? Die östliche Philosophie und Religion vertritt gerade dieses Motiv sehr stark und stellt das Streben nach persönlicher Vollkommenheit ganz in den Vordergrund. So ist es nur natürlich, daß viele Menschen eine solche Entwicklungsrichtung anstreben. Auf der anderen Seite steht jedoch das Christentum mit seiner Lehre, auch auf den geringsten der Brüder zu achten und zu sagen, »die Letzten werden die Ersten sein« und »Ich bin bei euch alle Tage bis an das Ende der Erdenzeit«. Menschen, die dem Christus nachfolgen, werden gerade dann, wenn sie das Leben auf der Erde nicht mehr für ihre eigene Vervollkommnung brauchen, dieses dann um so mehr für die Förderung der Mitbrüder und Mitschwestern einsetzen. Es gibt eben auch eine soziale Motivation für die Wiederverkörperung, nicht nur eine persönliche. Michael Bauer, ein Schüler Rudolf Steiners, hat hierzu einmal formuliert: »Die Wiederverkörperung ist ein Postulat der Liebe. Wer wirklich helfen will, wird nicht schon in einem Erdenleben müde.«

Frage: Was hat es mit dem plötzlichen Tod junger Säuglinge auf sich?

Antwort: Der plötzliche Kindstod ist ein äußerst dramatisches Ereignis im Leben einer Familie und ist bis heute bezüglich seiner Ursachen nicht befriedigend aufgeklärt, obwohl es sehr viele Untersuchungen und Theorien dazu gibt. Vielfach ist man auch dazu übergegangen, Kinder, die man für gefährdet hält, rund um die Uhr am Monitor zu überwachen, so daß im Falle eines Herz- oder Atemstillstandes sofort ein Wiederbelebungsversuch gemacht werden kann.

Letztlich gilt wohl für diese Kinder, wenn sie nicht zu retten sind, dasselbe, was überhaupt für den Tod im frühen Kindesalter gilt. Rudolf Steiner berichtet, daß Kinder, die so früh wieder gehen, etwas in der Familie zurücklassen, was von großer Bedeutung sein kann: nämlich die Botschaft von einer geistigen Welt, aus der sie gekommen und in die sie wieder zurückgekehrt sind. Der frühe Tod im Kindesalter hinterläßt in den Familien, in denen er stattfindet, eine gewisse Frömmigkeit und Bereitschaft, sich für das nachtodliche Leben zu interessieren. Denn ein solches Ereignis wirft Fragen auf nach dieser anderen Welt. Die Geschwister wollen es wissen, der Familienumkreis nimmt Anteil und bewegt diese Thematik. Es kann sich dadurch das gesamte Familienklima ändern. Oft wird erst viele Jahre danach richtig deutlich, was die Hinterbliebenen einem so früh Verstorbenen verdanken.

Seelenleben und Körperbau

Die Bildersprache des Körpers

Wenn wir den Kopf des Menschen anschauen, so fällt zunächst der großen Unterschied zwischen der gut gegliederten Gesichtspartie und der ungegliederten runden, glatten Hinterhauptspartie auf. Verbunden mit dieser klaren Gliederung in ein Vorne und ein Hinten ist auch der vertikale Aufbau. Stirn, Nase und Mundpartie liegen übereinander, das heißt Nasen- und Mundpartie sind der Stirne untergeordnet. Diesen drei Partien des Gesichtes entsprechen verschiedene Organfunktionen: Hinter der Stirn liegt das Gehirn, die Nase hat Anschluß an die Atemwege und die Lungen, der Mund ist Beginn des Verdauungstraktes. Die drei großen Regionen des menschlichen Körpers: Nerven-Sinnes-System, rhythmisches System und Stoffwechsel-Gliedmaßen-System finden sich im kleinen in der Gliederung des Hauptes wieder, bis dahin, daß die Mundpartie auch bestimmte Gliedmaßenfunktionen besitzt, was beim Kauen und Sprechen ganz deutlich wird. Hat man Gelegenheit, in einer Schulklasse zu hospitieren, so sieht man den Kindergesichtern an, *ob* und häufig auch *was* hier gedacht und gefühlt wird, wenn der Lehrer eine Aufgabe stellt oder etwas erzählt. Der Stirnregion kann man unmittelbar ansehen, ob sich dahinter ein reges Gedankenleben verbirgt. Die Nasenregion hingegen spiegelt das Gefühlsleben wieder. Kinnpartie und Mund jedoch sind Ausdruck für das Willensvermögen. Hier sehen wir etwas von der Aktivitätsbereitschaft, mit der das Kind dasitzt.

Bei einem Menschen, der sich stark von Gefühlen leiten läßt, kann man dieses am ganzen Gesichtsausdruck ablesen. Die mittlere Partie des Gesichtes ist dann in Führung. Bei einem Menschen jedoch, der erst denkt, bevor er etwas sagt oder handelt, dominiert bei der Gesamtwahrnehmung des Kopfes die Stirnpartie. Es gibt aber auch Menschen, bei denen die Mund-Kinn-Partie in Führung ist, weswegen sie leicht in der Gefahr sind, daß sie vorschnell Dinge tun, die sie dann später bei einiger Besinnung ändern müssen. Die Betrachtung der Kopfregion zeigt bereits, daß schon vom anatomischen Bau her gesehen Gefühl und Wille dem Denken sichtbar untergeordnet sind, das heißt, daß der Mensch von Natur aus so gedacht ist, daß das Denken die Führung im Seelenleben hat und dementsprechend die Stirnregion über Nase und Mundpartie gelegen ist.

Auch die anderen Körperregionen und Organe sind so wie das Haupt getreuliche Bilder ihrer Funktion. Auch sie entsprechen bestimmten seelischen Bereichen. Das beginnt schon mit der äußeren Gestalt in all ihren Einzelheiten. Wer den menschlichen Leib unbefangen betrachtet, kann an ihm direkt ablesen, was das menschliche Wesen ausmacht. Gäbe es kein einziges philosophisches oder theologisches Buch, in dem die Bestimmung des Menschen dargestellt wäre, so genügte dieses eine Buch der Natur, die menschliche Gestalt selber, um unmittelbar zu zeigen, was es mit dem Menschen auf sich hat.

Blicken wir auf das Skelett als ganzes: Zunächst fällt der runde Kopf auf. Was sagt diese Form körpersprachlich aus? Der Mensch ist augenscheinlich ein Wesen, das sich nach oben hin mit einer Rundung abschließen kann. Eine Flüssigkeit, die man ihm auf den Kopf tropfen lassen würde, müßte heruntertropfen, da keine kleine Kuhle da ist, in der sich Wasser sammeln könnte. Das heißt, da oben wird nichts aufgenommen, da schließt man sich ab. Der Schädel ist geformt wie ein Ball, der zurückprallen kann. Der Mensch ist also ein Wesen, das sich von der Welt über ihm abschließen kann. Die Öffnungen in diesem Kopf sind der Rundung des Schädels, das heißt der Funktion des Abschließens untergeordnet. Es ist bemerkenswert, daß sie an der Seite (unsere Ohren) und vorne (Auge, Nase, Mund) angebracht sind und weder oben noch hinten. Wir sind also nur nach vorne und nach der Seite hin aufgeschlossen, nach hinten und oben jedoch schließen wir uns ab. Auch ist es interessant, wie grundverschieden die Vorderfront und Rückseite sind. Die abschließende Tendenz geht vom Hinterkopf weiter den ganzen Rücken herunter, entsprechend der Redewendung aus dem Volksmund, die wir verwenden, wenn wir uns vor jemandem verschließen: »Rutsch mir den Buckel herunter.« Der Mensch hat vorne also eine offene Seite und hinten eine verschlossene. Wie weit er sich auch seelisch des Offen- und Verschlossenseins bedienen kann und wie gut einer in sich selber ruht, kann man insbesondere an der Gestaltung seines Rückens, am Gang und an der Kopfhaltung sehen. Mit der Vorderseite läßt sich viel eher durch bestimmte Verhaltensweisen etwas verbergen. Mit dem Rücken kann sich der Mensch nicht gut verstellen. Wer sich etwas schult im Betrachten von Rücken- und Gangbildern, der sieht, ob dieser Rücken angreifbar ist oder ob hier wirklich auch seelisch ein Abschluß und Schutz gegeben ist.

Lassen wir das Naturbild des Leibes zu uns sprechen, so schildert es uns den idealen Menschen. Wir werden unmittelbar erinnert an den Satz aus dem Alten Testament: »Gott schuf den Menschen nach seinem Bild.« Der Bau des Leibes ist tatsächlich Bild, ja, wir müssen sagen Vorbild des menschlichen Wesens. Daher ist es auch nicht immer leicht, den direkten Zusammenhang zwischen etwas leiblich Gegebenem und der seelischen Realität des betreffenden Menschen auszusagen, da der Leib nie nur die momentane Lebenssituation eines Menschen widerspiegelt, sondern zugleich, wenn er gesund gebildet ist, vollendetes Vorbild dessen ist, was der Mensch einmal werden kann. Unser Leib ist Bild eines Menschentums, das wir see-

lisch und geistig noch nicht annähernd verwirklicht haben. Denn
wer hat schon ein erhobenes Haupt, steht auf eigenen Füßen mit
ungeknicktem Rückgrat, offenem Sinn und Herz. – »Ihr werdet
sein wie Gott«, so heißt es ebenfalls im Alten Testament. Daß wir es
noch nicht sind, hängt damit zusammen, daß wir das Gottgegebene
aus eigener Kraft erst noch einmal erringen müssen. Obwohl wir
Menschen sind, müssen wir doch erst Menschen werden. Dieser
Widerspruch wird im Alten Testament durch den Sündenfall zum
Ausdruck gebracht, indem auf der einen Seite der Mensch von Gott
geschaffen wird und auf der anderen Seite die Schlange, das heißt
der Beirrer und Versucher zugelassen wird, den Menschen von seiner Gottebenbildlichkeit wieder zu entfernen. So ist es ja auch Luzifer, der den zweiten Satz ausspricht: »Ihr werdet sein wie Gott«,
denn durch seinen Einfluß hat der Mensch die ursprünglich gegebene Gottebenbildlichkeit seelisch und geistig verloren. So empfinden wir uns als Menschen stets wie ein Doppelwesen. Auf der einen
Seite haben wir naturhaft veranlagt die menschliche Gestalt mit ihrer Gottebenbildlichkeit und auf der anderen Seite unseren ganz
individuellen Entwicklungsstand, durch den wir mehr oder weniger viel von dieser Gottebenbildlichkeit schon verwirklicht haben.
Leiblich sind wir Geschöpf, sind wir fertig geschaffen. Seelisch-
geistig jedoch sind wir noch im Werden. Diese Diskrepanz äußert
sich in Form und Funktion des menschlichen Körpers. Überall rüh-
ren wir an diese Spannung zwischen Veranlagung und Realisierbar-
keit, zwischen Idee und Wirklichkeit. Jeder Mensch hat ja beispielsweise, wenn er nicht gerade betrunken ist, die Fähigkeit, im Stehen
und Gehen das Gleichgewicht zu halten. Mit dem Körper können
wir dieses unbewußt. Gelingt es uns aber auch seelisch? Seelisch
sind wir erst auf dem Weg, unser Gleichgewicht wirklich zu finden,
zu erarbeiten.

Blicken wir auf die Hände. Aus ihrer anatomischen Lage heraus,
locker rechts und links an den Armen hängend, taugen sie nur für
eine einzige Funktion: nämlich für das Tragen von Taschen oder
Koffern. Alle anderen Tätigkeiten können nur geschehen, wenn der

Mensch Hände und Arme aus der naturgegebenen anatomischen Lage befreit und durch Eigenaktivität eine neue Position aufsucht. Da kann er zupacken nach den verschiedensten Richtungen, kann mit den Händen schreiben, einen Ball werfen oder jemand anderem die Hand geben. Am Spielraum der Arme kann unmittelbar abgelesen werden, daß der Mensch ein Wesen ist, das spielen kann. Es hat naturgegebene Freiheitsgrade, wie sie kein Tier hat.

Bau und Funktion der Arme zeigen auch, daß der Mensch ein zum freien Handeln befähigtes Wesen ist. Insbesondere die Hände sind reinster Ausdruck dafür. Sie sind die Organe, die in ihrer Körpersprache die Bestimmung des Menschen zur Freiheit direkt sichtbar machen. Auf philosophischem Wege hat man ihm die Befähigung dazu immer wieder abgesprochen. Auch von psychologischer Seite wird sie immer wieder in Frage gestellt. Anatomisch gesehen ist die Freiheit jedoch evident. Die anderen Gliedmaße sind den Händen gegenüber stärker spezialisiert und an bestimmte Funktionen gebunden. Schon die Beine werden nur zum Stehen, Knien und Fortbewegen benützt. Ihr Spielraum zur freien Betätigung ist gegenüber den Armen bis hin zur sportlichen Betätigung deutlich eingeschränkt. Arme und Hände haben in ihrem Zusammenwirken alle Freiheitsgrade, die anatomisch möglich sind, und niemand kann ihnen ansehen, ob sie im nächsten Augenblick nützen oder schaden, streicheln oder schlagen werden. Den Gliedmaßen der Tiere kann ihre Funktion und ihre Bestimmung unmittelbar an der äußeren Form angesehen werden. Sie haben kein Organ, das zur freien Verfügbarkeit bestimmt ist. Dieses besitzt einzig nur der Mensch.

Bereits die äußere Gestalt des Menschen zeigt so, daß er seelische Möglichkeiten und Charaktereigenschaften hat, für die die Organe und Funktionen Bild sind. Sie sind die Voraussetzung – aber nicht die Garanten – dafür, daß seelisch-geistig auch verwirklicht wird, was dieser Anlage entspricht. Auch das Gehen ist hierfür ein Beispiel. Wir sind so gebaut, daß wir unseren Weg geradeaus nehmen, weil die Füße in diese Richtung stehen – der Nase nach. Anato-

misch gesehen wäre es kein Problem, wenn unser Fuß ein Kugelge-
lenk hätte. Dann wäre es möglich, sich in jede Richtung zu drehen.
Aber so sind wir eben nicht veranlagt. Wir sind festgelegt und haben
von Natur aus eine bestimmte Richtung vorgegeben. Dadurch sind
wir nach vorne hin orientiert, mit allen Sinnen hin offen, empfänglich, sprechend und nach hinten zu, bis hin zur Ferse abgeschlossen, stabil, in uns ruhend. Ebenso haben wir ein Oben und ein Unten. Nach oben schließen wir uns, wie bereits gesagt, ab. Wir haben
einen Anspruch auf Eigensein, auf Selbstbewußtsein gegenüber einer höheren Welt, die über uns ist. Der Erde gegenüber sind wir
offen und zugewandt. Wir heben unsere Füße von der Erde ab und
wenden sie ihr wieder zu beim Gehen. Mit den Zehen können wir
den Boden ertasten. Wir fliegen nicht, sondern wir stellen uns auf
eigenen Füßen auf die Erde. Kein Mensch bleibt ein Leben lang
angewurzelt an einem Standort. Wir wechseln unsere Standorte und
damit auch unser Perspektiven. Unser Leib ist in der Lage, den
Standpunkt ständig zu wechseln. Die Seele aber muß dies erst müh-
sam lernen, sich auch in andere Standpunkte, in andere Perspektiven hereinzudenken, als es die eigenen sind. Auch hier bietet der
Leib ein wesentlich umfassenderes Vorbild, als die Seele es in eigenem Vermögen schon erfüllt.

Keine Einzelheit des menschlichen Körpers ist da, die uns nicht
etwas sagen könnte über Aufgabe und Sinn des Menschseins. Auch
das Sehen und Hören sprechen bis in den anatomischen Sitz herein
eine ganz unterschiedliche Sprache vom Menschen. Beim Hören
nehmen wir eine Seitwärtsorientierung ein. Sie liegt stets zwischen
vorne und hinten und eröffnet einen mittleren Bereich. Die beiden
Gehörgänge gehen nach innen und enden in einer Schnecke, die
einen spiraligen Innenraum bildet. Das seelische Erleben, das an das
Hören angeschlossen ist, ist ein reines Innenerlebnis. Im Hören
wird ständig ein Äußeres verinnerlicht. Das von hinten Kommende
und das von vorne Kommende können in gleicher Weise empfangen
werden wie das von der Seite Herankommende. Allseitiges Innewerden und Verinnerlichen wird so möglich. Die Augen hingegen

sind eindeutig nach vorne orientiert. Kein Mensch kann rückwärts sehen. Die Augen sind durchsichtige Kammern mit einer empfindlichen Netzhaut, sie sind wie ein Fotoapparat konstruiert und ganz auf den Lichteinfall aus der äußeren Welt, auf den Raum hin orientiert. Diese raumorientierte Welt gliedert sich in eine sichtbare, vordere und in eine unsichtbare, rückwärts gelegene, dunkle Welt. Durch das Sehen fühlt sich unsere Seele geweitet in die Welt herein, durch das Hören gelangt die Welt in unser Inneres. Die Organe machen durch ihren Bau und ihre Lage sichtbar, welche Qualitäten wir durch sie erleben. Sie sind Bilder realer seelischer oder geistiger Fähigkeiten.

Vom Leib-Seele-Zusammenhang[*]

Wer das menschliche Seelenleben betrachtet, begegnet dort den drei Grundqualitäten: dem Denken, Fühlen und Wollen. Gemeinhin wird gedacht, daß diese Funktionen über das Nervensystem vermittelt werden. Schauen wir jedoch den Leib als ganzen an und fragen, welche Organfunktionen getreue Bilder dieser seelischen Grundmodalitäten sind, so ergibt sich ein anderer Sachverhalt. Es gibt nur ein Organ, das ganz exakt im Bild, in der Organphysiognomik dem entspricht, was das Denken leistet. Typisch für das Denken ist, daß jeder Gedanke mit jedem anderen verknüpft werden kann, daß alle Gedanken wie ein gewaltiges Gedankengebäude in sich zusammenhängen. Ein Mensch, der denken kann, hat keinen undurchdrungen unverstandenen Bezirk in seinem Denken. Er integriert nur das in dieses Gedankengebäude, was er auch verarbeitet hat und was er einordnen kann. Unverarbeitetes läßt er draußen stehen oder berücksichtigt es nicht. Diese Eigenschaft des Denkens wird nur von einem Organsystem anatomisch-physiologisch ins

[*] Vgl. auch Rudolf Steiner, »Die gesunde Entwicklung«, GA 303.

Bild gebracht: vom Nervensystem bzw. dem Gehirn. Von jeder Nervenendigung gehen Verbindungen und Verknüpfungen zum Zentrum. Jedes ist mit jedem potentiell verbunden. Und indem wir ein Leben lang lernen, arbeiten wir unablässig daran, diese feinsten Nervenverästelungen weiter zu komplexen Geflechten zu verschalten und zu vernetzen. Das heißt, durch die Tätigkeit des Denkens wird das Organ erst fertig ausgebildet und bleibt bis ins hohe Alter noch in Entwicklung.

Mit unserem Fühlen ist dies gänzlich anders. Das Fühlen ist wesentlich undifferenzierter als das Denken. Auch dient es nicht der Abbildung, sondern dem unmittelbaren Erleben und Empfinden. Seine Grundkräfte sind Sympathie und Antipathie. Das Fühlen ist wie eine Saite, die zwischen höchster Anspannung und größtmöglicher Entspannung, zwischen Lachen und Weinen, zwischen Liebe und Haß hin- und herschwingt. Sie gleicht einer Sinusschwingung, die Polaritäten wie die zwischen Ruhe und Bewegung auszugleichen hat. Dieses »himmelhochjauchzend – zu Tode betrübt« oder Sympathie – Antipathie stellen die Extreme dar. Dazwischen liegen die Wendepunkte oder auch die Ruhepunkte. Die Farbigkeit unseres Gefühlslebens kommt durch dessen Anschluß an die Sinnes- und Denktätigkeit zustande. Je weniger wir wahrnehmen und je weniger wir bedenken, um so einfacher und auf diese Grundkräfte reduziert erscheint das Fühlen.

Welche Organsysteme entsprechen nun dieser Grunddynamik des Gefühlslebens? Welche Organe vollziehen durch ihre Funktion dasjenige, was das Fühlen tut: Spannung – Entspannung, sympathisches Lösen – antipathisches Verhärten und Zusammenziehen. Wo tritt dieses anatomisch-physiologisch ins Bild? Es geschieht dies bei den rhythmisch tätigen Organen der Atmung und des Kreislaufs, insbesondere des Herzens. Graphisch dargestellt ist jeder Atemzug eine Sinuskurve und jeder Herzschlag der rhythmische Wechsel von Anspannung und Entspannung, Eröffnung und Verschließen. Im Zusammenklang dieser beiden Organtätigkeiten von Herz und Atmung finden wir die Dynamik des Gefühlslebens zum Ausdruck gebracht. So, wie wir durch das ganze Leben eine bestimmte Grundstimmung tragen, so trägt und ordnet der rhythmische Zusammenhang von Atmung und Herzschlag unser Leben vom ersten bis zum letzten Atemzug. Nicht nur Atmung und Herzgefäßsystem brauchen für ihre Funktion eine Grundelastizität, sondern auch unser Gefühlsleben. Wenn das Gefühl nicht mehr frei schwingen kann zwischen Selbst und Welt, wenn es den Ausgleich nicht mehr finden kann zwischen Freude und Schmerz, wenn der Mensch sich in einer bestimmten Emotion verbohrt oder verhakt, so wird er, wenn dies länger andauert, krank. Das wird dann auch an einer Änderung der Atmung sichtbar. Ein Mensch mit einem verspannten Gefühlsleben hat keine regelmäßige Atmung mehr. Zum Beispiel atmen ängstliche Menschen immer etwas mehr ein als aus. Exaltierte oder stark extrovertierte Menschen hingegen leben physiologisch stärker in der Ausatmung. Sie können auch bei jeder Gelegenheit sofort lachen. So wie das Weinen die Spezialform einer langen Einatmung ist, so das Lachen eine besonderen Form verlängerter Ausatmung. Und so wie die Atmung der Umgebung gegenüber offen ist, so haben wir die Möglichkeit, gefühlsmäßig an allem Anteil zu nehmen, was in der Umgebung um uns geschieht. Die Herztätigkeit ist hingegen ganz im Innern des Organismus verborgen. Durch sie wird leiblich Bild, daß es Gefühle gibt, die nur für das Innenleben, für das Persönlichste des Menschen, Bedeutung haben.

Diese unmittelbare Beziehung zwischen dem Gefühlsleben und den rhythmisch tätigen Organen wird heute vielfach noch nicht in ihrer ganzen Bedeutung gesehen. Man denkt, da wo die Gefühle dem Denken bewußt werden, säße das Gefühl selbst – das heißt im Nervenleben. Das ist jedoch nicht so. Das Gefühl sitzt viel tiefer, es ist in seiner Grunddynamik gebunden an die rhythmische Tätigkeit von Atmung und Herzschlag. Was wir mit Hilfe der Nerventätigkeit erfassen, ist nur der Reflex des Gefühlslebens im Bewußtsein, das heißt dasjenige, was wir von unseren Gefühlen wissen und was direkt über die Sinne als Sinnesempfindung in das Bewußtsein tritt und von dort ins Gefühlsleben aufgenommen wird.*

Wie unser Gefühlsleben mit Atmung und Herzschlag direkt zusammenhängt, kann jeder selbst beobachten, der beispielsweise in einem Konzertsaal sitzt und dort einer Sinfonie lauscht. Wenn ein Allegro, ein recht schneller Satz gespielt wird, beschleunigt sich der Puls, und auch die Atmung geht schneller. Und schon wenn nach einer kleinen Pause der Dirigent den Stab erhebt für den langsamen Satz, geht es wie eine synchronisierte Einatmungswelle durch den ganzen Saal, und die Atmung des Publikums verlangsamt sich, auch die Herzfrequenz geht etwas herunter. Durch die Harmonien der Musik wird das Gefühlsleben unmittelbar angesprochen und mit ihm die rhythmischen Funktionen des Organismus. Diese sprechen unmittelbar physiognomisch die Fähigkeit aus, die unser Gefühlsleben charakterisiert: Spannen und Lösen, Fühlen in Antipathie und Sympathie.

Blicken wir auf das Willensleben, unsere Tatbereitschaft, so erleben wir hier bis in alle Einzelheiten des Lebens, daß dieses Willensleben an den Stoffwechsel und an die Kraft unserer Muskulatur gebunden ist. Die Tatkraft ist abhängig von dem Zustand unserer Stoffwechseltätigkeit und dem Tonus unserer Muskulatur. An der Beschaffenheit der Muskulatur können wir auch sehen, wie stark ein Mensch ist. Willensprobleme sind in der Regel primär Stoffwechselprobleme und sollten auch auf dieser Ebene angegangen werden. Zum Beispiel behandeln wir in der anthroposophischen Medizin auch die verschiedenen Formen der Willenslähmung mit stoffwechselanregenden Mitteln, Gefühlsstörungen hingegen durch Anregung der rhythmischen Funktionen und nur Bewußtseinsstörungen mit Hilfe von Medikamenten, die direkt auf das Nervensystem wirken.

Die Funktionen der Organe selbst zeigen uns, wofür sie da sind

* Vgl. hierzu die entsprechenden Forschungsergebnisse Rudolf Steiners in »Von Seelenrätseln«, GA 21, Dornach 1976.

bzw. wie sie mit dem Seelenleben zusammenhängen. Der Stoffwechsel dient dem Abbau und Aufbau. Das rhythmische System vermittelt und gleicht aus. Das Denken und die Sinnestätigkeit nehmen wahr und bilden ab. So kommt dem menschlichen Gefühlsleben eine zentrale ausgleichende und vermittelnde Aufgabe zu zwischen Denken und Handeln. Dabei vermittelt die Atmung durch die Übertragung ihres Rhythmus auf die Zirkulation des Gehirnwassers das Gefühlsleben mit dem Denken. Das Herz hingegen vermittelt über das den Stoffwechsel unterhaltende Blut die Gefühlstätigkeit mit dem Willensleben. Wer unmittelbar vom Denken ins Handeln kommt, ohne abzuwägen, ob man es auch wirklich tun möchte, der ist leicht in der Gefahr, zwanghaft oder getrieben zu handeln. Nur wer sich in der Mitte frei fühlt im Abwägen und Entschließen, kann dann wirklich auch ausführen, was er will. Und es ist kein Zufall, daß die Arme gerade da angebracht sind, wo diese vermittelnden Organe des Fühlens ihren Platz haben. Die Freiheit des Menschen ist körperlich veranlagt durch Bau und Funktion der Hände, seelisch durch die Möglichkeit des zwischen Denken und Handeln vermittelnden Gefühlslebens. Daher nennt Rudolf Steiner nur die Tat eine freie Tat, die der Mensch aus Liebe, das heißt mit voller Einbeziehung seines Gefühlslebens vollzieht. Wer nur auf Grund von vernünftigen Einsichten handelt oder aufgrund äußerer Notwendigkeiten und das, was er tut, nicht mit innerer Begeisterung und liebevoller Anteilnahme vornimmt, handelt noch unfrei.

Die Bildnatur der Organe und die Möglichkeit zu erkranken

Jedes Organ hat seine Aufgabe als Teil des Ganzen und steht auch zum inneren Wesen des Menschen in direkter Beziehung. Gibt es beispielsweise auch ein Organ, das der Hingabefähigkeit des Menschen ganz entspricht? Dieses Organ ist die Brust, bei den Frauen voll entwickelt, bei den Männern nur der Anlage nach vorhanden. Dies entspricht auch der seelischen Realität. Frauen sind – ob sie es wollen oder nicht – zur Hingabe von Natur aus befähigter als der Mann. So wie die männliche Brust schon anatomisch-bildlich zurückhaltender ist, so sind es die Männer auch mit Bezug auf die Hingabefähigkeit aus der gefühlgetragenen Mitte heraus. Die männliche Hingabe ist vielmehr Angelegenheit des Willens. Sie entspricht der dem Stoffwechsel- und Gliedmaßenbereich benachbarten Tätigkeit seiner Fortpflanzungsorgane. Diese sind ganz auf die Hingabe hin orientiert, wohingegen die Frau hier empfangend eingestellt ist.

Welches Organ aber ist das Organ der Aufnahme? Es ist dies der Magen. Was gehört jedoch zur vollkommenen Aufnahme? Daß man es wirklich aufnimmt, das heißt, daß man es sich zu eigen machen möchte. Wer sich das aufgenommene Essen nicht zu eigen machen kann, dem bleibt es im Magen liegen, und das ist dann bereits Zeichen einer gestörten Magenfunktion. Wo beispielsweise durch Streß am Arbeitsplatz ein Magengeschwür entsteht, liegt eine unverdauliche seelische Situation vor. Das heißt, die seelische Magenfunktion, die seelische Aufnahme und Aneignungsmöglichkeit ist zuerst gestört, vielleicht schon über Wochen und Monate, bevor die körperliche Entsprechung, die Magenfunktion, erkrankt.

Krankheiten beginnen immer zunächst im Seelischen. Wer weiß, welche seelischen Eigenschaften und Tätigkeiten bestimmten Organfunktionen entsprechen, kann lange, bevor eine körperliche Krankheit ausbricht, diese anhand der Beschaffenheit des Seelenlebens dort bereits als Erkrankungsmöglichkeit wahrnehmen. Menschen, die beispielsweise alles gut aufnehmen und sich zu eigen machen und verarbeiten können, die zeigen damit, daß sie eigentlich nicht magenkrank werden können. So entsprechen dem gesamten Verdauungstrakt die seelischen Fähigkeiten des Bearbeitens, des Abbaus und Aufbaus.

So wie unser Leib ein Immunsystem besitzt, besitzen wir auch seelisch die Fähigkeit, allergisch bzw. überempfindlich oder aber zu schwach zu reagieren.

Der Mensch hat auch eine »seelisch-geistige Leber«, indem er die Fähigkeit besitzt, sich Lebensweisheit anzueignen durch inneres Verarbeiten von Problemen. Die Leber ist *das* Synthese- und Aufbauorgan auf der einen Seite und auf der anderen Seite aber auch *das* Entgiftungsorgan. Was gibt uns Menschen die Möglichkeit, uns seelisch vergiftenden Einflüssen zu entziehen? Es ist die innere gedankliche Arbeit, bei der wir in der Selbsterkenntnis die Ruhe finden, uns vor ungerechtfertigten Angriffen zu schützen. Leberschädigungen wie beispielsweise beim Alkoholiker wirken sich immer auch auf diese geistige Leberfunktion aus. Je länger die Sucht anhält, um so schwerer wird es, die für die Krankheit verantwortlichen Probleme zu bearbeiten, das Seelenleben zu entgiften und zu verwandeln. Die Leber kann verwandeln, auflösen, verarbeiten, ausscheiden, Wesentliches von Unwesentlichem unterscheiden.

Die Niere wiederum kann etwas, was wir vor allem für unser bewußtes Leben brauchen: Sie kann konzentrieren und verdünnen. 180 Liter Harn werden täglich von der Niere abfiltriert, davon scheidet der Mensch nur 1 bis 2 Liter als Harn aus, die restlichen 178 Liter abfiltrierter und verdünnter Blutflüssigkeit werden wiederum in die Blutgefäße zurückresorbiert. Durch diese Tätigkeit des Verdünnens und Konzentrierens hat die Niere eine gewisse Verwandtschaft zu den rhythmisch arbeitenden Organen Herz und Lungen. Interessanterweise steht sie mit diesen auch in ganz besonders direktem Zusammenhang. Bei der Atmung ist es evident, da die Niere geradezu *das* Organ der Stoffwechselatmung ist. Fallen im Organismus zuviel Säuren an, so unterstützt die Niere die dadurch gesteigerte Atmungstätigkeit, indem sie basische Substanzen zurückbehält und in erster Linie säurepflichtige Substanzen ausscheidet. Das Umgekehrte geschieht, wenn beispielsweise in der Aufregung zuviel und zu schnell geatmet wird, wodurch das Säure-Basen-Gleichgewicht des Blutes sich mehr nach der alkalischen Seite verschiebt und die Niere säurepflichtige Substanzen zurückhält und das alkalische Bikarbonat vermehrt ausscheidet. So wie über die Atmung Kohlensäure ausgeschieden und Sauerstoff aufgenommen wird, so kann auch die Niere Säuren und Basen ausscheiden und zurückresorbieren, das heißt »atmen«.

Interessanterweise ist nun die Niere auch ein Organ, das eine besondere Beziehung zum Gefühlsleben hat. Das sprichwörtliche »an die Nieren gehen« bezieht sich auf Gefühle, die man nicht im normalen Gefühlsleben bewältigen und verarbeiten kann, sondern die gleichsam eine Etage tiefer rutschen und dem bewußten Zugriff entgleiten. Emotionen dieser Art, Spannungen, die nicht zu lösen sind, sie belasten die Niere und entziehen sich mehr und mehr dem Bewußtsein. Im Stoffwechselbereich sind die Nieren dasjenige Organ, auf das sich das Gefühlsleben am stärksten stützt. Daher kommt ihr eine besondere Aufgabe zu, die organische Vermittlung darzustellen zwischen dem Gefühls- und Willensleben. Sie kann das, da sie auf der einen Seite als harnzubereitendes Stoffwechselorgan tätig ist und ja auch hormonelle Aufbauleistungen vollbringt (die sie auch mit dem Herzen und dem Blutaufbau in Beziehung bringen), aber sie tut diese Arbeit in der Funktionsdynamik des rhythmischen Systems, indem sie ständig zwischen Konzentration und Verdünnung vermittelt.

Wie steht es aber mit dem Herzen? Das Herz bewegt pro Herzschlag etwa 70 ml Blut. Und wenn Sie 80 bis 100 Herzschläge pro Minute haben, so sind das etwa 5 Liter pro Minute, 300 Liter pro Stunde und 7.200 Liter pro 24 Stunden. Eine ungeheure Transportleistung! Seelisch entspricht dieser Tätigkeit die alles erreichende und umfassende und mitbewegende Herzlichkeit. Herzlichkeit ist, daß alles, was im Organismus getan wird – ob durch den Kopf, die Füße, die Hände, die Leber, den Magen – über den Sauerstoff- und Kohlendioxydtransport, über den Nahrungs- und Hormon- und Mediatorstofftransport durch das Blut miteinander verbunden ist. Der Mensch hat etwa 5 Liter Blut in sich (das heißt ein Zwölftel seines Körpergewichtes). Theoretisch geht also pro Minute sein gesamtes Blutvolumen einmal durch das Herz. Das heißt, wir nehmen uns minütlich alles zu Herzen, was überhaupt in unserem Leibe vorgeht. Es gelingt uns dies mit Bezug auf unser seelisches Leben

45

und das, was uns dort bewegt, natürlich nicht in dieser vollkommenen Weise. Es gibt sogar Menschen, die sich nur weniges wirklich
zu Herzen nehmen können. Auch hier ist die Bildnatur unseres Leibes Vorbild für unsere innere Entwicklung und weist auf ferne Zukunftsmöglichkeiten einer unermeßlich gesteigerten Anteilnahme,
einer umfassenden Liebefähigkeit hin.

Wenn wir so Organ für Organ befragen: Was tust du? Was kannst
du? Wie arbeitest du mit den anderen zusammen? Und dann den
Blick nach innen wenden und unsere Seele fragen: Wie steht es um
deine seelische Nieren-, Magen-, Lungen-, Darm- oder Herzfunktion? So kann auch die Frage auftauchen: Wo finden wir ein leibli-
ches Bild für unser Ich, für unser Selbst, für unser geistiges Wesen?
Dieses hängt innig mit der Funktion des Herzens und der Herzlichkeit zusammen, denn Herzlichkeit ist nicht nur das »Sich alles zu
Herzen nehmen können«. Es ist auch die Fähigkeit, ganz bei sich zu
sein.

Das Herz ist ja der einzige Ort, an dem das Blut nicht nur rhythmisch bewegt wird wie in allen Blutgefäßen, sondern auch für
Bruchteile von Sekunden ganz zur Ruhe kommt und stehen bleibt.
Nur hier kommt dieses integrierende, alles belebende und vermittelnde Blut in der sogenannten Diastasezeit der Herzaktion ganz zu
sich. Für unser Selbst als den Ort der Integration alles dessen, was
uns bewegt und was mit uns geschieht, gibt es folglich kein passen-
deres Organbild als das Herz selber, als das Zentralorgan des Kreislaufs und des Lebens. Immer tätig, immer Offenheit und Verschlossenheit in rechter Weise verbindend, ganz es selbst bleibend und
doch im Dienste des ganzen Organismus stehend, ist dieses Herz
Bild des menschlichen Ich, das in sich selbst begründet ist und zugleich im Dienst des Menschheitsganzen steht und der Welt gegenüber offen ist, ohne sich selbst aufzugeben. Unsere Persönlichkeit
besteht real aus dem, wofür wir uns geöffnet haben, und was wir
uns zu Herzen genommen haben. Wer sich nur mit Unsinn beschäftigt, wird schließlich unsinnig. Wer sich einseitig mit Mathematik
beschäftigt, wird eben ein einseitiger Mathematiker. Wir werden zu

dem, womit wir uns verbinden – wir selbst sind offen und aufnahmebereit und nicht mit uns selbst oder etwas anderem von vorneherein ausgefüllt. Menschen, die mit sich selbst nicht mehr zurechtkommen, die sich mit sich selbst nicht identifizieren können, erleben diese Gesetzmäßigkeit besonders deutlich. Je mehr sie sich mit sich selbst und ihren Problemen beschäftigen, das heißt sich mit sich selber anfüllen, um so weniger haben sie sich in Wirklichkeit. Denn nur im Tätigsein für die Welt werden wir uns in gesunder Weise unseres Selbst bewußt. So geht es auch den betreffenden Menschen. In dem Augenblick jedoch, wo sie wieder beginnen, sich mehr für die Umwelt zu interessieren und sich mit Dingen zu befassen, die sie nicht selbst ausschließlich betreffen, geht es ihnen besser. Wer sich mit sich selbst beschäftigt, ist in der Gefahr, sich zu verlieren. Wer sich mit der Welt auseinandersetzt, findet sich selbst gerade in dieser Hingabe an die Welt.

In einer Zeit wie der jetzigen, in der so viel Arbeitslosigkeit herrscht, wundert es nicht, daß auch so viel Ungewißheit da ist über Sinn und Wert eines menschlichen Lebens. Wer keine Aufgabe findet und keine Möglichkeit, sich zu engagieren und zu betätigen, der hat es eben auch schwer, sich selbst und den Sinn seines Lebens zu finden.

Fragen zum Thema

Frage: Was kann man gegen Migräne oder Magenschmerzen machen, wenn sie psychisch verursacht sind?

Antwort: Hier liegt ein polares Problem vor. Das eine Mal bei der Migräne nehmen bestimmte Stoffwechselvorgänge im Kopf über ihr gebührendes Maß zu. Und das andere Mal wird ein Stoffwechselorgan zu sensitiv, nervös und empfindlich. Was beiden Störungen, insbesondere wenn sie psychisch verursacht sind, zugrunde liegt, ist eine Schwächung der ausgleichenden rhythmischen Funktionsordnung. Da wirkt nun all das hilfreich, was Ruhe und Rhythmus in die Abläufe des Tages hereinbringt. Regelmäßige Schlafenszeiten, wenn möglich auch regelmäßige Mahlzeiten sind die wichtigste Grundgegebenheit, um dem vorzubeugen. Läßt sich dieses nicht einrichten, so kann es zumindest zum Teil dadurch ersetzt werden, daß der Betreffende sich bestimmte seelische Übungen vornimmt, die er regelmäßig, beispielsweise am Morgen und am Abend und einmal noch unter Tage macht. Es kann dies eine Meditation sein, es kann dies die Vergegenwärtigung eines Gebetes sein – wichtig ist nur, daß er sich dabei, soweit es irgend möglich ist, aus dem Alltagsgetriebe herauszieht und um innere seelische Ruhe bemüht, bevor er den Inhalt auf sich wirken läßt. Eine andere Möglichkeit ist eine künstlerische Therapie aufzusuchen und sich dort Übungen zeigen zu lassen, die man dann regelmäßig zu Hause weiterpflegt, um sich so künstlerisch zu betätigen. All dieses stärkt die Autonomie des Gefühlslebens und die rhythmischen Funktionen und hilft, das zu starke Heraufwirken des Stoffwechsels oder aber das zu starke Herunterwirken der Nervenfunktionen auszugleichen.

Frage: Heute sind viele Menschen verspannt, womit hat das zu tun?

Antwort: Wir leben in einer Zeit, in der viele Menschen überfordert sind, das heißt unter Streß und Druck stehen. Schon den meisten Hausfrauen geht es so, daß sie sich am Morgen vieles vornehmen für den Tag und am Abend feststellen müssen, daß das meiste davon liegengeblieben ist, weil ständig andere Dinge dazwischen kamen. So werden unzählige Menschen ständig aus dem Einklang zwischen Denken und Handeln herausgerissen. Und so stellt sich auch hier die Frage: Wie können diese vielen Störungen ausgeglichen werden? Wie kann dieser Neigung zur Überspannung immer wieder eine Entspannung entgegenwirken?

Wer als Medizinstudent oder Arzt viele Menschen zu untersuchen hat, wird bemerken, daß die Verspannungen in der Muskulatur sehr unterschiedlich lokalisiert sind. Die Spannungen, die im

Bereich der Arme und des Nackens sitzen, zwischen den Schulter-
blättern oder aber am unteren Rücken bzw. in der Beckenregion, sie
sagen viel über das Zustandekommen bzw. den Ursachenzusam-
menhang dieser Verspannungen aus. Es ist eben ein Unterschied, ob
die Spannungen mehr mit dem bewußten Leben zusammenhängen
und im Bereich der Freiheitsorgane Arme und Hände und ihrer
Verankerung im Schulter-Nacken-Bereich entspringen oder aber
mehr in der unbewußten Stoffwechselregion und dem Becken-
Bein-Bereich. Da ist natürlich eine individuelle Beratung notwendig. Allgemein kann ich als hilfreiche Maßnahme für all diese Streß-
und Anspannungssymptome die Eurythmie als Bewegungstherapie
empfehlen. Eurythmie ist eine Bewegungskunst, durch die gerade
der Einklang zwischen den körperlichen, seelischen und geistigen
Funktionen geübt wird. Sie ist die einzige Bewegungskunst, in der
der äußerlichen Bewegung auch eine Gefühls- und Gedankenbewe-
gung korrespondiert. Das heißt, wo das äußere Bild des Leibes korrespondiert mit dem entsprechenden seelischen und geistigen Ausdruck. Das hat für denjenigen, der eurythmisiert, zur Folge, daß er
seine Seele dazu erzieht, den Körper besser zu durchdringen und zu
ergreifen und da, wo alte Verspannungen sind, diese zu lösen und
das betroffene Organgebiet in den Gesamtzusammenhang des Organismus zu integrieren. Mit Hilfe der Eurythmie erreicht man
seine Muskulatur gleichsam von innen und bringt sie in einen neuen
durchwärmten und belebten Zustand.*

Frage: Inwieweit ist das vegetative Nervensystem zu beeinflussen?

Antwort: Das vegetative Nervensystem kann durch jede Entspan-
nungsübung unmittelbar beeinflußt werden, also auch durch bestimmte Eurythmieübungen. Das vegetative Nervensystem hat die
Aufgabe, die Stoffwechselfunktionen und deren Koordination

---

* Siehe hierzu Wolfgang Veit, »Eurythmie. Else Klink – ihr Wirken in einer neuen
Bühnenkunst«, Stuttgart 1985.

wahrzunehmen. Diese Funktion kann um so besser wahrgenommen werden, je stärker die Mitte ist und je weniger das bewußte Leben die ausgleichende Mitte durchbricht und zu stark bewußtmachend in den Stoffwechselbereich hereindringt. Die wirksamste Entspannung und Regulierung für das vegetative Nervensystem durch Stärkung der Mitte ist die Musik, weil sie direkt das Harmonieempfinden und Ausgleichsvermögen des Gefühlslebens anspricht. Daher hat sich auch bei vegetativen Störungen die Musiktherapie sehr bewährt.

Frage: In welche Richtungen weisen immer wiederkehrende Entzündungen?

Antwort: Entzündungen haben die Tendenz, Organgewebe aufzulösen, Organgrenzen zu durchbrechen. Ist ein Abszeß entstanden, so hinterläßt er nach Aufbrechen und Austreten des Eiters einen Hohlraum. Menschen, die zu entzündlichen Krankheiten neigen, sind in einer anderen Grundverfassung als Menschen, die mehr zu sklerotischen Erkrankungen neigen, das heißt zu Verfestigung und Ablagerung. Seelisch zeigt sich dieser Unterschied daran, daß Menschen, die mehr zu Entzündungen neigen, in ihrem Charakter auch eher etwas stärker Impulsives, Lebendiges, nach außen Drängendes oder zumindest etwas Gefühlvoll-Offenes haben. Wohingegen Menschen, die mehr zu den sklerotischen Erkrankungsformen neigen, auch seelisch eher dazu neigen, eine gewisse Festigkeit und Abgeschlossenheit an den Tag zu legen. Sie können auch ihre Gefühle nicht so gut zeigen wie die Erstgenannten. Entzündung und Sklerose ist die Urpolarität, in die sich jede Krankheitsform des Organismus einfügt. Jedes Organ kann entweder entzündlich oder degenerativ-sklerotisch erkranken. Diese beiden Krankheitstendenzen entsprechen auch den Extremzuständen unseres Seelenlebens: der Gefahr der zu starken Entäußerung und der anderen Gefahr der zu starken Verhärtung und des In-sich-Zusammenziehens. Auch hier liegt ein allgemeintherapeutischer Ansatz in der Stär-

kung der Mitte zwischen den Extremen, das heißt der ausgleichenden rhythmischen Funktionen. Hier leistet die künstlerische Therapie einen wertvollen Beitrag, aber auch die Pflege des Gefühlslebens
in der Selbsterziehung und durch Meditation.*

Frage: Wie kann man dem aggressiven Verhalten über den Stoffwechsel entgegenwirken?

Antwort: Aggression ist Ausdruck unbeherrschten Willens. Woher
kommt die Fähigkeit, den Willen zu beherrschen? Sie entsteht
dann, wenn man sich gedanklich vornimmt, was man will, und
dann auch die Kraft entwickelt, seinen Willen diesem Gedanken
unterzuordnen. Das wiederum kann nur gelingen, wenn die Mitte
als Vermittlung für dieses Unterordnen genügend stark entwickelt
ist. Daher ist für aggressive Verhaltensstörungen und Krankheitsformen die Mal- und Musiktherapie besonders angezeigt, da sie sich
direkt an das Gefühlsleben wendet und hier Bewegung und Bewußtsein hereinbringt. Beim Erwachsenen können auch meditative
Übungen helfen, die zu einer Vertiefung des Gefühlslebens führen,
wenn der Kranke dazu in der Lage ist.

Medikamente, die die Stoffwechselfunktionen direkt harmonisieren helfen, gehören natürlich auch zur Behandlung. Diese bedürfen jedoch der ärztlichen Verordnung. Bei aggressiven Kindern hat
sich zur allgemeinen Harmonisierung des Stoffwechsels ein abend-
licher warmer Bauchwickel sehr bewährt.** Wird dieser über längere Zeit (es können auch ein bis zwei Jahre sein je nach Schwere des
Zustandsbildes) angewendet, so kann dies zu einer deutlichen konstitutionellen Umstimmung führen und den Kindern helfen, mit
ihrem Willen besser umzugehen.

* Vgl. Friedrich Rittelmeyer, »Meditation. Zwölf Briefe über Selbsterziehung«,
Stuttgart 1989.
** Siehe hierzu »Äußere Anwendungen« in der »Kindersprechstunde« und Micha-
ela Glöckler (Hrsg.), »Das Schulkind«, Dornach 1992.

Frage: Welche Bedeutung hat die quergestreifte Herzmuskulatur im Gegensatz zur längsgestreiften Muskulatur, die man nicht willentlich beeinflussen kann?

Antwort: Wir haben zwei verschiedene Muskelformen: die bewußt handhabbare Willkürmuskulatur des Skeletts, die quergestreift ist, und die unbewußt wirkende Stoffwechselmuskulatur, die beispielsweise im Darm zu finden ist und die eine glatte Struktur hat. Die Herzmuskulatur hingegen hat sowohl Merkmale der glatten als auch solche der quergestreiften Muskulatur, sie stellt ein Zwischending, eine Art Vermittlung dar, die sich nur am Herzmuskel selber findet. Körpersprachlich würde das heißen: die quergestreifte Muskulatur dient der bewußten Handlung, die autonome glatte Muskulatur der unbewußten. Dem Herzen kommt eine Zwischenstellung zu. Das entspricht auch der seelischen Wirklichkeit. Wenn wir Herzklopfen haben, so können wir dem entgegenwirken, indem wir uns ganz bewußt bemühen, innere Ruhe herzustellen und ruhig zu atmen. Wir können jedoch auch trotz dieser inneren Aktivität einem Herzrasen ausgesetzt sein und unsere Ohnmacht erleben, indem wir es kaum beeinflussen können. Insgesamt ist jedoch deutlich, daß es dem Menschen im Hinblick auf die Zukunft und sein Selbständigerwerden immer besser gelingen wird, auch die Herzfunktion vom Seelischen aus zu beeinflussen.

Frage: Warum bekommen manche Menschen bestimmte Krankheiten immer wieder?

Antwort: Jeder Mensch hat bezüglich seines Körpers sogenannte schwache Stellen, wo er anfälliger ist. Da kann man sich natürlich fragen: Was kann ich tun, um an dieser entsprechenden Stelle vom Seelischen aus zu arbeiten? Das muß jedoch individuell untersucht werden, um dann sowohl vom Medikamentös-Körperlichen aus als auch vom Seelisch-Geistigen aus die richtigen Maßnahmen zu ergreifen.

Frage: Was mache ich, wenn ich eine Krankheit behandle? Nehme ich da nicht der Seele die Möglichkeit zu lernen weg?

Antwort: Wenn eine Krankheit da ist, ist der dafür verantwortliche seelische Vorgang der bewußten Handhabe längst entglitten und damit im Auftreten der Erkrankung an sein Ende gekommen. Jetzt versucht der Organismus aus eigener Kraft daran zu arbeiten, um sie zu überwinden. Diese Anstrengung wird vom Arzt und von den Therapeuten nur unterstützt. Selbstverständlich muß eine Krankheit behandelt werden, so wie auch im Seelischen ein Irrtum oder ein Fehler bearbeitet werden sollten, sobald sie bewußt greifbar sind. Sowenig es sinnvoll ist, wenn es jemand genießen würde, Fehler zu machen, sowenig sinnvoll ist es, einen Krankheitszustand, der behandelbar wäre, unbehandelt zu belassen.

Die Temperamente und ihre Behandlung bei Kindern und Erwachsenen

*Das Temperament eines Menschen konstituiert keine stehende und starre
Lebensform, keine allen zufälligen und willkürlichen Einwirkungen unbiegsam
trotzender Natur, sondern es ist etwas durch körperliche und geistige Einflüsse
modifikables und veränderliches.*
IGNAZ PAUL VITAL TROXLER

Die Lehre von den vier Temperamenten – Choleriker, Sanguiniker,
Phlegmatiker, Melancholiker – ist bekannt seit der Antike. Sie wird
heute unter Psychologen und Pädagogen wieder mehr diskutiert,
wie dies jüngst auch Georg Kniebe in seinem lesenswerten Aufsatz
gezeigt hat.[*]

Temperare heißt mischen. Jeder Mensch ist nicht nur in seelischer
Hinsicht, sondern auch körperlich eine ganz spezifische »Mischung«.

Es gibt vier charakteristische Verhaltensweisen, die alle Menschen gemeinsam haben und die dennoch in unterschiedlicher
Weise beim einzelnen Menschen gemischt sind und sein Grundver-
halten bestimmen. Warum es gerade vier Verhaltensweisen sind,
wird immer wieder hinterfragt und auch immer wieder empirisch
bestätigt. Rudolf Steiner hat aus seiner Geistesforschung heraus die
Anschauung von den vier Temperamenten menschenkundlich begründet und dargestellt, wie sie sich aus dem Zusammenwirken der

---

[*] Georg Kniebe, »Die Temperamente in der modernen Psychologie«, Erziehungs-
kunst Jahrgang 1991, Heft Nr. 11.

menschlichen Wesensglieder ergibt.* Ihm sind auch wesentlichste Anregungen für den Umgang mit den Temperamentseigenschaften zu verdanken, die sich in Waldorfschulen seit Jahrzehnten bewährt haben. Dennoch wird immer wieder auch die Frage gestellt:

Warum sollen wir so liebenswürdige Charaktereigenschaften, wie es die typischen Temperamentsäußerungen sind, verändern wollen? Verliert man da nicht etwas von seiner eigentlichen Natur, von seiner Spontaneität?

Wir alle erleben ja unsere »Natur« und wie stark wir von ihr abhängig sind. Andererseits kennen wir aber auch einen seelisch-geistigen Bereich, in dem wir uns in gewissen Grenzen frei fühlen. Die Temperamentseigenschaften erleben wir erfahrungsgemäß dazwischen. Einerseits erleben wir sie als Teil unserer Natur. Andererseits erleben wir täglich, wie wir gerade an diesen natürlichen und spontanen Temperamentsäußerungen arbeiten und sie handhaben lernen können. Es zeigt sich, daß ein bewußterer Umgang damit weit stärker möglich ist, als wir es vielleicht ursprünglich gedacht haben. So ist die Selbsterziehung auf diesem Gebiet nicht nur möglich, sondern auch wohltuend. Sie trägt entscheidend zur Verbesserung des sozialen Klimas bei und fördert das Menschenverständnis.

Die typischen Temperamentseigenschaften

Was macht den *Choleriker* aus? Initiative, Angriffsbereitschaft, Vorliebe für Verläßlichkeit, Verantwortungsbewußtsein, Pünktlichkeit, Prinzipien und Durchhaltekraft. Problematisch wird die Cholerik, wenn diese an sich positiven Eigenschaften im Dienste negativer Zielsetzungen stehen oder aber reiner naturhafter Kraft-

---

* Vgl. Detlef Sixel: »Rudolf Steiner über die Temperamente. Zusammenfassende und referierte Texte«, Dornach 1990.

ausbruch bleiben, wie dies beispielsweise bei der Aggressivität der Fall ist, die sich bis zur blindwütigen Tobsucht steigern kann.

Demgegenüber lebt der *Melancholiker* in einer anderen Welt. Er strotzt nicht vor Energie und Tatbereitschaft. Vielmehr macht schon der äußere Habitus deutlich, daß hier das Schwere des Körpers und der seelischen Bedrückung vorherrschen. Was auch geschieht, der Melancholiker nimmt es sich mehr als andere zu Herzen. Er empfindet vielen Ereignissen gegenüber die Ohnmacht, nichts daran ändern zu können. Bei ihm regt sich nicht spontan die Lust, gegen eine Ungerechtigkeit anzugehen, weil er die Aussichtslosigkeit seines Unternehmens sogleich einsieht bzw. voraussieht. Er macht sich Gedanken über alle möglichen Hemmnisse, die dabei auftreten könnten, weswegen er es gar nicht erst versucht. Im Sozialen ist die Eigenschaft, Dinge ernst und schwer nehmen zu können, eine Bereicherung. Gibt es doch viele Probleme des Lebens, die sich nicht durch Initiative oder gar durch einen Wutausbruch lösen lassen, sondern wo nur eines hilft: aushalten, mittragen und mitleiden.

Problematisch wird es allerdings, wenn das schwere Erlebnis zur Schwermut führt oder gar bis hin zur Depression, aus der man sich nicht mehr selbst herauszuhelfen weiß, oder wenn das Ohnmachtsgefühl in Verzweiflung und psychotische Wahnideen hereinführt.

Der *Phlegmatiker* fällt auf durch seine Eigenschaft, auch in kritischen Situationen die Ruhe zu bewahren. Er hat die Fähigkeit, Gegensätze nicht nur auszuhalten, sondern auch vermitteln zu können. Nach außen hin wirkt er oft träge, ja sogar langweilig, während er selbst höchst zufrieden mit sich und der Welt sein kann. Problematisch wird die Trägheit erst, wenn sie sich mit Desinteresse paart und in die Gleichgültigkeit führt.

Beim *Sanguiniker* dominiert die Heiterkeit, der Sinn für die schönen Seiten und Möglichkeiten des Lebens. Schon sein Gang ist leichtfüßig, der Blick erfaßt rasch die Gesamtsituation und entdeckt auch sogleich die komischen Vorkommnisse, die Grund zum Lachen sind.

Problematisch werden diese liebenswürdigen Eigenschaften erst, wenn die Heiterkeit zum albernen Verhalten verflacht und dazu verleitet, Dinge, die problematisch sind, nicht mehr ernst nehmen zu können.

Bereits diese Kurzcharakteristik von positiven und negativen Eigenschaften der Temperamente zeigt deutlich, daß es sich hierbei um menschliche Verhaltensweisen handelt, die aus dem Leben nicht wegzudenken sind. So kann es sich auch nicht darum handeln, durch Erziehung die Temperamente überwinden zu wollen oder auszuschalten. Vielmehr geht es einzig darum, die positiven Züge, die durch die Temperamentseigenschaften gegeben sind, so persönlich und ichhaft wie nur möglich gebrauchen zu lernen. Ziel der Temperamentsbehandlung ist also, das Temperament mit seinen Eigenschaften zum Ausdruck der eigenen Persönlichkeit zu machen.

Temperamentserziehung beim Kind

a) In der Schule

Bei Kindern tritt uns das Temperament mit all seinen Eigentümlichkeiten unverhüllt entgegen. Es gibt Kinder, die bei jedem Anlaß weinen können, andere, die man von ihrem Schmerz sehr schnell ablenken kann, und solche, die schon von klein auf selten weinen und bald anfangen, ihre Tränen zu unterdrücken. Dann gibt es Kinder, die gern toben und wie wild auf Bäume klettern und zu jedem initiativen Schabernack aufgelegt sind. Andere wiederum können schon früh aufmerksam beobachten, und man sieht ihrem Gesicht an, daß sie lebhafte Gedanken und Gefühle in sich bewegen. Eines ist dabei immer deutlich: Kinder sind von ihren angeborenen Temperamentseigenschaften getrieben, sie können nicht frei damit umgehen. Ziel der Erziehung ist es daher, Hilfen zu geben für den selbständigen Umgang mit diesen angeborenen Möglichkeiten und Eigenschaften.

Je kleiner die Kinder sind, um so weniger hat es Sinn, sie direkt mit Worten anzuleiten oder zu ermahnen wie: »Reiß dich zusammen, sei nicht so lahm« oder »du brauchst doch nicht immer gleich zu weinen«. Unter solchen wohlgemeinten Reden fühlt sich das Kind nur mißverstanden, aber nicht angeregt, etwas zu ändern, zumal es das ja auch noch nicht kann. Zur Selbsterziehung befähigt ist erst der Jugendliche. Vorher bedarf es anderer Hilfen, um eine positive Entwicklung anzuregen. Kinder lernen durch das Vorbild, durch die Art und Weise, wie der Erwachsene mit ihnen umgeht, wie er über dieses und jenes spricht, wie er Tatbestände aufarbeitet.*

Wie kann nun aber eine konkrete Temperamentsbehandlung beim Kind aussehen? Durch welches Vorbild kann man das Temperamentmäßige direkt ansprechen? Wie lernt das Kind dadurch sein Temperament erkennen und beherrschen?

Der Erwachsene ist in der Lage, Selbsterkenntnis zu üben und sich dadurch über sich selbst klarzuwerden. Kinder haben diese Möglichkeit noch nicht. Sie können jedoch ihre eigenen Verhaltensweisen an einem anderen Kind beobachten und sich diese dadurch zum Bewußtsein bringen. Ein Lehrer, der diese Gesetzmäßigkeit kennt und erzieherisch auf zu starke Temperamentseinseitigkeiten einwirken möchte, wird die Kinder in der Klasse sich nicht unbedingt so setzen lassen, wie diese es nach ihren persönlichen Neigungen gern möchten. Vielmehr wird er sie – unter weitgehender Berücksichtigung dieser Neigung – so gruppieren, daß möglichst ähnliche Temperamentsverfassungen nebeneinander zu sitzen kommen. Dadurch wird den Kindern die Möglichkeit gegeben, im ständigen Wahrnehmen des anderen ein Stück Selbsterkenntnis zu betreiben, ohne sich dessen bewußt zu sein. Beispielsweise werden zwei aggressive Kinder sich gegenseitig sehr bald auf die Nerven fallen und oft und leicht in Streit geraten. Der Lehrer wird hierin nicht nur ein Disziplinpro-

---

* Vgl. auch das Kapitel »Nonverbale Erziehung« in der »Elternsprechstunde«.

blem sehen, sondern vielmehr den Ausdruck eines notwendigen
Abschleifprozesses, durch den zwei cholerische Kinder sich gegenseitig heilen. Denn in der Wahrnehmung der eigenen Eigenschaft
am anderen entzündet sich zugleich eine Antipathie gegen die unangenehmen Auswüchse dieser Eigenschaft, die man da am andern
wahrnimmt und von der man selbst nicht weiß, in wie hohem Maße
man sie auch besitzt. Dadurch erwacht der Wille, diese ändern zu
wollen. Die Erfahrung zeigt auch, daß Kinder, die so eine Zeitlang
nebeneinander gesessen haben, tatsächlich ruhiger und umgängli-
cher werden und sich zuletzt auch gegenseitig viel besser ertragen
als zu Beginn.

Entsprechend werden auch die Phlegmatiker aneinander erwachen. Auch sie gehen sich ein wenig auf die Nerven, indem sie sich
gegenseitig anöden. Wenn sie das Träge und Langweilige im Gesicht
des anderen beobachten, fällt es ihnen auf. An sich selbst würden sie
es nicht bemerken. Diese negativen Eigenschaften treten erst ins
Bewußtsein des Kindes, wenn es sich an ihnen stößt oder sich über
sie ärgert. Damit wird ihm jedoch auch die Möglichkeit gegeben,
sich über diese Schlafmützigkeit hinwegzusetzen und den Ereignissen der Umgebung gegenüber offener zu werden.

Sitzt ein Melancholiker neben einem anderen, so erlebt er dankbar, daß es dem anderen auch nicht so gut geht, ja vielleicht sogar
noch schlechter als ihm selbst. Sie fühlen sich gegenseitig irgendwie
verstanden und nicht mehr so allein. Ein Melancholiker braucht
eigentlich immer einen Freund, dem er sich anvertrauen kann und
von dem er sich verstanden fühlt. Sitzen nun zwei Melancholiker
zusammen und der Lehrer erzählt gerade etwas Trauriges, so wandert unter Umständen ein verstehender Blick von einem zum anderen. Was geschieht dadurch? Das Element der Trauer und des Mit-
leids rückt mehr ins Bewußtsein und bewirkt durch das Gefühl,
verstanden zu werden, eine Harmonisierung der beschwerten See-
lengrundstimmung. Dadurch wird etwas von dem bitteren Beigeschmack, den der Melancholiker leicht bei allem empfindet, zum
Verschwinden gebracht. Die Kinder werden friedlicher und gelö-

ster und können so dem Unterricht gegenüber aufgeschlossener sein und besser folgen.

Sitzen zwei Sanguiniker nebeneinander, so kann dies auch zu nicht unerheblichen Disziplinproblemen im Unterricht führen. Denn sie fangen an, sich gegenseitig aufzustacheln und an Schabernack und Späßen zu überbieten. Schließlich aber werden auch sie einander auf die Nerven gehen, und damit ist der erste Schritt zur Besserung getan.

Die Aufgabe des Lehrers ist es nun, in seinem Unterricht die verschiedenen Temperamente zu berücksichtigen und sie in seinen Umgang mit den Kindern selbst methodisch einzubeziehen. Für ein cholerisches Kind ist es eine Wohltat, auch vom Lehrer cholerisch angesprochen zu werden: »Stefan, komm bitte an die Tafel!« – so würde man nie ein melancholisches Kind aufrufen. Da würde man vielleicht fragen: »Julia, könntest du uns an dieser Stelle weiterhelfen?« Und wenn sie ganz verlegen dreinschaut, würde man sie entweder freundlich anlächeln und sitzenlassen oder vielleicht an ihren Platz gehen, sich neben sie stellen und sagen: »Ich weiß doch, daß du es kannst, versuch es doch einmal, ich helfe dir.« Dann wird sie sich vielleicht erheben und mit entschlossenen festen Schritten an die Tafel gehen und den Versuch wagen. Würde man sich so einem Choleriker zuwenden, würde dieser sich nicht ernst genommen fühlen. Wohingegen er bei der erstgenannten Ansprache sogleich von seinem Platz hochschießt und stolz an die Tafel geht um den anderen zu zeigen, wie er die Sache sieht. Wenn er plötzlich merkt, daß er es gar nicht kann, wird er zwar rot und geht etwas verlegen wieder an seinen Platz, sein Selbstbewußtsein hat jedoch keinen Schaden gelitten. Er wird es das nächste Mal besser machen, und vor allem wird er besser aufpassen. Diese Fähigkeit, die Kinder nicht nur beim Namen zu rufen, sondern im Umgang mit ihnen auch ihr Temperament zu berücksichtigen, ist ein wichtiges Grundelement pädagogischen Geschicks. Das Kind erlebt sich dadurch vom Lehrer verstanden und schenkt ihm leichter sein Vertrauen.

Eine solche Vorgehensweise kann bis zu einem gewissen Grade

auch von Eltern zu Hause durchgeführt werden, wenn sie sich darin üben, selbst die verschiedenen Temperamente zum Ausdruck zu bringen und zu beherrschen. Es ist dies eine Behandlung nach dem sogenannten Simile-Prinzip. Gleiches erkennt gleiches, gleiches wirkt auf gleiches besänftigend und harmonisierend ein.

b) Möglichkeiten durch Ernährung

Der Phlegmatiker, der an sich am liebsten Nudeln mit Soße oder Quarkspeisen ißt, erstaunt, wenn die Nahrung eines Tages stärker gesalzen oder gewürzt ist. Natürlich gelingt eine solche Änderung nur da, wo Kinder nicht von klein auf daran gewöhnt sind, nur ihre Lieblingsessen zu bekommen und jedes Essen, das sie nicht mögen, abweisen zu dürfen. Die gute alte Sitte: Von allem, was auf den Tisch kommt, werden mindestens drei Löffel gegessen, ist eine wichtige erzieherische Hilfe. Denn was ist Selbsterziehung anderes als das Überwinden von Schwächen und unangenehmen Eigenschaften, die man von Natur aus hat? Überläßt man sich nur seiner Natur und ihren Neigungen, so findet keine Verwandlung und keine Selbstüberwindung statt. Das gilt auch für die Ernährung. Überlassen wir hier die Kinder nur ihren naturgegebenen Neigungen, werden sie nicht lernen, etwas, das ihnen ein wenig gegen die Natur geht und unangenehm ist, zu verdauen. Essen zu lernen, was auf den Tisch kommt, ist Selbsterziehung auf körperlicher Ebene. Der Organismus lernt Speisen zu verarbeiten, nach denen er kein instinktives Verlangen hat. Das heißt nun nicht, daß dieses die Hauptnahrungsmittel sein sollen. Das heißt jedoch, daß diese wie ein Medikament in kleineren Dosen regelmäßig zugeführt werden können, so daß der Körper auch das verarbeiten lernt, wozu er von sich aus keine Neigung hat.

Für den Sanguiniker ist es wichtig, daß er nicht zu umfangreiche, dafür aber regelmäßig häufigere und abwechslungsreiche Mahlzeiten bekommt; er muß aber auch lernen, schwerer Verdauliches zu verarbeiten. Davon genügen jedoch ebenfalls kleine Mengen.

Dem Melancholiker darf (im Gegensatz zu Sanguiniker und Phlegmatiker, wo dies durchaus einmal angebracht sein kann) ein süßer Nachtisch nicht vorenthalten werden. Auch für ihn sind regelmäßige Mahlzeiten wichtig, da er von sich aus ähnlich wie der Choleriker oft gar nicht so auf das Essen achtet und gern auch einmal eine Mahlzeit ausläßt. Der Melancholiker kann sein Essen dann auch aus reinem Pflichtbewußtsein mit einer gewissen Lustlosigkeit herunterlöffeln, und dann liegt es ihm später schwer im Magen. Hier muß darauf geachtet werden, daß insbesondere Getreidezubereitungen sehr gut aufgeschlossen und leicht verdaulich sind. Schwer Verdauliches wie Kohlgemüse, Bohnen und bestimmte Rohkostzubereitungen sollte man ihm nicht zu oft anbieten.

Es gibt Choleriker, die gesund und gut beieinander sind, denen es wohltut, immer wieder auch schwer Verdauliches zu essen. Es gibt aber auch solche (insbesondere die Kinder, die zu Aggressivität neigen), die eine unregelmäßige Verdauung haben und hier der Unterstützung bedürfen. Regelmäßige, nicht zu große Mahlzeiten sind wichtig und auch, daß diese in entspannter und nicht gehetzter Atmosphäre eingenommen werden. Nach dem Essen oder abends vor dem Schlafengehen hat sich ein warmer Bauchwickel sehr bewährt.[*]

Kein Kind, das sich aufbrausend oder aggressiv verhält, tut dies eigentlich gerne. Vielmehr fühlt es sich irgendwie nicht ganz wohl und möchte am liebsten aus der Haut fahren. Wir nehmen dies leider oft moralisch. Durch relativ einfache diätetische und hygienische Maßnahmen könnte man diesen Kindern viel besser helfen als durch fruchtlose Ermahnungen oder beruhigende Medikamente.

c) Allgemeinhygienische Maßnahmen

1. Waschgewohnheiten

Das Waschen am Morgen wird von den Kindern unterschiedlich erlebt und sollte entsprechend unterstützt werden. Der Choleriker

---

[*] Vgl. Petra Lange, »Hausmittel für Kinder«, Rowohlt TB, Reinbek b. Hamburg 1984, und Michaela Glöckler (Hrsg.), »Das Schulkind«, Dornach 1992.

erledigt das Waschen meist pünktlich und pflichtgemäß. Der Melancholiker bevorzugt warmes Wasser und bedarf oft der Ermunterung, damit er sich nicht drückt. Der Sanguiniker liebt die Katzenwäsche oder aber das ausgiebige Plantschen und Baden, wenn er den Reiz dieses Mediums entdeckt hat und gerade nichts anderes Interessantes zu tun ist. Der Phlegmatiker hingegen pflegt sich so zu waschen, wie er es gelernt hat, und wird diese Gewohnheit mit der Zeit ebenso lieben, wie er überhaupt Gewohnheiten liebt und an ihnen festhält. Für ihn ist es wichtig, ein Element in die Gewohnheitsbildung hereinzubringen, das ihn beim Aufwachen unterstützt: Beispielsweise eine kühle Abwaschung am Morgen. Dabei wirkt etwas Rosmarinbademilch im Wasser zusätzlich noch über den Geruchssinn anregend und fördert das Zu-sich-Kommen.

2. Umgang mit Schlafen und Wachen

Ein Sanguiniker braucht sehr viel Schlaf. Wenn er in der Schule genügend aufpassen und mitkommen soll, muß er abends früh ins Bett gebracht werden, auch wenn ihm dies schwerfällt, weil er sich lieber noch endlos mit den Erwachsenen beschäftigen würde. Auch tut es ihm gut, unter Umständen sogar bis ins vierte Schuljahr hinein, einen Mittagsschlaf zu machen. Sanguinische Kinder haben die Tendenz, sich stark zu verausgaben, weil sie alles intensiv miterleben und mitmachen. Sie neigen daher auch leicht zur Erschöpfung.

Dem Choleriker fällt es in der Regel nicht schwer, morgens aufzustehen, auch wenn die Nacht einmal kürzer war als sonst. Initiative, Pflichtbewußtsein und die Bereitschaft zur Aktivität helfen ihm über die Müdigkeit hinweg. Ein Choleriker wird auch verstehen, daß er abends eben früher ins Bett muß, wenn er morgens nicht aus den Federn kommt. Man kann ihn hier bei seiner Ehre und seinem Pflichtbewußtsein packen.

Beim Phlegmatiker ist dies anders. Er hat die Neigung, eher zu viel zu schlafen. Für ihn kann es sinnvoll sein, den Mittagsschlaf

relativ bald auszusetzen, damit er am Tage aktiv genug ist, um eine
gesunde Müdigkeit zu entwickeln, zumal er sich immer bedeutend
weniger verausgabt als ein sanguinisches oder cholerisches Kind.
Gut ist es auch, ihn morgens eine halbe Stunde vor der notwendigen
Zeit zu wecken, damit auch Ruhe da ist für die genannte kühle Abwaschung, denn er braucht länger, um wirklich ganz »da« zu sein.
In der Regel dauert es ein bis zwei Stunden, bis er wirklich aufnah-
mefähig ist. Für viele Kinder ist es auch wichtig, daß sie einen Schulweg von mindestens zehn Minuten haben. Die Kinder bewegen sich
heute alle viel zu wenig und laufen viel zu wenig zu Fuß. Eine Vier-
telstunde regelmäßiger Schulweg hilft auch dem aggressiven Kind,
sich unterwegs schon etwas auszutoben, bevor es in die Schule
kommt. Für den Sanguiniker kann es angebracht sein, ihn hin und
wieder zu schonen, besonders wenn gesundheitliche Probleme vorliegen. Ansonsten ist es sicher fast immer möglich, die Kinder etwas
vor der Schule aus dem Auto oder der Straßenbahn aussteigen zu
lassen und sie davon zu überzeugen, daß so ein Schulweg ihnen
guttut. Konzentration und Aufmerksamkeit im Unterricht werden
dadurch in jedem Fall gefördert. Wo dieses nicht geschieht, haben
die Lehrer dann das Problem, daß sich die Kinder vor dem Unterricht oder auch während der Stunde erst einmal richtig austoben
und bewegen wollen.

Für den Phlegmatiker ist der regelmäßige Schulweg von besonderer Bedeutung. Er muß, bevor er in den Unterricht kommt, schon
etwas gesehen haben und angeregt worden sein, um mit bereits ge-
wecktem Interesse die Schule zu betreten.

3. Musikinstrumente

Auch über die Wahl der Musikinstrumente kann viel Positives für
die Temperamentsbehandlung bewirkt werden. Für den Choleriker
ist es hilfreich, wenn er ein Saiteninstrument erlernt und sein ganzes
Temperament sehr zügeln muß im sorgfältigen Hinhören auf die
Reinheit des Tones und den mit Bezug auf den Krafteinsatz abge-
stimmten Strich mit dem Bogen. Er wird sich dann beim Allegro

herausgefordert fühlen und vielleicht länger brauchen, bis er ein Largo so spielen kann, daß man ihm gern zuhört. Er wird auch erleben, daß nicht der große Krafteinsatz zur Schönheit des Musikerlebens führt, sondern der gezügelte.

Für den Sanguiniker ist das Blasinstrument das geeignete Ausdrucksmittel. Er würde beim Saiteninstrument schnell die Lust verlieren, wenn es sich nicht relativ bald gut anhört. Beim Blasinstrument sind die Töne vorgegeben, und da er ohnehin eine Beziehung zur Luft und zur Leichtigkeit hat, freut er sich, durch die Art der Blasintensität auf Tonstärke und Qualität einwirken zu können.

Dem Melancholiker liegen Instrumente wie das Cello oder der Kontrabaß, die eine gewisse Schwere haben. Auch liebt er Einzelstunden im Singen oder auch die Mitarbeit in einem diszipliniert arbeitenden Chor. Im Gesang wird die Seele leicht, auch wenn sie beschwert ist, und sie kann sich in all ihrem Reichtum offenbaren. Da er hier nicht sein Persönliches preisgeben muß, sondern sich durch objektiv vorhandene Lieder und Melodien ausdrücken kann, ist ihm dies möglich. Und was er hier übt, hilft ihm dann später auch mehr und mehr sein Persönliches äußern und einbringen können.

Dem Phlegmatiker kommt man musikalisch am besten dadurch entgegen, daß man ihn Klavier spielen läßt, oder aber ein Zupfinstrument wie Leier oder Harfe. Er braucht es, daß ihm die Fülle der Töne schon gleich zur Verfügung steht und er seinen Einsatz ganz auf das Erklingenlassen bestimmter Harmonien beschränken kann. So wird er mit Ruhe und Ausdauer üben und Freude daran haben, Dissonanzen in Konsonanzen und Harmonien aufzulösen.

Schlußbemerkung:

Der Erwachsene, der die Kinder bei dieser Arbeit begleitet, muß lernen, sie jeweils da abzuholen, wo sie gerade stehen. Dazu braucht er eine tiefe Sympathie zu den Temperamentseigenschaften und muß in der Lage sein, sich vorzustellen, wie sich diese Eigenschaften einmal äußern werden, wenn sie in guten Diensten stehen, wenn zum Beispiel die Kraft des Cholerikers nicht für Blödsinn aufgewendet wird, sondern für ein sinnvolles Ziel, wenn die Heiterkeit nicht albern wird, sondern für frohe Stimmung sorgt in einer schwierigen Situation. Er muß lernen, die positiven Möglichkeiten jedes Temperamentes zu sehen und sich zu freuen, daß er die Kinder auf dem Weg zur Entfaltung dieser Möglichkeiten begleiten darf.

Dabei ist eine interessante Beobachtung zu machen: Wenn ein Kind lernt, mit seinem Haupttemperament immer besser umzugehen, fällt es ihm auch zunehmend leichter, seine anderen naturgegebenen Temperamentseigenschaften zu beherrschen. Lernt es das Überschießende zu zügeln, wächst die Fähigkeit, auch die anderen Eigenschaften harmonischer aufeinander abzustimmen.

Ziel der Temperamentsbehandlung wird also immer das Streben nach Einklang und einer gewissen Harmonisierung der Eigenschaften sein, ohne daß es dabei zu Unterdrückung oder zur Nivellierung origineller Persönlichkeitsäußerungen kommt.

Temperamentsbehandlung beim Erwachsenen

Der Erwachsene ist zur Selbsterkenntnis befähigt. Er kann lernen, seine Wirkung auf andere Menschen realistisch einzuschätzen und seine Verhaltensweisen so zu modifizieren, daß er nicht unnötig mit ihnen in Konflikt gerät. Oft sorgt auch das Leben dafür, daß der Erwachsene bestimmte Dinge lernen muß, um überhaupt mit einer gegebenen Situation am Arbeitsplatz oder im privaten Bereich zurechtzukommen. Diese Schule durch das Leben selbst kann jedoch unterstützt werden durch systematisches Üben bestimmter Eigenschaften, um vorhandene Temperamentseinseitigkeiten zu harmonisieren. In der Regel hat jeder Mensch zwei stärker hervortretende Temperamente, wovon eines führend ist. Beispielsweise wird ein Choleriker meist als zweites hervorstechendes Temperament die Melancholie haben, die immer dann in den Vordergrund tritt, wenn er sich erschöpft hat durch übermäßige Krafteinsätze und Aktivitäten. Der Melancholiker hingegen, der sich eine Zeitlang ganz seinem Weltschmerz überlassen hat, kommt irgendwann auch an den Punkt, wo er sich klarmacht, daß nur er selbst sich aus dieser kritischen Situation aufraffen kann. Und so nimmt er alle Kraft zusammen und zeigt sich initiativ-cholerisch.

So wie das cholerische und melancholische Temperament häufig zusammen vorkommen, ist es auch mit dem sanguinischen und phlegmatischen. Da der Sanguiniker stark zur Verausgabung neigt, kann er immer wieder auch in Phasen kommen, wo sich die Erschöpfung als ein gewisses Phlegma bemerkbar macht, das sich in einer Verlangsamung, Trägheit und Schlafbereitschaft äußert.

Auch wenn dieses typische Kombinationen sind, so gibt es doch darüber hinaus alle Varianten und auch diese wiederum in unterschiedlicher Gewichtung des einen gegenüber dem anderen. Es gibt auch Menschen, die alle vier Temperamente recht ausgewogen veranlagt haben und dennoch mit diesen Eigenschaften nicht souverän umgehen können. Sie erleben sich selbst als Knecht ihrer Natur, fühlen sich nicht wohl in ihrer Haut und nicht frei, ihr Wesen durch diese oder jene Eigenschaft adäquat zum Ausdruck zu bringen. Hier kann eine systematische Temperamentserziehung zu einer echten Befreiung und zu einem neuen Selbstbewußtsein führen. Selbsterziehung beim Erwachsenen erstreckt sich immer in individuellen Situationen auf eine, zwei oder alle Temperamentseigenschaften. Sie hat zum Ziel, den bewußten Umgang mit diesen Eigenschaften zu üben und zu erreichen. Auch ist es wichtig zu entdecken, daß man selber alle vier Temperamente der Anlage nach in sich hat und sie aktivieren kann.

a) Übungen für das cholerische Temperament

Dem Choleriker liegen Eigenschaften wie die der Initiative, der Wahrheitsliebe, der Pünktlichkeit, der Überschau, verbunden mit einem gewissen Herrschbedürfnis im Blut. Wenn er nicht darauf achtet, wird er davon getrieben und wirkt auf seine Umgebung auch entsprechend unter Druck stehend und zwanghaft. Er muß lernen, sich seiner Initiativmöglichkeiten stärker bewußt zu werden und auch mitzuempfinden, wie seine Umgebung den eigenen Einsatz miterlebt und beurteilt. Je besser er mitberücksichtigt, wie er auf die anderen wirkt, und sein Verhalten dementsprechend modifiziert, indem er sich auch einmal zurücknimmt, je mehr es ihm gelingt, die Liebe zur Sache so vorherrschend sein zu lassen, daß es nicht mehr darauf ankommt, ob er die Initiative hat oder ein anderer –, je mehr Freude er daran finden kann, wenn auch andere Menschen aktiv sind, desto besser wird er lernen, mit seinem cholerischen Temperament umzugehen. Für ihn ist es hilfreich, wenn er abends auf den Tag zurückblickt und sich bemüht, sich den Umkreis möglichst genau in die Vorstellung zu rufen, in den er während des Tages hineingearbeitet hat und der seine Arbeitsleistungen, seine emotionalen Ausbrüche, Korrekturen, seine Kritik oder Anspornungen entgegengenommen hat. Es ist wesentlich, daß er bei diesem Tagesrückblick nicht das ansieht, was er heute alles geleistet hat, sondern daß er sich vielmehr wie einen Negativabdruck vor Augen führt, wie seine Arbeit und sein Verhalten während des Tages sich auf die anderen Menschen ausgewirkt haben und wie sie ihn und seine Leistung wohl erlebten. Es kommt ihm dann vielleicht das erschrockene Gesicht eines seiner Kinder wieder in den Sinn, das er wegen einer Lappalie viel zu hart gerügt hat, oder das resignierte Verstummen seiner Frau, die immer wieder erlebt, daß sie mit ihren Intentionen gegen den starken Ehepartner nicht aufkommt (damit ist natürlich nicht gesagt, daß es nicht auch cholerische Ehefrauen und melancholische oder phlegmatische Männer gibt!). Hat man dies alles auf sich wirken lassen, wird nun ein nächster Schritt folgen, bei dem man sich vorstellt, wie man in dieser Situation anders hätte handeln können. Mit diesem Bild kann man sich nun stark identifizieren und eine Art Vorfreude darauf in sich erzeugen, bei einer anderen Gelegenheit das Verhalten in dieser jetzt vorgestellten Weise zu ändern. Das mag in der aktuellen Situation hundertmal mißlingen. Wenn es jedoch systematisch geübt wird, wird es eines Tages gelingen, die Cholerik zum Ausdruck reiner kraftvoller Menschlichkeit zu machen.

Wer fühlt, daß er zu wenig Cholerik besitzt, kann diese Eigenschaft bei sich verstärken durch tägliche kleine Übungen in Initiative. Er kann damit beginnen, sich für den nächsten Tag einen Tagesplan zu machen, in dem er festlegt, was er zu den verschiedenen Zeiten tun möchte. Wenn er peinlich genau darauf achtet, daß alles auch so geschieht, wie er es sich vorgenommen hat, wird dies schon eine gewaltige Wirkung haben, selbst wenn es nur wenige Dinge sind. Man kann schlicht so anfangen, daß man sich beispielsweise vornimmt, morgens zu einer bestimmten Zeit aufzustehen, ganz unabhängig davon, wann man abends ins Bett gegangen ist oder wann man aufstehen »müßte«. Es könnte dies auch einfach darin bestehen, sich alle Mühe zu geben, bei Verabredungen ganz pünktlich zu sein. Nicht die Größe der Aktivitäten ist es, worauf es hier ankommt, sondern das präzise Schulen des eigenen Willens bzw. der eigenen Initiativfähigkeit. Man lernt so, sich auf sich selbst zu verlassen, und gewinnt dadurch eine neue Frische und ein neues Kraftgefühl.

b) Übungen für das sanguinische Temperament

Die positivste Eigenschaft des Sanguinikers ist die Interessefähigkeit. Der Sanguiniker muß lernen, sich für die Dinge, die spontan und einfach durch seine Natur seine Aufmerksamkeit erregen, auch wirklich innerlich zu interessieren und zu engagieren. Wenn er früher freundlich Menschen begrüßt hat mit einem floskelhaften »Wie geht es dir«, kann er sich nun einmal ernsthaft fragen, ob er das wirklich wissen möchte. Er kann sich vornehmen, das »Wie geht es dir« nur dann zu sagen, wenn er auch bereit ist zuzuhören, wie es dem anderen geht.

Für den Sanguiniker ist ein Tagesvorblick ebenso wichtig wie der -rückblick. Beides wird ihm jedoch nicht leicht fallen. Er wird

Mühe haben, all die vielen Dinge, die er wahrgenommen hat, so ins Bild zu bringen, daß er eine lückenlose Überschau über die Ereignisse des Tages hat. Um so wichtiger ist es, sich bestimmte Situationen vor Augen zu führen und sich zu bemühen, in allen Einzelheiten ins Gedächtnis zu rufen, was da gewesen ist. Dann kann er sich fragen: Was habe ich hier wahrgenommen und gelernt? Habe ich mich wirklich interessiert? Um diese Übungen zu vertiefen, kann man sich für den nächsten Tag ein oder zwei Stationen vornehmen, an denen man ganz besonders auf diese Verbindlichkeit des Interesses achten möchte.

Wer zuwenig Sanguinik besitzt, kann systematisch üben, sich für Dinge zu interessieren, die er sonst links oder rechts hat liegen lassen oder über die er trocken bemerkt hat: »Das geht mich nichts an« oder: »Sollen sich doch andere darüber die Köpfe zerbrechen.« Die Erweiterung des Interessenkreises fördert die innere Beweglichkeit und befähigt zu einer gewissen Sanguinik. Gerade für einen Melancholiker ist diese Übung in Sanguinik sehr wichtig. Er kann sich fragen, warum er sich für die heitere Seite des Lebens so wenig interessiert und keine Erlebnisse aufsucht, bei denen er auch diese liebgewinnen lernt. Oder er kann sich klarmachen, daß ein Grundzug der Melancholie darin besteht, sich in erster Linie für sich selbst und seine eigenen Schmerzen und Nöte zu interessieren und darüber die Sorgen und Nöte der anderen Menschen in den Hintergrund treten zu lassen. In dem Maße, wie es ihm nun gelingt, sich auch für andere aufzuschließen, wird er bemerken, wie er immer fähiger wird, die eigenen Bedrückungen anders zu nehmen, etwas mehr Distanz zu empfinden und alles besser zu ertragen. Übungen dieser Art können auch ganz einfach so aussehen, daß man sich einmal für einige Zeit vornimmt, jede Woche eine andere Zeitung zu lesen oder sich eine Pflanze zu kaufen, die man sich früher nie gekauft hätte, und diese nun über eine längere Zeit in ihrem Wachstum und ihrer Entwicklung zu beobachten.

Viele Menschen der Gegenwart leiden an einer pathologischen Sanguinik, die in einer Oberflächlichkeit dem Leben gegenüber besteht. Sie haben ein »Zuschauerbewußtsein« ausgebildet, welches durch die Medien, insbesondere das Fernsehen, unterstützt wird. Heute kommen bedeutend mehr Informationen an das Bewußtsein heran, als wirklich verarbeitet werden können. Das Interesse dringt nicht mehr in die Tiefe. Und so ist dies eigentlich eine Übung, die fast jeder Mensch machen sollte: sich immer wieder vornehmen, einzelne Informationen oder Eindrücke aus dem Tagesgeschehen herauszugreifen und diese zu vertiefen. Dies gelingt am ehesten, wenn man lernt, Fragen dazu zu stellen und diesen dann nachzugehen. Fragen schließen auf, Fragen führen weiter, Fragen öffnen einen gegenüber der Welt, so daß man durch sie bereichert werden kann.

c) Übungen für das phlegmatische Temperament

Der hervorstechende Charakterzug des Phlegmatikers ist die Beharrlichkeit, eine Begabung zur Treue. Die Gefahr dieser Naturgegebenheit ist, daß sie leicht eine Treue aus Gewohnheit oder aus Bequemlichkeit wird. Der Phlegmatiker muß lernen, diese Eigenschaft wirklich mit seinem Ich, mit seiner innersten Persönlichkeit zu verbinden. Dies ist um so leichter möglich, je mehr er sich für die Lebensumstände des anderen im einzelnen interessiert und sie zu verstehen versucht. Durch echtes Verständnis füreinander wird jede Beziehung dauerhaft, man wird nicht aufhören, sich auch weiterhin zu interessieren.

Wer bei sich entdeckt, daß er zuwenig Phlegma besitzt, es aber gerne bei sich kultivieren möchte, der wird dies auf dem Weg des Treueübens am ehesten erreichen. Bestimmte Wahrheiten erarbeiten und diese pflegen – das ist die Aufgabe. Der Phlegmatiker besitzt ideale Voraussetzungen für die Durchführung eines meditativen Lebens. Es fällt ihm leicht, eine gewisse innere Ruhe als Voraussetzung für die verschiedenen Übungen herzustellen und sich immer wieder große Wahrheiten des Lebens und der menschlichen Entwicklung durch die Seele ziehen zu lassen. Auch liebt er schon von sich aus den Rhythmus, er muß nicht viel investieren, um ihn aufrechtzuerhalten. All dieses fällt anderen Menschen schwerer. Sie müssen systematisch üben, beispielsweise für ein meditatives Leben dreimal täglich einen kurzen Zeitraum freizubekommen, um sich hier selbstgewählten Bewußtseinsinhalten hinzugeben. Sie müssen lernen, Idealen oder Gedanken, die sie in bestimmten Lebensaugenblicken als wahr erkannt haben, die Treue zu halten und sie nicht wieder zu vergessen.

d) Übungen für den Melancholiker

Hervorstechender Charakterzug des Melancholikers ist der Ernst. Diese Eigenschaft tritt heute aufgrund der herrschenden Oberflächlichkeit, die viele Menschen unserer Zeit erfaßt hat, zurück. So kommt es auch, daß das Pathologisch-Melancholische heute im Vordergrund steht und zunehmend in Form von Schwermut, Depressionen und Resignation viele Menschen lähmt. Daher sind die Übungen für einen bewußten Umgang mit dem melancholischen Temperament heute wichtigste sozialhygienische und kulturtherapeutische Maßnahmen.

Wer sich den positiven melancholischen Charakterzug erwerben möchte und zu einem wirklichen Lebensernst kommen will, der muß sich immer wieder Stunden nehmen, in denen er so lange über bestimmte Dinge nachdenkt, bis er sie ganz und gar verstanden hat und dadurch ernst nehmen kann. In der Weimarer Zeit hat Rudolf Steiner einmal einen psychologischen Fragebogen ausgefüllt, in dem auch die Frage gestellt war: Welche Fehler würdest du am ehesten verzeihen? Seine Antwort war: Jeden, wenn ich ihn verstanden habe. Dieses zu können, ist die Tugend des Melancholikers, der nach einem tieferen Verständnis der Welt strebt und sich auf diesem Wege auch die so zentrale und erlösende menschliche Fähigkeit erwirbt: das Verzeihen durch Verstehen. Es ist auch der Weg, den der Melancholiker beschreiten muß, der seine Melancholie beherrschen lernen möchte. In seinem Tagesrückblick wird er bemerken, daß es viele Dinge gegeben hat, über die er eigentlich nicht wirklich hinwegkommt, die er nicht verzeihen kann, über die er eine gewissen Bitternis empfindet. Diese Empfindungen sind das Ergebnis unvollständiger Erkenntnisbemühungen. Durch die naturgegebenen Fähigkeit zum Ernst und zur persönlichen Betroffenheit erlebt der Melancholiker stark, wie ihn die Dinge beeindrucken. Was sie jedoch in einem größeren Zusammenhang sind, muß er sich erst erarbeiten. Gelingt es ihm, seine Melancholie bewußt handhaben zu lernen, erwirbt er sich zugleich die Fähigkeit, auch mit schwierigsten Lebensproblemen umzugehen.

Zusammenfassung

Aus diesen Hinweisen zur Selbsterziehung geht hervor, daß man kaum eine Übung für ein bestimmtes Temperament machen kann, ohne die anderen mitzuberücksichtigen. Um sich überhaupt eine solche Übung vornehmen zu können, bedarf es bereits einer gewissen Initiative und eines Minimums an Interesse, sie auch durchzuführen. Hinzu kommt, daß sie nicht gelingt, wenn man sie nicht versteht und ernst nehmen kann. Zum Erfolg führen die Übungen jedoch nur, wenn man sie über lange Zeit gemacht werden und in die Gewohnheit übergehen. So kommt es auch, daß jeder Mensch an einer anderen Stelle Probleme mit der Selbsterziehung und dem Üben in diesem Sinne hat. Dem einen fehlt dazu der Schwung, dem anderen das genügende Interesse, dem dritten der Ernst und dem vierten Treue und Ausdauer. Jeder braucht alle vier Temperamente, um dem Leben gewachsen zu sein. Jeder, der in der für ihn geeigneten Form beginnt, mit diesen Eigenschaften umzugehen und an ihnen zu arbeiten, wird dadurch sein Freiheitserleben vergrößern und im Umgang mit sich selbst und mit anderen Menschen souveräner und selbständiger werden. Seinen Kindern wird er ein verständnisvoller Begleiter sein und für sie eine Umgebung darstellen, in der sie sich mit ihren Eigentümlichkeiten aufgenommen und verstanden fühlen. Es ist wohltätig für ein Kind zu erleben, daß auch der Erwachsene an sich arbeitet und Erziehung braucht und nicht nur es selbst. Demgegenüber fühlt es sich dort unwohl, wo ihm die Erwachsenen in dem Bewußtsein begegnen, du bist noch klein, du mußt noch viel lernen – ich bin groß und kann schon alles, worauf es ankommt. In einer solchen Atmosphäre fühlen sich die Kinder mit ihren Sorgen und Nöten leicht mißverstanden und allein gelassen.

Je mehr wir selbst lernen, ein bißchen wie die Kinder zu werden, die noch in vollem Umfang daran arbeiten müssen, sich für das Leben vorzubereiten, desto besser wird auch der Erwachsene weiterkommen in seinem Bemühen, ein hilfreicher und lebensfroher Mensch zu werden.

Fragen zum Thema

Frage: Wie hoch ist das Schlafbedürfnis eines Melancholikers?

Antwort: Die Länge des Schlafes ist für die Lebensalter verschieden. Außerdem gibt es individuelle Unterschiede, wie lange man schlafen muß, um frisch zu sein für den nächsten Tag. Am besten ist es, dies konkret auszuprobieren. In der Regel werden es acht bis zehn Stunden sein, je nach dem auch, ob ein Mittagsschlaf gemacht wird. Auf jeden Fall ist es am gesündesten für das Kind, wenn es abends früh einschlafen darf, so daß es am Morgen leicht aus dem Bett kommt. Melancholiker brauchen viel Schlaf, um sich wohlzufühlen. Aber sie finden oft nicht in den Schlaf, weil sie so viel denken müssen. Wenn Sie ein melancholisches Kind zu Bett bringen und das Zimmer sogleich wieder verlassen und gehen dann nach einer Stunde noch einmal hinein, dann kann es sein, daß es still im Bett liegt und immer noch wach ist. Dann setzen Sie sich zu ihm und fragen: »Warum schläfst du denn noch nicht?« »Ach Mami, ich habe so schlechte Gedanken«, sagt es dann. Deswegen ist es wichtig, daß man bei melancholischen Kindern besonders auf einen gemütlichen, bewußt gestalteten Abendabschluß achtet. Hilfreich ist auch der Tagesrückblick, wobei man den Tag noch einmal gemeinsam durchgeht und mit dem Kind darüber spricht, zum Beispiel: Was war heute am schönsten, was war heute am traurigsten? Dieses nochmalige Anschauen und Besprechen hilft dem Kind, sich von dem Belastenden zu lösen. Dann noch ein schönes Lied, eine kleine Geschichte und ein Gutenachtkuß und die Kerze löschen – so schlafen die melancholischen Kinder eher ein.

Auch brauchen diese Kinder ganz besonders das Abendgebet. Wer nicht beten kann, sollte wenigstens ein schönes Lied singen, so daß doch etwas helles Beschauliches, Ruhiges vor dem Schlafen stattfindet. Die Qualität des Schlafes wird dann auch deutlich besser sein.

Frage: Können Sie noch etwas mehr zur Sitzordnung in der Schulklasse sagen?

Antwort: Die genannte Sitzordnung nach den hervorstechenden Temperamentseigenschaften ist zugleich eine Erziehung zur Sozialfähigkeit. Wenn man nicht die ganze Schulzeit hindurch neben seiner besten Freundin oder dem Freund sitzt, so fördert dies die Klassengemeinschaft erheblich. Denn Freundschaften haben leicht etwas Ausschließendes. Je enger Freundschaften sind, um so unsozialer können sie wirken – und sie erwecken auch oft Neid: »Ich gehöre nicht zu denen, mit mir reden sie nicht.«

Deswegen ist es wohltuend, wenn sich die Kinder vom ersten Schultag an daran gewöhnen: die Sitzordnung macht der Lehrer! Zumindest in den ersten vier bis fünf Jahren, wenn die Sitzordnung nach Temperamenten am wirkungsvollsten ist.

Ein anderer Gesichtspunkt ergibt sich aus der Erfahrung, daß es auch mit der Disziplin leichter ist, wenn der Lehrer seine Klasse in vier Gebiete differenziert und so eine »Wuselecke« (Sanguiniker) hat, die er sozusagen nie aus dem Blick lassen darf, und gegenüber vielleicht eine »Erholungsecke« (Phlegmatiker), wo er sich immer ein bißchen ausruhen kann.

Sicher ist es vorteilhaft, wenn die Sanguiniker nicht am Fenster sitzen, sondern vorne links an der Wandseite. Die Phlegmatiker und Melancholiker hingegen sollten am Licht sitzen. Sie werden dadurch geweckt und angeregt. Die Choleriker steigen auch ins Unterrichtsgeschehen ein, wenn sie hinten an der Wandseite sitzen, vorausgesetzt, es gelingt dem Lehrer, sie genügend zu fordern.

Frage: Warum empfehlen Sie für den Phlegmatiker das Klavierspiel?

Antwort: Das ist rasch gesagt: Er liebt es, wenn die Töne schon da sind und er sie nicht erst hervorbringen muß. Es kommt hinzu, daß man keine unreinen Töne spielen kann, sondern daß sie von sich aus schon schön klingen, außer wenn das Klavier verstimmt ist. Das kommt dem Harmoniebedürfnis des Phlegmatikers sehr entgegen. Er leidet, wenn zum Beispiel auf der Geige immer hart daneben »geschrubbt« wird. Wenn die Töne schon da sind, die Harmonie vorgegeben ist, braucht er nur noch bedächtig seine »Wurstfinger« auf die Tasten zu legen – und die Musik erklingt.

Das heißt natürlich nicht, daß alle Phlegmatiker Klavierspielen lernen sollen. Es heißt nur, daß es ihm sehr entgegenkommt.

Frage: Gibt es eine Temperamentsschulung bei Kleinkindern? Man kann sie ja noch kein Musikinstrument spielen lassen oder Freunde für eine Sitzordnung herbeischaffen.

Antwort: Das Kind sorgt in dieser Zeit durch seine spontanen Reaktionen und gesunden Instinkte noch selbst für die Aufmerksamkeit und das Verhalten des Erwachsenen, die es braucht. Ab dem 3./4. Jahr ist es dann schon eher angebracht, entsprechend der geschilderten Möglichkeiten etwas zu unternehmen. Hilfreich ist hier besonders die Berücksichtigung »seiner« Farbe (S. 94).

Frage: Wie kann man als Erwachsener lernen, die negativen Erscheinungen der Temperamente zu beherrschen?

Antwort: Der erste Schritt, mit diesen negativen Erscheinungen fertigzuwerden, ist, zu erkennen, daß sie vorliegen:

Zum Beispiel: Ich neige zur Depression. Oder: Ich »flippe leicht aus«. Oder: Ich neige dazu, daß ich zu ruhig bin und wichtigste Dinge einfach laufen lasse. Ohne diesen Schritt in der Selbsterkenntnis geht hier gar nichts.

Ein nächster Schritt wäre dann der Entschluß, an dieser Tatsache etwas ändern zu wollen. Ist dieser gefaßt, dann geht es an die Arbeit! Dabei kann helfen, sich diesen Entschluß an gut sichtbarer Stelle auf ein Blatt Papier zu schreiben, vielleicht in einer Form, die man nur selbst versteht, so daß man mehrmals am Tage darauf stößt und ihn im Bewußtsein behält. Ein Mensch mit überschießendem cholerischem Temperament wird dann zum Beispiel dreimal täglich aus eigenem Willensentschluß irgendeine kleine Handlung vollziehen und die volle Konzentration und Aufmerksamkeit darauf verwenden. Schon diese harmlose Übung hilft ihm, seine Kraftausbrüche besser in den Griff zu bekommen. Allerdings wird ein wirklicher Erfolg erst nach längerer Zeit eintreten, da das Temperament sehr tief in der Gewohnheit sitzt. Um hier dauerhaft etwas umzugewöhnen und zu befestigen, ist erfahrungsgemäß mindestens ein Jahr kontinuierlichen Übens notwendig. Das unbehandelte, krankhaft überschießende Temperament zeigt sich ja immer in bestimmten Reaktionen: Jemand ist sehr häßlich zu uns, prompt sind wir depressiv verstimmt, so es sich um die melancholischen Anlage handelt –, daran können wir zunächst nichts ändern. Aber wenn wir unabhängig von jeder Verstimmung uns vornehmen: »Ich will jeden Tag am Verstehen des anderen arbeiten, um seine Art ertragen zu lernen!« und führt das wirklich durch, wird man bald merken, daß man nicht mehr so leicht verstimmt ist, weil man damit umgehen lernt.

Neben diesen Schritten gibt es noch einen anderen Weg: nach dem Temperament zu schauen, das man am wenigsten hat, und sich dieses anzuziehen. Dadurch, daß man etwas Positives neu entwickelt, wird das Negative wie von selber ausgeglichen, indem es gegenüber dem Neuen zurücktritt. Es ist dies eine Erfahrung, die man grundsätzlich bei der Selbsterziehung macht. Die negativen Eigenschaften bessern sich von selbst dadurch, daß man an der Entwicklung guter Eigenschaften arbeitet, die vorher noch nicht oder nicht stark genug vorhanden waren.

Frage: Ist es dem Kind überhaupt möglich, sein Temperament zu erkennen, wenn es ein Kind mit gleicher Veranlagung neben sich sitzen hat?

Antwort: Die Erfahrung zeigt deutlich, daß die Kinder es nicht bewußt erkennen, sondern erleben. Die typische Lebensweise von Kindern ist ja, daß sie auf ihre Umwelt reagieren und dadurch in Handlung und Aktivität kommen.

Die Temperamente des anderen Kindes werden erlebt und darauf wird reagiert. Diese Reaktion ist ein Akt der Selbsterziehung, weil das Kind lernt, dieses, was es eigentlich selbst hat, am anderen wahrzunehmen. In dieser Auseinandersetzung erlebt es unbewußt: »Ich bin ebenso!« – und erlebt an seiner eigenen Reaktion, wie man damit umgeht.

Frage: Inwieweit beeinflussen Krankheiten Kinder in der Temperamentsentwicklung? Ich denke an meinen Sohn, der eine Neurodermitis hat und durch dieses Jucken oft sehr unruhig ist und sonst aber eigentlich sehr ausgeglichen. Besteht da ein Zusammenhang?

Antwort: Ich habe bei Kindern diesbezüglich noch keine typische Zuordnung gefunden, sondern eher erlebt, daß die Krankheiten unabhängig vom Temperament etwas Individuelles sind. Was ich jedoch immer gefunden habe, ist, daß das Kind je nach seinem Temperament mit seiner Krankheit umgeht. So geht ein Choleriker völlig anders mit der Neurodermitis um als ein Melancholiker oder ein Phlegmatiker.

Frage: Werden Kinder schon mit einem bestimmten Temperament geboren oder entwickelt sich das im Laufe des Zusammenseins mit den Erziehungspersonen?

Mir fällt auf, daß viele ruhige Mütter zum Beispiel ruhige Kinder haben oder schnell aufbrausende Erwachsene aufbrausende Kinder.

Antwort: Das trifft da zu, wo man vorherrschende Familien- oder Volkstemperamentseigenschaften im Auge hat. Davon hebt sich das individuelle Temperament als eine Variante ab. Zum Beispiel sind die Deutschen das Volk der »Dichter und Denker« mit einem entsprechend melancholisch-cholerischen Volkstemperament. Deutsche Sanguiniker sind italienischen Sanguinikern gegenüber immer noch melancholisch-cholerisch und nehmen das Leben viel zu ernst. Es ist interessant, wenn man in andere Länder fährt, erst eigentlich zu merken, wie stark einem beispielsweise die deutsche Pünktlichkeit oder der Hang zum Philosophieren in den Knochen sitzt. Da kann sich auch leicht die Tendenz zu einer gewissen Überheblichkeit einstellen, wenn andere eben unpünktlich sind oder über wichtige Lebensfragen nicht nachgedacht haben oder aber sich gar nicht dafür interessieren. Rudolf Steiner bemerkt in seinen Ausführungen über das menschliche Temperament, daß dieses einerseits stark von den vererbten Merkmalen und Eigenschaften aus Volk und Familie geprägt wird, daß aber andererseits die individuelle Temperamentsanlage bzw. »Mischung« dasjenige ist, was dem Menschen aufgrund seiner früheren Erdenleben zur Verwirklichung seiner Charaktereigenschaften dient. So gesehen zeigt sich das Temperament als Vermittler zwischen den Eigenarten der Individualität und den Merkmalen der Vererbung. Arbeit am Temperament bedeutet so immer zugleich auch Neutralisierung der Einflüsse aus der Vererbung.

Frage: Besteht ein Zusammenhang zwischen Sternzeichen und Temperamenten? Zum Beispiel sollen Zwillingsgeborene ein sanguinisches Temperament haben oder Stiere ein phlegmatisches.

Antwort: Ich habe dies bisher nicht systematisch verfolgt, deswegen kann ich es Ihnen nicht sagen, aber es mag durchaus ein Zusammenhang bestehen. Sucht sich der Mensch doch nicht nur aktiv im Vorgeburtlichen seine Eltern, sein Milieu und sein Erbgut mit aus, sondern auch seine Sternkonstellation für die Geburt, die zu ihm paßt und zu dem, was er auf der Erde lernen möchte. Nicht das Horoskop oder das Sternzeichen bestimmt uns und unsere Temperamentsanlage – vielmehr sind wir es, die aktiv eine solche Konstellation anstreben, weil sie zu unserem vorgeburtlichen Wesen und zu der ganzen Art, wie wir durch unsere früheren Leben geworden sind, paßt. Je mehr wir während des Erdenlebens an diesen mitgebrachten Eigenschaften arbeiten und sie verwandeln, um so aktiver bereiten wir uns dann auf die neue Konstellation für das nächste Erdenleben vor. Aus diesem Grunde empfehle ich auch immer, Sternkonstellationen nicht am Himmel festzustellen und zu mutmaßen, wodurch nun dieses oder jenes im Leben bestimmt sein könnte, sondern vielmehr auf die Verhaltensweisen und Entwicklungsmöglichkeiten selbst hinzuschauen und an ihnen aus freiem Entschluß heraus zu arbeiten.

Frage: Wirkt das Simile-Prinzip in der Temperamentsbehandlung auch bei Erwachsenen?

Antwort: In gewissen Grenzen kann es auch hier zur Anwendung kommen. Es setzt allerdings voraus, daß man den Menschen, demgegenüber man es zur Anwendung bringen möchte, gut kennt. Denn man muß sich ihm ähnlich machen, damit er sich verstanden und der eigenen Natur gemäß behandelt fühlt. Wenn Sie zum Beispiel in Schwaben einem Phlegmatiker cholerisch oder sanguinisch entgegentreten, so bekommen Sie von ihm allenfalls die brummige Bemerkung: »No nix narrets, nur net hudle.« Er wird sich nicht aus der Ruhe bringen lassen und auf Ihre erregte Ansprache oder Ihren Ansporn, etwas zu tun, nicht eingehen. Wenn Sie hingegen von vorneherein wissen, wie er empfindet und wie es um ihn steht, gehen Sie hin und nehmen sich erst einmal etwas Zeit, auf ihn einzugehen und die Situation wahrzunehmen, in der er sich gerade befindet. Dann erst ein paar Worte über das Wetter, und anschließend äußern Sie Ihre Bitte, dieses oder jenes zu tun – dann werden Sie bei ihm Erfolg haben.

Nun kann jedoch eingewendet werden, ob sich bei solchem Verhaltenstraining nicht Unehrlichkeiten oder Künstlichkeiten dem anderen gegenüber einstellen. Das sollte natürlich nicht sein. Man kann es auch als lieblos ansehen, einen anderen nicht in seinem So-sein wahrzunehmen. Ehrlichkeit hat auch immer zwei Seiten: einmal daß man sagt, was man möchte, und das ist ja im genannten Fall geschehen – nur auf einem anderem Weg – und die andere Seite, daß man wahrnimmt, wo der andere steht und wie es ihm geht. Wenn Sie dem anderen so begegnen, daß er sich ernsthaft verstanden fühlt, so ist dies der Versuch eines menschenwürdigen Umgangs miteinander und keine Unehrlichkeit oder Manipulation, um zu erreichen, was man erreichen möchte. Ich gebe zu, daß das ein heikles Thema ist. Andererseits ist es gerade in der heutigen Zeit entscheidend, daß wir einen menschlicheren Umgang miteinander lernen. Das soziale Leben bekommt dadurch einen Charakter, der mehr von der gegenseitigen Akzeptanz und dem Sich-ernst-Nehmen geprägt ist. Dieses Bemühen hat auch eine zeitökonomische Seite. Wenn ich es beispielsweise mit einem Choleriker zu tun habe, so kann ich es mir leisten, sehr kurz und knapp zu telefonieren. Da genügt es, nur den Nachnamen am Telefon zu sagen und sofort das Problem anzusprechen, um das es geht, ohne alle Umschweife. Der Choleriker liebt einen solchen Umgang, denn er hat eigentlich immer zuwenig Zeit für all das, was er noch erledigen möchte. Er wird bereitwillig die Information geben und guter Laune wieder einhängen. Hingegen wird ein ausgeprägter Phlegmatiker einen als extrem unhöflich ansehen, wenn man auf diese Weise am Telefon loslegt, oder gar nicht so schnell verstehen, worum es geht und umständliche Erklärungen verlangen.

Frage: Verändert sich im Laufe der Entwicklung eines Menschen noch das Temperament?

Antwort: In dem bereits erwähnten Fragebogen hat Rudolf Steiner über die Frage, welches sein Temperament sei, geantwortet: Wandelbarkeit. Dieses ist auch die Erfahrung eines jeden Menschen, der an seinem Temperament gearbeitet hat oder der durch die Lebensverhältnisse immer wieder gezwungen worden ist, es zu zügeln. Hinzu kommt, daß der Mensch als Kind eher sanguinisch ist, als Jugendlicher cholerisch, als Erwachsener melancholisch und im Alter phlegmatisch.

Antwort: Gibt es bestimmte Krankheitsdispositionen bei den Temperamenten?

Antwort: Es gibt tatsächlich bestimmte Organsysteme, die zu den entsprechenden Temperamenten eine besondere Beziehung haben. Was die Choleriker anbetrifft, so wird dies ein Organ sein, das unermüdlich tätig ist und den Wechsel beherrscht von Anspannung und Entspannung, um die Voraussetzung für dieses unermüdlich Tätigsein zu schaffen. Dieses Organ ist das Herz. Ein Choleriker wird in der Regel ein gutes Herz-Kreislauf-System haben und entsprechend warme Hände und warme Füße. Läßt er jedoch seinem Temperament die Zügel schießen und steht er seelisch immer unter Spannung und lernt das Loslassen nicht, so wird er in der zweiten Lebenshälfte disponiert sein zum Herzinfarkt. Entsprechend gibt es eine Beziehung des melancholischen Temperamentes zur Lungenfunktion, des sanguinischen Temperamentes zur Nierentätigkeit und des phlegmatischen Temperamentes zur Leberfunktion.

Frage: Ist es problematisch, immer »gegen« eine Eigenschaft anzugehen?

Antwort: Ich denke, daß es nur dann problematisch ist, wenn es so empfunden wird, daß man sich dagegen wendet. Ist dies so, so würde ich andere Übungen vorziehen, wo es darum geht, eine noch nicht genügend entwickelte Eigenschaft zu kultivieren und mit Hilfe der Selbsterziehung auszubilden. Entscheidend ist, daß die Selbsterziehung Freude macht, auch wenn sie anstrengend ist.

Farb-Erleben

Farben sind Gedanken
des Herzens.
LIANE COLLOT D'HERBOIS

Wirkungen auf den Leib

Licht und Farben gehören zusammen. Sie machen die gegenständliche Welt differenziert sichtbar. Sie haben aber auch deutlich wahrnehmbare körperliche, seelische und geistige Wirkungen.

Beispielsweise können wir unsere Knochen nur richtig ausbilden, wenn infolge des Lichteinfalls auf die Haut die Vorstufe von Vitamin D entsteht, welches dann im Organismus weiter verarbeitet wird und bewirkt, daß die Knochen genügend verkalken. Eine bestimmte Menge UV-Licht ist hierfür nötig, sonst muß das Vitamin D künstlich zugeführt werden, oder die Knochen werden weich, es entsteht das Krankheitsbild der Rachitis.

Im Norden Europas haben die Menschen ein halbes Jahr lang viel Dunkelheit – wenn auch immer wieder Nordlichter aufleuchten – und erleben den Lichtmangel deutlich. Es zeigt sich eine Verschlechterung der meisten chronischen Krankheiten, ein gehäuftes Auftreten von Depressionen und insgesamt ein Nachlassen der Leistungsfähigkeit. Wenn dann das Licht wiederkommt, regen sich die Lebensgeister neu, die Menschen werden im Sommer leicht etwas hypomanisch, haben einen starken Bewegungsdrang, und viele Krankheiten bessern sich spontan oder können leichter überspielt werden. Auch sind eine Vielzahl von Einzelwirkungen erforscht worden, die sowohl bei zu wenig Lichteinwirkung als auch bei zu viel Belichtung bei Tier und Mensch auftreten. Typische Erkrankungen, insbesondere vegetative Störungen wie Störungen des Wasserhaushalts, des Schlafverhaltens, Potenzabnahme, rasche Ermüdbarkeit, aber auch niedriger Blutdruck wurden beobachtet.*

Das Licht hat großen Einfluß auf das gesamte Körperleben. Es wirkt nicht nur über das Auge, sondern über den ganzen Menschen mit all seinen Sinnen, bis hin zur Haut.

Es gibt auch Untersuchungen in Kliniken: Man hat zum Beispiel in einer anthroposophischen Klinik über viele Jahre Untersuchungen an Kranken in Farbkammern – Rot und Blau – gemacht. Unter den Erkrankten war auch einmal eine blinde Patientin, die – obwohl sie nichts sehen konnte – doch ganz sicher sagen konnte, ob sie sich in der roten oder in der blauen Farbkammer befand. Sie hat sich kein einziges Mal getäuscht. Sie brauchte nur wenige Sekunden Orientierungszeit und konnte dann sagen, in welcher Kammer sie saß. Sie konnte auch ihre Erlebnisse genau beschreiben: daß sie sich nämlich in der roten Kammer körperlich angeregt und erfrischt fühlte und motiviert war, sich zu bewegen. In der blauen Kammer hatte sie eher das Gefühl: »Ach, hier fühle ich mich wohl, hier kann ich einmal lockerlassen und entspannen.«

Untersuchungen an Patienten mit verschiedenen Krankheiten haben dann ergeben, daß zum Beispiel spastische Erkrankungszustände, die mit einer starken Bewegungsreduzierung einhergehen wie die Multiple Sklerose, sich durch eine rote Farbkammerbehandlung subjektiv deutlich gebessert haben. Die Kranken konnten sich danach besser bewegen und fühlten sich auch irgendwie mehr »drin« in ihrem Körper. Eine helle blaue Kammer hingegen hat Menschen mit depressiven Gemütsverstimmungen geholfen, sich zu entspannen; sie fühlten sich freier. Das Rot hat sie eher beunruhigt und die Ängstlichkeit verstärkt. Aber in einem angenehm

---

* Vgl. F. Hollwich u. P. Dieckhues »Die Wirkung von Tages- und Kunstlicht auf den tierischen und menschlichen Organismus« in Forster, Med. 90. Jg. (1972) Nr. 1.

leuchtenden Blau konnten sie sich lösen und leichter atmen. Menschen, die Probleme mit einer gewissen Übererregbarkeit hatten, konnten sich besser fassen und fühlten sich stabilisiert.

Man hat dann versucht, diese positiven Ergebnisse auch durch meßbare Laborwerte zu verobjektivieren und zum Beispiel Kontrollen des weißen Blutbildes durchgeführt. Das ergab jedoch keine signifikanten Ergebnisse. Es würde weitergehender Versuchsanordnungen bedürfen und einer stärkeren Belastung der Patienten durch zusätzliche Untersuchungen. Denn die Blutwerte sind auch abhängig von der Tageszeit. Schon wenn man die Kranken nacheinander in die Räume führt oder bei ein und demselben Patienten zu verschiedenen Zeiten die Blutentnahmen macht, lassen sich die Werte nicht mehr zureichend vergleichen.

Dennoch zeigten auch diese Erfahrungen, daß Licht und Finsternis, Rot und Blau für den Kranken deutlich erlebbare Auswirkungen auf die körperliche Verfassung und auf die gesundheitliche Situation haben. Es ist sicher nicht gleichgültig, ob man in einem rot gestrichenen oder tapezierten Zimmer wohnt oder in einem blauen.

Zusammenfassend läßt sich sagen, daß Rot anregend auf die Bewegung wirkt. Es fördert Aufmerksamkeit und Ruhe, die man zur Unterstützung des geistigen Lebens braucht.

Menschen, die viel meditieren, bevorzugen ein blaues Zimmer. Religiös veranlagte Menschen lieben auch ein rotes Zimmer, weil es den Willen anspornt. Rot hat auch etwas Feierliches und Erhebendes. Es ergreift jedoch mehr den Willen, wohingegen das Blau das beschauliche Gedankenleben anregt. Das Rot korrespondiert also mehr der Stoffwechsel- und Gliedmaßentätigkeit, an die der Willen gebunden ist, während das Blau mehr die Nerven-Sinnesprozesse unterstützt, die das Denken ermöglichen. Dazwischen haben wir dann die Übergänge Orange, Gelb, Grün, Indigo-Blau und Hellblau (die sieben Regenbogenfarben).

In der Lukas-Klinik in Arlesheim in der Schweiz werden als Begleittherapie alle Regenbogenfarben in der Krebsbehandlung eingesetzt in folgender Weise: Der Kranke wird in einen kleinen, von

farbigem Licht erhellten Raum gesetzt und an jedem Tag der Woche
für eine bestimmte Zeit einer der sieben Regenbogenfarben ausgesetzt. Die betroffenen Menschen erleben deutliche Verbesserungen
ihrer Lebensbefindlichkeit.

Die Farben des Regenbogens beeinflussen das Erleben in der folgenden Weise:

Violett ⎱ Blau ⎰	(Nerven-/Sinnestätigkeit)	Denken
Grün	(Atmung)	Fühlen
Gelb	(Herz/Kreislauf)	
Orange ⎱ Rot ⎰	(Stoffwechseltätigkeit)	Wollen

Aussprüche wie »kühler Kopf«, »hab Sonne im Herzen«, »ich sehe
rot«, »mir geht ein Licht auf« beziehen sich ganz evident auf diesen
inneren Regenbogen. Wenn wir auf eine grüne Fläche schauen, so
merken wir sofort, wie sich die Atmung harmonisiert. So wie Blau
die Ausatmung fördert und Rot auf die Einatmung verstärkend
wirkt, so unterstützt das Grün den harmonischen Ausgleich. Die
Kurparks mit ihren herrschenden Grünanlagen können dazu helfen, daß mit der regulierenden Wirkung auf die Atmung sich auch
die seelische Stimmung der Kranken ausgleicht.

Farb-Erleben und Seelentätigkeit

Jacques Lusseyran, der berühmte blinde Literaturprofessor, der
schon als kleines Kind sein Augenlicht verlor, lernte, seelisch zu
schauen. Er arbeitete in der Zeit des Nationalsozialismus in der Wi-
derstandsbewegung mit und hatte die Aufgabe, mit Hilfe seiner
moralischen Hellsichtigkeit, die ihn die Farben der Seele wahrnehmen ließ, Menschen darauf hin zu beurteilen, ob sie Verräter waren

oder nicht.* Bemerkenswert war nun, daß in den Augenblicken, in denen er negative Gefühle hatte, wie Haß, Neid, Unsicherheit, Angst, seine Fähigkeit zu sehen wie ausgelöscht war. Wenn er jedoch mutig war, zuversichtlich und hoffnungsvoll und nicht an sich dachte, sondern sich ganz auf die Situation einstellte, dann entstand ein Licht in der Finsternis, und er konnte die Aura der Menschen, ihre seelische und moralische Wesensart, unmittelbar wahrnehmen.

Nicht nur der Leib reagiert mit Veränderungen der Atmung und dem Kreislaufgeschehen und der Bewegungsfähigkeit auf Farben, sondern auch die Seele.

Wenn wir fragen: »Was sind das für seelische Qualitäten, die wir mit den Farben verbinden?«, so befinden wir uns schon auf einer künstlerischen Ebene, wo es recht individuell wird, auch da, wo wir alle mehr oder weniger übereinstimmen.

Was erlebt der Mensch bei der Farbe Blau, wie spricht sie seine Seele an? Der Himmel ist blau. Wann schauen wir den Himmel an? Das geschieht am Tag meistens nur in Momenten der Entspannung, das heißt, man guckt erst dann in das Blau, wenn man eigentlich seelisch auch schon ein bißchen auf Blau, auf Loslassen, auf Sich-Weiten, auf Abstand-Gewinnen eingestellt ist. Das Blau gibt Raum, es spannt nicht nur dieses Himmelsgewölbe auf, sondern man hat auch den Eindruck, daß es einen aufnimmt, es attackiert einen nicht. Dagegen hat das Rot, noch dazu Signalrot, eben eine »Signal«-wirkung, man fühlt sich attackiert, man kann sich nicht so gut distanzieren.

Und zwischen dieser Polarität, von »Sich-attackiert-Fühlen« und »Sich-ruhig-aufgenommen-Fühlen« finden wir die anderen Farben.

Wenn wir vom Blau zum Grün kommen, erleben wir eine gewisse »Erfrischung«. Es gibt viele Menschen, die, wenn sie mit aktuellen Sorgen und Problemen nach Hause kommen, gern erst einen Spaziergang machen und dabei durch Wald oder Wiesen gehen.

* Jacques Lusseyran, »Das wiedergefundene Licht«, Stuttgart 1971.

Denn das Grün hilft, sich selbst wieder zu finden, es hat eine konsolidierende Wirkung, es führt den Menschen zu sich, ohne ihn irgendwie zu bestimmen. Es ist nicht so wie das Blau, das einen aufnimmt oder auch ein bißchen sehnsüchtig stimmt. Das Grün macht kein Fernweh, im Gegenteil. Wenn man ein natürliches sattes Grün sieht, fühlt man sich irgendwie wieder mehr mit der Gegenwart identifiziert und empfindet eher so: »Ach es ist doch alles nur halb so schlimm.« Das ist eine typische Wirkung des Grüns: konsolidierend im Jetztsein, bestärkend auf sich selbst zurückführend.

Dann folgt das Gelb. Es gibt Menschen, die das Gelb nicht mögen. Diese Menschen sind meistens ein bißchen »dunkel« gestimmt, und sie empfinden es als Hohn, daß etwas so rein und strahlend leuchten kann. Sie haben den Eindruck, daß es eigentlich nicht ganz wahr ist.

Es gibt auch Patienten, die in der künstlerischen Therapie spontan sagen: »Ich möchte aber auf keinen Fall mit Gelb malen.« Und andere wiederum mögen das Gelb, weil sie den Eindruck haben: »Das ist eigentlich der Punkt in meiner Seele, wo ich mich ganz identifizieren kann. Ich bin eigentlich Licht. Ich will Licht sein. Und wenn ich mich richtig verstehe, bin ich eigentlich ein helles strahlendes Wesen. So sonnig wie die Kinder möchte ich eigentlich auch als Erwachsener noch im Zentrum meiner Seele bleiben.«

Und man kann sagen: Es ist ein Zeichen seelischer Gesundheit, wenn man strahlendes Gelb tatsächlich mag und aushalten kann und sozusagen einen Ort in sich selber findet, wo man sich in diesem Gelb beheimatet fühlt.

Aber es ist natürlich anders als beim Grün. Das Grün hilft einem, sich mit den Gegebenheiten des Lebens besser zu arrangieren und sich zu fangen.

Das Gelb führt einen mehr aus dieser Gegenwart heraus in den Bereich des Ideals: »Wie schön wäre es, wenn ...«, eben in einen Lichtbereich, von dem wir immer den Eindruck haben, daß er auf der Erde eigentlich nicht zu finden ist, obwohl das Licht auf die

Erde scheint. In diesem Gelb finden wir für uns selbst immer eine Ermunterung: »Dieses Licht muß auch in mein Leben, in den Alltag herein.« Es ist wie eine Aufgabe, die noch nicht vollbracht ist.

Und das wird schon anders beim Orange. Beim Orange kann man schon ein bißchen genauer formulieren, was man jetzt tun möchte.

In diesem Zusammenhang möchte ich Ihnen ein literarisches Bild erzählen, das mich sehr beeindruckt hat. Solschenizyn schildert in seinem Buch »Der erste Kreis der Hölle« einen Maler, der unter einem entlegenen Treppenabsatz ein kleines Atelier hat. Dieser Maler kommt mit Nershin, einer Hauptperson dieses Buches, ins Gespräch, und die beiden Männer verstehen sich ganz gut. Sie unterhalten sich über den marxistischen Grundsatz, ob das Sein das Bewußtsein bestimmt oder das Bewußtsein das Sein, und durch diese Frage, die sie nicht beantworten können, kommen sie sich menschlich nahe. Da wagt dieser Maler, Nershin ein Bild zu zeigen. Auf dem Bild ist eine wilde Schluchtlandschaft mit einem Fluß; an einem Ufer steht ein Mensch, und man sieht vom anderen Ufer einen Nachen kommen, der diesen Menschen holen soll. In der Ferne auf einem Berg am anderen Ufer erhebt sich eine Burg, fliederfarben, und die untergehende Sonne ergießt ein orangegoldenes Licht über diese zartviolette Burg. Der Maler bemerkt dazu, daß das die fliederfarbene Burg des heiligen Grals sei. So hätte sie Parzival gesehen, als er zum ersten Mal die Gralsburg erblickte. Und dann setzt er hinzu: Es lebt in jedem Menschen ein Bild seiner Zukunft, seiner Vollkommenheit, seines Ich. Und in besonderen Schicksalsaugenblicken tritt dieses Bild vor das seelische Auge.

In der Gralsburg findet die Sehnsucht nach höherer Erkenntnis Befriedigung. Diese Sehnsucht nach Erkenntnis, wo das Ideal schon ins Willenhafte übergeht, ist vom Erleben her die Qualität des Orange, das Licht, zu dem man sich aktiv hinarbeitet. Aber die Burg selbst, in der man, wenn man angekommen ist, »wissend« wird, wenn man sich geistig erhebt, hat dann die Farbe der Devotion, das Violett, die Fliederfarbe. Wir können auch sagen, im Violett ist der Mensch mit sich selbst in Harmonie, denn Violett ist der Ausgleich zwischen Blau und Rot – hier erlebt er sich in der Mitte zwischen Denken und Wollen, zwischen Nerven- und Blutprozessen.

Der sichtbare Regenbogen zeigt die Übergänge im Farbspektrum: Zwischen Gelb und Blau liegt das Grün, zwischen Rot und Gelb liegt das Orange. In der Fliederfarbe aber schließt sich der Farbkreis über viele rötliche und bläuliche Abstufungen nach der anderen Seite mit einer Fülle von violetten Tönen, so wie die polare Menschennatur in der verehrungsvollen Stimmung der Devotion sich eins fühlt mit Gott und sich selbst.

Der Regenbogen zeigt uns sichtbar für das Auge, wie die Farben ineinander übergehen. Und im Inneren des Menschen schließt sich der Kreis in Violettönen, wenn der Mensch ganz zur Ruhe kommt, wenn der Wille das Denkens bestimmt, wie es bei der Meditation geschieht.

Geistige Aspekte der Farbe

Mit dem Hinweis auf Jacques Lusseyran und seine inneren Erlebnisse wurde bereits auf die geistigen, moralischen, charakterlichen Qualitäten der Farben hingewiesen. Da handelt es sich um einen Übergang vom Seelischen zum Geistigen; Lusseyran hatte die Fähigkeit, sobald er seelisch im Gleichgewicht war, objektiv die moralische, das heißt geistig objektive Beschaffenheit anderer Menschen wahrnehmen zu können. Diese erschien in reinen oder getrübten Farben.

Wir wollen jetzt fragen: Unter welchen Bedingungen erscheinen die Farben überhaupt? Blicken wir in die Natur, so fällt auf, daß sie in Farben erglänzt, daß alles seine Farbe hat zwischen Schwarz und Weiß, zwischen Finsternis und Licht. Dies kann uns die Schilderungen der Bibel vom Beginn der Schöpfung in Erinnerung rufen:

Am Anfang war Finsternis, und dann wird das Licht geschaffen, das Licht entsteht.

Im Johannes-Prolog heißt es: »Das Licht scheint in die Finsternis«, und vor dieser Spaltung in Licht und Finsternis war die schöpferische Sphäre des Wortes. Aus ihr gingen Licht und Finsternis hervor.

Blicken wir in die Welt, so sehen wir den Wechsel von Tag und Nacht, von Zeiten der Lichtfülle und Stunden der Finsternis. Dort aber, wo beide zusammenwirken im Übergang von Morgen und Abend zeigen sich die Farben. Licht und Finsternis haben nicht nur mit uns Menschen körperlich, seelisch und geistig etwas zu tun, sondern sie haben auch mit der wesenhaften, göttlich realen Schöpfung zu tun, die Mensch und Natur zugrunde liegt als gemeinsame Evolution.

Licht, Finsternis und Farben offenbaren die Schöpfermächte der Welt und ihre Taten.

Gibt es einen Weg, sich dieser geistigen Realität zu nähern? Wie entstehen Farben im Naturzusammenhang? Wir kennen ja das Urphänomen der Farbe, wenn wir einen Sonnenaufgang beobachten aus tiefer Nacht, wo das Licht der Sterne nicht ausreicht, irgend etwas zu beleuchten. Dann kommt das Licht der aufsteigenden Sonne *vor* die Finsternis – noch vor dem Sonnenaufgang. Wir sehen durch das Licht die Finsternis, und dann erscheint uns diese Finsternis aufgehellt zum Blau. Wenn die Sonne höhergestiegen ist und aufzugehen beginnt, sehen wir sie durch vorgelagerte Dunststreifen aus Luft und Wassertröpfchen. Das Licht scheint *durch* die Finsternis, und wir sehen die Rot- und Orangetöne. Beim Erscheinungsbild des Regenbogens, wenn sich das Licht mit diesem feinen Wasser- und Luftgemisch auseinandersetzt, entstehen dann in diesem Kampf mit der Stofflichkeit der Luft auch sämtliche anderen möglichen Farben. In der Äquatorialzone können bei hoher Luftfeuchtigkeit ungeheuer intensive Farben am Himmel auftreten, die man gar nicht für möglich hält. Und man erkennt, daß wahr ist, was Goethe so fasziniert hat: daß jede Farbe eigentlich eine Geburt des

Kampfes zwischen Licht und Finsternis ist. »Taten und Leiden des Lichtes«, so nannte Goethe die Farben.

Diese Taten und Leiden des Lichtes sind der sinnlich sichtbare Ausdruck der Schöpferwesen von Licht und Finsternis. Wir können das selbst innerlich nachvollziehen, wenn wir zur entsprechenden Farbe draußen das innere seelisch-geistige Erlebnis aufsuchen, wie wir uns vom Rot aktiviert fühlen, oder wie wir bei Blau-Erleben empfangend, loslassend, hingebend gestimmt sind.

Zur physikalisch erfaßbaren Seite der Farbe gehört die entsprechende moralische Qualität, das heißt das Erlebnis der Seele mit dazu. Farbe ist Wesensoffenbarung – nicht nur im Menschen, sondern auch in der Natur. So sprach auch Goethe von der sinnlich-sittlichen Qualität der Farbe.

Gerade unser leiblicher, seelischer und geistiger Zusammenhang mit dem Wesen der Farbe kann uns bewußt machen, daß wir derselben Schöpfung entstammen, die Himmels- und Naturerscheinungen hervorgebracht hat. Das Erleben der Farberscheinungen in der Natur gehörte in früheren Jahrhunderten selbstverständlich in jedes Menschenleben herein. Die Lebensumstände in den Großstädten unserer Zeit machen das nicht mehr möglich. Daher bedarf der Umgang mit der Farbe heute der Pflege.

Und so ist es verständlich, daß auch für die Therapie die Farben immer mehr an Bedeutung gewinnen.

Wenn äußerlich diese Farben nicht täglich und regelmäßig den Menschen auch seelisch ernähren, dann muß man versuchen, das durch eigene Aktivität, durch einen bewußten Umgang mit der Farbe auszugleichen.

Vom Umgang mit der Farbe im Alltag

Manchmal ist es ein langer Weg, bis ein Mensch wieder alle Farben in sich erlebt und nicht mehr sagt: »Ich fühle mich nur grau in grau.« Das sind oft langwierige Prozesse, die auch unter Umständen eine mehrjährige künstlerische Therapie nötig machen, um diese innere Lösung zu erreichen.

a) Der Wandanstrich

Rudolf Steiner hat für die Waldorfschule Angaben zur farblichen Gestaltung der Klassenräume gemacht. Dabei ist es interessant, daß er hierbei die Regenbogenfarben zugrunde legte. Für die ersten Schuljahre, in denen sich das Kind noch so gern bewegt und auch in seiner Bewegungsfähigkeit angeregt werden und innerlich regsam sein soll, empfiehlt er von der ersten bis zur dritten Klasse Abstufungen von einem kräftigeren bis zu einem zarteren Rot. Wenn man Kinder in der ersten Klasse in einen rot getönten Raum führt, fühlen sie sich ein wenig konfrontiert, aber doch in ihrem Willen sehr stark angesprochen.

Das Rot unterstützt einen Lehrer, der will, daß die Kinder etwas tun, und der zugleich als Autorität dasteht, die auch konfrontieren kann.

In der 4., 5. und 6. Klasse finden wir dann orange Abstufungen, in der 7. Klasse das Gelb. Für die Zeit des Abschieds vom »Paradies«, der hellen leichten Kinderzeit, und dem Wechsel in das Pubertätsalter findet es sich auch als Entsprechung zu den innerlich auflebenden Idealen.

Im 8. Schuljahr, wenn die Schüler mitten in der Pubertät sind, ist das Grün angezeigt, die Farbe des »Sich-im-Einklang-Fühlens« mit der Umwelt. Da möchte man mit dem Grün dieses »Sich-wieder-neu-Findens« im seelischen Auf-und-Ab der Pubertät unterstützen.

In den 9. und 10. Klassen wird der Übergang zwischen Grün

und Blau empfohlen, und im 11. und 12. Schuljahr der Übergang ins Violett.

Als die erste Waldorfschule in einer Baracke untergebracht war, in der fünf Klassen unterrichtet wurden und auch noch Eurythmie gemacht wurde, mußte sich Rudolf Steiner für eine Farbe für alle Räume entscheiden. Er wählte die zwischen Blau und Rot vermittelnde Seite des Spektrums, die dem Grün im Farbkreis gegenübersteht: eine Komposition von Lila als harmonische, ausgleichende Farbe. Für die Gänge wählte er Gelb.

Ich erwähne das, um deutlich zu machen, daß durchaus auch andere Gesichtspunkte gegeben sein können.

So stellt sich auch die Frage nach der farblichen Gestaltung des Raumes. Für letzteres ist eine neutrale Farbe hilfreich, die zwar eher zur roten, anregenden Seite gehört, jedoch auch ganz diskret auf die Blauqualität hinweist: Pfirsichblüt. Das ist zugleich die Farbe des gesunden Inkarnats, das heißt die Farbe der gut durchbluteten Haut beim ausgeschlafenen Kind, ein feines blühendes Rosa.

Diese Farbe hat Rudolf Steiner für Situationen empfohlen, in denen eine neutrale Farbe erwünscht ist, die allgemein die gesundheitliche Verfassung und die Atmung positiv unterstützt; so sollte beispielsweise für den Heileurythmie-Raum eine neutrale Farbe gewählt werden, weil dort Menschen mit den verschiedensten Erkrankungen Heileurythmie machen, oder für den Kindergarten, in dem alle Temperamente mit allen Schwierigkeiten vertreten sind.

b) Kleidung und Temperament

Was die Temperamente angeht, so kann man an den Kindern folgendes beobachten: Die Farbe, die ein Kind von sich aus spontan wählt, hat schon einiges mit seinem Temperament zu tun. Es gibt wohl kaum einen Choleriker, der nicht das Rot schätzt. Und es gibt im Grunde auch keinen Melancholiker, der nicht Blau liebt. Ein Sanguiniker, der keine Freude am Gelb hat, ist kein Sanguiniker. Das sind Kinder mit sonnigem Wesen, und die lieben auch diese sonnigen Farben. Die Phlegmatiker schließlich, die so einen gesunden Bezug zum Irdischen haben, schätzen das Grün. Sie lieben die solide Gegenwartssituation.

c) Nachbild und Gegenfarbe

Meines Wissens liegen keine umfangreichen wissenschaftlichen Untersuchungen darüber vor, warum ein cholerisches Kind, das rot angezogen wird, nicht noch cholerischer wird. Man beobachtet vielmehr, daß diese Vorliebe für eine bestimmte Farbe bereits ein therapeutischer Instinkt ist. Rudolf Steiner hat diesbezüglich bemerkt, daß die harmonisierende Wirkung der Farbe auf das Temperament nicht nur mit der äußeren Wirkung der Farbe zusammenhängt (d. h. mit dem Simile-Prinzip, wenn z. B. ein Choleriker sich Rot wünscht), sondern daß bei Kindern das seelische Erleben der Gegenfarbe unbewußt viel stärker ist als später im Erwachsenenalter. Das läßt sich zwar sehr schwer nachprüfen, weil man mit Kindern nicht gut über solche Dinge sprechen kann, zumal es ein mehr unbewußter Vorgang ist und man ein gewisses Alter erreicht haben muß, um überhaupt Nachbilder bewußt wahrnehmen zu können. Dennoch ist die Tatsache empirisch unmittelbar zu beobachten. Ein Melancholiker fühlt sich in eine blauen Zimmer entsprechend wohler so wie der Choleriker in einem roten.

Interessant ist dabei, daß die Hauptwirkung der Gegenfarbe schon vorbei ist, wenn man das Nachbild sieht. Man schaue nur einmal eine Zeitlang unverwandt auf eine rote Fläche, und wenn man dann wegschaut oder die Augen schließt, sieht man plötzlich ein wundervolles Grün. Blickt man längere Zeit auf eine blaue Fläche, dann erscheint später an der weißen Wand in denselben Umrissen ein leuchtendes Gelb.

Die Gegenfarbe wird vom Auge erzeugt, während die einseitige Attacke, die die wahrgenommene Farbe auf der Netzhaut ausgeübt hat, wieder ausgeglichen wird. Dieser Vorgang hat also etwas mit der Regenerationstätigkeit des Organismus zu tun. Menschen, die sehr gut die Gegenfarben erzeugen, haben auch gute Regenerationsmöglichkeiten.

Diese Feststellung hat auch dazu geführt, daß in der Lukasklinik in Arlesheim die genannte Farb-Licht-Therapie das Wahrnehmen-Üben der Gegenfarben mit einschließt und als Begleitbehandlung zur medikamentösen Therapie in der Krebsbehandlung eingesetzt wird, in der Hoffnung, danach auch die Regenerationsfähigkeit des Organismus anzuregen.

Kleinere Kinder, die noch sehr stark im Aufbau sind, haben intensivere Nachbilderlebnisse als ältere Kinder und Erwachsene. Wenn diese auch zumeist unbewußt bleiben, üben sie doch eine beobachtbare Wirkung aus. So erklärt sich, daß die rote Farbe auf ein cholerisches Kind beruhigend und die blaue Farbe auf ein melancholisches Kind aufhellend wirkt. Wenn also ein cholerisches Kind viel Rot an sich hat und Rot sieht, dann muß es ständig Grün erzeugen, und Grün hat eben jene beruhigende, dem Phlegmatischen zugehörige Wirkung. Der Phlegmatiker dagegen, der auf das Grün fliegt, versetzt sich zugleich in die Lage, daß er im Nachbild Rot erzeugt und sich dadurch ein bißchen auf Trab bringt.

Die Wahl der sogenannten Temperamentsfarbe ist pädagogisch und medizinisch von Bedeutung, auch wenn dies bisher nur empirisch erprobt worden ist. So kann man Kinder je nach ihrem hervorstechenden Temperament überwiegend in der ihnen entsprechenden Farbe kleiden oder aber auch das Zimmer in dieser Farbe streichen, damit sie die Gegenfarbe aus eigener Kraft hervorbringen und sich dadurch selbst behandeln.

d) Licht und Finsternis

Wenn sich dem Licht kein Widerstand, keine Finsternis entgegenstellt, ist es unsichtbar. Licht allein ist nicht sichtbar! Es wird erst dadurch sichtbar, daß sich irgendein noch so Dünnes, Materielles, Dunkles, Finsteres dazwischenstellt, sei es Luft, Wasser, Staub, ein Kristall oder Glas. Auch die Astronauten konnten sehen, daß der

Weltraum schwarz ist – obwohl sie ja eigentlich der Sonne und den Sternen näher waren – und erlebt dann am Horizont das Aufleuchten des Planeten Erde in seiner blau erscheinenden Lufthülle. Licht ist unsichtbar, aber es macht sichtbar.

Das kann auch seelisch erlebt werden. Wir haben in uns auch eine Art von reinem Licht. Wir können es ebenso wenig sehen wie das äußere Licht – und es macht ebenso alles sichtbar wie dieses: Es sind die Gedanken. Richtige, wahre Gedanken erleben wir als innere Helligkeit, die den Erscheinungen die rechte Beleuchtung geben.

Wir haben in uns auch Finsternis und Schwereerleben, wenn wir uns seelisch auf unseren Körper besinnen, aber wir erleben in dieser Finsternis Kraft und Wärme.

Da, wo wir unseren Willen erleben, brauchen wir immer diesen Widerstand der Schwere. In der Schwerelosigkeit können wir uns gar nicht richtig bewegen, wir machen dann merkwürdig torkelnde, unsichere Bewegungen. Für eine vernünftige Willensbetätigung brauchen wir immer die Auseinandersetzung mit der Schwerkraft und einen gewissen Luftwiderstand. Ohne Widerstand hat der Wille keine richtige Betätigungsmöglichkeit. So ist unser seelisches Willenserleben an die Qualität Materie, Schwere, Finsternis gebunden, unser seelisches Gedankenerleben aber an die Schwerelosigkeit und an die Lichtesleichtigkeit der Gedanken. Wir können am besten denken, wenn wir unsren Körper nicht in der Schwere betätigen, sondern ihn möglichst schwereunabhängig machen, indem wir uns bequem, aber konzentriert in Ruhe hinsetzen oder sonst in einen Gleichgewichtszustand bringen.

Zwischen diesem Lichterleben des Denkens und dem Finsternis- und Schwereerleben des Wollens breitet sich wie aus Taten und Leiden von Licht und Finsternis gewoben die ganze Skala unserer Gefühle aus als der eigentliche Farbenreichtum unserer Seele, die zwischen Denken und Wollen den rechten Einklang sucht.

Wenn wir zum reinen Lichterlebnis kommen, haben wir das objektiv Geistige, unsere idealische Identität erfaßt, die so objektiv ist wie ein Gedanke, so leuchtend und strahlend und wahr.

Je mehr wir in die Qualitäten unseres persönlichen Empfindens und Erlebens einsteigen und damit der Welt gegenübertreten, desto deutlicher merken wir, wie sich das aufspannt in allen Farbqualitäten bis hin zur Traurigkeit und Schwermut, zur Bläue, zur Finsternis, bis wir dann irgendwann den Eindruck haben, etwas tun zu müssen. Da stoßen wir dann an dieses finstere Krafterleben des eigenen Willens an.

So gesehen wird verständlich, warum es pädagogische und medizinische Empfehlungen gibt, bestimmte Farben auf Kinder und Erwachsene wirken zu lassen, weil diese auch auf das Unterbewußtsein Einfluß haben. Ist man doch normalerweise mit seinem Denken und Wollen mit irgendwelchen Tätigkeiten beschäftigt. Dann gehen die Farbeindrücke der Umgebung (z. B. Tapete oder Vorhängen) ins Unbewußte hinein und regen dort in ganz spezifisch physiologischer Weise – wie eingangs skizziert – die Stoffwechselvorgänge im Sinne einer Beruhigung oder einer Anregung oder eines Ausgleichs an.

Fragen zum Thema

Frage: Irgendwann haben Jugendliche Schwarz-Phasen. Hat das etwas mit der Pubertät zu tun?

Antwort: Diese Vorliebe für Schwarz ist wirklich typisch für die Pubertät, und nicht erst bei der jetzigen Generation. Ich erinnere mich an meine eigene Jugendzeit, als die ersten schwarzen Strumpfhosen aufkamen, und wie wir es dann liebten, mit langen schwarzen Beinen zum Turnen zu erscheinen. Und zum Fasching haben wir uns gern zum Beispiel als Nacht verkleidet und ganz schwarz angezogen.

Schwarz ist die Farbe der Nacht, der Dunkelheit. Es ist die Farbe des »Nicht-Sehens«, die Farbe der Blindheit. Und so fühlt sich der Pubertierende, er fühlt sich vor allem sich selbst gegenüber blind.

Er weiß nicht mehr, wer er ist. Aber er liebt diese Konfrontation mit der eigenen Seelenunsicherheit und Blindheit.

Schwarz beinhaltet auch die Ahnung des Todes, die Todessehnsucht, die man in der Pubertät erstmals wirklich erleben kann, bis hin zu Selbstmordabsichten.

Und was ist die Todessehnsucht anders, als wissen zu wollen, wer man ist: der Wunsch, dieses Licht in der Finsternis zu sehen, dieses unsichtbare Licht, das man eben nur in der Nacht sieht, wenn das äußere Licht nicht mehr sichtbar ist und wenn man aus dem Materiellen herausgestorben ist in das Rein-Geistige herein.

Das sind Gedanken, die in der Pubertät erstmals auftauchen: die Frage nach dem Tod, die Frage nach der eigenen geistigen Existenz.

So kann man verstehen, warum Rudolf Steiner aus seiner Geistesforschung heraus die Qualität Schwarz so beschreibt: »Im Schwarz zeigt sich das geistige Bild des Todes.« Wer dieses geistige Bild, das Wesen des Todes, umreißen möchte, dann ist es eben dieses: nichts mehr sehen, aus der Sinneswelt herauskommen und in die Unsichtbarkeit eintreten.

Ich würde darauf vertrauen, daß sich in jeder Farbsehnsucht ein aktuelles Bedürfnis ausspricht – was man auch schon an den kleinen Kindern beobachten kann –, das sich am gesündesten auslebt, wenn man möglichst wenig eingreift. Denn in dem Augenblick, in dem Sie so einer schwarzen Periode ständig opponierend gegenübertreten, weil Sie sich Sorgen machen oder meinen, das müsse doch auch einmal aufhören, erhebt sich natürlich der normale pubertäre Widerstand, und der Jugendliche sagt: »Nun jetzt gerade nicht! Von mir aus würde ich ja eigentlich schon gern einmal etwas anderes anziehen, aber nun gerade nicht!« Zu bestimmten Anlässen, wenn es für den Jugendlichen wirklich einsichtig ist, kann man ihn bitten, sich einmal anders zu kleiden, zum Beispiel zu einer Kindertaufe, indem man sagt: »So, und jetzt mir zuliebe bitte, ansonsten darfst Du machen, was Du willst.« Dadurch kann man ab und zu auch einen Wechsel herbeiführen.

Frage: Hat »Weiß« auch eine Wirkung auf uns?

Antwort: Weiß ist die Farbe der Unschuld. In anderen, vor allem östlichen Kulturkreisen wird es jedoch gerade als die Farbe des Todes angesehen. Da wird der Tod traditionell auch noch anders erlebt.

Mir ist aufgefallen, daß zum Beispiel in Japan in den Parkhäusern eine ganz helle, angenehme Atmosphäre herrscht, weil es fast nur weiße Autos gibt. Das ist schön! Die finstersten Parkhäuser werden angenehm, weil da ein weißer Mazda neben dem anderen steht. Die Japaner haben eine ganz spontane Liebe zu dieser Farbe der Unschuld.

Und was bedeutet denn »Farbe der Unschuld«? Was wollen wir damit ausdrücken, mit diesem reinen Weiß, dieser ungebrochenen, unverfälschten, nicht beschmutzten, reinen Schneedecke im Winter, oder einer zarten weißen Blüte? Was ist das Schöne daran? Es ist eben dieses Reine, Unbefleckte; man hat den Eindruck, das ist so, wie es sein möchte, das ist intakt.

Rudolf Steiner nennt das Weiß das seelische Bild des Geistes, und damit ist exakt diese Empfindung ausgedrückt. Man erlebt seelisch mit Sympathie eine rein geistige, existentielle Urqualität oder auch Unschuldsqualität, Reinheitsqualität, denn das Geistige wird ja mit diesem Edlen, Echten, Reinen immer in Verbindung gebracht. Und seelisch erlebt man das, wenn man im weißen Hochzeitskleid, ganz rein und unverfälscht, am Altar stehen möchte, oder wenn man im Sterbezeremoniell in dieser reinen Weiße vor die Wesen in der geistigen Welt treten will.

Es gibt im Leben auch Perioden, in denen die Menschen das Weiß besonders lieben, und das ist nicht die Jugend oder die Lebensmitte, sondern interessanterweise das Alter.

Insbesondere Frauen kleiden sich im Alter gerne weiß, so wie sich die jungen Menschen gern schwarz kleiden; das ist passend und hängt mit der Vorliebe für diese genannten Qualitäten zusammen.

Frage: Liegt es an der Intensität der Farbe, wenn sie eine therapeutische Wirkung hat? Wenn ja, dann müßte man mit Farben in Krankenzimmern sehr vorsichtig sein und die Patienten ihrer Erkrankung entsprechend in ein anderes Zimmer bringen. Welche Farben wären dann richtig?

– Steiner hat angegeben, daß in England die Farben für die Klassenzimmer heller sein sollen. Gibt es für die einzelnen Kulturkreise unterschiedliche Farbangaben?

– Ich habe in den Waldorfkindergärten nur rotblaue Wände erlebt. Sie sprachen von Pfirsichblüt. Wie wirkt das?

Antwort: Ich habe vorhin die Farbe Pfirsichblüt erwähnt, sie ist eine ausgewogene Farbe und kann auch ruhig kräftig sein, zwischen Rot und Blau. Dadurch wirkt sie ausgleichend auf Menschen mit unterschiedlichen Erkrankungen.

Ich denke, je transparenter die Farbe ist, um so mehr entspricht sie der lichten Seite, der unser Gedankenleben entspricht.

So sehe ich das auch mit der Farbangabe für England. Damit sollte wohl die Bewußtseinsqualität etwas stärker angesprochen werden. Wenn die Farben dichter, stofflicher werden und konzentrierter sind, haben sie etwas mehr Beziehung zur Schwere und wirken stärker auf den Willen.

Mit einem kräftigen Violett wird beispielsweise der Wille im Denken stärker aktiviert.

So muß man abspüren, was die Kinder gerade brauchen. Wenn man sich jedoch nicht sicher ist, so ist ein zartes Pfirsichblüt nie falsch, es ist immer angenehm.

Das heißt jetzt nicht, daß man die Kindergärten wie die Heileurythmieräume streichen *muß*, jedoch kann man mit der Farbe Pfirsichblüt nie etwas falsch machen.

Frage: Woher kommt der Ausdruck »Inkarnat-Rosa«, und was bedeutet das?

Antwort: Pfirsichblüt ist die Farbe des Inkarnats, sie hat nur einen

Hauch von Rosa, von einer Zartheit, wie man es nur von der Haut gesunder, gut durchbluteter Säuglinge kennt. Wenn sich das Weiß der Haut rötet, weil die Haut von einer guten Durchblutung durchwärmt wird, ist das diese Inkarnatfarbe.

Man sieht an der Hautdurchblutung eines Menschen sehr viel über seinen Gesundheitszustand. Ist das ein angenehmes, gleichmäßiges zartes Rosa, weder zu rot noch zu blaß, dann nennen wir das ein gesundes Inkarnat, und das entspricht einer bestimmten, durch das Rosa zart aufgehellten Weiße bei der Pfirsichblüte.

Frage: Ich möchte etwas wissen über ein aktives Erzeugen und passives Erleben von Rot. In der Therapie hatten wir einmal eine junge, rotgekleidete Frau, die aber nicht in der Lage war, rosa zu malen. Das habe ich bis heute nicht verstanden.

Antwort: Ich kenne ähnliche Berichte, zwar nicht in dieser krassen Form, die aber doch ganz deutlich machen, daß Menschen unterscheiden zwischen Farben, die sie gern an sich haben, und solchen, mit denen sie gern malen. Sie wählen häufig zum Malen ganz andere Farben als die, in die sie sich kleiden, weil es eben ein Unterschied ist, ob man aktiv mit einer Farbe umgeht oder sie passiv wahrnimmt. Im letzteren Fall lebt man dann stärker in der Gegenfarbe – bei Rot wäre das dann Grün. Bei dieser Frau hätte ich als erstes geprüft, ob sie starke Gegenfarben bildet und ob sie sich rot kleidet, weil sie dieses Erzeugen von Grün braucht.

So wie sie nach Ihrer Schilderung auf das Angebot, rot zu malen, reagiert hat, würde ich vermuten, daß sie etwas hysterisch veranlagt ist. Hysteriker bilden in der Regel lebhafte Gegenfarben. So kann die Frau wie ein Kind noch stärker auf die Gegenfarbe reagieren und unbewußt Grün erleben anstatt Rot, wenn sie letzteres als Kleidung trägt.

Wenn man aber mit dem Rot arbeiten muß, dann ist man im bewußten Hantieren damit befaßt und erlebt die Qualität des Rot selbst stärker, die irritiert und konfrontiert.

Der Patient wird ja auch vom Therapeuten angehalten, die Farbe erst einmal zu erleben, bevor er mit ihr malt.

Dieses Rot-Erleben hält die betreffende Frau offensichtlich noch nicht aus, weil es sie zu sehr an- bzw. aufregt.

Frage: Haben die wechselnden Farbsympathien eine Bedeutung im Lebenslauf? Mal liebt man mehr das Grün, dann wieder das Blau …

Antwort: Das würde ich, ähnlich wie das Schwarz beim Pubertierenden, als etwas Gesundes ansehen. Da sollten Sie Ihren Gefühlen einer Farbe gegenüber freien Lauf lassen, weil Sie dadurch einerseits etwas über sich lernen und andererseits sich spontan selbst behandeln. Man muß sich mit der jeweiligen Farbe wohlfühlen.

Es hängt auch vom Gesundheitszustand ab, was man in einer bestimmten Lebenszeit stärker erlebt: die sichtbare Farbe oder das Nachbild. Dafür hatten wir gerade ein Beispiel.

Das ist kein Widerspruch, denn man erlebt immer beides, nur in unterschiedlich starker Gewichtung. Jeder Mensch erlebt die sichtbare Farbe, und jeder gesunde Mensch erzeugt ein Nachbild in der Gegenfarbe. So hat man es immer mit beiden Farbwirkungen zu tun.

Frage: Für mich besteht aber doch ein Widerspruch zwischen der Wirkung der Farbe und der Wirkung der Gegenfarbe. Wie soll ich da entscheiden, wie ich das Zimmer meiner 8jährigen Tochter anstreichen soll?

Antwort: Wenn Sie das Zimmer Ihrer Tochter gelb streichen wollen, müssen Sie sich überlegen, ob Ihre Tochter sehr wach, bewußtseinsmäßig schon sehr weit ist. Sie würde vermutlich durch das Gelb stärker angesprochen. Ich würde sie aber auch direkt fragen: »Hättest du gern Gelb? Fühlst du dich wohl in Gelb?« Und wenn sie sich wirklich darin wohl fühlt, dann erlebt sie im Loslassen, beim Im-Bett-Liegen und So-vor-sich-hin-Dösen – wenn sie nicht gerade arbeitet –, eben auch das Wohltuende der Gegenfarbe Blau. Wenn sie hingegen aktiv ist, wird sie mehr das Gelb erleben, das heißt die zum Bewußtsein sprechende Farbe. Und dann müssen Sie sich überlegen: »Trifft das jetzt die Situation meiner Tochter oder nicht?« Die Wirkung ist auf jeden Fall eine Mischung von beiden Qualitäten. Und als Faustregel können Sie sich sagen: Je mehr das ältere Kind bewußt tut, um so mehr spricht die direkte Farbe, und je mehr es unbewußt den Farbeindruck wahrnimmt und eigentlich mit seinen Gedanken woanders ist, um so mehr wird dann unbewußt die Gegenfarbe erlebt.

Ich denke, daß wir hier am Anfang von sehr lohnenden, immer wichtiger werdenden Fragestellungen stehen, weil der bewußte Umgang mit der Farbe heute für die Gesunderhaltung immer notwendiger wird, da das Farbangebot gesunder Naturumgebung nicht mehr ausreicht. Darauf führe ich auch zurück, daß man heute so dezidiert nach kräftigen Farben greift. Die Menschen spüren einfach, daß sie sich mit den Farben stärker auseinandersetzen müssen. Allerdings muß man sich über deren Wirkung im klaren sein.

Machen Sie doch einmal bei sich zu Hause den Versuch, ob die Gegenfarben bei poppigen Farben stark oder eher schwach sind. Suchen Sie die Qualität zu erkennen, und ob Sie in der Bildung von Gegenfarben einen Unterschied spüren zwischen Pflanzenfarben und mineralischen Wandanstrichfarben.

Führt man beispielsweise Menschen in die pflanzengefärbten Räume des Paracelsus-Krankenhauses in Unterlengenhardt, dann sagen sie »Oh«, sie holen Luft, sie sind alle irgendwie überrascht. Dagegen registrieren sie in einem normal mit Mineralfarben angestrichenen Raum nur die Farbe: »Aha, das ist grün« oder »das ist rot«, aber keiner sagt, daß er diese Farbe irgendwie besonders erlebt. Es ist wirklich signifikant, daß uns die Pflanzenfarben gefühlsmäßig viel differenzierter und lebendiger ansprechen und belebend auf die Atmung wirken.

Deshalb würde ich, wenn ich die Möglichkeit hätte, immer Pflanzenfarben wählen. Sie werden in mehreren Schichten aufgetragen, so daß das Auge die Farbe richtig abtasten kann. Dadurch wird sie viel aktiver wahrgenommen, und es erfolgt eine stärkere seelische Anregung beim Betrachter.

Frage: Aktiviert der Erwachsene auch die Gegenfarbe wie das Kind, das in einem roten Raum in sich das Grün erzeugt?

Antwort: Beim Erwachsenen ist die Reaktion auf die Gegenfarbe abhängig von seiner Gesamtverfassung. Wenn die Menschen müde oder angespannt sind, läßt das Erzeugen der Gegenfarben nach; wenn sie ausgeschlafen und entspannt sind, ist es intensiver. Das kann jeder selbst ausprobieren.

Antwort: Eigentlich sieht das Kind seine Kleidung, die es anhat, nicht. Wirkt da die Farbe mehr homöopathisch?

Antwort: Ich habe die Erfahrung gemacht, daß Kinder sehr wohl die Farbe der Kleidung, die sie anhaben, wahrnehmen, und daß es bis zu schrecklichen Szenen kommen kann, wenn man ihnen ein Kleidungsstück mit der falschen Farbe anziehen möchte. Sie schauen sich selbst an, und beim Spielen fällt ihr Auge immer zumindest unbewußt auf die Ärmel oder auf den Schoß. Sie nehmen doch bestimmte Körperteile ständig wahr und zeigen gern ihre Farbe, wenn sie ihnen gefällt. Übrigens kann man für die Handtücher, die Waschlappen und die Zahnbürste die entsprechende Temperamentsfarbe wählen. Manche Kinder waschen sich dann freiwillig, weil sie einfach die Farbe mögen.

Frage: Ist es denkbar, daß es Farben gibt, die wir erst in der Zukunft sehen werden?

Antwort: Denkbar ist es, nur möchte ich hier nicht spekulieren. Eines ist jedenfalls deutlich, daß wir im Laufe der Geschichte noch nie so viele Farbwiedergaben hatten wie heute. Wenn wir nur allein diese zahllosen neuen chemischen Farberzeugnisse anschauen, die es noch nie gegeben hat, und die nur durch Menschenhand existieren. Man bekommt heute in einem Malergeschäft sämtliche Zwischennuancen von Farben, die man sich vorstellen kann.

Ich kann mir eigentlich nur denken, daß in der Zukunft noch neue Farben gesehen werden, wenn wir über die Sinnesbeobachtung hinausgehen in die geistige Wahrnehmung der Farben hinein. Da sind sicherlich noch neue Qualitäten wahrzunehmen, besonders auf der Pfirsichblüt-Seite des Spektrums. Eine Ahnung davon kann man zuweilen bekommen, wenn man in großen Höhen vom Flugzeug aus den Horizont vor Sonnenaufgang sieht. Da können sich Farben von einer Reinheit und Schönheit zeigen, wie sie auf der Erde niemals zu beobachten sind.

Menschen, die durch meditative Übungen oder durch Drogen oder durch Entkörperungserfahrungen in die Wahrnehmung der geistigen und seelischen Farben eingetreten sind, berichten, daß diese viel intensiver, schöner und reiner als die sinnlichen Farben auf der Erde seien. Wenn sich die Menschen nach der Auseinandersetzung mit dem Materialismus wieder mehr der geistigen Dimension des Daseins bewußt werden, dann werden sicher auch neue Möglichkeiten des Farberlebens kommen.

Frage: Haben die verschiedenen Qualitäten der Farben eine unterschiedliche Wirkung? Welche Farbe ist am gesündesten?

Antwort: Am gesündesten und neutralsten ist die genannte Pfirsichblüt-Farbe, aber Sie müssen es ausprobieren. Ich habe noch keinen Kranken erlebt, der diese Farbe nicht erträgt, wenn sie zart genug ist.

Kalkweiß wird oft als kalt, bedrückend und leer erlebt; aber bei diesem gebrochenen zarten Rosa sagen die Menschen alle: »Da kann ich gut atmen.« Sie fühlen sich einfach wohl. Das ist für die Stunden des Sterbens und Geborenwerdens und für alle Krisen, für Kindergarten und Altenheim eine brauchbare Farbe. Wenn man sich nicht entscheiden kann, würde ich immer zu diesem zarten Farbton raten. Außerdem hat er den Vorteil, daß man ihn leicht überstreichen kann, wenn man sich dann doch noch für eine andere Farbe entschieden hat.

Frage: Woher kommt das Bedürfnis nach den grellen Farben, zum Beispiel in der Mode?

Antwort: Da habe ich eine ganz persönliche Theorie. Die zarten Farben sprechen mehr unser Bewußtsein an, und die knalligen Farben sprechen mehr den Willen an. Heute leiden die Menschen an einem großen Willensdefizit und haben ein Zuviel an Bewußtsein und Information, so daß sie die knallige Farbe lieben, um sich ihres Willens, ihrer Widerstandsfähigkeit wieder bewußter zu werden.

Es ist wie ein Versuch, sich von der eigenen Willensschwäche zu kurieren, indem man sich mit knalligen Farben umgibt. Und unter Umständen hält man sie gar nicht lange aus; sie regen wirklich den Willen an.

Nur sollte man auch noch etwas anderes tun, um den Willen zu stärken. Sich in poppige Farben zu kleiden wird allein nicht genügen.

Diejenigen hingegen, die mehr eine Anregung ihres Bewußtseins anstreben, kleiden sich eher in weiße oder helle zarte Töne.

Der Wärmeorganismus und seine Pflege

> *Wenn wir durch alle Prozesse des menschlichen*
> *Organismus hindurchdringen bis zum obersten Niveau,*
> *den Erwärmungsprozessen, so schreiten wir gleichsam*
> *durch das Tor der menschlichen physiologischen Prozesse,*
> *durch die Erwärmungsprozesse des Blutes, hinauf zu jener*
> *Welt, wo verwertet wird die Wärme des Blutes durch das,*
> *was die Seele daraus macht: durch das lebendige Interesse*
> *für alle Wesen, durch das Mitfühlen für alles, was um uns*
> *herum ist.*
>
> RUDOLF STEINER

Wärmewirkungen in Natur und Mensch

Wärme begegnet uns überall in der Welt als Polarität von Kälte. Nirgendwo haben wir anhaltend immer dieselbe Temperatur, es sei denn, beim Thermostaten, doch auch der schwankt in seiner Temperatur um eine gedachte Mittellage. Wo immer wir hinschauen, haben wir es mit Temperaturschwankungen zu tun. Es ist also ein hervorstechendes Merkmal der Wärme, daß sie ständig mit der Abkühlung ringt und sich stets in einem dynamischen Zustand befindet, der letztlich in Wechselwirkung mit den Wärmeverhältnissen des ganzen Weltalls steht. Absolut kalt ($-273°$ Kelvin) ist es nirgendwo, auch aus dem fernsten Weltall strömt eine feine Wärmestrahlung von etwa $3°$ Kelvin herein.

Darüber hinaus hat jeder Stoff seine ganz spezifische Eigenwärme und seinen spezifischen Schmelzpunkt, an dem er flüssig wird, oder eine kritische Temperatur, bei der er zu verdampfen beginnt. Ob Sie nun Eisen schmelzen (da brauchen Sie $1000-2000°C$)

oder ob Sie Wasser verdampfen (da brauchen Sie nur 100 °C), immer ist es eine kritische Temperatur, bei der die Substanz plötzlich ihre Eigenart ändert und, wie wir sagen, in einen anderen Seinszustand oder einen anderen Aggregatzustand übertritt

Die Wärme ist also, wo immer sie auftritt, verwandelnd tätig, durch und durch verwandelnd. Etwas, das vorher flüssig war, ist plötzlich Luft. Etwas, das vorher Luft war – wie Stickstoff – ist plötzlich flüssiger Stickstoff, in dem z. B. Samenzellen bei −190 °C gekühlt funktionsfähig erhalten werden können.

Substanzen verändern ihr Wesen, ihren Seinszustand. Unter Einwirkung von Wärme zeigen sie völlig neue Eigenschaften. Man kann sagen: Die Wärme bringt bei den verschiedenen Elementen der anorganischen Natur Charakteränderungen zustande. Dabei reagiert jedes Element – sei es nun ein Gas, ein flüssiger oder fester Stoff – auf seine Weise.

Die ganze uns umgebende Welt ist nur deshalb so, wie sie ist, weil bestimmte Temperaturen herrschen. Durch die sorgenvollen Stimmen der Klimatologen werden wir heutzutage wieder daran erinnert. Durch den Treibhauseffekt, das heißt die Zunahme des Kohlendioxids, das bei Verbrennungen anfällt, heizt sich die Erd-Atmosphäre langsam auf. Die Polkappen schmelzen, Riesenüberschwemmungen und andere Naturkatastrophen drohen, allein durch die Wärmeänderung bedingt.

Wärme ist augenscheinlich ein Spezifikum, etwas ganz Persönliches einer jeden Substanz. Man nutzt diese unterschiedlichen Wärmeverhältnisse der Substanzen auch, um beispielsweise in der Chemie Stoff-Gemische zu trennen, indem man bestimmte Substanzen verdampfen läßt und somit diejenigen isoliert, die ein anderes Wärmeverhalten haben.

Im menschlichen Organismus ist die Eigenwärme einer Schwankung unterlegen, die von der Tageszeit und der Belastung des Organismus abhängig ist. Dabei sind der Körperkern (etwa 37 °C) und die Körperperipherie (35−24°) deutlich und stufenweise unterschieden: bei körperlichem Wohlbehagen können die Hände ohne weiteres 28 Grad haben, die Füße müssen 31 Grad haben, damit wir sie als warm empfinden.

Wenn wir frieren, kann die Körpertemperatur bis auf 24 Grad, ja auf 21 Grad absinken. Dann treten aber schon Erfrierungserscheinungen auf, auch Kälteallergien und ähnliches. Wenn man richtig unterkühlt ist und blaue Finger hat, sind schon Zirkulationsstörungen und womöglich Gewebeschädigungen eingetreten.

Jeder Mensch hat nun eine mehr oder weniger ausgeprägte rhythmische Tagesschwankung seiner Wärme; sie ist weder intern noch in der Peripherie stabil. Es gibt für die Kerntemperatur ein Minimum um 5 Uhr morgens und ein Maximum etwa um 17 Uhr am Nachmittag. Man spricht hierbei von einer cirkadianen Rhythmik, einem 24-Stunden-Rhythmus, in dessen Verlauf die Kerntemperatur um etwa 0,5 °C schwankt.

Die Wärmeregulationsfähigkeit muß sich der Organismus im Laufe des Lebens erst erwerben, Säuglinge haben diese Rhythmik noch nicht.

Deswegen müssen wir gerade Säuglinge und Kleinkinder mit Hilfe der Kleidung und der Heizung sowie mit Hilfe der Nahrung sorgfältig in ihrem Temperaturgleichgewicht halten.

Im Laufe des Kindesalters beginnt sich dann die Wärmeregulation einzupendeln, und zwar interessanterweise so, daß jetzt nicht diese völlige Unfähigkeit, Wärmeschwankungen aufzubauen und wieder abzubauen, langsam überwunden wird, sondern daß zunächst sehr große unregelmäßige Schwankungen auftreten.

Kinder haben oft Fieber. Sie haben öfter auch erhöhte Temperatur, vor allem nachmittags – und das ist für sie durchaus noch normal. Bei Kindern zeigt sich eine viel größere Schwankungsbreite im Wärmerhythmus. Sie kann beim gesunden Kind zwischen 0,7 und 2,1 Grad in 24 Stunden betragen. Das soll jedoch nicht heißen, daß man nicht zum Arzt gehen sollte, wenn ein Kind dauerhaft erhöhte Temperatur hat. Man sollte schon abklären, ob es sich dabei um eine normale Temperaturschwankung handelt, und sich dann aber auch beruhigen lassen, wenn tatsächlich keine Krankheit vorliegt. So etwas liegt durchaus im kindlichen Elastizitätsbereich, denn die stabile Wärmeregulation ist erst dem reifen Organismus möglich. Im Erwachsenenalter schwankt beim männlichen Geschlecht die normale Temperatur einschließlich körperlicher Belastung in 24 Stunden maximal um 1,5 Grad und beim weiblichen Geschlecht um 1,2 Grad. Es zeigt sich also hier eine stabilere, einheitlichere Wärme, wobei beim Mann sozusagen etwas von dieser kindlichen Eigenart, in 24 Stunden eine größere Wärmedifferenz aufzubauen, zeitlebens bestehen bleibt.

Bei dem weiblichen Organismus ist über die normale, tagesrhythmische Schwankung hinaus auch eine monatsrhythmische charakteristische Veränderung festzustellen. Nach dem Eisprung hat jede Frau 0,5 Grad mehr Temperatur als sonst. Dieses halbe Grad braucht ein Kind, um sich im Mutterleib richtig wohlzufühlen. Da wären 37 Grad – die ideale Körpertemperatur – ein bißchen zu wenig. Das heißt, die Basaltemperatur der Frau, die normalerweise 36,5, 37,1 oder 36,8 betragen kann, wird, wenn eine Schwangerschaft vorbereitet wird, um dieses halbe Grad angehoben. Diese Temperaturerhöhung bleibt dann vom Zeitpunkt des Eisprungs an auch während der ganzen Schwangerschaft bestehen. Das zeigt, daß ein Kind zum Aufbau seiner eigenen Substanz im Mutterleib etwas mehr Wärme braucht, als die Mutter für sich benötigt.

Wärme gehört zur Entwicklung dazu und tritt überall da auf, wo werdendes Leben sich bemerkbar macht.

Im Fieber macht der Körper große Anstrengungen, um zur Überwindung bestimmter Krankheiten seine gesamte Stoffwechselaktivität anzuheben; auch wissen wir heute, daß das Fieber immunstimulierend wirkt und eine Vielzahl immunologischer Funktionen anregt.

So wie in der Chemie die Zuführung von Wärme eine Reaktion beschleunigt, geschieht dies durch das Fieber mit den Körperfunktionen. Wenn der Organismus erkrankt ist und gesund werden, seine Abwehrkräfte und seine Stoffwechselkapazität erhöhen will, hebt er den Wärmezustand an, um das zu schaffen.

Weil dieses Mehr an Stoffwechselarbeit natürlich anstrengend ist, sollte der Mensch im Bett liegen, wenn er Fieber hat, damit der Körper in Ruhe diese notwendigen Reparatur- und Gesundungsarbeiten durchführen kann.

Deshalb sagen wir besonders bei Kindern: möglichst noch einen Tag fieberfrei, wenn nicht im Bett, so doch wenigstens in der Wohnung bleiben. Bis man wieder in die Schule geht, sollten eigentlich für die Erholung nach der körperlichen Anstrengung drei Tage fieberfrei eingehalten werden.

Dieser kurze Blick auf die Entwicklung und die Eigenschaften der körperlichen Wärme zeigt, daß es sich hierbei um ausgesprochen komplizierte, rhythmische, vom Zentrum zur Peripherie hin fein abgestufte Vorgänge handelt, wobei jedes Organ sein spezifisches Wärmeniveau hat.

In der Tat läßt sich in jedem Organ eine etwas andere Temperatur messen, abhängig von der Stärke der Durchblutung. Denn reguliert wird die Wärme durch den Blutkreislauf und durch die Muskulatur.

Bei Abkühlung reagiert das gesamte Muskelsystem und fängt an, sich stärker anzuspannen. Meistens merkt man das erst, wenn ein Zittern vor Kälte eintritt. Das hängt damit zusammen, daß durch dieses Zusammenpressen, das heißt die Zunahme des Muskeltonus die Muskelaktivität gesteigert wird und dadurch Wärme gebildet wird, die jedoch in der Regel nicht ausreicht. Wenn man dann noch kälter wird, versteifen die Glieder, und man kann sich nicht mehr richtig bewegen. Es ist also eine sinnvolle Reaktion des Organismus, »wenn die Zähne klappern« und die Knie schlottern. Der Körper beginnt, eigene Bewegungen zu machen, um sich zu erwärmen. Und der Mensch in diesem Zustand beginnt sich ernsthaft zu überlegen: Wo bekomme ich jetzt etwas Warmes her? Er beginnt sich zu bewegen und an seinen geschädigten Körper zu denken.

Die Empfindlichkeit für Wärme hat in der heutigen Zeit stark nachgelassen. Menschen sagen, sie haben warme Füße, und wenn man die Füße anfaßt, sind sie kalt. Sie empfinden es nicht mehr. Das hat natürlich auch gesundheitliche Konsequenzen, denn man ist muskulär leichter steif und verspannt, wenn man immer kalte Füße hat. Richtig frei und locker ist nur, wer sich auch körperlich in einem mittleren, angenehmen, behaglichen Wärmezustand befindet.

Der Körper hat ein großes Bestreben, sich an Klimaverhältnisse anzupassen: in kalten Gegenden nehmen die Schweißdrüsen ab. Wer längere Zeit in den Tropen lebt, bildet infolge der Klimaanpassung mehr Schweißdrüsen aus, deren Sekrete dann Verdunstungskälte entstehen lassen, so daß Wärme abgegeben werden kann.

Wir sollten streng darauf achten, Kinder in der Zeit der Entwicklung, in der der Körper sehr viel Energie für Wachstum und Aufbau braucht, gleichmäßig warm zu halten und nicht unnötigen Unterkühlungen auszusetzen. Denn das kostet den Körper Kraft, die ihm dann für die Entwicklung, für das Gesundwerden, für die Infektabwehr fehlt.

Körperliche Wärme muß gehütet werden. Wir können den Organismus durch Nahrung, Kleidung, Heizung und sinnvolle Einrichtungen des äußeren Lebens unterstützen, damit er nicht den größten Teil seiner Energie zur Wärmeerzeugung verbraucht, die ihm dann für die übrige Arbeit fehlt. Wie notwendig es ist, sozusagen energiesparend mit seiner körpereigenen Wärme umzugehen, das lehren uns all diese komplizierten Temperaturregulationsvorgänge. Das zeigt auch der Umgang des Körpers mit dem Fieber: Immer, wenn er besondere Leistungen vollbringen muß, erhöht er sofort seinen Wärmezustand. Bei einer Erkältung reichen wir beispielsweise dem Körper heiße Getränke, um diese Wärmebildung zu unterstützen. Wenn dann die Wärme gebildet ist, das Fieber da ist, decken wir uns nur noch leicht zu, damit die überschüssige Wärme wieder leichter abgegeben werden kann, die jetzt nicht mehr benötigt wird. Wir versuchen also auch hier, dem Körper durch äußere Mittel zu helfen, den Wärmezustand, den er braucht, zu erreichen.

Zusammenfassend können wir sagen: So wie im Weltall und auf der Erde die Wärme alles einheitlich durchdringt und sich als Zusammenhang differenzierter Wärmezustände darstellt, so gibt es auch im menschlichen Körper einen in sich regulierten, differenzierten und zusammenhängenden Wärmeorganismus, der seinerseits mit der Außentemperatur in Wechselwirkung steht und der Pflege und Unterstützung bedarf.

Seelische und geistige Wärme

Auch auf seelischer Ebene arbeiten wir kontinuierlich an der Konstanthaltung eines bestimmten »seelischen Klimas« – nicht zu warm und nicht zu kalt. Auch hier gibt es tagestypische Schwankungen. Der eine ist ein Morgenmuffel, er hat eine etwas längere Anlaufzeit, bis seine Wärme zum Strahlen kommt. Der andere ermüdet früher und reagiert dann abweisend.

Jeder hat sozusagen seine kühlen und seine aufgetauten Zeiten. Wer das weiß, lernt auch, im Umgang mit anderen darauf Rücksicht zu nehmen. Er benimmt sich dann auf seelischer Ebene so wie eine Mutter, die eben die Wärmflasche und den warmen Tee bringt oder das kalte Getränk, je nachdem, was jetzt gerade gebraucht wird. Sie tut das Entsprechende auf seelischer Ebene mit einem Lächeln, einem aufmunternden Wort oder mit einer strengen Miene, um dem Klima den nötigen Ausgleich zu schaffen.

Die strenge Miene wirkt sofort abkühlend. Ein Lächeln erwärmt. Wir handhaben das zumeist ähnlich instinktiv wie der Organismus seine Wärme handhabt, aber wir merken heute mehr und mehr, daß wir uns nicht mehr nur den Instinkten überlassen können, weil es sonst im sozialen Miteinander schwierig wird. Auf die Regulierung seelischer Äußerungen müssen wir mehr achten, weil die Seele einen unbewußten, aber auch einen sehr bewußten Anteil daran hat. Wir müssen lernen, bewußt die »Temperatur« zu prüfen und seelische »Wärme« und »Kälte« ausgleichen zu helfen.

So zeigt sich auch im Seelischen ein Wärmespiel in getreuer Entsprechung zu den körperlichen Verhältnissen. Ebenfalls im Inneren und insbesondere im Herzen sind wir seelisch am wärmsten und richten unsere seelische »Außentemperatur« nach dem Klima unserer Umgebung. Wir passen uns da bis zu einem gewissen Grade an. Gelingt uns dies, kommen wir gut mit unserer Umgebung zurecht, gelingt es uns nicht so gut, dann kommen wir eben weniger gut zurecht.

Auf geistigem Gebiet ist es ähnlich. Da begegnen einem Menschen mit feurigen idealistischen Gedanken, mit anregenden und packenden Ideen und solche mit sarkastischen, zynischen, erkältenden Bemerkungen und Gedanken. Manche Menschen können Dinge nur so vorbringen, als wären sie im Grunde schon veraltet. Sie erzählen die tollsten Sachen so, als ob es überhaupt nichts Besonderes wäre. Sie verharren in nüchternen Vorstellungen, ja in »Feststellungen« – so war es eben. Wenn man geistig nur noch »fest«-stellt, das heißt lähmt und dabei sozusagen das geistige Muskelsystem zur Erstarrung bringt, entsprechend der Kältestarre im physischen Muskelsystem – dann wird nichts Anregendes oder Bewegendes mehr vermittelt. Im Gegensatz dazu gibt es Menschen, die auch alltäglichste Dinge so anschauen, bearbeiten und darstellen können, daß sie interessant, belebend und erwärmend wirken.

Manche Lehrer können zum Beispiel den Rechenunterricht so vorbringen, daß selbst der schwächste Schüler sich dem nicht ganz entziehen kann und geistig angeregt wird, es doch einmal mit diesen Zahlen zu versuchen. Bei anderen wiederum »hängt« ein Drittel der Klasse »ab«. Ein guter Lehrer erkennt an den Augen, an den Bakken, an der Blässe oder Röte der Gesichtshaut, ob ein Kind noch mitkommt oder nicht. Es wird ihm etwas einfallen, es anzuregen, so daß es wieder einsteigt, wieder in geistige Bewegung kommt. Er hat das Wärmemilieu der ganzen Klasse im Auge.

Auch geistig pendeln wir, wenn wir es einmal genauer beobachten, ständig zwischen diesem »ins Feuer geraten«, diesem idealistisch in Bewegung kommen und dem kühlen, sachlichen Feststellen oder auf Distanz gehen hin und her.

Auch hier ist es eine Frage der Regulationsfähigkeit, die unsere

Gesundheit ausmacht, denn ein geistig und seelisch gesunder Mensch kann sein Feuer beherrschen und lernt, es im sozialen Zusammenhang so einzusetzen, daß er stets situationsgerecht mit seiner eigenen Wärme und der Umgebungswärme zusammenstimmt: das heißt, daß er sich gut »akklimatisiert«, bzw. durch seine Aktivität das Klima verbessert und regulieren hilft.

Ein sturer oder seelisch unbeweglicher Mensch eckt leicht an. Wer sich fragt: Warum eckt er an? Warum hat er mit diesem oder jenem Probleme? So liegt es letztlich daran, daß er mit den verschiedenen Wärmezuständen und der dafür erforderlichen Akklimatisierung nicht zurechtkommt. Diese feine Anpassungsfähigkeit, das Wahrnehmen, ob man dem anderen auf die Nerven geht oder nicht, ist nicht genügend ausgebildet. Man muß lernen, sich wärmemäßig richtig in den Sozialzusammenhang einzuregulieren und nur so viel Feuer zu entfachen, daß es der andere als angenehm und anregend empfindet. Umgekehrt darf man auch nicht zu wenig bieten, so daß der andere dann enttäuscht ist, weil er etwas erwartet hat, was dann nicht eingetreten ist.

In diesem Bereich gibt es eine Fülle von Erfahrungen. Wir wissen auch, daß das Familienklima, der soziale Uterus für das seelische und geistige Wachstum eines Kindes, genauso wichtig ist wie der leibliche Uterus für das körperliche Reifen. Auch hier gilt, daß die Temperatur insgesamt etwas höher eingestellt werden muß, wenn ein Kind ins Haus kommt. Wer sich da nicht ständig etwas anstrengt und durch sein Interesse am Kind und seinen Belangen zusätzlich seelische und geistige Wärme hervorbringt, wird erzieherisch dem Kind nicht wirklich gerecht.

Zum Wesen der Wärme – Hingabe und Opfer

Es ist auffallend, wie einheitlich die Wärme auf leiblicher, seelischer und geistiger Ebene von den Menschen empfunden wird. Das

schlägt sich bis in den Sprachgebrauch hinein nieder, wo wir die
Begriffe seelischer Wärme und Kälte wie auch geistiger Wärme und
Kälte ganz entsprechend derjenigen Wärme verwenden, die wir als
äußere Temperatur mit dem Thermometer messen können. Daß es
sich hier jedoch nicht nur um Entsprechungen oder synonymen
Wortgebrauch handelt, sondern um eine Realität, kann jederzeit
erfahren werden. Seelische und geistige Wärme läßt sich beispielsweise durch ein anregendes Gespräch oder durch innere meditative
Arbeit unmittelbar erzeugen. Da sitzt zum Beispiel einer schlecht
gestimmt und übellaunig zu Hause – plötzlich klingelt das Telefon:
Erst zögert er vielleicht, den Hörer aufzunehmen, dann geht er
schließlich hin und meldet sich mürrisch. Am anderen Ende der
Leitung ist ein guter Freund, den er viele Jahre nicht gesehen und
von dem er auch schon sehr lange nichts mehr gehört hat. Sie sprechen etwa zwanzig Minuten, und der Freund verabschiedet sich mit
den Worten: »Mach's gut – trotz allem – laß dich nicht hängen, tu
was dagegen!« Dieses »tu was dagegen« ist ein Zauberwort, um
jedweden Anflug von Resignation, schlechter Stimmung oder auch
Verzweiflung umzuwenden. Es ist eine Aufgabenstellung für innere
Arbeit. Durch einen Entschluß kann sich der Mensch aus seinen
trüben Gedanken befreien und sich vielleicht ein Erlebnis in Erinnerung rufen, das ihn einmal auf den Gipfel seines Glücks und der
Freude getragen hat und das ihn heute noch, da er es in der Erinnerung wieder lebendig macht, wärmt und belebt.
Durch innere Aktivität des Erinnerns oder aber durch das bewußte
Durchführen einer Meditation – wie zum Beispiel der folgenden –
läßt sich innere Wärme erzeugen:

Worte, die den Willen ergreifen

Sieghafter Geist
durchflamme die Ohnmacht
zaghafter Seelen
verbrenne die Ich-Sucht

entzünde das Mitleid
daß Selbstlosigkeit
der Lebensstrom der Menschheit
wallt als Quelle
der geistigen Wiedergeburt

Rudolf Steiner

Worte dieser Art können uns in jeder Lebenslage innerlich so regsam machen, daß wir wieder weitermachen können. Wo Lähmung und Kälte herrschen, ist wieder Regsamkeit und Wärme entstanden. Diese Wärme ist jedoch nicht nur ein seelisch-geistiges Phänomen. Sie kann mit empfindlichen Meßsonden auch als vermehrte Hautdurchblutung gemessen werden. Ebenso kennen wir die Erfahrung, daß wir bei einer erschreckenden Nachricht plötzlich kalte Hände bekommen oder daß uns umgekehrt bei freudigen Ereignissen warm wird, auch wenn wir zuvor kalte Füße oder Hände hatten.

In der Natur können wir überall nur äußerlich meßbare Wärme feststellen. Nur in uns selbst erleben wir die Innenseite der Wärme, ihre seelisch-geistige Natur. Sie ist mit unserem eigenen Wesen innigst verwandt. Wir fühlen uns da am menschlichsten und innerlichsten, wo wir uns in der Wärme und im inneren Licht erleben. Licht und Wärme sind zugleich die beiden Grundqualitäten der Liebe, das heißt unserer zentralmenschlichsten Eigenschaft. Dabei erleben wir sowohl Wärme als auch das Licht auf seelischer und geistiger Ebene. Wir können genau unterscheiden, wo seelische Wärme aufhört und seelisches Licht beginnt oder wo geistiges Licht an die Geisteswärme, das heißt an Idealismus und Begeisterung angrenzt. Wärme ist immer der unmittelbarste Ausdruck dessen, was wir seelisch oder geistig tun. Sie ist in unserem Inneren genauso Indiz für Tätigkeit wie draußen in der Natur, beispielsweise in der Chemie. Auch hier wird Wärme nur durch Tätigkeit frei oder aufgenommen. Überall wo Wärme sich regt, ist sie die Spur von Arbeit, von Tätigkeit.

Je älter der Mensch wird, um so mehr hängt auch sein Gesundheitsgefühl davon ab, ob es ihm gelingt, seelisch und geistig seine Temperaturregulation zu beherrschen. Findet er hier zu einer guten, für sein Wesen spezifischen Ausgeglichenheit, so ist das zugleich die beste Unterstützung für die Temperaturregulation seines Körpers. Es ist eine interessante Tatsache, daß Menschen, die an sogenannten Kältekrankheiten leiden (Ablagerungskrankheiten, degenerative arthritisch-rheumatische Erkrankungen) oft Schweres im Leben durchgemacht haben; es ist ihnen nicht leicht gemacht worden, innere Wärme, innere Begeisterung und ein Sich-behaglich-Fühlen aufzubringen oder aufrechtzuerhalten. Immer wieder haben sie seelische und geistige Kälteerfahrungen gemacht, wodurch sie innerlich resignierten und unterkühlt wurden. Wer Gründe hat, sich seelisch zurückzuziehen oder zu verhärten und sich nicht warm anschließen kann an den Lebenszusammenhang der Umgebung, der hat hierin eine der bedeutendsten inneren Ursachen für das Entstehen von Krankheiten.

So wie der Körper seine Krankheitsprobleme (Entzündungen durch die richtige Abkühlung – Ablagerungen durch das richtige Maß von Erwärmung und Bewegung) überwinden muß, so braucht auch die Seele ein gewisses Maß an Liebe und Wärme, um problematische Verhärtungen zu lösen oder umgekehrt ein ungesundes oder schwüles Seelenfeuer durch nüchterne Betrachtung wieder in gesunde Klimaverhältnisse zurückzubringen.

Jede Erkrankung – sei sie nun seelisch oder körperlich – hat ihr erstes Frühsymptom in einer Änderung des körperlichen oder seelischen Wärmezustandes. Der neuere Forschungszweig in der Medizin, die sogenannte Thermographie, gibt hier weitreichende Aufschlüsse.

Eine solche Betrachtung des Wesens der Wärme kann uns aber auch noch auf etwas anderes aufmerksam machen: Wärme tritt nicht nur da auf, wo Arbeit geleistet wird und Tätigkeiten der verschiedensten Art stattfinden. Überall, wo Wärme erzeugt wird, tritt auch Veränderung ein. Das heißt, daß immer ein früherer Zustand einem späteren geopfert werden muß. Wärme ist so immer auch Ausdruck dafür, daß in der Welt etwas geopfert wird. So wie unsere körperliche Wärme nur dann auf die Dauer aufrechterhalten werden kann, wenn wir immer wieder mit der Nahrung pflanzliche, tierische und mineralische Substanzen aufnehmen und verarbeiten, so können wir auch sagen, daß wir unsere körperliche Wärme den Opfergaben aus den Reichen der Natur verdanken, die in unserem Organismus die Tätigkeit von Aufbau und Erhaltung ermöglichen. Aus diesem Opfer, aus dieser Hingabe der Natur an uns, bilden wir unseren Leib, aber auch körperliche Wärme als Grundlage unserer eigenen Wesenswärme. Und so geht es weiter: Auch die Mutter eines werdenden Kindes opfert etwas von ihrer körperlichen Substanz und Wärme. Die weitere Entwicklung nach der Geburt ist nur dann möglich, wenn wiederum Arbeit in der Umgebung geleistet wird für Versorgung, Pflege und Erziehung. Eine ungezählte Fülle sozialer Dienstleistungen und menschlicher Opferbereitschaft begleiten das Heranwachsen eines jeden Menschen. Entsprechendes zeigt sich, wenn wir auf die weitere Entwicklung im Seelischen und Geistigen schauen. Auch hier wird immer Wärme geschenkt. Es wird uns dies nur nicht so bewußt, weil es uns Freude macht. Wenn in einem Menschen Wärme entsteht, bleibt sie nicht bei ihm, sondern fließt in die Arbeit ein, in deren Gefolge sie aufgetreten ist. Wenn wir uns öffnen, wenn wir uns seelisch hingeben, wenn wir unsere Wärme zur Verfügung stellen, indem wir jemandem helfen – immer strahlt von uns etwas aus, was eben letztlich Wärme ist. Dabei liegt auch hier eine gewisse Entsprechung zur Natur vor: So wie in der Natur immer mehr Samen gebildet werden als aufgehen – also immer ein Überschuß vorhanden ist, so ist auch die seelische und geistige Wärme, die durch menschliche Tätigkeit entsteht, unerschöpflich. Je mehr wir uns hingeben in positiver Arbeit, je wärmer uns wird in der liebevollen Hinwendung zur Welt –, desto weniger verausgaben wir uns, desto leichter regenerieren wir uns in Zeiten der Erholung oder des Schlafes. Auch »ernähren« wir uns seelisch und geistig, indem wir uns anlächeln, einander helfen und geistig anregen. Ständig sind wir in einem gegenseitigen Geben und Nehmen begriffen, in einem Austausch von Wärme. Körperliche und seelische Wärme können sich in starker Hingabe und Verausgabung erschöpfen. Die geistige Wärme kann dies nicht. Wer ein wirkliches Lebensideal gefunden hat, das ihn in jeder Lebenslage innerlich erwärmt und im Tätigsein erhält, hat den Brennpunkt seiner Entwicklung, sein eigenes Wärmezentrum entdeckt und damit eine Quelle zum Fließen gebracht, die unversieglich ist. Gerade in den sozialen Berufen, in denen so viel Wärme abgegeben werden muß, ist dieses Finden oder Nichtfinden des inneren Brennzentrums die Existenzfrage, die darüber entscheidet, ob man langsam ausbrennt (Burn-out-Syndrom) oder ob es gelingt, diese unversiegliche innere Kraftquelle zu erschließen.

Fragen zum Thema

Frage: Man sagt, die Krebskrankheit sei eine »kalte Krankheit«. Welche Beziehung hat sie zum Wärmeorganismus des Menschen?

Antwort: Die Krebserkrankung ist in ganz spezieller Weise eine Erkrankung des Wärmeorganismus. Gerade hier kann das Ineinandergreifen der körperlichen, seelischen und geistigen Wärme beim Zustandekommen der Erkrankung, insbesondere aber bei der Therapie beobachtet werden. Die anthroposophische Krebstherapie beruht primär auf einer Anregung des Wärmeorganismus auf leiblicher Ebene durch die erwärmende immunstimulierende Wirkung des Mistelpräparates (z.B. Iscador), auf seelischer Ebene durch spezifischen Einsatz der künstlerischen Therapie (insbesondere Eurythmie und Malen) und auf geistiger Ebene durch Arbeit an dem biographischen Problem der Erkrankung und dem Finden eines Lebensideals, das auch die Arbeit an der Krankheit miteinschließt.

Frage: Was ist eine Erkältung in bezug auf den Wärmeorganismus und welches sind die Auswirkungen auf Seele und Geist?

Antwort: Zu Beginn meines Medizinstudiums wurde uns noch bei-
gebracht, daß von Erkältungen zu sprechen nicht mehr dem Stand
der Wissenschaft entspräche: Erkältungen kämen von Viren und
Bakterien und hätten mit Kälte oder Unterkühlung nichts zu tun.
Wenn wir heute in neuen Ausgaben kinderärztlicher Lehrbücher
nachlesen, so findet sich dort wieder die volle Rehabilitation des
Erkältungsbegriffs. Denn man hat inzwischen herausgefunden, daß
Viren und Bakterien ein bestimmtes Temperaturoptimum brauchen, um sich so im Organismus vermehren zu können, daß es auch
wirklich zur Erkrankung führt. Diese Temperatur liegt nun aber
etwa bei 33 Grad, das heißt wenn man sich gründlich erkältet hat
bzw. wenn die Durchblutung in einem bestimmten Organgebiet
aus irgendeinem Grund so reduziert ist, daß partielle Unterkühlung
eingetreten ist. Ein warmes, gut durchblutetes, optimal versorgtes
Organ kann sich nicht »erkälten«; das heißt hier geht eine Infektion
nicht an, auch wenn Viren in Hülle und Fülle eingeatmet werden.
Das Achten auf gleichmäßige körperliche Wärme und Behaglichkeit
ist demnach das beste Vorbeugungsmittel gegenüber Infektionen.

Entsprechendes gilt auch für die Pflege des seelischen und geistigen Wärmeorganismus. Auch hier können wir uns unterkühlen und
vorübergehend unproduktiv werden. Es ist interessant, einmal darauf zu achten, was einer körperlichen Erkältungskrankheit voraus-
geht. Sehr oft liegt hier nicht nur eine einmalige körperliche Unterkühlung vor (bisweilen ist diese dem Betreffenden ja sogar nicht
einmal bewußt), sondern zumeist ist es eine vorausgegangene
Überarbeitung mit Erschöpfung oder aber es handelt sich um Unre-
gelmäßigkeiten im Tageslauf und Rhythmus bezüglich des Essens
und Schlafens. Hierbei wird am deutlichsten der positive Effekt einer Erkältungskrankheit deutlich. Es entsteht eine Besinnungs-
pause, in der sich der Körper erholen und der Mensch sich überlegen kann, wie er in Zukunft seine Verhältnisse ordnen und vielleicht
hie und da auch etwas zur Verbesserung der Lage tun könnte, so daß
sich der krankheitsauslösende Zustand nicht so bald wiederholt.

Frage: Welchen Wert haben Bäder (Fußbäder, Vollbäder, Sauna usw.) bei der Behandlung von Erkältungskrankheiten? Wie weit kann der Mensch durch Bewegungsübungen (z. B. Turnen und Eurythmie) seinen Wärmeorganismus unterstützen?

Antwort: Sie sprechen mit Ihrer Frage den ganzen Komplex der sogenannten Abhärtung mit an. Dieser ist in meinen Ausführungen nicht berührt worden, da über ihn ja heute sehr viel zu lesen ist und diese Thematik oft auch in Zeitschriften besprochen wird. In dem von mir skizzierten Zusammenhang möchte ich jedoch gern anfügen, daß eine gesunde Handhabung dieser genannten Maßnahmen erst möglich ist, wenn der Wärmeorganismus und seine Regulationsfähigkeit dabei berücksichtigt werden. Beispielsweise darf eine Abkühlung durch kalte Güsse oder Teilbäder nur dann erfolgen, wenn der Körper durch und durch warm ist – ja nicht nur das, sondern einen Wärmeüberschuß hat. Dieses ist in der Sauna immer der Fall, weswegen sie auch unbestritten die positivsten Auswirkungen auf eine Förderung der Regulationsfähigkeit des Wärmeorganismus ausübt. Gewöhnt man hingegen Kinder und auch ältere Menschen daran, Kälte auszuhalten, so lernen sie in einseitiger Weise die Kältetoleranz und erkälten sich dann auch tatsächlich nicht so leicht wie andere, die diese Kältetoleranz nicht erworben haben. Sie handeln sich aber auf der anderen Seite eine Disposition ein, an »Kältekrankheiten« zu erkranken, die mit Ablagerungs-, Degenerations- und Skleroseerscheinungen verbunden sind. Die finnische Sauna ist der körpereigenen Temperaturregulation abgelauscht: Wo zuviel Wärme vorhanden ist, wird sie freiwillig abgegeben. Wo zuwenig Wärme ist, wird für Erwärmung gesorgt. Bäder, Teilbäder und Güsse, die nach diesem Modell durchgeführt werden, haben immer eine unterstützende, regulierende Wirkung auf den Wärmeorganismus. Tritt jedoch anhaltendes oder wiederholtes Frieren bei Anwendungen dieser Art auf, so ist das für den Organismus bereits eine einseitige Belastung, die ihn auf die Dauer nicht stärkt, sondern zu Krankheitsdispositionen führt.

Was die bewegungsmäßige Anregung des Wärmeorganismus betrifft, so kommt der Eurythmie hier eine besonders wohltätige Wirkung zu, da sie nicht nur über die körperliche Bewegung den Stoffwechsel und die Zirkulation und damit auch den Wärmeorganismus anregt, sondern durch die starke seelische und geistige Beteiligung, die hier ebenfalls eingebracht werden müssen, damit zugleich auch den seelisch-geistigen Wärmeprozeß anregt. Demgegenüber bedeutet der Sport eine einseitig körperliche Anregung, bei der allenfalls bei Wettspielen noch die Seele mitengagiert wird, wenn Ehrgeiz und das Streben zu gewinnen beteiligt sind.

Doch nun zur Behandlung von Erkältungskrankheiten durch Bäder: Das *Fußbad* ist immer hilfreich, wenn es darum geht, eine stattgehabte Unterkühlung so schnell wie möglich rückgängig zu machen. Wichtig ist nur, daß man dabei warm angezogen bleibt. Dieses Teilbad regt dann in der unterkühlten Peripherie die Durchblutung wieder an, wobei dem Körper insgesamt nicht soviel Energie verlorengeht wie bei einem Vollbad, nach dem viele körpereigene Substanzen, wie beispielsweise Hautfette, wiederum zu ersetzen sind.

Das *Vollbad* zur Behandlung von Erkältungskrankheiten ist da angezeigt, wo die Erkältung schon im Beginne ist auszubrechen, das heißt wo das Kratzen im Hals, der Schnupfen oder der beginnende Husten schon spürbar sind. Wird hier ein heißes Bad genommen mit ansteigender Temperatur (das heißt mit einer gewissen Überwärmung, die schrittweise erreicht wird), so kann dies den vollen Ausbruch der Krankheit unter Umständen verhindern. Die Überwärmung von außen nimmt dem Körper die Anstrengung der Fiebererzeugung zur Krankheitsabwehr bis zu einem gewissen Grade ab, so daß die Energien gleichsam für die Überwindung der Krankheit eingespart werden können. Allerdings ist nach dem Bad strengstens darauf zu achten, daß keinerlei Abkühlung stattfindet und man sofort für eine möglichst lange Nacht ins Bett gehen kann. Hat man Glück, ist der Erkältungsanflug am nächsten Morgen vollständig verschwunden. Es kann jedoch auch sein, daß durch die gesamte Stoffwechselanregung des Bades die Auseinandersetzung mit der Krankheit beschleunigt worden ist und diese nach dem Bad so richtig mit voller Kraft hervortritt. Das Bad hilft so dem Organismus, die Entscheidung für oder gegen die Krankheit zu fällen. Entsprechendes gilt selbstverständlich auch für die Sauna. Hinzu kommt, daß die Sauna ja aus einer Gegend kommt (dem Norden Europas), wo schon durch die Umweltbedingungen eine ständige Tendenz zur Unterkühlung vorgegeben ist. Die Perioden sommerlicher Wärme werden immer kürzer, je höher man in den Norden hinaufkommt, und es folgt dann jeweils eine lange Herbst-, Winter- und Frühjahrszeit mit reichlichen Möglichkeiten, der Kälte ausgesetzt zu sein. Hier ist die Sauna eine sinnvolle Maßnahme, die dem Menschen die Anpassung an diese Klimaverhältnisse erleichtert. Umgekehrt kann die Sauna heute als international eingeführte hygienische Maßnahme überall da helfen, wo eine zu starke Tendenz zur Verweichlichung, zu Bewegungsarmut, zum Leben in temperierten und klimatisierten Räumen herrscht, wodurch der Organismus seine Eigenregulationsfähigkeit auch nicht genügend ausbilden kann. Da setzen die mit der Sauna verbundenen Kältereize sinnvoll stimulierende Anregungen, die wiederum einer zu einseitigen Lebensweise entgegenwirken.

Frage: Sollte man Säuglinge nach einem warmen Bad auch hinterher abkühlen? Ich selbst bin als Kind so erzogen worden.

Antwort: Ich würde das im Säuglingsalter nicht empfehlen. Zum einen deshalb nicht, weil das Bad des Säuglings nie so heiß sein sollte, daß es zu einer echten Überwärmung kommt, auf den eine Abkühlung folgen müßte. Zum anderen auch deshalb nicht, weil die Wärmeregulation des Säuglings noch unreif ist und im natürlichen Tagesgang, provoziert durch An- und Ausziehen, durch den Rhythmus von Wärme und Kälte bei Tag und Nacht, beim Herausgehen ins Freie und beim Wiederhereinkommen in die Wohnung auf milde Weise und vor allem langsam genug stimuliert wird. Systematisches Kreislauftraining halte ich nur da für angezeigt, wo es medizinisch bzw. therapeutisch indiziert ist, das heißt da, wo eine Krankheit oder eine Schwächung vorliegt. Kalte Abreibungen oder Güsse lassen Kinder auch immer stark zusammenschrecken. Derartige Erlebnisse sollten nicht regelmäßig auf das Kind einwirken, solange es noch kein Selbstbewußtsein entwickelt hat (also vor dem 3. bzw. 4. Lebensjahr). Wenn das Kind älter ist und solche Prozeduren mit Bewußtsein begleiten kann und diese auch selber will und schön findet, sieht die Sache schon anders aus. Dennoch möchte ich vor unkontrolliertem oder gar routinemäßigem Kreislauftraining im Sinne der Abhärtung warnen. Wir müssen heute lernen, mit der Wärme immer bewußter umzugehen. Mir ist immer wieder aufgefallen, daß »abgehärtete« Menschen auch seelisch und geistig weniger sensibel sind. Da der Wärmeorganismus sich zwar leiblich, seelisch und geistig differenziert darstellt, in Wirklichkeit jedoch ein einheitlicher, das menschliche Wesen tragender und ins physische Dasein stellender Organismus ist, sollte dessen Gesamtentwicklung nach Möglichkeit dem individuellen Entwicklungsgang anheim gestellt sein und von außen nur dasjenige getan werden, was zur Unterstützung und Erhaltung der Wärme leiblich, seelisch und geistig sinnvoll und notwendig ist. Extratrainierungen sollten dem Menschen selbst überlassen bleiben, da es sich ja letztlich um seine eigene Wärme, das heißt um sein Wesen handelt.

Frage: Was halten Sie vom Säuglingsschwimmen bzw. von Frühschwimmkursen für Kleinkinder?

Antwort: Ich empfehle dieses nicht, weil Unterkühlungen an der Tagesordnung sind und das Chlorwasser durch die noch so empfindliche stoffwechselaktive Haut des kleinen Kindes stärker aufgenommen wird und in Wechselwirkung mit dem kindlichen Organismus tritt als später. Auch müssen die Substanzen, die die kindliche Haut über das Baden verliert, wieder ersetzt werden, so daß der Nutzen – vielleicht die Freude am Plantschen – den Schaden nicht überwiegt. Eine Ausnahme sind natürlich Bewegungsstörungen, die einer therapeutischen Schwimmbehandlung bedürfen. Bei letzterem überwiegt selbstverständlich der Vorteil gegenüber den genannten Nachteilen.*

Anders liegt die Sache natürlich, wenn es sich um Länder mit warmem Klima handelt. Bei hoher Außentemperatur kann es für den Organismus eine Entlastung sein, wenn er immer wieder ein erfrischendes Bad bekommt. Entscheidend ist jedoch auch hier, daß die Kinder dabei nicht auskühlen. Sie können sich diese Notwendigkeit am besten dadurch klarmachen, wenn Sie sich zum Bewußtsein bringen, daß ein Erwachsener bei kühler Außentemperatur seinen sogenannten Grundumsatz (seine Substanzverbrennung im Organismus) um das Zehnfache steigert. Er verbraucht also zehnmal mehr Energie, als wenn er in einem behaglichen Wärmemilieu lebt oder arbeitet. Abgekühlte Kinder sind in derselben Situation. Sie brauchen mehr als die zehnfache Energie, um sich körperlich wieder zu erwärmen. Diese Energie fehlt ihnen dann für Entwicklung, Wachstum, Infektabwehr und vieles andere. Auch gilt für den Erwachsenen, daß er im nackten Zustand erst bei einer Außentemperatur von etwa 30 Grad in Ruhe am wenigsten Energie verbraucht. Auch daran können Sie sich klarmachen, wie warm es eigentlich sein muß, damit ein Bad keine zusätzliche Energie kostet. Natürlich können wir unsere Kinder nicht nur bei 30 Grad im Schatten zum Baden schicken. Dennoch sollte man diese Tatsachen als Richtmaß haben, um abschätzen zu können, was man den Kleinen zumutet, wenn sie – je kleiner sie sind um so mehr – solchen Kältereizen ausgesetzt werden, insbesondere dann, wenn die Wärmeregulation noch nicht ausgereift ist.

Frage: Was geschieht bei einer künstlichen Erzeugung von Fieber mit Hilfe von Medikamenten?

---

* Vgl. auch die ausführliche Darstellung dieses Zusammenhangs in der »Kindersprechstunde«.

Antwort: Ist eine Fieberbehandlung angezeigt, so sollte sie dem Körper helfen, das Fieber zu erzeugen, wenn er selbst dazu nicht mehr oder nicht zureichend in der Lage ist. Dem Körper wird hier etwas in seinem eigenen Interesse »aufgezwungen«. Allerdings sollte das nie ohne ärztliche Verordnung, das heißt im Zusammenhang mit einem sachkundigen Behandlungskonzept geschehen.

Frage: Was ist zu tun, wenn man als Erwachsener immer kalte Hände bzw. kalte Füße hat?

Gegenfrage: Handelt es sich um einen Mann oder eine Frau?

Frage: In meinem Fall handelt es sich um eine Frau.

Antwort: Es sind auch zumeist Frauen, die an kalten Händen und Füßen leiden. Das liegt meiner Erfahrung nach in erster Linie an der mangelhaften Kleidung. Männerkleidung ist unter wärmehygienischen Gesichtspunkten die bessere. Wenn Männer statt vernünftiger Socken aus Baumwolle oder Wolle dünnste Perlonstrümpfe tragen würden und statt kräftiger Halbschuhe zarte Pumps, wenn ihre Beine bis zum Minirock frei oder eben nur durch zarte Strümpfe bedeckt wären und sie unter diesem Rock nur den Hauch eines zarten Schlüpfers trügen und oben eine Bluse weit mit offenem Kragen ohne Unterhemd, darüber vielleicht noch eine modisch geöffnete Jacke, so würden auch sie zu kalten Händen und Füßen neigen. Mit Unterhemd, hochgeschlossenem Oberhemd, Krawatte, Weste und Jacke sowie vielleicht noch unter den langen Hosen verborgenen langen Unterhosen sind sie völlig unauffällig bedeutend besser angezogen als jede durchschnittliche Frau. Wer also wirklich warme Hände und Füße haben will, muß sich entsprechend kleiden. Frauen können dies unter Beibehaltung modischer Trends am ehesten dadurch bewerkstelligen, daß sie entweder selbst Hosen tragen und zu entsprechenden langen Unterhosen und Socken sowie kräftigerem Schuhwerk greifen, oder aber, daß sie sich am Rumpf unter der Oberkleidung mehrere Schichten zulegen: zum Beispiel außer der normalerweise gewählten Unterwäsche noch ein oder zwei wollene Unterhemden und einen modischen Rollkragenpullover anstelle einer Bluse darüber. Auch beim Erwachsenen gilt, daß die Wärme entweder durch Muskeltätigkeit oder im Körperkern (Rumpf und Bauch) durch Stoffwechselaktivität gebildet wird und hier auch mit Hilfe der Kleidung geschützt und erhalten werden muß. Dicke Socken oder Handschuhe werden wenig nützen, wenn nicht gleichzeitig der Körperkern genügend warm angezogen ist. Wenn der Körperstamm warm angezogen ist, kann man es sich umgekehrt leisten, barfuß zu gehen oder die Ärmel aufzukrempeln, ohne kalte Füße und Hände zu bekommen.

Frage: Kann es nicht auch problematisch sein, wenn man beispielsweise Kindern zu viel Wollsachen anzieht?

Antwort: Problematisch ist natürlich jede Übertreibung. Wenn man einen Säugling vor lauter Wollsachen gar nicht mehr zu Gesicht bekommt und auch die Mütze noch bis zu den Augenbrauen in die Stirn gezogen ist, so fehlt die notwendige Möglichkeit, auch Abkühlung (beispielsweise an der Stirn) durch die Witterungsverhältnisse zu empfangen.

Frage: Wie ist das in dieser Hinsicht mit den heute so modischen Stirnbändern – sind die nicht ganz schädlich, weil die Stirne doch Kühlung braucht?

Antwort: Wenn der übrige Kopf die Kältereize aufnimmt, geht es. Das Stirnband ist zum Beispiel bei Sonne oder Kälte besser als gar keine Mütze.

Frage: Kann man bestimmten Temperamenten auch eine bestimmte Körpertemperatur zuordnen?

Antwort: Soweit ich das überblicken kann, ist dies nur für den Melancholiker und Choleriker signifikant. Ein Choleriker hat in der Regel nie kalte Hände und Füße, wohingegen es für einen Melancholiker geradezu typisch ist, daß er immer wieder daran leidet. Ist ein Sanguiniker kalt, so war er nachlässig. Bei ihm ist das nicht konstitutionell bedingt. Bei einem Phlegmatiker wird man jedoch schon aus seiner Neigung zur Behaglichkeit heraus fast nie kalte Hände und kalte Füße finden. Auch liebt er nicht das viele An- und Ausziehen. Er kleidet sich gern immer eher etwas zu warm als zu kalt.

Frage: Wenn geistige und seelische Wärme bei der Entwicklung eines Kindes zu kurz gekommen sind, gibt es dann im späteren Leben noch Unterstützung oder Förderung, durch die das Versäumte nachgeholt werden kann?

Antwort: Je nachdem, wie alt das Kind bzw. der Erwachsene ist, gibt es verschiedene Möglichkeiten. Das Schöne ist, daß seelische und geistige Wärme seitens der Umgebung in jedem Augenblick zur Wirksamkeit gebracht werden können und auch ihre positive Wirkung auf den betroffenen Menschen haben. Wie weit man als Betroffener jedoch selbst später in der Lage ist, seelische und geistige Wärme zu erzeugen, wenn man sie nie oder nur selten von außen empfangen hat, hängt stark von der Persönlichkeit ab. Oft hilft hier die Begegnung mit einem Menschen, den man wirklich liebgewinnt. Die Liebe regt seelische und geistige Wärmeprozesse auch da an, wo sie ganz verschüttet oder versiegt waren.

Frage: Was kann man als Erwachsener tun, wenn ein Lebensideal in der Kindheit nicht veranlagt wurde?

Antwort: Auch diese Frage ist schwer allgemein zu beantworten. Das Finden oder Nichtfinden eines Lebensideals ist ja nicht nur eine Sache der Nachahmung oder des Lernens in der Kindheit. Selbst wenn man in der Kindheit ein Lebensideal hatte oder es in der Schule von Lehrern vor Augen geführt bekam und sich dafür begeisterte, hat dies für das spätere Leben noch lange nicht die Verbindlichkeit, die zu einem Lebensideal dazugehört. Diese Verbindlichkeit stellt sich erst in Zeiten der Belastung und des Infragestellens ein, wo man sich selbst noch einmal ganz neu und vor allem allein vor die Entscheidung stellt, ob dieses Ideal wirklich seine Gültigkeit behalten soll oder nicht. Letztlich kann man sich nur selbst für ein Lebensideal entscheiden und ihm die Treue halten. Das kann einem nie von einem anderen Menschen abgenommen werden. Auch kann man nicht sagen, daß das Finden oder Nichtfinden eines Lebensideals nur Sache der Erziehung sei. Oft entwickeln gerade solche Menschen, die eine schwere Kindheit und Jugend hatten und wenig Idealismus in ihrer Umgebung erleben durften, eine starke Sehnsucht in sich, das zu suchen, was sie in der Kindheit vermißt haben. Anders ist dies jedoch, wenn in der frühen Kindheit eine starke Vernachlässigung stattgefunden hat. Da können die Schädigungen so schwer sein, daß es dem Wesen des Kindes nur noch in Ausnahmefällen gelingt, wirklich im eigenen Leibe »anzukommen« und sich dort soweit zu Hause zu fühlen, daß man sich der Umwelt und ihren Anforderungen und Bedürfnissen gegenüber öffnen und in ihr tätig werden kann.

Zwischenfrage: Wie kann man ein so geschädigtes Adoptivkind dann behandeln?

Antwort: Hier steht die Liebe zu diesem Kind an erster Stelle. Je mehr es gelingt, sich voll Interesse und Verständnis auf das einzulassen, was das Kind seinem Alter entsprechend vom Erwachsenen braucht, um so besser wird es gelingen, die Schäden der Vergangenheit so weit wie möglich auszugleichen. Vertrauen und Liebe sind hierbei die wichtigsten Führer und Hilfsmittel.

Identitätsfindung als Aufgabe

*Jeder Mensch trägt neben seinem Alltagsmenschen
in seinem Innern noch einen höheren Menschen.
Dieser höhere Mensch bleibt so lange verborgen,
bis er geweckt wird.*

RUDOLF STEINER

Ein altes Sprichwort sagt:
Sage mir, was du liest, und ich sage dir, wer du bist. Oder: Sage mir,
wer deine Freunde sind, und ich sage dir, wer du bist. Entsprechend
können wir weiter fragen: Sage mir, was du liebhast, und ich sage
dir, wer du bist. Oder: Sage mir, über was du dich ärgerst, und ich
sage dir, wer du bist.

Womit wir uns identifizieren oder nicht identifizieren, charakterisiert uns unmittelbar. Ja, es ist sogar so, daß wir nur insofern existieren, als wir uns mit etwas verbunden fühlen. Wer keine Nahrung mehr zu sich nimmt, wer sich für nichts mehr interessiert und
sich um niemanden mehr kümmert, verliert seine Identität. Von der
Fähigkeit der Identifikation hängt nicht nur Wert und Würde der
menschlichen Existenz ab, sondern auch der Grad an Lebenszufriedenheit und Selbstverständnis, der im Laufe eines Lebens erworben
wird.

Identifikation in Kindheit und Jugend

Was tut der Säugling? Er trinkt, er schläft, er schaut, er eignet sich durch unermüdliches Üben die Bewegungsmöglichkeiten des eigenen Körpers an. Das Kleinkind ist dann schließlich so weit, diesen Körper auf zwei noch etwas schwankenden Beinen und Füßen balancieren zu können. Wo zuvor hilfloses Zappeln und Strampeln war, imponiert jetzt die beginnende körperliche Selbstbeherrschung. Sobald die Kinder zu krabbeln beginnen, wird alles untersucht und, so es möglich ist, in den Mund gesteckt, um zu sehen, wie es schmeckt. Das Kind will mit all seinen Sinnen, insbesondere mit dem Geschmackssinn, die Welt in sich aufnehmen.

Indem die Nahrungsmittel in Form von Salat, Radieschen, Mineralien, Wasser und anderem verdaut worden, bildet sich der Körper aus, die leibliche Grundlage des eigenen Selbst. Verdauen ist nichts anderes als Verwandlung von etwas, das vorher Welt war, in körpereigene Substanz, das heißt in Mensch. Hier haben wir Identifikation auf leiblicher Ebene in der Form, daß auch die Nahrungsmittel als »Welt« sich gleichsam so mit dem Menschen »identifizieren«, daß Verwandlung in »Mensch« stattfindet durch die Verdauung. Was geschieht also bei der Identifikation? Wer sich mit einer Eigenschaft identifizieren möchte, ist bestrebt, selber so zu werden, wie es dieser Eigenschaft entspricht. Das heißt, um dies zu erreichen, muß Verwandlung stattfinden.

Beim Vorschulkind steht die leibliche Aneignung der Welt im Vordergrund. Der Körper paßt sich an die Umwelt an und lernt sie zu verdauen. Das Schulkind ist bereits mehr auf die seelische Aneignung der Welt hin veranlagt. Plötzlich ist das in seinem Umkreis von Bedeutung, wofür es Sympathie hat. Es lernt bei dem Lehrer am besten, den es am liebsten mag. Auf dieser Stufe der Entwicklung tritt der Identifikationsvorgang als seelisches Verdauungs- bzw. Lernvermögen auf. Kann es sich gefühlsmäßig für etwas erwärmen, so hat es auch Lust, sich auf den Lernprozeß einzulassen.

So wie der Körper für seine Entwicklung ständige Anregung durch die Sinneswahrnehmung und durch die Ernährung braucht, so bedarf die Seele der Anregung durch die Gefühle.

Nach der Pubertät beginnt wiederum eine völlig neue Art der Aneignung der Welt. Jetzt identifiziert sich der Jugendliche mit Idealen oder mit Idolen. Er wird Fan von irgend etwas, schwärmt für irgend etwas. Gemeinsam ist den Idealen, daß sie Zukunft ermöglichen, Entwicklung zu etwas, was noch nicht ist. Idole hingegen sind Vorbilder, die in der Gegenwart anschaubar sind und die Gefahr bergen, die Jugendlichen schwärmend in der Gegenwart aufgehen zu lassen, anstatt Zukunft vorzubereiten. Alle Ideale und Idole lassen sich jedoch begrifflich fassen, lassen sich formulieren. Manche Jugendliche schwärmen für einen Rocksänger, andere für einen Dichter, der längst gestorben ist. Es kann auch sein, daß eine Fünfzehnjährige beginnt, für den Komponisten Richard Wagner zu schwärmen, da die Thematik seines Hauptwerkes »Der Ring des Nibelungen« von dem Konflikt zwischen Macht und Liebe handelt und der Frage, ob die Freiheit des Menschen überhaupt möglich ist. Auch dieses Kunstwerk läßt sich letztlich als Bild gewordene Ideale verstehen, die sich auch philosophisch verstehen lassen. Immer handelt es sich jedoch um zentral menschliche Qualitäten, um Eigenschaften, die vom Jugendlichen erstrebt oder erreicht werden wollen. Ideale aber haben alle auch ihr Gegenteil. Der Jugendliche erlebt seine Entwicklung gefährdet durch Hindernisse und Neigungen zum Bösen, die er auch in sich entdeckt. Der Weisheit, Liebe und Freiheit stehen Lüge, Haß und Machtbestreben gegenüber. Der Jugendliche sieht sich hereingestellt in den inneren Kampf zwischen Licht und Finsternis, zwischen die großen Ideale der Menschlichkeit und die Quellen abgrundtiefer Unmenschlichkeit. Er erlebt das Widersprüchliche in seiner Umwelt, aber auch den Widerspruch in sich selbst. Dabei kann er die Erfahrung machen: Je mehr es ihm gelingt, sich mit den Idealen der Menschlichkeit zu identifizieren, um so mehr Kraft gewinnt er für die innere Auseinandersetzung mit seinen Neigungen zur Unmenschlichkeit.

Wenn wir die Entwicklung des Kindes und Jugendlichen unter dem Gesichtspunkt der Identifikation mit der Welt anschauen, so stellt sich dieser ganze Prozeß als Aneignung von Welt dar, zunächst auf leiblicher, dann auf seelischer und schließlich auf geistiger Ebene.

Wenn der Mensch geboren wird, umgibt ihn die ganze Welt noch unangeeignet als Nicht-Ich. Am Ende des Lebens hat er sich viel Welt angeeignet und ist einerseits immer mehr durch sie verwandelt worden; andererseits hat er auch sie verwandelt. Dabei wird eine Polarität deutlich: Auf körperlicher Ebene verwandelt sich die Welt in der Verdauung und wird Mensch. Auf seelischer und geistiger Ebene hingegen geschieht die umgekehrte Identifikation. Hier gleicht sich der Mensch durch Begeisterung oder durch Selbsterziehung bestimmten seelischen und geistigen Qualitäten und Ordnungen an und verwandelt sich dadurch.

Hinderung und Förderung positiver Identifikation

Wie gehen wir mit den negativen Fähigkeiten wie Haß, Neid, Unruhe, Desinteresse und Angst um? Woher kommen sie und warum haben wir sie in uns? Zumeist werden sie uns durch irgendein Erlebnis oder Ereignis bewußt. Auch Menschen, die beispielsweise von sich sagen, daß sie keine Angst haben oder noch nie neidisch waren, können eines Tages in eine Situation kommen, die dieses Gefühl erstmals in ihnen weckt. Wer eine ehrliche Bestandsaufnahme macht von dem, was er in seinem Bewußtsein trägt an positiven und negativen Gedanken, Gefühlen und Handlungsimpulsen, der merkt bald, daß er alles irgendeiner Situation, einem Erlebnis, einem Lernvorgang verdankt. Es wird deutlich, daß die negativen Eigenschaften zwar durch Erlebnisse wachgerufen werden, nicht aber gelernt werden müssen. Die positiven hingegen bedürfen der Lernprozesse. Hier gibt es immer größere oder kleinere Widerstände, die auf dem Weg zum Erlangen dieser Fähigkeiten zu überwinden sind. Die Iden-

tifikation mit Eigenschaften wie Haß, Neid, Angst geht wie von selbst. Positive Ideale wie Friede, Interesse, Toleranz bedürfen der ständigen Bearbeitung und Bewährung. So gesehen ist Identifikation jede Form der Annahme von Welt, durch die der Mensch zum Ausdruck bringt, was er selbst ist bzw. sein möchte:
– Die Identifikation durch Aktivität und Verwandlung;
– die Identifikation durch Anpassung bzw. passives Sich-Überlassen;
– die bewußte Arbeit an der Überwindung negativer Identifikationen durch neue positive Zielsetzungen.

Ein lebenserfahrener Mensch kennt diese Formen der Identifikation aus der täglichen Erfahrung. Seinen positiven Identifikationsmöglichkeiten verdankt er Zuversicht und Kraft für seine Entwicklung. Der Beobachtung seiner negativen Eigenschaften verdankt er wichtigste Aufschlüsse über sich selbst sowie Toleranz und Verständnis negativen Eigenschaften anderer Menschen gegenüber. Der Verwandlung dieser negativen Identifikationsmöglichkeiten jedoch verdankt er seine eigentliche Charakterstärke, dasjenige, was er vollgültig als »sein Eigen« oder »sein Ich« bezeichnen kann. Denn da hat er in seiner eigenen Natur durch eigene Arbeit etwas überwunden und verändert, wofür nur er verantwortlich zeichnet. Es gibt ein einfältiges Gebet, welches dem heiligen Franz von Assisi zugeschrieben wird:

Einfältiges Gebet

O Herr, mach' mich zum Werkzeug deines Friedens:
daß ich Liebe übe, wo man sich haßt
daß ich verzeihe, wo man sich beleidigt
daß ich Einklang suche, wo Zwietracht herrscht
daß ich vertraue, wo Zweifel quält
daß ich die Wahrheit sage, wo gelogen wird
daß ich Hoffnung gebe, wo Verzweiflung wohnt
daß ich Freude schenke, wo man trauert

daß ich Licht bringe, wo Finsternis waltet.
O Herr, laß du mich trachten:
daß ich tröste, ohne selbst nach Trost zu verlangen
daß ich verstehe, ohne Sehnsucht, verstanden zu werden
daß ich liebe, ohne Anspruch geliebt zu werden
denn: wer dahingibt, der empfängt
wer verzeiht, dem wird verziehen
wer da stirbt, erwacht zum Ewigen Leben.

In diesem Gebet haben wir den Zusammenhang dieser Identifikationsmöglichkeiten gegeben. Ein Mensch, der danach lebt, wird jede Lebenslage positiv gestalten können und durch alles, was ihm begegnet, charakterlich wachsen können. Für den sozialen Umkreis sind Menschen dieser Art ein Segen.

Identität und Identifikation im Erwachsenenalter

Welche Kraft ist es, die uns zur Identifikation auf leiblicher, seelischer und geistiger Ebene treibt? Es ist nichts anderes als die Kraft unserer Persönlichkeit selbst, das heißt die Kraft unseres Ich. Sie regt sich vom ersten Lebensaugenblick an, wo das Kind beginnt, die Umwelt zu verarbeiten, und wirkt auf allen Ebenen, Entwicklung vorantreibend. Daher können wir immer sagen: Ich bin dasjenige, womit ich mich identifiziert habe, und ich werde zu dem, womit ich mich identifizieren möchte. Es hängt von mir ab, wohin meine Entwicklung gehen soll. Niemand kann das für mich tun, da ist kein Schöpfer außer mir, der mein Ich umgehen könnte und mir diese Arbeit abnehmen könnte. Vielmehr können mir von außen nur die Anregungen und Hilfen, das heißt die Identifikationsmöglichkeiten angeboten werden – ob ich sie annehme, ob ich die damit verbundene Arbeit leisten will, ist mein freier Entschluß.
Wer diesen Schlüssel zum eigenen Selbstverständnis entdeckt und

die folgenschwere Wahrheit, daß jeder für seine eigene Entwicklung verantwortlich ist, erkannt hat, der ist nicht mehr in der Gefahr, der »Null-Bock-Mentalität« anheim zu fallen. Er wird sich keine Resignation mehr gestatten, wie sie für Menschen typisch ist mit geschwächter oder noch nicht zum Selbstbewußtsein wachgerufener Ich-Natur.

Diese Kraft der Identifikation als Ich-Tätigkeit zu erleben, entbehrt nicht einer gewissen Dramatik. Denn hier ist ständige Wachheit und Geistesgegenwart gefordert. Habe ich mich zu einer Lüge hinreißen lassen und mich nicht mit der Wahrheit identifiziert, so fühle ich mich anschließend in meinem Ich etwas geschädigt, kraftloser, wenn ich sensibel bin. Habe ich einen Wutausbruch gehabt oder etwas abgelehnt, bevor ich es geprüft habe, so habe ich den Eindruck, daß mir etwas wie genommen worden ist. Wenn ich mich aber mit einer Sache positiv identifizieren konnte, so fühle ich mich stärker. Diese Erfahrung machen viele Mütter zu Hause, aber auch andere Menschen, die in sozialen Berufen stehen. Sie haben sich mit ihrer beruflichen Tätigkeit so identifiziert, daß sie größte Strapazen aushalten können und in belastenden Situationen in einer Weise leistungsfähig sind, wie sie es sich früher nie zugetraut hätten. Die zusätzlichen Kräfte, von denen man deutlich spürt, daß sie einem erst durch die Arbeit zugewachsen sind – sie kommen von dem her, womit wir uns identifiziert haben. Rudolf Steiner formuliert diesen Tatbestand in seinem Schulungsbuch »Wie erlangt man Erkenntnisse der höheren Welten« so: »Jede Idee, die dir zum Ideal wird, schafft in dir Lebenskräfte.«

Wir können sagen: In jedem Menschen ist so etwas wie ein höheres Selbst und wie ein niederes Selbst verborgen. Wir erleben unser eigentliches Wesen ständig zwischen diese lichte und diese dunkle Gestalt hereingestellt. Die lichte Gestalt verkörpert die Möglichkeiten unseres Werdens, unsere Ideale. Die dunkle Gestalt hingegen faßt in sich all die negativen Eigenschaften zusammen, die wir zwar haben, die wir aber nicht sein wollen.

Jeder arbeitet mehr oder weniger ständig daran, dieses Dunkle in sich, dieses negative Selbst zu verarbeiten, zu verwandeln, sich davon zu distanzieren, frei davon zu werden. Diese Arbeit führt dazu, daß schließlich diese zuvor negativen Eigenschaften jetzt eine positive Funktion bekommen. Zum Beispiel kann jetzt das Auftreten einer Antipathie oder eines Haßgefühls gegenüber einem anderen Menschen mir etwas über mein eigenes Verhältnis zu ihm sagen, ohne daß ich Antipathie oder Haß ihm gegenüber ausleben. Antipathie und Haß werden vielmehr zu Wahrnehmungsorganen für bestimmte Eigenschaften am anderen Menschen, die ich vom Ansatz her auch bei mir selbst kenne. Sie helfen mir, den anderen besser zu verstehen, aber verleiten mich nicht mehr dazu, ihm emotional zu begegnen bzw. der Antipathie oder dem Haß einfach nur freien Lauf zu lassen. Sie werden vielmehr zu bewußten Wahrnehmungsorganen und helfen mir, zu fragen: Was erfahre ich durch diese bei mir auftauchenden Gefühle über mich selbst und über meine Beziehung zu anderen Menschen? Warum reagiere ich hier so und bin nicht in der Lage, die positiven Eigenschaften des anderen wahrzunehmen? Auch stellt sich hier die Freiheitsfrage: Will ich haßerfüllt re-agieren oder mich rächen, oder möchte ich bewußt agieren und das tun, was dem anderen vielleicht hilft, sich zu verändern? Was heißt überhaupt dieses schwere christliche Gebot, Böses mit Gutem zu vergelten oder den Feind zu lieben und denjenigen wohlzutun, die mich hassen? Bin ich nicht frei, trotz meiner Antipathie, hier in der Begegnung mit dem anderen einen neuen Anfang zu setzen und mich so zu verhalten, wie es meiner positiven Identifikation mit dem Ideal der Liebe oder dem Verzeihen-Können entspricht? Der Haß führt so zu tiefsten inneren Fragen und hört auf, nur der dunkle Begleiter zu sein. Vielmehr impulsiert er so wie alles Negative, daß wir in der Selbsterkenntnis weiterkommen, und verliert in dem Maße seine Macht über uns, in dem wir den Willen zur Selbsterziehung entwickeln.

Identifikation und Selbsterziehung

In gewisser Weise ist die hier skizzierte Identifikationsmöglichkeit des Menschen nichts anderes als lebenslanges Lernen in Form von Selbsterziehung an der Welt und den Menschen. Auf diesem Wege kann auch bewußt werden, was am allerschwersten zu verkraften ist: die Einsicht, daß das Böse und der Egoismus nicht nur negative Begleitumstände der menschlichen Entwicklung sind. Denn sie sind es letztlich, die den Menschen aufwecken zur Selbsterkenntnis und zur Notwendigkeit der Selbsterziehung als einer freien Tat. Dieses anzunehmen, ist gerade heute, wo so viel Böses und Unverständliches geschieht, das allerschwierigste Problem. Denn das Böse in Form von Gewalt, Katastrophen, Kriegen und Gemeinheiten ist es ja gerade, woran wir leiden und kranken und was wir aus der Entwicklung am liebsten ausschließen würden. Es stellt sich jedoch heraus, daß die so weit verbreitete Ablehnung des Bösen und das Sich-dagegen-Auflehnen gerade zu einem bedeutenden Hindernis wird für die umfassende Identifikation mit der Welt. Wer die Tatsache des Bösen ausklammert, umfaßt nicht die Welt als Ganzes. Denn hier hat – zumindest unter den Naturwesen – das Sterbenkönnen und die Zerstörung ihren Platz. Ohne daß Wesen sterben, wäre kein Platz für neu entstehendes Leben. Ohne Zerstörungsvorgänge wäre kein Neuaufbau möglich. An Menschen wird jedoch deutlich, daß hier – im Gegensatz zur Natur – das Zerstörerische überwiegen kann und sich dann unheilvoll im Umkreis geltend macht. Es geschieht dies immer dann, wenn der Mensch nicht lernt, seine bösen Neigungen zu überwinden und seine Kräfte in den Dienst des Guten zu stellen. Wer ein altes Haus abreißt, um ein neues zu bauen, verhält sich naturgemäß. Und wer die bösen Neigungen in sich überwindet und dadurch reif und einsichtig wird, verwirklicht durch diese Aktivität sein Menschentum. Ein anderer kann jedoch mit denselben Kräften, wenn sie unverwandelt und unbearbeitet bleiben, Verwüstung um sich herum anrichten.

Positive Identifikation ist also eine zentrale Aufgabe für die Selbsterziehung. Denn was hält uns davon ab, uns im Leben und mit dem Leben positiv zu identifizieren? Es ist die Fülle der negativen Erfahrungen: die Ängste, die Sinnlosigkeitserlebnisse, all die vielen kleinen und großen Frustrationen, das Überfordertsein, so daß man fast vergißt, daß man positive Identifikationsmöglichkeiten hat. Das Ich wird praktisch erdrückt von allem, was man eigentlich nicht sein möchte, von diesem dunklen Nicht-Ich. Erst in dem Augenblick, wo wir uns darüber klar werden, daß dieses Negative eben auch zur Entwicklung dazugehört, und es annehmen und beginnen, wirklich daran zu arbeiten wie an einem Stoff, der zur Verwandlung da ist, werden wir uns eigentlich unseres Ichs erst schrittweise bewußt. In der Kindheit erleben wir unser Ich am stärksten in Form des Selbstbewußtseins, im Jugendalter tritt zu diesem Selbstbewußtsein das Selbsterleben als ein starkes Gefühlserlebnis hinzu. Erst in der Mündigkeit und im Laufe des weiteren Lebens wird uns auch die Kraft des Ichs bewußt. Selbstbewußtsein, Selbsterleben und Selbsterfahrung machen zusammen erst das wirkliche Ich-Erlebnis aus. Denn es kann erst dann wirklich erfahren werden, wenn sich das Ich im Sinne der skizzierten Selbsterziehung betätigt. Erst in der Tätigkeit ist es ganz anwesend. Unter diesem Aspekt wird auch verständlich, warum so viele Menschen der Gegenwart an einer gewissen Form der Ich-losigkeit kranken, obwohl sie sehr wohl Selbstbewußtsein und Selbsterleben haben. Dadurch, daß sie sich nicht der Kraft ihres Ichs wirklich bedienen, versinken sie in der Negation, werden abhängig, unselbständig und immer schwächer in bezug auf die Wahrnehmung ihrer eigenen geistigen Natur.

Die Lehre von der Identifikation

Es gibt eine Lehre von der Identifikation. Sie findet sich – erstmals in der Geschichte der Menschheit – im Neuen Testament, und zwar im Johannesevangelium. Mit dem Christentum ist das Erleben der Kraft des Ich in das Bewußtsein der Menschen erst wirklich eingetreten. Dieses ist mit der Erfahrung der Freiheit untrennbar verbunden. Das johanneische Christentum, das die Entwicklung durch Erkenntnis der Wahrheit zur Freiheit lehrt, birgt zugleich in konsequentester Form die Kunde von der menschlichen Ich-Natur als Weg der Identifikation.

Für diesen schwierigen Weg sind die Stufen des Lernens im Johannesevangelium markiert durch charakteristische Ich-bin-Worte. Friedrich Rittelmeyer war der erste, der diese Ich-bin-Worte im einzelnen herausgearbeitet und darüber ein Buch geschrieben hat.* Diese Ich-bin-Worte sind letztlich die genannte Lehre von der Identifikation. Christus sagt von sich: »Ich bin das Brot des Lebens« und identifiziert damit sein Ich mit jeglicher Nahrung, die das Leben unterhält und der Verwandlung dient. Indem wir ihm nachfolgen, entdecken wir ein gleiches für uns. Wir selbst sind es, die alle Nahrung leiblich, seelisch und geistig zu verarbeiten haben. Wir eignen sie uns an und lernen dadurch, das eigene Ich zur Offenbarung zu bringen.

»Ich bin das Licht der Welt« – auch dieses Christuswort gilt für jeden Menschen. Mehr und mehr lernt er sein Ich als die Kraft zu erleben, mit deren Hilfe er allem, was das Leben bringt, Sinn geben kann. So wie das Ich sich zu den Dingen und den Erscheinungen stellt, verhilft es dazu, alles im richtigen Licht zu sehen. Im Ich allein sitzt letztlich die Kraft der Sinngebung, die auch das schwärzeste Erleben aufhellen und in einem größeren Sinnzusammenhang beleuchten kann. Die Ich-Aktivität der Identifikation ist ein Tätig-

---

* »Ich bin. Reden und Aufsätze über die sieben ›Ich-bin-Worte‹ des Johannes-Evangeliums«, Stuttgart, 2. Auflage 1992.

keitsquell, der sinngebend und erhellend wirkt in allen Lebenssituationen.

»Ich bin die Tür« – wieder ein Wort vom Ich. Das Ich selbst ist die Tür. Wer anders entscheidet, ob ich mich einer Sache gegenüber oder einem Menschen gegenüber öffne oder verschließe, ob ich Ja sage oder Nein? Das Ich selbst ist auch »der gute Hirte«, der Denken, Fühlen und Wollen zur Pflege der Menschen und Dinge im Umkreis einsetzt. Das Ich wacht über die eigene Seele wie über den sozialen Umkreis, für den es mitverantwortlich ist.

Das Ich ist auch »der Weg«: Ich wähle mir mein Ziel. Ich strebe nach Wahrheit. Ich fange an, als Mensch zu leben. So sind wir es selbst, die Ziel und Richtschnur vorgeben.

Das nächste dieser Worte ist: »Ich bin die Auferstehung und das Leben.« Damit ist die tiefste Selbsterfahrung angesprochen. Auch aus der schlimmsten Situation ist es möglich, sich innerlich oder äußerlich zu erheben. Eine Ich-verlassene Seele würde in der Antipathie oder in der Verzweiflung vollkommen steckenbleiben. Durch die Kraft des Ich jedoch ist ein Sich-Erheben möglich. Das Schicksal will den Menschen nicht zu Boden drücken, sondern ihn weiterführen.

»Ich bin der Weinstock, Ihr seid die Reben« – dieses letzte der Ich-bin-Worte rührt an das innerste Geheimnis der menschlichen Ich-Natur. Es ist die Erfahrung, daß jeder Mensch auf der ganzen Welt unabhängig von Sprache, Nation und Geschlecht zu sich selber Ich sagt. Wir benützen für unser Allerpersönlichstes ein Wort, das zugleich von allen anderen Menschen auch benützt wird. Demnach ist das Ich nicht nur Ausdruck des freien Wollens der Einzelpersönlichkeit, sondern zugleich auch der Weg vom Einzelindividuum zur ganzen Menschheit.

Die Frage nach der Identifikation ist von der Frage nach der Ich-Natur des Menschen als dem zentralen Begriff des Christentums nicht zu trennen.

Fragen zum Thema

Frage: Wie kann die Identifikationsfähigkeit bei Kindern gefördert werden?

Antwort: Das Kind erfährt die beste Anregung durch den sich identifizierenden Erwachsenen. In der Vorschulzeit lebt das Kind ja noch ganz in der Nachahmung und orientiert sich innerlich und äußerlich am Erwachsenen. Wenn dann in der Schulzeit die seelische Identifikationsfähigkeit geweckt werden muß, so ist auch hier der Erwachsene dann am vorbildlichsten und liebenswürdigsten für das Kind, wenn er die Eigenschaft der positiven Identifikation besitzt bzw. an ihr arbeitet. Denn dadurch gelingt es ihm auch, das Kind in seiner Situation zu verstehen. Wenn dieses sich aber verstanden fühlt, so fällt ihm das Lernen und Sich-Identifizieren leichter, als wenn es sich nur wenig verstanden sieht. Nach der Pubertät beruht die wichtigste Förderung der Identifikationsfähigkeit des Jugendlichen darauf, daß der Erwachsene tabulos und ehrlich mit dem Jugendlichen spricht. Aufrichtigkeit und Wahrheitsliebe sind die besten Hilfen für die Entwicklung der Identifikationsfähigkeit im Jugendalter.

Frage: Wie geht man damit um, wenn man plötzlich bei sich die von Ihnen genannten unangenehmen Eigenschaften wie zum Beispiel den Haß entdeckt?

Antwort: Es ist so, als ob eine Tür aufgestoßen worden wäre und der Haß ist da. Wie kann man nun diese Tür wieder schließen? Es ist dies die Frage, ob es gelingt, den Haß zu verarbeiten. Die wichtigste Hilfe ist, zu versuchen, denjenigen, den man haßt, zu verstehen. Verständnis weckt Mitleid, und Mitleid hilft verzeihen. Dazu gehört jedoch auch, daß man sich selbst verzeihen kann, daß dieser Haß aufgetreten ist. Hier weder sich noch den anderen zu verurteilen, sondern ehrliche kleine Schritte in der Überwindung der Haßgefühle zu tun, ist die Aufgabe. Dies gelingt am ehesten, wenn man sich zunächst eine neue sinnvolle Aufgabe stellt, wodurch der Haß seine dominierende Position im Seelenleben verliert. Aus der Distanz heraus fällt es dann leichter, am Verständnis des Hasses zu arbeiten.

Frage: Wie identifiziert man sich mit dem Bösen bei den täglichen Dingen, die auf einen einströmen?

Antwort: Genau so, wie Sie Ihr eigenes Haßerlebnis nur verarbeiten können, wenn Sie sich positiv dazu stellen und dazu Ja sagen, daß dieses Haßgefühl bei Ihnen aufgetreten ist, so können Sie auch das Böse nur dann überwinden, wenn Sie sich zunächst mit der Tatsache identifizieren, daß es da ist. Dies ist natürlich sehr schwer. Wenn Sie sich jedoch fragen, was Sie der Tatsache verdanken, daß sie beispielsweise Haß- oder Neidgefühle in sich tragen, so ist eines ganz evident: Sie gewinnen dadurch die Möglichkeit, diese Eigenschaften bei anderen Menschen nicht mehr nur zu verurteilen, sondern auch zu verstehen, daß sie da sind. Diese Art der Selbsterkenntnis ist eine grundlegende Schulung in Toleranz und Verständnis anderen Menschen gegenüber. Ist so ein erster Schritt im Annehmen und Verstehen gelungen, so kann ein weiterer folgen. Man kann sich fragen: Was muß mit einem Menschen geschehen sein, daß er so geworden ist, daß ich ihn jetzt hassen muß? Wie sind eigentlich die Entwicklungsbedingungen für böse Verhaltensweisen, für Abwesenheit von positiver Ich-Kraft? Durch solche Fragen stoßen Sie darauf, daß für viele negative Eigenschaften, die die Menschen an sich tragen, die spezifische Art unserer heutigen materialistischen Kultur und ihres Schul- und Ausbildungssystems verantwortlich ist. Hinzu kommt, daß zwei Drittel der Menschheit in menschenunwürdigen sozialen Verhältnissen leben und am Rande oder unterhalb des Existenzminimums, und daß das eine Drittel, dem es gut geht, dafür im Grunde die Verantwortung trägt, ohne sich entsprechend zu verhalten. Wir lernen unendlich viel über uns selbst und über die Zeit, in der wir leben, wenn wir anfangen, solche unbequemen und schmerzhaften Fragen zu stellen. Dadurch aber wird der Haß oder auch der Neid objektiver. Denn wir haben durch diese Eigenschaften wie durch ein Auge Probleme wahrgenommen, die aktuell sind und notwendig für die Bearbeitung. Durch Überlegungen dieser Art verliert der Haß immer mehr seine bohrende Qualität und die Macht, uns ins Unmenschliche herunterzuziehen. Je mehr wir das Unmenschliche des Bösen – in welcher Form es auch immer auftreten mag – erkennen, um so stärker sind wir gerüstet für seine Überwindung.

Frage: Wenn man negative Erfahrungen gemacht hat, so hat man Angst vor ähnlichen Situationen. Welche Rolle spielt bei der Identifikation die Angstüberwindung?

Antwort: Man hat eigentlich immer Angst vor dem Bösen, vor dem, was zerstört, was Schmerz bereitet, was einen isoliert, was trennt. Und so kann man sagen, das Gefühl der Angst ist eigentlich *die* Begleiterscheinung der gesamten Ich-Entwicklung. Es ist wie der Gegenpol zur Liebe. Vor der Angst können wir uns nicht schützen. Sie tritt spontan auf. Wir müssen unablässig an ihrer Überwindung arbeiten. So wie man sich alles Positive im Ideal der Liebe konzentriert vorstellen kann, so können wir alles Negative und Böse im Gefühl der Angst konzentriert zusammenfassen. Das Positive können wir lieben, vor dem Negativen haben wir Angst. Letztlich steht so die Angst für das Nicht-Ich – für die Fähigkeit des Menschen, sich nicht zu identifizieren. Die Liebe hingegen steht für die Kraft der Identifikation, ja sie ist die positive Kraft des Ich selbst.

Wohl gibt es Menschen, die die Angst weitgehend verloren haben und die es leicht haben, sie in verschiedenen Lebenssituationen zu überwinden. Ein solcher Mensch ist mir einmal begegnet und hat sein Geheimnis verraten. Er erzählte, schon 80jährig, daß er im Zweiten Weltkrieg miterlebt habe, wie ein Kriegskamerad im Todesaugenblick dem Christus begegnet ist. Da er mit diesem Kamerad freundschaftlich sehr eng verbunden war und er unmittelbar neben ihm war, als die Kugel ihn traf, war ihm dies möglich. Er sah, wie eine große, unendlich liebevolle und gütige Lichtgestalt gleichsam durch die Erde hindurch watend auf seinen Freund zukam. Dies war ein so unbeschreiblich erhabener und schöner Augenblick, daß er für sein ganzes weiteres Leben durch diese Erfahrung geschützt war, Angst zu haben, insbesondere Angst vor dem Tod.

Angst ist eine Begleiterscheinung der Entwicklung. Sie tritt als Trennungsangst schon im frühen Säuglings- und Kleinkindalter auf und zieht sich dann in verschiedenen seelischen und geistigen Metamorphosen durch das ganze Leben, indem sie die verschiedenen Formen der Verlust- und Existenzangst annehmen kann. Sie kann erst dann verschwinden, wenn es gelungen ist, sich mit dem Geist dieser Welt positiv zu identifizieren oder mit anderen Worten gesagt, wenn die Suche nach der eigenen Identität zu einer Begegnung mit dem Christus geführt hat, indem man das Ich-Bin betätigen lernt. Daher steht im Johannesevangelium: »In der Welt habt Ihr Angst, aber seid getrost, Ich habe die Welt überwunden.« Wer sich selbst wirklich verstanden hat, kennt keine Furcht mehr. Angst drängt die Ich-Tätigkeit zurück. Sie kann nur überwunden werden, wenn sich der Mensch seiner Geistnatur bewußt wird und sein Ich handhaben lernt.

Frage: Wie bekommt man eine positive Einstellung zum Denken?

Antwort: Indem man über sein Denken nachdenkt! Wer sich einmal wirklich klargemacht hat, daß die Gedanken ewig und unzerstörbar sind und daß es keinen Gedanken gibt, der in der Welt Bedeutung hat und nicht zugleich auch im menschlichen Bewußtsein aufleuchten kann, der erlebt, indem er denkt, wie er tätig an der Ewigkeit Anteil hat. Er empfindet auch, daß der Gedanke des eigenen Ich, der da unter den vielen anderen Gedanken im Bewußtsein lebt, der Garant dafür ist, daß er selbst als menschliches Wesen die ewige Natur der Gedanken teilt. Könnte er sonst sich selber denken, so wie er die ewigen Gesetze der Mathematik denken kann? Gedanken haben eben eine völlig andere Qualität als die sinnlich gegebenen Tatsachen. Sie sind übersinnlich.

Frage: Wo bleibt die Spontaneität, wenn man über jede Situation erst nachdenken muß?

Antwort: Da möchte ich gerne ein Beispiel sagen. Es gibt Menschen, die die sogenannten Monatstugenden üben: Im Januar den Mut, im Februar die Verschwiegenheit, im März Großmut, im April Devotion.* Wer nun Monat für Monat sich bemüht, am Erwerb einer solchen Eigenschaft zu arbeiten, dem kann es schon passieren, daß dies in bestimmten Situationen auf Kosten der Unbefangenheit geht. Wenn einer beispielsweise die Verschwiegenheit übt und mit einem Male nichts mehr sagt, so kann dies sogar seiner Umgebung auffallen. So wie ein Kind erst einmal kleckst, wenn es beginnt mit Wasserfarben zu malen, so werden auch solche Tugendübungen mit Anfangsschwierigkeiten und auch mit Fehlern verbunden sein. Anders wird es jedoch, wenn man aus den Anfangsschwierigkeiten ein wenig heraus ist und weiß, worauf es bei den Übungen ankommt. Dann wird man anstreben, gerade das zu üben, was die augenblickliche Situation fordert. Wenn Sie dies versuchen, dann üben Sie immer gerade das, was passend ist. Zum Beispiel Verschwiegenheit da, wo sie am Platze ist, Höflichkeit da, wo sie wohltätig wirkt und nicht gerade da, wo ein unkonventionelles Wort erwartet wird. Es gibt einfach Situationen, wo die Höflichkeit nicht am Platze ist, und solche, wo sie sehr am Platze ist. Dieses »das Richtige zum richtigen Zeitpunkt tun« ist ein Lernprozeß, bei dem es schon vorkommen kann, daß man auch einmal befangen ist und weniger spontan. Er führt aber zu einer neuen und ehrlicheren Spontaneität, wenn in dieser Art das situationsgerechte Verhalten geübt wird.

* Vgl. Rudolf Steiner, »Anweisungen für eine esoterische Schulung«, GA 245, Dornach 1976.

Frage: Wie unterscheiden sich die Menschen letztendlich untereinander, wenn sie sich mit allem in der Welt identifizieren sollen? Wo bleibt da das Besondere, Einzelne des Individuums?

Antwort: Das Individuelle bleibt gerade deshalb erhalten, weil zwei Menschen zum Beispiel die Verschwiegenheit auf ganz verschiedene Weise in ganz individuellen Situationen lernen und üben. Wir haben zwar alle die ganze Welt als Fülle der Möglichkeiten zur Identifikation um uns, nähern ihr uns jedoch auf sehr individuelle Weise zu ganz unterschiedlichen Zeiten. Dadurch kann sich das großartige Paradoxon verwirklichen: Je mehr wir allgemein menschlich uns interessieren und orientieren, um so kraftvoller und individueller wird unsere Einzelpersönlichkeit.

Frage: Wenn man sich mit der Familie, dem Beruf usw. identifizieren will, kann das nicht auch zu einer Überforderung des einzelnen Menschen werden? Führt diese Art der Identifikation manchmal nicht auch zur Selbstaufgabe?

Antwort: Wer sich wirklich identifiziert, kommt nicht in die Gefahr, sich selbst aufzugeben. Denn Selbstaufgabe ist gerade keine Identifikation, sondern Resignation oder Schwäche. Eine Überforderung kann nur auftreten, wenn man um des lieben Friedens willen sich ruhig verhält oder nachgibt, wenn man Dinge auf sich nimmt, weil man keinen anderen Ausweg sieht, oder weil man es einfach muß, und wenn es nicht gelingt, dieses »Müssen« oder »Sollen« in ein wirklich ehrliches Selberwollen umzuwandeln. Überfordert kann nur werden, wer mehr übernimmt, als er verarbeiten kann, wer mehr trägt, als er freiwillig übernehmen möchte.

Frage: Wie gehe ich damit um, wenn jemand bei allen schönen Ereignissen immer ein »Aber« findet, weil er primär immer negativ reagiert?

Antwort: Das »Ja, aber« ist in der Pubertät ein normaler altersentsprechender Zustand bis etwa zum 16. Lebensjahr. Es ist dies die Zeit, in der die Selbständigkeit des Denkens noch geübt wird bzw. noch nicht errungen ist. Menschen, die auch im späteren Leben überall ihr Wenn und Aber anbringen müssen, tragen ein spätpubertäres Verhalten und damit ein nicht ganz selbständig gewordenes Denken in das Leben herein.

Zusatzfrage: Die Antwort ist aber immer: Ja, aber was ich sage, ist doch realistisch. Es gibt doch überall ein Wenn und Aber.

Antwort: Das ist richtig. Überall kann man Wenn und Aber anbringen. Die Frage ist nur, ob es die Wirklichkeit, um die es geht, tatsächlich trifft. Denn wenn jemand ohne jede Rücksicht auf die Wirklichkeit, in der der andere steht, dasjenige, was er selbst für richtig und wichtig hält, ihm aufdrängt, so ist das taktlos, aber nicht realistisch und wirklichkeitsgemäß. Es ist dieses eben typisch für die Pubertät, wo man die eigene Meinung und Befindlichkeit zum Maßstab für alles übrige macht. Wenn sich dieses Verhalten in das Erwachsenenalter hinein fortsetzt, so kann man dem eigentlich nur dadurch begegnen, daß man es durchschaut und aufhört, sich darüber zu ärgern. Auch kann man versuchen, die Sache positiv zu nehmen und die Wenn und Aber als Anlässe zu nehmen, die Dinge von den verschiedensten Seiten anzuschauen. Auch kann man sich fragen: Warum bin ich wohl so oft mit einem derartig negativ argumentierenden Menschen zusammen? Bin ich vielleicht selber recht naiv und neige dazu, alles rosig zu sehen? Ist es für mich vielleicht sinnvoll, gezwungen zu sein durch seine Bemerkungen, auch immer das Gegenteil zu hören?

Es gibt Vorträge von Rudolf Steiner mit dem Titel: »Der menschliche und der kosmische Gedanke«.* Da schildert Rudolf Steiner,

---

* Vgl. auch Sigismund von Gleich, »Die Wahrheit als Gesamtumfang aller Weltansichten«, Stuttgart 1986.

daß es für jede Wahrheit zwölf verschiedene Gesichtspunkte gibt. Also nicht nur das Aber im Sinne des Gegenteils oder der Opposition, sondern auch im Sinne einer Quadratur, eines Trigons usw. Es gibt von jedem Ding und jedem Vorgang einen materialistischen Aspekt, einen spiritualistischen, einen idealistischen, einen realistischen, einen sensualistischen, einen monadistischen, einen rationalistischen, mathematistischen und psychistischen und andere Aspekte. Erst wenn alle Gesichtspunkte berücksichtigt sind, nähert man sich der Wahrheit über eine Sache wirklich. Unter diesem Aspekt wird es dann noch leichter, die Wenn und Aber der Umgebung wach anzuhören und sich dabei zu fragen, von welcher Seite aus die Sache dort jetzt betrachtet wird. Wenn man so vorgeht, ist eine derartige Verhaltensweise leichter auszuhalten.

Frage: Können bei Identifikationsschwierigkeiten nicht auch Krankheitsbilder auftreten, und welche sind das?

Antwort: Es ist geradezu die Definition von Krankheit, daß hier die integrierende und identifizierende Kraft des Ich in einem Teilbereich des Organismus fehlt. Es gilt dies sowohl für die körperlichen als auch für die seelischen Erkrankungen. Denn was ist eine Depression anderes als ein Verbundensein mit dem eigenen Schmerz, ohne ihn wirklich annehmen und im Sinne der Identifikation aktiv bearbeiten zu können? Man sinkt in bestimmte Stimmungen oder Verhaltensweisen und kann sie nicht mehr beherrschen. Therapie und Heilung bedeutet immer ein schrittweises sich wieder in seinen Funktionen und Möglichkeiten beherrschen lernen. Auch bei den körperlichen Krankheiten ist es so, daß, wenn ein Organ schadhaft wird und nicht mehr genügend regeneriert wird über Nacht, dies ein Mangel an – leiblicher – Identifikation ist.
Man kennt sich selbst nicht mehr gut genug, man wird sich fremd in einem bestimmten Bereich. Krankheitsprozesse werden daher ja auch wie körperliche Irrtümer beschrieben. Wer Wasser in den Beinen hat, erlebt ein Sich-Verselbständigen der wäßrigen Strukturen

seines Organismus. Wasser im Blutgefäß oder im Gewebe oder im Speichel ist integriert und identifiziert mit dem gesamten Organismus. Wasser als Ödem oder als Ansammlung im Bauch oder in der Lunge hingegen fällt aus dieser Identifikation und Integration heraus. Daher können wir auch durch die Arbeit der Identifikation die integrativen Prozesse in Leib und Seele unterstützen und letztlich an unserer Gesunderhaltung arbeiten.

Frage: Wenn ich mit anderen gemeinsam nach Idealen suche und mich damit identifiziere, leidet dann nicht meine eigene Identifikation? Wie ist der Unterschied zwischen individueller und gemeinschaftlicher Identifikation?

Antwort: Eines konnte ja durch die Ausführungen deutlich werden: daß der Identifikationsvorgang letztlich nur von der Kraft des Ich ausgehen kann. Insofern kann jeder Mensch durch jede Form der Identifikation in seiner eigenen Persönlichkeitsentwicklung nur gewinnen. Verbinden sich zwei oder mehrere Menschen einem Ideal, wird dadurch die Kraft der Persönlichkeit nicht geschwächt, sondern zusätzlich gestärkt durch diejenige Kraft, die aus der Gemeinschaft fließt. Schon wo zwei Menschen sich verbinden, sind beide stärker, als jeder einzelne für sich es wäre.

Heilende und zerstörende Kräfte des Denkens

Es ist von der allergrößten Bedeutung zu wissen,
daß die gewöhnlichen Denkkräfte des Menschen
die verfeinerten Gestaltungs- und Wachstumskräfte sind.
RUDOLF STEINER

Grundeigenschaften des Denkens

Wer sich auf die eigene Gedankenwelt besinnt, macht die erstaunliche Entdeckung, daß aus dieser Gedankenwelt die Vorstellungen hervorgehen von allem, was wir von uns selbst und der Welt wissen: Persönlichstes und Allgemeinstes, jede Wissenschaft, aber auch jeder Unsinn, jeder gute und jeder schlechte Einfall. Zum Wesen des Denkens gehört es auch, daß wir ihm normalerweise keine Aufmerksamkeit schenken. Wir sind mit unserem Interesse meist ganz bei den Vorstellungsinhalten und realisieren nicht, daß es ja letztlich unsere Gedanken sind, die alles, was wir wahrnehmen, ins Vorstellungsleben bringen, erklären und erinnerbar machen.

Welche Eigenqualität ist es nun, die dieses Medium Denken ausmacht? Was sind seine Gesetze? Ganz offensichtlich haben Gedanken ganz unterschiedliche Qualität. Blicke ich beispielsweise auf einen Blumenstrauß mit Löwenmäulchen, wende mich danach ab, schließe die Augen und versuche mir den gesehenen Strauß vorzustellen, so habe ich anstelle einer primären Sinneswahrnehmung jetzt eine Vorstellung im Bewußtsein. Jetzt kann ich in meiner Vorstellung zu zählen beginnen, wie viele rosafarbene und wie viele weiße Blüten wohl da waren, wie hoch die Löwenmäulchen sind, die aus der Vase hervorragen usw. Über die Möglichkeit der Vorstellungsbildung hat das Denken die direkte Beziehung zur Sinneswelt. So ist auch der größte Teil unserer Vorstellungen mit Sinnesinhalten bzw. Sinneseindrücken gefüllt. Der Inhalt des Gedankens ist bei der Vorstellung ganz von der Sinneswelt, vom Sichtbaren geprägt. Nur die Vorstellung selbst ist nicht sinnlicher, sondern rein gedanklicher Natur.

Es gibt aber auch eine ganz andere Qualität von Gedanken, die sich primär auf Nichtsinnliches beziehen. Zu ihnen gehören unsere Ideale. Mut, Treue, Ausdauer, Wahrhaftigkeit und Liebe – es sind keine sinnlich sichtbaren Tatsachen, sondern vielmehr moralisch-ideelle Werte. Vielleicht wird der eine oder andere denken: Wieso soll ich nicht sehen können, wenn jemand lieb ist oder treu, mutig und wahrhaftig? Selbstverständlich kann man an den Handlungsweisen oder am Verhalten der Menschen etwas von diesen Qualitäten wahrnehmen. Die Qualität als solche aber, noch dazu in ihrer Gesamtheit, ist nicht wahrnehmbar. Jeder Mensch, zu dem ein anderer sagt: »Du bist aber lieb«, wird diese Aussage relativieren wollen und sagen: »Ich bin beileibe nicht bloß lieb – ich könnte noch wesentlich lieber sein.« Es macht ja gerade das Wesen eines Ideales aus, daß uns Menschen nur das Streben danach gegeben ist, jedoch nicht die volle Erfüllung. Nur in unseren Gedanken können wir diese Ideale in ihrer Vollkommenheit fassen, nicht jedoch ihre Verwirklichung im Bereich des sinnlich Wahrnehmbaren.

Fragen wir nun einmal, worauf sich unser Denken bezieht, wenn wir an den genannten Blumenstrauß denken oder an ein Ideal wie das der Treue. Daß sowohl der Blumenstrauß als auch das Ideal der Treue Realitäten sind, liegt auf der Hand. Dennoch ist das, was wir hier mit Realität meinen, qualitativ sehr verschieden. Das eine können wir mit Hilfe der Sinne wahrnehmen, das andere können wir nur seelisch erleben bzw. in Gedanken erfassen. Es stehen sich hier also sinnlich gegebene Realitäten und rein seelisch-geistig gegebene Realitäten gegenüber, die jedoch beide in gleicher Weise vom Denken erfaßt und uns zum Bewußtsein gebracht werden können.

Hinzu kommt noch etwas Erstaunliches: daß zunächst die Ideale nur im Menschen selbst und durch ihn in Erscheinung treten, indem er sie erfaßt und sich entsprechend verhält. Demgegenüber erscheint uns die sinnlich gegebene Welt als eine gewordene, die wir auch unabhängig von Menschen wahrnehmen können. Zwischen dieser Welt der Ideale, die in den Menschen hereinragt, in ihrer Vollkommenheit aber auch weit über den Menschen hinausweist in rein geistige, für die Sinne unsichtbare Daseinsbereiche, und der durch die Sinne gegebenen Vorstellungswelt liegen noch andere Qualitäten des Denkens vermittelnd dazwischen.

Wir erleben das Denken als Tatsache unseres Bewußtseins. Indem wir denken, machen wir uns die Dinge um uns her bewußt. Es ist dies ein Prozeß, der in der Zeit verläuft. Wir können unser Bewußtsein wie eine Art seelischen Innenraum erleben, in dem die verschiedensten Gedanken mit ihren Inhalten auftreten. Beispielsweise können in diesem Innenraum neben Selbstgesprächen auch solche mit Menschen, die wir gut kennen, stattfinden. Wir können uns einen Freund oder Verwandten vorstellen und ihn in Gedanken fragen, was er wohl zu dieser oder jener Sache sagen würde. Ein solches Gespräch kann so intensiv verlaufen, daß der Betreffende das sogar merkt und bei einer anderen Gelegenheit diesbezüglich fragt. Auch hier wird deutlich, daß Gedanken sich immer auf etwas Reales beziehen.

So wie uns das Denken einen Innenraum vermitteln kann, so kann es uns auch bewegliche zeitliche Abläufe vor die Seele stellen. Auch die Zeit spielt im Denken eine Rolle. Alles Nachdenken verläuft in der Zeit. Auch wenn das Denken schneller geht als das Sprechen, so verläuft es doch zunächst in der Zeit, nur eben auf sehr unterschiedliche Weise. Es gibt Gedanken, die brauchen praktisch überhaupt keine Zeit, das sind sogenannte Gedankenblitze oder Einfälle, die im Augenblick da sind. Da brauchen wir hinterher unter Umständen lange, um im einzelnen darüber nachzudenken, inwiefern dieser Einfall wirklich gut war und ob er durchführbar ist. Mozart konnte beispielsweise früh am Morgen mit dem Einfall einer ganzen Sinfonie aufwachen, die er in Bruchteilen von Sekunden vor sich hatte, um dann hinterher Wochen zu brauchen, bis er sie vollständig aufgeschrieben hatte. Das Denken verläuft einerseits in der Zeit, andererseits ist es aber auch stärker als die Zeit. Es beherrscht die Zeit, indem es sie beispielsweise zum Raum zusammenziehen kann, so daß eine Symphonie, die eine knappe Stunde dauert, in einem Moment wie im Räumlichen zusammengepreßt erscheinen kann. Die Dimensionen von Zeit und Raum haben auf der reinen Gedankenebene eine lebendigere Qualität. Sie sind nicht mehr identisch mit der gleichförmigen Zeit und dem meßbaren Raum, den wir aus der Sinneswelt kennen. Sekunden können hier wie Jahre sein, Jahre können aber auch wie im Flug vergehen und sich in der Erinnerung zusammendrängen.

Was für unseren Zusammenhang jetzt wichtig ist, ist die Tatsache, daß es dem Denken möglich ist, den Bezug zum Raum und zur Zeit und zu allem, was sich im Raum und in der Zeit gestaltet, herzustellen bis hin zu den Bereichen, die über Raum und Zeit herausragen in den Bereich des Wesenhaften herein, in dem auch die menschlichen Ideale zu Hause sind, die überräumlich und überzeitlich als zukunftweisende Kräfte in uns hereinragen. Wenn Sie alte Menschen fragen, wie sie sich fühlen, so sagen sie oft: »Ich fühle mich innerlich ganz jung und bin manchmal selbst erstaunt, wie alt ich schon aussehe.« Die Seele hat kein Alter, sie lebt ihrer wahren ideell-wesenhaften Natur nach, und zwar in Raum und Zeit, gehört mit ihrer Natur jedoch der Raum- und Zeitwelt nicht an. So kann es auch geschehen, daß ein Mensch, der vielleicht schon siebzig Jahre alt ist und sich müde und strapaziert fühlt, sich durch eine neue menschliche Begegnung wieder so erfrischt empfindet, daß er sich wie neu geboren erlebt. Seelische Erlebnisse dieser Art haben mit dem biologischen Alter nichts zu tun. Es sind Erlebnisse, die zwischen Wesen spielen, wo andere Gesetze herrschen, als es die des Raumes und der Zeit sind. Das Denken jedoch ist dasjenige, was uns den jeweiligen Realitätsbezug zur Raumes-, Zeit- und zur geistigen Welt der Wesen herstellt. Es ist ein unsichtbares Beziehungsgefüge und empfängt seine spezifische Struktur durch die Inhalte, die jeweils gedacht werden: Vorstellungen, Begriffe, Einfälle, Ideale, innere Bilder und Inspirationen.

Denken als Wesensbezug und Kraftquelle

Wenn wir uns fragen, warum es uns bei einem bestimmten Menschen in unserem Umkreis leicht fällt, stets das Positive zu sehen, wohingegen ein anderer bei jeder Kleinigkeit von uns kritisiert wird, so stoßen wir auf eine weitere Eigentümlichkeit des Denkens. Wir würden sehr irren, wenn wir meinen, daß die Begründung für solche Art, über andere zu denken, darin zu suchen ist, daß der eine Mensch keine Fehler macht und der andere sehr viele. Die Begründungen für unser Urteil liegen nicht nur in den sinnlich gegebenen Tatsachen und den daran anschließenden Gedanken, sondern vielmehr in der Grundeinstellung, die wir einander gegenüber haben. Diese Grundeinstellung ist jedoch weder logisch noch sonst gedanklich zu begründen oder abzuleiten. Vielmehr ist sie Ergebnis unseres Schicksals, das uns so oder so verbunden hat. Wer den anderen ständig kritisiert, signalisiert eigentlich dadurch, daß er in Wirklichkeit mit ihm nichts zu tun haben möchte und seine antipathischen Gefühle mit entsprechenden Argumenten rechtfertigt. Im anderen Fall liegt eine entsprechend sympathische Grundeinstellung vor. Durch die Art, wie wir denken und urteilen, stellen wir jedoch jeweils einen individuellen Bezug zu den Menschen um uns herum her, dessen Anlaß sich aus den äußeren Tatsachen ergibt, dessen Ursprung aber in den Schicksalsgegebenheiten bestimmter Wesensbeziehungen liegt, die jedoch wandelbar sind. So kann es geschehen, daß ein Mensch jahrelang bekämpft wird von einem anderen und daß sich durch ein einziges neues Schicksalsereignist (z. B. Hilfe in einer Notsituation oder Erleben einer guten Tat) dieses Verhältnis ändert, so daß von einem Tage zum anderen Frieden zwischen den beiden herrscht und eine konstruktive Beziehung beginnt. So erweist sich das Gedankenleben auch in der eigenen Seele als Vermittler von Wesensbezügen zum Bewußtwerden und Gestalten auch der persönlichen Bezüge zu den Menschen und zur Welt. Letztlich ist es aber der Mensch selbst, der sich durch Wille, Gefühl und Gedanken äußert und bestimmt, welche Realität – auch in Gedanken – für ihn maßgeblich ist und welche Gedanken und Gefühle er hegt. Wer sensibel ist, kann empfinden, wie andere Menschen über ihn denken, und er wird sich im Falle positiver Gedanken dadurch gestärkt und im Falle von negativen geschwächt und beeinträchtigt fühlen. Daß dies so ist, erleben viele Menschen. Wie es aber zu verstehen ist, daß Gedanken und Gefühle so weitreichende Wirkungen haben, bedarf näherer Beobachtung und Erläuterung.

Daß Gedanken fördernde und lähmende Kraft haben können, hängt mit ihrem Wesensbezug zusammen. Wenn sich in ihnen eine Antipathie oder der Willensentschluß eines Menschen verkörpert, so können diese Gedanken den anderen wie Pfeile treffen. Sind die Gedanken hingegen oberflächlich, ohne daß eine echte Motivation oder ein Willensimpuls darinnen steckt, so bleiben sie blaß und berühren kaum. Diese Tatsache kann uns eine weitere Dimension des Denkens zum Bewußtsein bringen: daß das Denken wie die zarte unsichtbare Außenhaut eines Seelischen und Geistig-Wesenhaften ist, das einmal als oberflächliche Vorstellung oder als abstrakter Gedanke uns nur eben berühren kann und ein anderes Mal aber erfüllt sein kann von der Realität dessen, wovon der Gedanke spricht. Die damit verbundene qualitative Änderung des Gedankenerlebens empfinden wir auch jedes Mal, wenn wir uns einer Meditation zuwenden. Nehmen wir beispielsweise den Satz aus dem Johannesevangelium »Ich bin das Licht der Welt« und beginnen ihn zu meditieren, so erleben wir ihn auf einer ersten Stufe als rein gedanklichen Inhalt, den wir zunächst zu verstehen versuchen. Eine weitere Stufe ist, daß wir diesen Inhalt in uns selber lebendig machen und zu erleben beginnen. Wir schließen Gefühle an diesen Gedanken an und beginnen das Licht innerlich zu erleben und uns mit ihm zu identifizieren. Ein dritter Schritt wäre dann, daß wir die Helligkeit nicht nur denken oder in uns fühlen, sondern auch in uns die Kraft empfinden, in dunkle Lebensverhältnisse Licht bringen zu können. Aus der Vorstellung vom äußeren Licht ist das Erlebnis einer inneren lichtbringenden Kraft geworden. Das meditative Denken führt vom Vorstellungs- und Bilderlebnis des Denkens zur Krafterfahrung, das heißt letztlich zum Wesenhaften selber, welches sich in den Gedanken kundgibt und ihnen einen neuen rein geistigen Inhalt gibt, der den zunächst durch die Sinne gegebenen Vorstellungsinhalt ersetzt.

Mit dieser Erfahrung ist die Brücke gegeben zum Verständnis auch der zerstörerischen und aufbauenden Möglichkeiten des Denkens.

Die Macht des zerstörerischen oder aufbauenden Denkens

Wer das Gedankenleben der Gegenwartsmenschen beobachtet, wird hier auf zwei verschiedene Tendenzen stoßen: Auf der einen Seite haben wir das analytische, kritische Denken, auch scharfes Urteilen, ätzende oder auch spitze böse Gedanken. Auf der anderen Seite erleben wir konstruktives, aufbauendes, wohltuendes Denken, das aus einer gütigen Gesinnung hervorgeht. Diese Qualitäten erleben wir tagtäglich, und es kann uns zum Bewußtsein bringen, welche Verantwortung jeder Mensch dadurch hat, daß er über diese Macht des zerstörerischen und aufbauenden Denkens verfügt. Daß dieses uns selber, aber auch andere Menschen bis in die gesundheitlichen Verhältnisse herein beeinträchtigen oder unterstützen kann, bedarf der Erklärung. Rudolf Steiner hat diesen Zusammenhang zwischen dem Denken und der Regenerationsfähigkeit des Organismus erforscht und als Gesetz von der Metamorphose der Wachs-

tumskräfte in Gedankenkräfte beschrieben.* Diesem Forschungsergebnis liegt die Tatsache zugrunde, die wir überall beobachten
können: Nur im menschlichen Bewußtsein taucht das Denken als
allgemeine Weltgesetzlichkeit in abstrakter Form auf. Überall sonst
in den Naturerscheinungen wirkt es verborgen als die Naturgesetz-
lichkeit unmittelbar in den Dingen und Erscheinungen selbst.
Wenn ein Mensch den Gedanken eines Autos denkt, so ist dieses
Auto zwar abstrakt bis in alle Einzelheiten, vielleicht geplant und
gedacht. Zur Verwirklichung ist jedoch nötig, daß das entsprechende Material herbeigeschafft wird, das sich gemäß den gedach-
ten Gesetzmäßigkeiten verhält und benützen läßt. Der Gedanke
wird sinnlich gegebene Realität dadurch, daß man die Stoffe und
Prozesse ihm gemäß zusammenfügt. In den Lebenserscheinungen
und Naturtatsachen jedoch ist dieses bereits vom Schöpfer dieser
Erde aus geschehen. Alle Erscheinungen offenbaren ganz bestimmte Gesetzmäßigkeiten, die bereits in ihnen liegen und nach
denen sich die Substanzen und Prozesse verhalten. Nur im menschlichen Organismus findet eine Metamorphose dieser Naturgesetz-
lichkeit in abstrakte Gedankenbefähigung und Gedankentätigkeit
statt. Daher müssen wir uns auch vom abstrakten, oberflächlichen
Denken langsam wieder dahin durcharbeiten im meditativen Bemühen, daß wir bemerken, wie es die Gedanken sind, die in den Realitäten und Wesen dieser Welt ihren Ursprung haben.

Blicken wir nun auf die Lebenstätigkeit unseres Organismus in
Gesundheit und Krankheit hin, so sehen wir, wie sich hier zerstörerische, abbauende Vorgänge aufbauenden gegenüberstellen. Das
beginnt schon bei der Verdauung, die zum einen die Nahrungsmittel analysiert und zerstört und zum anderen Stoffe wieder neu bildet
und in den Organismus integriert. Da wir nun mit denselben Kräften denken, mit denen unser Organismus seine Lebenstätigkeiten
ausführt, ist es nicht verwunderlich, daß uns zersetzende destruk-

---

* Vgl. Rudolf Steiner, Ita Wegman, »Grundlegendes für eine Erweiterung der Heilkunst nach geisteswissenschaftlichen Erkenntnissen«, 1. Kapitel, GA 27, Dornach 1977.

tive Gedanken auch gesundheitlich beeinträchtigen können, wohingegen uns aufbauende Gedanken und solche, die mit der Wahrheit der Erscheinungen übereinstimmen, wohltun. Jede Lüge, jede Unwahrheit wirkt durch ihre Sinnlosigkeit beeinträchtigend auf den Sinnzusammenhang der eigenen Lebenstätigkeit zurück. Wird dies erkannt, so führt eine solche Einsicht zu einer neuen Hygiene mit Bezug auf das eigene Gedankenleben. Man wird sich unklare oder nicht ganz wahrhaftige Gedanken immer weniger leisten, sondern stets bestrebt sein, in seinen Gedanken den wirklichen Bezug zu finden, so daß das Gedankenleben in sich selbst ein gesunder, in sich zusammenhängender Organismus wird, der mit der Welt korrespondiert und übereinstimmt.

Wir Menschen haben durch unsere eigene Natur zu allen Gesetzmäßigkeiten der Bildung und Gestaltung, aber auch der Auflösung und Zerstörung eine unmittelbare Beziehung. In diesem Kräftewirken zeigen sich jedoch nicht nur Naturgesetze und Naturvorgänge wirksam, sondern auch die Wesen, die Zerstörung oder Gestaltung bewirken. In religiösen Urkunden werden diese Wesen die Mächte des Bösen und des Guten genannt. In der Natur wirken diese beiden Wesensarten harmonisch zusammen, indem sich Tod und Geburt, Zerstörung und Aufbau etwa entsprechen. Nur im Menschen selber kann dieses Gleichgewicht von zerstörenden und aufbauenden Kräften anhaltend beeinträchtigt sein, je nachdem, wie der Mensch mit seinen destruktiven und aufbauenden Möglichkeiten umgeht. Er steht mit seinen positiven schöpferischen Gedanken zu den Wesen des Guten in unmittelbarer Beziehung, so wie er durch seine bösen zerstörerischen Gedanken direkten Anschluß hat an die Mächte des Bösen. Dadurch aber, daß er mit seinen Gedanken abstrakt – das heißt losgelöst von der Wirklichkeit des Guten und Bösen – umgehen kann, fühlt er sich denkend frei, nach eigenem Gutdünken zu entscheiden, was geschehen soll.

Wer sich diese Tatsache voll zum Bewußtsein bringt, erlebt nicht nur das Begeisternde dieser Freiheit, sondern auch die Last der Verantwortung, die damit verbunden ist – für sich selbst und seinen

Umkreis. Er muß lernen, mit seinem Denken zum Wohl und Heil nicht nur seines eigenen Organismus, sondern auch der Welt um ihn herum umzugehen. Es hängt vom Menschen selber ab, mit welchen Wesen er sich durch sein Gedankenleben verbindet, und wie er sich und die Welt verändern möchte in zerstörerischer oder aufbauender Hinsicht. So kann sich der Mensch selbst als Quelle des Heilenden, Aufbauenden, Verwandelnden oder aber des Abbauenden, Zerstörenden, Isolierenden erkennen. Nicht nur die Erkenntnis von Gut und Böse ist in seine Hand gegeben, sondern auch die Entscheidung, welchen Mächten er mit seiner Existenz und seinem Schaffen folgen möchte. In ihm, das heißt in seinem Denken, ist ein Teil der Gesetzmäßigkeiten des Guten und Bösen aus der Naturgebundenheit herausgelöst und steht ihm als reine Gedankenmöglichkeit zur Verfügung. Kein anderes Naturwesen ist zu dieser Freiheit im Denken und Schaffen befähigt. Daher hängt auch die Entwicklung auf unserer Erde von dem Grad der Bewußtwerdung des Menschen ab und davon, ob er seine Verantwortung als gedankenbegabtes Wesen erlebt.

Diese Wahrheit ist auf der einen Seite so begeisternd, auf der anderen Seite aber auch so hart und bedrückend, so daß es verständlich ist, daß es viele Menschen gibt, die sich vor dieser Wahrheit scheuen und sie im Grunde nicht wissen wollen. Sie lehnen es ab, wirklich über ihr eigenes Denken nachzudenken. Doch dieses kann nur ein Aufschub sein. Letztlich wird es keinem Menschen erspart bleiben, sich über seine Stellung in der Welt wirklich aufzuklären.

Fragen zum Thema

Frage: Warum nennt man intellektuelles Denken auch »kaltes« Denken?

Antwort: Wodurch wird ein Gedanke warm? Dadurch, daß er den Menschen wesensmäßig, das heißt persönlich berührt. Wir nennen gerade unsere heutige Wissenschaft intellektuell, abstrakt und eben auch kalt, da sie das Ideal hat, vom Persönlich-Menschlichen unabhängig zu sein. Rudolf Steiner hat bei einem Hochschulkurs für Naturwissenschaftler bemerkt, daß es eine ganze Reihe von Anthroposophen gäbe, die meinten, man dürfe nicht intellektuell oder abstrakt denken, es müsse alles wesentlich und wesenhaft sein. Er aber betonte ganz deutlich: Ein Wissenschaftler darf die Abstraktion nicht scheuen, aber er muß wissen, wovon er abstrahiert. Denn wenn ich weiß, wovon ich abstrahiert habe, habe ich den Wesensbezug dennoch gegeben, und es führt gerade die Abstraktionsfähigkeit dazu, Dinge eben auch ganz unpersönlich sehen zu können und den Bezug zum Wesen und der Person in Freiheit herzustellen als eigenständige Erkenntnisleistung. Geschieht die Herstellung des Wirklichkeitsbezuges jedoch nicht, so liegt in der abstrakten Wissenschaft die Gefahr, an der Wirklichkeit vorbeizugehen und abstrakt zu bleiben. Wenn Sie beispielsweise sagen: Ein Säugling verdoppelt in fünf Monaten sein Geburtsgewicht, wie schwer wird er nach drei Jahren sein?, so wäre das eine abstrakte Rechnung, die in sich selber logisch stimmt, jedoch keinen Bezug mehr zur Wirklichkeit des Kindes nach drei Jahren hat. Ähnlich ist es, wenn in einer Partnerschaft einer den anderen konfrontiert damit, daß er sagt: Du mußt dich entscheiden zwischen mir und einer anderen Beziehung. Beides zusammen ist für mich unvereinbar. Abstrakt mag dies als Forderung richtig klingen, es stimmt jedoch mit der Wirklichkeit nicht überein. Denn menschliche Beziehungen sind Realitäten, die sich nicht einfach abschneiden lassen, sondern die fortwirken und der Pflege bedürfen. Das Entweder-Oder schneidet kalt in diese Lebensbezüge ein und ist charakteristisch für ein intellektuelles Zeitalter. Das Sowohl-als-Auch jedoch verhilft dazu, dem Leben gerecht zu werden und in den verschiedenen menschlichen Beziehungen das zu verwirklichen, was sich jeweils auch mit den anderen vereinbaren läßt.

Frage: Wie kann man Kindern helfen, wenn die Gedanken sie nicht loslassen beim Einschlafen?

Antwort: Es sind nicht die Gedanken, die ein Kind oder einen Erwachsenen vom Schlafen abhalten. Es sind dies vielmehr die Gefühle. Die Gefühle sind es, die das Mühlrad der Gedanken im Kopf herumgehen lassen. Wer wirklich nur denkt, hat darin gerade vor dem Schlafen eine Art Schlafmittel. Die Konzentration, die hierfür nötig ist, läßt ihn rasch ermüden und einschlafen. Die Gedanken jedoch, die sich wie automatisch an bestimmte Gefühle anschließen und sich daher auch immer wiederholen, die sind es, die einen wachhalten. Ungelöste Spannungen, beklemmende oder ängstigende Gefühle wollen vor dem Einschlafen noch beruhigt und verarbeitet werden. Da ist es wichtig, wenn Kinder nicht schlafen können und »schlechte Gedanken« haben, daß man auf ihr Gefühlsleben Rücksicht nimmt und mit ihnen nochmals auf den Tag hinschaut und die schönen und unguten Ereignisse gemeinsam betrachtet und verarbeitet. Am Ende sollte dann noch eine kleine Gutenachtgeschichte stehen, die friedliche Empfindungen weckt und das Kind mit einem ruhigen Gefühl und guten Gedanken in den Schlaf entläßt (vgl. auch S. 74).

Zwischenfrage: Ist es nicht so, daß man auch Gefühle denkt?

Antwort: Eben das versuchte ich deutlich zu machen. Das Denken bezieht sich immer auf irgend etwas, so kann es sich eben auch auf die tatsächlich vorhandenen Gefühle beziehen und damit anzeigen, daß hier noch ein Problem der Bearbeitung harrt. Bisweilen hilft hier auch der vertrauensvolle Gedanke: Kommt Zeit, kommt Rat. Oder: Darüber will ich erst einmal schlafen und morgen wieder nachdenken. Jetzt ist es zu spät.

Frage: Was liegt vor, wenn sich ein positives Gefühl nicht einstellt – trotz gedanklicher Bemühungen?

Antwort: Da liegt dieses vor, daß die Beziehung der Gedanken zum Gefühl nicht stark genug entwickelt ist. Das Denken ist zu abstrakt, zu oberflächlich. Es reicht, über die Gefühle nachzudenken, nicht jedoch den wirklichen Bezug zu den Gefühlen herzustellen. Das hängt mit der heutigen Erziehungspraxis zusammen. Das Denken wird von vorneherein zur Abstraktion erzogen und nicht in Verbindung mit dem Gefühlsleben geübt. In den Waldorfschulen wird demgegenüber durch den künstlerischen Unterricht versucht, das Gefühlsleben an das Denken anzuschließen. Es wird darauf geachtet, daß die Schüler bei allem, was sie lernen und denken sollen, auch etwas Gefühlsmäßiges erleben. Auf diese Weise entwickeln sie eine starke, differenzierte Gefühlsfähigkeit und auch die Möglichkeit, daß ihre Gedanken Anschluß finden an ihr Gefühlsleben. Wo das in der Erziehung versäumt worden ist, muß es im späteren Leben mit Hilfe der Selbsterziehung nachgeholt werden. Da ist bewußte Sinnesschulung oder aber eine künstlerische Betätigung eine große Hilfe. Denn alles, was wir sinnlich wahrnehmen können, hat unmittelbaren Zugang zum Gedankenleben, das heißt, wir können es auch denken. Dazwischen liegt aber die Sinnesempfindung. Sie stellt die Brücke dar zwischen der Sinneswahrnehmung und dem Gedanken und ist zugleich auch der Bereich, der unmittelbaren Anschluß hat an das Gefühlsleben. Wer sich bewußt schult, die Reinheit eines Blau zu empfinden und diese Empfindung zum Gefühl zu steigern, die Wärme der Sonne bis hin zu einem innerlichen Gefühl der Wärme in sich aufleben zu lassen, der lernt mit seinem Denken den direkten Anschluß an sein Gefühlsleben herzustellen und wird dann auch in der Lage sein, auftauchende Gefühle so zu bearbeiten, daß er sie beruhigen kann. Wer diese Schulung aus eigener Kraft nicht beginnen oder leisten kann, der kann als eine Art Vorbereitung eine künstlerische Therapie durchführen. Hier lernt er, durch die Unterstützung des Therapeuten, sich den Sinneswahrnehmungen gegenüber zu öffnen und die Schönheit der Farben, Töne oder Formen zu empfinden und damit umzugehen. Auf diesem Wege kann auch ein erstarrtes Gefühlsleben wieder angeregt werden und so in Bewegung kommen, daß es dem Denken gegenüber empfänglich und zugänglich wird.

Frage: Steht hinter jedem Gedanken ein Wesen?

Antwort: Diese Frage kann ich nur mit Ja beantworten. Denn ich kenne keinen wesenlosen Gedanken. Jeder Gedanke bezieht sich auf etwas Wirkliches und damit Wesenhaftes. Natürlich gibt es ganz verschiedene Wesen, einige mit mehr, andere mit weniger Erscheinungsmöglichkeiten. Letztlich aber sind es immer bestimmte Entitäten, Seinszustände, Wesensoffenbarungen, die sich durch unsere Gedanken kundgeben.

Frage: In welchem Alter lernt man seine Gefühle gedanklich beherrschen?

Antwort: Es ist schwer, hierfür ein bestimmtes Alter anzugeben. Denn es gibt Kinder, die schon sehr früh ihre Tränen tapfer unterdrücken und auch zu bestimmten Dingen schweigen können und nicht sofort darauf losreden. Auf der anderen Seite gibt es erwachsene Menschen jeden Alters, die dieses auch bis ins höchste Alter nicht lernen. In jedem Lebensalter sind Entwicklungsschritte möglich, die das Beherrschen des Gefühlslebens durch das Denken ein Stück weiterbringen.

In der Vorschulzeit ist die Bewegungsfähigkeit, die Motorik und der damit verbundene Wille viel reifer entwickelt als das Fühlen und das Denken. In der Schulzeit bis zur Pubertät steht die Entwicklung des Gefühlslebens im Vordergrund, dann erst – nach der Pubertät – tritt das Denken in seine eigentliche Reifephase ein. So gesehen kann erst nach der Pubertät, wenn das Denken kompetent wird, systematisch an der Beherrschung des Gefühlslebens gearbeitet werden. Erst dann wird es möglich, die Emotionen und Gefühle mit Hilfe des Denkens so zu interpretieren und zu ordnen, daß sie uns nicht immer wieder überwältigen, sondern in Einklang mit Denken und Handeln zu bringen sind.

Frage: Wie ist der Kunstgriff, sich gedanklich herauszuziehen, wenn man ins »Abseits« gerutscht ist?

Antwort: Es ist tatsächlich so, wie es in der Sage von Münchhausen geschildert wird, der sich am eigenen Haarschopf aus dem Sumpf herauszieht. Dieser Haarschopf, das sind die Gedanken, mit deren Hilfe wir uns aus dem Sumpf herausretten können. Der berühmte »rettende Gedanke«, der ist es, der uns heraushilft. Aber der sieht natürlich für die verschiedenen Nöte und Sorgen der Menschen unterschiedlich aus. Es gibt nicht den *einen* rettenden Gedanken für jede Not. Aber es gibt für jede Not *den* rettenden Gedanken oder *den* Einfall, der die Wende bringen kann. Auf den kommt man jedoch nur durch Intuition, indem man um ihn ringt und ihn sucht. Oft ist es so, daß sich der rettende Gedanke erst dann zeigt, wenn man wirklich ganz offen ist und alle persönlichen Auswegsmöglichkeiten schon durchdacht und wieder verworfen sind, und wenn man bereit ist, fremde Hilfe anzunehmen. Erst wenn diese Vorbedingung da ist, stellt man ganz ehrliche selbstlose Fragen. Diese aber bringen einen in Beziehung zu den Wesen der geistigen Welt, die auch aus dieser schwierigen Situation einen Ausweg wissen und helfen können, indem sie einem dann den rettenden Gedanken schicken. Erst an diesem Punkt findet man auch wirklich zu sich selbst und verliert die zahlreichen Masken wie Eitelkeit, Stolz, Bequemlichkeit, Faulheit usw., die unser wahres Angesicht verbergen – auch vor uns selbst. Ins Abseits geraten zu sein kann so zu einem echten Initiationsmoment werden. In der absoluten Ohnmacht, aus der heraus man keinen Ausweg wußte, kann der Anfangspunkt entdeckt werden für eine ganz eigene selbständige Entwicklung. Interessanterweise gibt es keinen Menschen, der in voller Selbständigkeit im Leben steht und seinen eigenen Weg gefunden hat, der dieses Ohnmachtsmoment nicht kennengelernt hat. Denn das Bewußtsein der völligen Freiheit und Selbständigkeit kann erst da wirklich auftauchen, wo man sich einmal ganz gebunden erlebt hat und dann merkt, daß der einzige, der diese Fesseln aus freiem Entschluß durchtrennen kann, man selber ist.

Frage: Wie kann ich aber denn wissen, ob der rettende Gedanke auch der richtige ist?

Antwort: In der Ohnmachtssituation ist es entscheidend, daß man überhaupt den Mut findet, sich mit einem rettenden Gedanken zu verbinden und dadurch den Ausweg zu finden. Selbst wenn der Weg falsch war oder die Entscheidung problematisch, kann man doch vertrauen, daß die eigene Erfahrung und das Erleben der Folgen des eigenen Tuns genügend Korrekturmöglichkeiten bergen und daß man auch aufgrund einer falschen Entscheidung die Entwicklung korrigieren und mehr und mehr in die richtige Richtung lenken kann. Die Identifikation mit sich selbst ist der wichtigste Schritt in dieser Situation der Ohnmacht. Es ist entscheidend, daß man lernt, sich selber so anzunehmen, wie man hofft, vom lieben Gott angenommen zu werden. Kann man dieses tun, so kommt man nicht nur sich, sondern auch Gott näher. Damit wächst aber auch die Fähigkeit, selbst falsche Entscheidungen später zurechtrücken zu können.

Frage: Ist der Christus das Ideal »Mensch«?

Antwort: Wer das Evangelium liest und sich fragt, welche Eigenschaften hatte Christus?, der kommt zu dem Schluß: Es gibt kein menschliches Ideal, das Er nicht durch sein Leben und Dasein verwirklicht hat. Er ist nicht am Bösen zerbrochen, sondern er hat es überwunden und verwandelt. Er ist nicht am Tod zerbrochen, sondern er hat ihn überwunden und ist auferstanden. Er ist nicht an den Menschen verzweifelt, sondern er hat seinen Verräter umarmt und ihm verziehen. Abstrakt formuliert können wir sagen: Er hat das Ideal Mensch uns in dreifacher Form vorgelebt: Für das Denken den Weg zur Wahrheit, für das Fühlen den Weg zur Liebe und für das Wollen den Weg zur Freiheit. Jeder kann sich die von Ihnen gestellte Frage selbst beantworten, wenn er daraufhin einmal das Neue Testament liest.

Frage: Können negative Gedanken nicht auch zur Klärung einer Sache beitragen?

Antwort: Selbstverständlich können negative Gedanken klärend wirken. So wie das Zerstörerische in der Natur auch seine Bedeutung hat, so bewirkt Kritik und Destruktion im Denken Schmerz und Erwachen. Menschen, denen es zu gut geht, laufen in Gefahr, träge zu werden. Im dem Augenblick jedoch, wo »Sand ins Getriebe gerät« und Probleme auftauchen, fangen wir an, nachzudenken und sind hellwach. Es ist dies der Sinn des Bösen, daß es uns weckt und selbständig macht. Nicht jedoch ist es dazu da, daß wir ihm verfallen oder an ihm zerbrechen.

Frage: Wie kann man einem Menschen helfen, der nur in einer phantastischen Gedankenscheinwelt lebt und es schwer hat, den Anschluß an die Realität und die Sinneswelt zu finden?

Antwort: Das ist heute ein großes Problem. In erster Linie ist es eine Erziehungsfrage. Wenn Sie sich einmal vorstellen, wie viele Stunden die Kinder heute bereits mit Apparaten zu tun haben, die verhindern, daß sie unmittelbar mit der Sinneswelt in Kontakt kommen. Schon das Fernsehen isoliert die Kinder total von der sinnlichen Wahrnehmung der wirklichen Welt, ganz abgesehen davon, daß nur Auge und Ohr dabei beansprucht werden, wobei dem Auge falsche Farben, falsche Proportionen und das Fehlen der dritten Dimension (keine räumliche Perspektive) geboten werden. Da bleibt für viele Kinder als einziger realer Bestandteil der Sinneserfahrung der eigene Körper. Daher ist die heutige Erziehungsart wegbereitend für die Sucht, das heißt für das Abhängigwerden vom eigenen Körper und seinen Bedürfnissen. Weil man nicht gelernt hat, die wirkliche Welt zu genießen, greift man auf das Stück Welt zurück, das einem geblieben ist, und das ist der eigene Leib. Unter Drogenfachleuten hat es sich längst herumgesprochen, daß nicht das Angebot der Droge das Problem darstellt, sondern die gestörten Beziehungen zur Umwelt und zu anderen Menschen, die einen disponieren, nach der Droge zu greifen. Sind die Beziehungen in Ordnung, so können die Drogen in den Läden liegen und angeboten werden, sie werden nicht gekauft und benützt. Wer in dieser Hinsicht gefährdet ist, dem kann man zum Beispiel raten, sich den Anschluß an die Welt bewußt wieder zu erarbeiten, indem man ihn körperliche Arbeit, insbesondere Land- und Gartenarbeit tun läßt. Hilfreich ist auch künstlerische Therapie, insbesondere Sprachgestaltung und Eurythmie.

Frage: Wie kann man sich vor negativen Gedanken anderer schützen?

Antwort: Der wirksamste Gedanke, mit dem man sich gegen negative Gedanken schützen kann, ist die Einsicht, daß das Denken eine Leistung des Ich ist. Es stehen sich also die Gedanken von Wesen einander gegenüber. Wer die negativen Gedanken eines anderen Menschen spürt, kann sich nur dadurch vor ihnen schützen, daß er einen entsprechend positiven Gedanken dagegensetzt. In dem Augenblick, wo wir einen negativen Gedanken denken oder uns von ihm verfolgt fühlen, verstärken wir ihn durch unser eigenes Denken so, daß er in uns zu wirken beginnen kann. So haben in manchen Stämmen in Schwarzafrika Worte heute noch ihre magische Wirkung. Denken und Sprechen ist hier noch nicht so stark getrennt wie bei uns. Wort und Gedanke sind eins. Wenn da ein Mensch den anderen verflucht, wirkt das unmittelbar. Das kann soweit gehen, daß einer, dem gesagt wird »Du wirst des Todes sterben, weil du das getan hast«, wie geschlagen nach Hause geht, sich hinlegt und wartet, bis er stirbt. Er verweigert die Nahrung und weiß, er wird sterben. Gedanken und Worte des anderen bekommen ein so starkes Gewicht, weil er sie als wirklich erlebt und sich ganz zu eigen macht. Geschieht dies jedoch nicht, sondern setzen wir dem Fluch einen Gedanken entgegen wie: Du weißt gar nicht, was du in Wahrheit sagst – und geben uns mit aller Kraft dem Gedanken der Liebe oder der Wahrheit hin, durch die der Christus zu uns eine unmittelbare Beziehung hat, so können wir uns gegenüber der negativen Wirkung der betreffenden Gedanken schützen. Selbst da, wo ein Mensch an Verfolgungswahn leidet und sich von allein nicht daraus befreien kann, ist ihm manchmal schon dadurch entscheidend geholfen, daß ein anderer zu ihm sagt: Ich helfe dir, ich sende dir meine besten Gedanken, die werden dich schützen. Wenn dies mit großer innerer Sicherheit und Kraft gesagt wird und natürlich auch getan wird, kann das in gutem Sinne magisch wirken und den Betroffenen bis zu einem gewissen Grade beruhigen.

Gefühl und Emotionen

Die Erde schenkt uns mehr Selbsterkenntnis als alle Bücher,
weil sie uns Widerstand leistet.
Und nur im Kampfe findet der Mensch zu sich selber.

ST. EXUPÉRY

Ich-Tätigkeit in der Seele

Gefühle sind es, die uns einsam oder gesellig sein lassen. Gefühle sind es, durch die wir lebendigen Anteil nehmen an den Vorgängen der Umwelt und unserer eigenen Befindlichkeit. Sie sind es, die Menschen verbinden und trennen. Sie bestimmen Helligkeit und Dunkel, Frieden oder innere Zerrissenheit und Unzufriedenheit unserer Seele. Sie sind stärkste Kräfte, die uns beherrschen können, indem sie lähmen oder anregen, uns erstarren lassen oder erwärmen und erhellen. Sie sind es aber auch, die wir selbst beherrschen lernen können kraft unserer Persönlichkeit, das heißt kraft unseres Ich.

Wie erleben wir unser Ich in der Seele? Zum einen als Zentrum unseres Bewußtseins, in Form des Selbstbewußtseins. Zum anderen als den Bezugspunkt für unser Denken, Fühlen und Wollen: *Ich* sehe, *ich* schmecke, *ich* höre, *ich* sitze, *ich* denke, *ich* erlebe dies, *ich* empfinde das, usw. Dabei fällt auf, daß dies alles Tätigkeiten sind. Und das ist letztlich die Hauptcharaktereigenschaft des Ich: Es wird sich seiner selbst nur bewußt und gewahr, indem es etwas *tut*. Auch wenn wir scheinbar nichts tun und uns langweilen, sind wir am Zustandekommen dieses Zustands nicht unschuldig. Wir sind unfähig, etwas zu lernen, und der damit verbundene Aktivitätsstau macht sich uns als Unzufriedenheit und Langeweile bemerkbar. Schauen wir nun darauf hin, in welcher Weise sich das Ich betätigt und was sozusagen seine Hauptcharaktereigenschaften sind, so sehen wir, daß diese sich in den verschiedenen Tätigkeitsbereichen der Sinneswahrnehmung, des Denkens, Fühlens und Handelns unterschiedlich darstellen. Was macht das Ich mit den Sinneseindrücken? Es schickt ihnen Aufmerksamkeit entgegen. Aufmerksamkeit ist die Hauptcharaktereigenschaft des Ich mit Bezug auf die Sinnestätigkeit. Ein Nachlassen der Aufmerksamkeit und des Interesses ist ein Schwächerwerden der Ich-Funktion. Wer nur noch dem Aufmerksamkeit schenken kann, was ihn selbst betrifft, hat bereits eine eingeschränkte Ich-Funktion. Es gibt aber auch Menschen, die von sich selber gar nichts mehr erwarten und auch sich selbst keine Aufmerksamkeit mehr schenken. Da handelt es sich dann um einen krankhaften Zustand eines verkümmerten, beziehungsweise schon ganz zurückgezogenen Ichs, welches die Tätigkeit verweigert. Kommt ein Mensch mit diesem Problem zur Behandlung, so muß er lernen, diese erstarrten Ich-Funktionen wieder in Regsamkeit zu bringen und sich die seelischen und körperlichen Betätigungsmöglichkeiten Schritt für Schritt wieder zu erobern. Der gesunde Mensch jedoch schickt seinen Sinneseindrücken Interesse und Aufmerksamkeit entgegen und erlebt sich und die Welt in dieser Tätigkeit.

Anders ist dies bei der gedanklichen Tätigkeit. Hier sind vor allem Konzentration, Überschau oder Wertung der Gesichtspunkte nötig, um den Ablauf der Gedanken zu strukturieren und zu ordnen und auch beim Durchdenken schwieriger Probleme den Faden nicht zu verlieren. Woher hat das Ich aber die Orientierung? Was ist dieser rote Faden im Denken, der durch alle Bezüge als das Orientierende hindurchläuft? Es ist der Wille, die Bereitschaft, nach Wahrheit zu suchen. Das Interesse für die Wahrheit ist die Hauptcharaktereigenschaft des Ich im Umgang mit dem Denken. Es ist mit Bezug auf das Denken sowohl auf der Suche nach der Wahrheit seines eigenen Wesens als auch nach der Wahrheit in den

Welterscheinungen und ihrer Bedeutung für ihn und seiner Bedeutung für sie.

Im Gefühlsleben macht sich die Ich-Funktion als Gleichgewicht schaffend und ordnend geltend. Dabei ist es vor allem *ein* Gefühl, das die Ich-Aktivität im Gefühlsleben ganz aufnehmen und zur Wirksamkeit bringen kann: das Gefühl der Liebe. Ohne Liebe zur Umwelt und zu sich selbst lassen sich weder Emotionen beherrschen noch das Gefühlsleben ins Gleichgewicht bringen. Ohne Liebe lassen sich auch keine unangenehmen Ereignisse verarbeiten, Verstimmungen lösen und vereiste Situationen auftauen und verwandeln. Daran zeigt sich auch, daß Liebe das allumfassendste Gefühl ist, das wir haben – es kann jede Sympathie und Antipathie umgreifen. Sympathie allein ist noch keine Liebe. Sie ist ein spezifisches, kein allumfassendes Gefühl. Liebe jedoch ist eine innere Tätigkeit im Gefühlsleben, die mit Sympathie und Antipathie umgehen lernt und sich auch da hinein erstrecken kann, wo Haß und Antipathie herrschen. Dieses scheinbare Paradox wird am deutlichsten ausgesprochen im Evangelienwort: »Liebet eure Feinde, tut wohl denen, die euch hassen, segnet, die euch fluchen.« Hier ist das größtmögliche Maß an Gefühlsbeherrschung angesprochen. Es ist nur erreichbar durch Ich-Aktivität in Form von Liebe.

Anstatt seinen Feind zu hassen, wird die Liebefähigkeit des Ich im Gefühlsbereich so stark aufgerufen, daß es in der Lage ist, den Haß zu überwinden und dem Feind eine objektive Menschenliebe entgegenzubringen, unabhängig von der persönlichen Antipathie, die gleichwohl bis zu einem gewissen Grad auch noch bestehenbleiben kann.

Wiederum ein anderer Charakterzug des Ich zeigt sich, wenn wir seine Tätigkeit im Willensbereich anschauen. Eine Handlung ist erst dann wirklich ich-haft, das heißt so, daß wir ganz zu ihr stehen können, wenn wir sie als eine freie erleben, als eine freiwillige. Wodurch wird eine Handlung zu einer freiwilligen? Zum einen dadurch, daß wir uns mit ihr identifizieren. Dies ist jedoch nur möglich, wenn wir sie auch lieben. Zum anderen dadurch, daß wir ihren

Sinn und Wert einsehen, das heißt, daß wir sie für verwirklichenswert halten. Auf der Handlungsebene müssen die verschiedenen Charaktereigenschaften des Ich wie in eins zusammenfallen: Aufmerksamkeit, Streben nach Wahrheit, Liebe- und Identifikationsfähigkeit. Nur dann verwirklicht sich das Ich tatsächlich in seiner Handlung.

Betrachten wir diese vier Haupteigenschaften der menschlichen Ich-Natur bzw. seines Selbst: Aufmerksamkeit, Wahrheitsstreben, Liebefähigkeit und Wille zur Freiheit, so ist zum einen deutlich, daß es sich dabei jeweils um bestimmte Formen der Aktivität, das heißt um Willensanstrengungen handelt. Es können diese Eigenschaften aber auch als Gefühlstätigkeiten erlebt werden: Aufmerksamkeit als sympathisches Sich-Öffnen, Wahrheitssuche als Liebe zur Wahrheit und Wahrheitsgefühl und der Wille zur Freiheit als Freiheitsgefühl. Es kann aber auch deutlich werden, daß diese vier Eigenschaften nur dadurch in der Seele bewußt erlebt werden können und handhabbar werden, weil sie auch als Gedankeninhalte, das heißt Ideale zugänglich sind: Weltinteresse, Wahrhaftigkeit, Liebe und Freiheit. Es sind dies die großen Ideale des Menschseins überhaupt. Wer sich mit ihnen identifiziert, wird immer mehr Mensch.

Diese vier Qualitäten charakterisieren das Wesen des Menschen, ja der Menschlichkeit. Es sind *die* Aspekte der Ich-Tätigkeit, durch die sich das Ich seiner selbst in der eigenen Seele bewußt wird, indem es mit seinen Wahrnehmungen, Gedanken, Gefühlen und Willensimpulsen umgehen lernt. Je mehr diese Ich-Instanz in Tätigkeit kommt und in der Seele anwesend ist, um so leichter wird es, Eindrücke zu verarbeiten, neue Fähigkeiten zu lernen und auch im Umgang mit Kindern Einfälle zu haben, wie man mit den Emotionen des Alltags umgehen kann.

Gefühle als Zentrum seelischen Erlebens

Was bestimmt das seelische Erleben eines Menschen? Wovon hängt es ab, daß der eine Mensch so empfindet und dann zu einem entsprechenden Urteil kommt über dieses und jenes, und daß der andere ganz anders empfindet und entsprechend zu einem anderen Urteil kommt? Es hängt dies davon ab, daß jede Seele unverwechselbar in Raum und Zeit individuell aneinandergereihte und aufeinander bezogene Erfahrungen gemacht hat, aufgrund deren sie Kriterien für die Beurteilung einer Sache gewinnt. Es gibt keine zwei Menschen auf der Erde unter den sechs Milliarden, die heute leben, die von der Geburt bis zum Tode genau denselben seelischen Erlebnissen ausgesetzt waren. Im Bereich des seelischen Erlebens ist jeder ganz persönlich und erlebt sich als Einzelkämpfer. Daher ist hier auch eine Erfahrung zentraler Bestandteil des Erlebens: die Einsamkeit, das sich einzeln und allein fühlen Können. So ist es auch verständlich, daß gerade auf diesem persönlich-seelischen Gebiet viele Probleme liegen, die sich insbesondere im Gefühlsbereich zeigen. Das Aushalten und Annehmen dieses Einzelkämpfertums und der damit verbundenen Einsamkeit muß erst gelernt werden. Den Seelentätigkeiten des Denkens und Wollens stehen wir objektiver gegenüber. Wenn jemand keine Mathematik kann, so sagt er sich eines Tages: Da sind eben meine Grenzen, das kann ich nicht. Auch wer bestimmte Dinge willentlich nicht zuwege bringt, weil Kraft und Ausdauer nicht zureichend sind oder weil es die körperliche Konstitution nicht hergibt, der findet sich eines Tages damit ab und tut das, was eben möglich ist. Anders ist es jedoch mit den Gefühlen. Nichts ist quälender als eine ungestillte Sehnsucht, eine nicht erfüllte Begierde, das Empfinden, versagt zu haben. Wenn dieses Gefühl sich nicht verarbeiten läßt und zum Schweigen gebracht werden kann, so ist es ein lebenslanger Kränker der Seele, es zehrt und bohrt und nagt. Ganz entsprechend ist es mit Gefühlen wie Neid und Eifersucht. Können sie nicht gedanklich und willentlich geklärt und bearbeitet werden, so leidet das individuelle und soziale

Leben unsäglich unter dieser dauernden Kränkung. Gefühle werden erregt, erwachen in der Seele und bedürfen der Bearbeitung mit Hilfe des Denkens und Wollens. Ihnen selbst ist man zunächst ausgeliefert und jeder muß lernen, damit fertigzuwerden. Gefühle sind das Zentrum der menschlichen Seele. Hier sind wir ganz individuell und persönlich. Hier sind wir unmittelbar verletzlich und berührbar.

Mit dem Gedanken hingegen ragt die objektive Welt der Begriffe, Ideen und Gesetzmäßigkeiten in die Seele hinein, über die jederzeit eine überpersönliche Verständigung möglich ist, so wie über die Gesetze der Mathematik. Auch die Handlungen haben einen objektiven Charakter. Sie reichen über den Menschen hinaus, der sie in den Umkreis hineinstellt. Auch wenn seine Handlungsweisen individuell gewollt sind, so fügen sie sich doch stets in den Lebenszusammenhang als äußerliches Geschehen ein, das unabhängig von uns fortbesteht. Nur im Gefühlsbereich sind wir ganz bei uns. Hier klingen die Gedanken und Ereignisse in der Seele nach, die wir mit unseren Gefühlen begleitet haben, und hier bereiten sich Motivationen für künftige Überlegungen und Taten vor.

Erwachen und Beruhigen der Gefühle im Spannungsfeld von Denken und Begehren

Im Kleinkindalter ist die Seele der Umwelt gegenüber noch ganz offen. Hier ist das Gefühlsleben noch abhängig von der Sinneswahrnehmung. Eben hat das Kind noch bitterlich geweint, und nun bekommt es etwas Schönes gezeigt und kann schon – obwohl die Tränen noch kullern – bereits wieder lächeln. Das Gefühl reagiert sofort auf den neuen Eindruck, der Schmerz ist vergessen. Dies ändert sich erst in dem Maß, in dem das Gedankenleben in der Seele bewußt wird. Es beginnt dies damit, daß zumeist im dritten Lebensjahr das Selbstbewußtsein erwacht und die Kinder zu sich

»Ich« sagen. Solange sie dies noch nicht tun, erleben sie ihre Seele als eins mit der Umwelt, das heißt sie haben noch keinen von der Umwelt deutlich abgegrenzten seelischen Innenraum. Ihr Seelenraum und die wahrgenommene Umwelt sind nahezu identisch. In dem Augenblick aber, wo der Gedanke des eigenen Selbst in der Seele erwacht, beginnt sich dieser Raum zu schließen und wird Schauplatz des persönlichen Innenlebens, in dem sich die Ereignisse der Umgebung zwar widerspiegeln, so wie man sie erlebt hat, in dem man sich aber auch von der Umgebung abgrenzen kann. Empfindungen und Gefühle regen sich zwar schon vom frühesten Säuglingsalter an. Einen persönlichen Bezug jedoch zum eigenen Selbst bekommen sie erst, wenn das Selbstbewußtsein erwacht ist, das von diesem Augenblick an zum Zentrum wird, auf das der Mensch alles, was ihn betrifft, bezieht. Dadurch gewinnt das Gefühlsleben auch Anschluß an das Vorstellungs- und Gedankenleben, wodurch es unabhängiger wird von den Sinneseindrücken und im Selbstgefühl seinen zentralen Bezugspunkt findet.

Das Gefühlsleben steht so immer deutlicher als Vermittler da zwischen dem Erleben durch die Sinne und der Gedankentätigkeit.

All die vielfältigen Botschaften, die durch die Sinne an die Seele herankommen, wecken Empfindungen. Diese sind anders bei der Farbe Blau als beim Grün und wieder anders bei Rot und Gelb, ebenso regen aber auch bestimmte Vorstellungen und Gedanken Gefühle in uns an, die unter Umständen noch lange nachwirken können.

Auch wirken aus den Lebensprozessen unseres Körpers eine Fülle von Trieben, Instinkten und Neigungen herauf, die sich seelisch als spontane Begehren kundgeben wie Hunger, Durst, Ekel und Begierde. Dieses in das Gefühlsleben hineinragende Wunschleben erregt elementar sympathische und antipathische Empfindungen, die wir als spontane Emotionen erleben und auch ausleben. Denken und Wollen ragen so über Erinnern und Begehren in unser Seelenleben herein und wecken jeweils ganz bestimmte Empfindungen und Gefühle. Diese stehen dann vermittelnd zwischen

Denken und Wollen und ermöglichen ein Innewerden der Gedanken und Begehren und Abwägen vor der Entscheidung, in dieser oder jener Richtung zu handeln.*

Gefühle geben uns die Möglichkeit, alles was wir erleben, auch innerlich zu bewegen. Sie sind reine innere Bewegung. Wir können sie nur auf zweifache Weise zur Ruhe bringen: Einmal mit Hilfe des Denkens in der Urteilsbildung und einmal mit Hilfe des Willenslebens durch den Entschluß zur Tat und durch die Tat selbst.

Dieses Wogen der Gefühlswelt ist zugleich dasjenige, was wir als lebendige Gegenwart erleben. Vergangenheit und Zukunft hingegen ragen durch das Denken und Wollen in Form von Vorstellen und Begehren in unsere Seele herein. Vorstellungen, die wir uns machen, beziehen sich auf eine bereits vorhandene, das heißt gewordene Welt. Da jedoch, wo wir uns Gedanken bilden, die sich auf die Zukunft beziehen – z. B. in Form von Ideen und Idealen – treten diese sogleich in Beziehung zu unserem Begehren, das heißt zu unserem Wollen zu dem, was erst geschehen soll. Vorstellende, erinnernde, vergangenheitsbezogene Gedankenwelt und idealistische zukunftsgerichtete Welt von Begehrung und Wunsch finden sich zusammen in der durch die Gefühle erlebten seelischen Gegenwart.

Vorstellen und Denken $\longleftrightarrow$ Vergangenheit

Fühlen $\longleftrightarrow$ Gegenwart

Begehren und Wollen $\longleftrightarrow$ Zukunft

Gefühlsleben und menschliche Beziehung

Ein Mensch, der am Tage viel Ärger gehabt hat und es schaffte, nicht aus der Haut zu fahren, sondern die Dinge ruhig nach innen

---

* Vgl. auch Rudolf Steiner, »Anthroposophie, Psychosophie, Pneumatosophie«, GA 115, Dornach 1965.

zu nehmen und dort teils zu ordnen, teils stehenzulassen, kommt nach Hause. Unwillkürlich entspannt er ein wenig, indem er in die Wohnung kommt, und in diesem Augenblick lockert sich auch der feste Griff, mit dem er sein Gefühlsleben tagsüber in der Balance gehalten hat. Eine kleine Irritation genügt, und er gerät bereits außer sich. Dabei war es nur der Zigarettengeruch in der Wohnung, der da war, obwohl man gerade verabredet hatte, abends nach zehn Uhr nur noch in der Küche zu rauchen, und nun riecht doch das ganze Wohnzimmer danach.

Oder: Derselbe Mensch wieder nach einem sehr anstrengenden Tag, der jedoch gekrönt war von einem großen Erfolgserlebnis. Er kommt hochgestimmt nach Hause, und an diesem Abend können die Kinder den größten Blödsinn machen oder die Frau Ansprüche anmelden, die sie sonst nicht hat – man kann alles tolerieren, man ist bester Laune!

Die Art und Weise, wie wir uns zu den Menschen in unserer Umgebung in Beziehung setzen, wird stark davon beeinflußt, wie unser Gefühlshaushalt gerade geordnet ist. Von der Grundstimmung hängt es ab, ob die Voraussetzung gegeben ist, bestimmte Themen oder heiklere Fragen zu besprechen. Beispielsweise testen manche Ehemänner erst einmal die Stimmung zu Hause, bevor sie irgend etwas erzählen. Oder man kann hören: »Über diese Sache werde ich mit meinem Mann sprechen«, und wenn dann gefragt wird: »Wann kannst du es tun?«, dann heißt es: »Ja, das muß ich erst einmal abspüren, wann es paßt.« Da muß die Ehefrau erst eine gewisse Gestimmtheit der Seele abwarten, die so belastungsfähig ist, daß überhaupt ein Gespräch in dieser Angelegenheit geführt werden kann. Im falschen Moment wäre das Vorhaben von vornherein zum Scheitern verurteilt.

Das sogenannte seelische Gleichgewicht ist Ausdruck für die momentane Beschaffenheit dieses Bezugssystems unserer Gefühle, das zwischen Denken und Wollen, zwischen Vorstellen und Begehren in sich ausgewogen sein muß, um Grundlage zu sein für ein gesundes Beziehungsleben. Ständig wägen wir in unseren Gefühlen ab, wie wir weiterdenken oder handeln sollen. Sympathien und Antipathien wogen ineinander. Jedes Gefühl ist wie eine Welle, es taucht auf im Bewußtsein und klingt wieder ab. Und wir merken genau, ob das ein elastisches Schwingen ist, mit dem wir vermitteln und kompensieren können, oder ob das Schwingen erstarrt ist, so daß keine Ausgleichsmöglichkeit mehr besteht und nur noch ein gereiztes, abweisendes Reagieren möglich ist. Die Art und Weise, wie wir selbst mit unserem Gefühlsleben umgehen, hat also nicht nur entscheidende Auswirkungen auf unser eigenes Lebensgefühl, sondern vor allem auch auf die Gestaltung der Beziehungen im sozialen Umkreis.

Gefühl und Emotion in Erziehung und Selbsterziehung

Zunächst ein Wort zur Unterscheidung von Gefühl und Emotion.

Unter Emotion verstehen wir normalerweise die spontan auftretenden begehrenden Sympathien oder abweisenden Antipathien in bezug auf irgendein Erlebnis. Hingegen verwenden wir das Wort Gefühl da, wo wir persönlich zu der Emotion stehen und uns damit identifizieren. Wer emotional handelt, weiß oft erst hinterher, was er eigentlich getan hat und warum. Wer gefühlvoll handelt, ist mit seiner Ich-Aktivität stärker anwesend bei dem, was er tut. Wer emotional handelt, distanziert sich später oft davon und ist bereit, sich zu entschuldigen, nachdem er sich die Sache nochmals durch den Kopf hat gehen lassen. Derjenige, der sich von einem bewußten Gefühl hat leiten lassen, an dem er schon gearbeitet und mit dem er sich identifiziert hat, wird hinterher genauso zu seiner Tat stehen, wie er es während des Tuns getan hat.

Im Umgang mit Kindern ist diese Unterscheidung zwischen Emotion und Gefühl besonders wichtig. Gerade wenn Kinder irgendwelchen Blödsinn machen, neigen wir dazu, spontan und emotional zu reagieren. Wie wohltuend ist es jedoch, wenn zwischen dem Eindruck, den die Kinder machen, und unserer eigenen Reaktion darauf ein kleiner Besinnungsmoment eingeschaltet wird, wo wir warten, bis aus der Emotion ein bewußtes Gefühl geworden ist, ein Empfinden dafür, was jetzt die passende, hilfreiche Reaktion ist. Dann kommt es zu einer besonnenen Reaktion, die erzieherisch von höherer Wertigkeit ist als das spontane Daraufloshandeln, bei dem sich die Kinder oft mißverstanden fühlen, weil ihre Situation nicht richtig eingeschätzt wurde. Dummheiten oder problematische Verhaltensweisen der Kinder haben ja auch ihre Ursachen. Warum hat das Kind hier provoziert, hat man es vielleicht vorher schon zu wenig beachtet und berücksichtigt? Oder warum war das Kind so übellaunig – lag vielleicht ein Kummer vor, oder Hunger, oder Müdigkeit? Wer sich ein wenig Zeit läßt, die Situation zu überdenken und mitzuempfinden, was tatsächlich vorliegt, kommt zu anderen Reaktionen als derjenige, der nur aus der spontanen reaktiven Emotion heraus handelt.

Das wichtigste Mittel für die Selbsterziehung im Gefühlsbereich ist die abendliche Rückschau. Bei dieser Rückschau wird geübt, die Ereignisse des Tages möglichst objektiv, gedanklich und so weit wie möglich ohne Gefühlsbeteiligung noch einmal Bild um Bild in aller Ruhe an sich vorüberziehen zu lassen. Man übt, sich selbst als Fremder gegenüberzustehen und sich so zu betrachten, wie man auch andere Menschen in ihrem Tageslauf anschauen würde, wo man eher geneigt ist, die Dinge so zu nehmen, wie sie eben sind, ohne sich persönlich gefühlsmäßig zu engagieren. Die Objektivität wird noch dadurch erhöht, daß man diesen Rückblick auch rückwärts vornehmen kann, indem man sich die Ereignisse in umgekehrter Reihenfolge vorstellt. Auf diese Weise ergeben sich für das Verständnis und die Zusammenhänge oft auch neue Einsichten, da man immer vom Späteren ausgeht und zum Auslösenden oder Verursachenden fortschreitet. Jeden Tag wird es bestimmt Ereignisse bei der Rückschau geben, bei denen wir emotional stark beteiligt waren. Hier ist es besonders wichtig, sich die Situationen möglichst

nüchtern wieder vor Augen zu führen und sich zu fragen: Wie kam
es eigentlich, daß du da so in Rage gekommen bist? Jetzt kann man
beginnen, dieses Ereignis noch einmal in Ruhe zu betrachten und
Ursachen und Folgen anzuschauen. Und dabei ist es wichtig, die
jetzt unter Umständen wieder auftauchenden Gefühle der Abwehr
oder des eifernden Sich-rechtfertigen-Wollens zurückzuhalten und
den Vorgang als solchen emotionslos anzuschauen. Dadurch er-
starkt die Ichfunktion mit Bezug auf das Beherrschen der Gefühle
und das Streben nach Objektivität und Wahrhaftigkeit. Bei solcher
Betrachtung werden wir dann entweder zu dem Schluß kommen:
Das nächste Mal würde ich in dieser Situation wieder genauso handeln. Oder aber man wird sich sagen: Wenn ich wieder in eine solche Lage komme, werde ich ganz sicher erst einmal Luft holen,
bevor ich reagiere, und schauen, was tatsächlich vorliegt, bevor ich
handle.

Wer auf Gefühle und Emotionen in dieser Weise zu sprechen
kommt, dem treten spontan zwei verschiedene Ansichten entgegen.
Entweder: »Emotionen muß man doch zeigen dürfen! – Das Kind
muß doch merken, daß wir uns auch nicht immer zusammenneh-
men können. Gefühle zurückhalten ist doch ein Akt der Unehrlichkeit. Außerdem ist das kindliche Begehren doch genauso berechtigt
wie das Begehren der Erwachsenen – jeder muß doch letztlich deutlich machen, wo er steht und was er will.« Oder: »Gehört es nicht
auch zur Ehrlichkeit, daß ich mich zunächst selber frage, ob die
spontan auftretende Gefühlsreaktion wirklich das ist, was ich in
diesem Augenblick als mein Verhalten oder meine Antwort auf die
Situation zeigen möchte? Hat Ehrlichkeit nicht auch mit tatsächli-
cher, echter Identifikation zu tun? Oder wieso werde ich dadurch
unehrlich, daß ich meine Wut beherrschen lernen oder meine Spott-
lust kontrollieren will, weil ich in Wirklichkeit gar nicht so ironisch
oder wütend sein möchte? Wieso hat ein An-sich-selber-Arbeiten
und sich positiv Verändern-Wollen etwas mit Unehrlichkeit zu
tun?« Natürlich besteht da, wo Schritte in der Selbsterziehung un-
ternommen werden, immer auch die Gefahr, daß Verkrampfungen

auftreten oder ein Mangel an Unbefangenheit sich und anderen gegenüber bemerkbar wird. Die Tatsache aber, daß Fehler oder Fehlverhalten eintreten können, beweist ja noch nichts über die Qualität und den Sinn einer Sache. Bei der erstgenannten Ansicht ist die Folge für das Kind, das ja diesen spontanen Reaktionen ausgesetzt ist, daß es immer mehr in eine gewisse Unzufriedenheit hineinkommt. Denn es gibt letztlich nichts, worauf es sich wirklich verlassen kann. Je nach Stimmung und momentaner Situation wird gehandelt. Alles ist letztlich immer offen und in gewisser Weise auch relativ, und die Seele des Kindes findet keinen wirklichen Ruhepunkt und Halt in der Entschiedenheit des Erwachsenen.

Das Erleben klarer Grenzen und der inneren Sicherheit, was für eine bestimmte Lebenssituation richtig ist und was nicht, vermittelt dem Kind hingegen das Gefühl der Geborgenheit und Sicherheit. Wenn sein eigenes Begehren stets genau so ernst genommen wird wie das des Erwachsenen selbst, so ist im Konfliktfall immer die Ungewißheit da, was letztlich gelten soll. Je kleiner die Kinder sind, um so weniger ist bei ihnen das Vermögen zur gedanklichen Überschau über eine Situation oder einen Lebenszusammenhang entwickelt. Es ist darauf angewiesen, aber auch willens, durch Nachahmung zu lernen. Wenn es nun den klaren Willen eines Erwachsenen erlebt und dagegen aufbegehrt, so ist es letztlich doch dankbar, wenn es seinen eigenen Willen dem des Erwachsenen anpassen darf und dadurch eine Orientierung für sein eigenes Verhalten und Handeln erlebt, das im Sinnzusammenhang der Tatsachen seine Berechtigung hat.

Der Erwachsene aber kann sich an dieser Situation auch etwas Grundsätzliches klarmachen. Wenn er seine eigenen Wünsche und Neigungen nur auslebt, ohne daran zu arbeiten, tritt bei ihm früher oder später ebenfalls Unzufriedenheit auf. Denn kein Mensch hält es auf die Dauer aus, zu leben, ohne sich selbst zu ändern oder daran zu arbeiten, daß sich die Umgebung verändert. Wir brauchen Ziele, durch deren Verfolgung Entwicklung und Verwandlung möglich

werden, um selbst lebensfroh zu bleiben. Daher suchen ja unzufrie-
dene Menschen ständig nach irgendwelchen Ersatzbefriedigungen,
wenn sie selbst nicht die Kraft haben, etwas zur Veränderung ihrer
Situation zu tun. Die Unfähigkeit, aus Lebenssituationen zu lernen
und sich dadurch weiterzuentwickeln, das Unvermögen, eigene
Wünsche und Begehrlichkeiten zurückstellen zu können, ist eine
der Hauptursachen für den ansteigenden Drogenkonsum und die
wachsende Suche nach Zerstreuung und Ablenkung mit Hilfe der
Vergnügungsindustrie.

Wirkliche Zufriedenheit kann nur dadurch entstehen, daß wir
unser eigenes Ich als ein Wesen entdecken, das gerade dadurch sich
kennenlernt, daß es sich in der Selbstbeherrschung übt.

Fragen zum Thema

Frage: Inwieweit hängen die Gefühle und Emotionen mit dem
Temperament zusammen (meine Kinder sind 10- und 12jährig)?

Antwort: Temperamentsäußerungen entsprechen mehr der emotionalen Ebene als der bewußten Gefühlsebene. Sie treten spontan und
in der Regel ohne vorherige Besinnung oder eines bewußt durch-
empfundenen Gefühls auf. Rudolf Steiner hat bezüglich des Temperamentes eine schöne Beschreibung gegeben: Das Temperament
vermittelt zwischen dem, was aus der Vererbung und der körperlichen Konstitution kommt, und demjenigen, was die Individualität
sich aus einem früheren Erdenleben an Charaktereigenschaften mitbringt. Einerseits erleben wir in der Temperamentsäußerung tatsächlich etwas vom Wesen des anderen Menschen und andererseits
auch von dem, womit er in diesem Leben zu ringen hat als einer
spezifischen konstitutionellen Eigentümlichkeit, der er eben auch
ausgeliefert ist und die er noch nicht voll beherrscht und sich zu
eigen gemacht hat.

So gehört es auch zur Ausbildung zum Waldorflehrer und Erzieher, ausführlich über die Art und Weise zu sprechen, wie das

Temperament der Kinder von klein auf so behandelt werden kann, daß die Individualität immer besser mit ihm umgehen lernt.*

Frage: Wie geht man mit aggressiven Kindern um?

Antwort: Wenn Aggressionen vorhanden sind, gibt es zunächst zwei Möglichkeiten, zu reagieren: Zunächst wird sicher jeder einmal spontan reagieren und sich gegebenenfalls auch aggressiv verhalten, indem er dem Kind wehrt oder mit ihm schimpft. Bei weiteren Begebenheiten dieser Art kann er sich dann schon wappnen und bewußter reagieren. Zunächst ist es wichtig, herauszubekommen, warum, beziehungsweise unter welchen Bedingungen das Kind aggressiv reagiert und wieso man sich vielleicht selbst auch zur aggressiven Reaktion hat hinreißen lassen. Da hilft die abendliche Rückschau, bei der man sich das Ereignis noch einmal genau vor Augen führt und sich klarmacht, wie wenig hilfreich eine solch wütende eigene Reaktion für das Kind ist. Angesichts dieser Tatsache kann man sich vornehmen: Wenn mich das Kind morgen wieder reizt und provoziert, dann will ich erst einmal Luft holen und mir überlegen, wie ich handeln werde. Oft sind jedoch Eltern hier überfordert, und es ist wichtig, daß sie sich mit einem psychologisch geschulten Heilpädagogen oder Arzt beraten, wie sie am besten mit einem aggressiven Kind umgehen lernen und was die Bedingungen für aggressives Verhalten bei Kindern sind. Je klarer man die Situation überschaut, um so leichter fallen dann auch Schritte für die eigene Selbsterziehung und den Umgang mit dem Kind.

Zwischenfragen: Wenn einem dann aber doch trotz aller guter Vorsätze die Geduld reißt und man emotional oder wütend reagiert?

Antwort: Dann gibt es eigentlich nur eines: geduldig weiterüben und sich die Nutzlosigkeit des nur emotionalen Reagierens mit aller

---

* Vgl. Das Kapitel über die Temperamente, S. 54

Deutlichkeit vor Augen führen. Eine wirkliche Veränderung des eigenen Verhaltens können wir nur herbeiführen, wenn wir es wirklich wollen und durchhalten, bis es erreicht ist.

Frage: Was hat das Gefühlsleben mit der Wiederverkörperung zu tun?

Antwort: Daß das Gefühlsleben ganz grundsätzlich etwas mit den wiederholten Erdenleben zu tun hat, wird einem in dem Augenblick bewußt, wo man realisiert, wie unterschiedlich und rational überhaupt nicht begründbar man auf die verschiedenen Menschen reagiert. Warum reagiere ich auf diesen Menschen, den ich zum ersten Mal sehe, mit größter Sympathie und auf einen anderen, ohne daß ich es mir erklären kann, mit einer tiefgründigen Abscheu oder zumindest mit Antipathie oder mit einer gewissen Zurückhaltung?

Sympathie und Antipathie tauchen aus dem Unbewußten auf und haben Geschichte. Hier wirkt vergangenes Schicksal nach und bewirkt unsere Veranlagung, unserer Umwelt in dieser oder in jener Weise konkret mit Sympathie oder Antipathie, mit Liebe oder Haß zu begegnen. Entscheidend ist jedoch, daß wir die Aufgabe wahrnehmen, es nicht bei den durch das Schicksal in früheren Erdenleben veranlagten Verhaltensweisen zu belassen, sondern die Möglichkeit zu erleben, an den vorhandenen Beziehungen jetzt bewußt weiterzuarbeiten und sie zum Besseren hin zu verwandeln. Denn letztlich verlangt ja jede Schicksalsbeziehung und jedes Schicksalsereignis nach Fortsetzung, nach Weiterarbeit, nach Verwandlung zum immer Menschlicheren hin. Die spontan auftretenden Symphatien und Anipathien zeigen uns nur den gegenwärtigen Stand der Dinge an – sie entscheiden nicht, wie es weitergehen soll.

Auch das Temperament hat mit diesen Schicksalszusammenhängen zu tun. Es gibt Ausführungen von Rudolf Steiner, in denen er darstellt, aus welchen Bedingungen in einem Erdenleben

sich eine bestimmte Temperamentsgrundlage für ein nächstes vorbereitet.*

Durch konsequente Arbeit zum Beispiel an antipathischen Gefühlen können wir uns nicht nur eine gesunde Gefühlsgrundlage für
das nächste Leben vorbereiten, sondern schaffen auch die Voraussetzung für ein befriedigendes Beziehungsleben mit den anderen
Menschen.

Frage: Was kann man tun, wenn man bemerkt, daß man immer
wieder dieselben Fehler macht, trotz aller Einsicht?

Antwort: Da würde ich gerne zurückfragen, ob Sie systematisch an
der Beseitigung dieses Fehlers arbeiten oder nicht. Denn meistens
ist es so, daß man sich zwar ärgert, daß das jetzt wieder vorgekom-
men ist, daß man sich dann aber nur vorstellt, man müßte daran
arbeiten, ohne es wirklich zu tun. Es liegt ja augenscheinlich eine
große Antipathie vor, sich mit seinen eigenen Fehlern übend zu beschäftigen. Rudolf Steiner empfiehlt nun, dieses »wirklich daran
Arbeiten« nicht in dem Augenblick zu tun, in dem der Fehler gerade passiert. Da ist man zu empfindlich und zu sehr darauf bedacht, sich zu rechtfertigen oder zu resignieren. Zu einem anderen
Zeitpunkt jedoch ist es sinnvoll – vielleicht am Abend oder an einem der nächsten Tage, oder unter Umständen auch bedeutend später, wenn man sich einmal gerade wohlfühlt – sich die gewesene
Situation, in der der Fehler passiert ist, in allen Einzelheiten noch
einmal ins Gedächtnis zu rufen. Wichtig ist, daß die Emotion, die
damit verbunden war, zu diesem Zeitpunkt ganz abgeklungen ist.
Wenn man sich das Geschehen so wieder ins Bewußtsein ruft, wird
man sogleich bemerken, wie bald die alte, abgeklungene Emotion
wiederkehrt. Jetzt ist es aber so, daß die Emotion nur gegenüber der
Vorstellung von dem Ereignis mit dem anderen Menschen auf-
taucht, nicht gegenüber dem Menschen selbst. In dieser Situation

* Vgl. Rudolf Steiner, »Offenbarung des Karma«, GA 120, Dornach 1975.

hat man es folglich nur mit sich selbst zu tun. Da kann die Arbeit in
der Selbsterziehung, das heißt die Übung beginnen. Es kann geübt
werden, diese Emotion eine Zeitlang kommen zu lassen, stärker
werden zu lassen, auszuhalten und sich zu sagen: Ich will ihr nicht
folgen, ich will mich nicht gehen lassen. Dann folgt ein weiterer
Schritt, der darin besteht, sich in den anderen hineinzuversetzen,
der die emotionale Reaktion durch sein Verhalten auslöste, oder in
die Situation, in der der Fehler entstanden ist. Da ist es nun wichtig,
sich diese Situation oder den anderen Menschen in allen Einzelheiten vorzustellen und zu verstehen, warum sie so gewesen sind.
Nehmen wir zum Beispiel ein freches, provozierendes Kind.
Warum war es wohl so frech? Warum hat es provoziert? Warum hat
es vielleicht aggressiv ein anderes Kind geschlagen oder gequält? Ich
muß doch davon ausgehen, daß ein solches Kind sich nicht wohlfühlt. Warum fühlt es sich nicht wohl? Allein diese Frage: Warum
fühlt es sich nicht wohl? kann schon so viel neue Gesichtspunkte,
was mit dem Kind sein könnte oder was man mit ihm tun könnte,
wachrufen, wenn die erste Reaktion: Was bist du unartig oder bös-
artig, daß du schon wieder dieses andere Kind angegriffen hast! verschwunden ist.

Die wichtigsten Schritte wären also: Sich mit der Situation aus
der vollen Ruhe heraus nochmals auseinanderzusetzen, indem man
sie sich genau vorstellt und die dabei wieder aufsteigenden eigenen
Emotionen kontrolliert. Dabei sollte versucht werden, sich in das
Geschehene hineinzuversetzen, daß verständlich wird, wie es überhaupt zustande kommen konnte. Der eigene – berechtigte – ?! –
Ärger sollte dabei möglichst unterdrückt werden. Dann wäre als
letztes die therapeutische Fragestellung gegeben: Wie sähe ein adä-
quates Verhalten in dieser Situation aus, wenn sie ein nächstes Mal
gegeben ist? Wie könnte ich mich hier entscheiden? Wenn ich zum
Beispiel erkenne, daß das aggressive oder provozierende Kind nur
müde war, so werde ich mich bei einer anderen entsprechenden Gelegenheit nicht mehr provozieren lassen, sondern mir sagen: Mein
Kind ist müde, es kann jetzt nicht anders, daran kann ich jetzt nichts

ändern, also tue ich, was möglich ist, daß es bald zu Bett kommt. Oder: Es liegt etwas anderes vor, das zu ändern ist, dann kann es eben so oder so geändert werden. Die therapeutischen Einfälle treten auf, wenn in dieser Weise ehrlich an der Situation gearbeitet wird.

Frage: Ihre Ausführungen zielen immer wieder auf den Punkt hin: Wie stärke ich das Ich oder wie bekomme ich mehr Kontrolle über mein Seelenleben? Wie komme ich da ran?

Antwort: Man kann das Ich stärken durch Arbeit an den Qualitäten, die ich genannt habe: Zum Beispiel Verstärkung der Aufmerksamkeit, Verstärkung des Interesses, Verstärkung der Liebefähigkeit. Die Aufmerksamkeit lernt man verstärken, wenn man beispielsweise durch eine längere Zeit hindurch täglich fünf Minuten lang eine bestimmte Sache betrachtet und immer wieder neue Seiten daran zu entdecken versucht. Das Interesse kann entsprechend verstärkt werden, indem man lernt, Fragen zu stellen. Menschen, die sich für wenig interessieren, haben wenig Fragen. In dem Maß, wie sie fragen lernen, wachsen auch die Interessen. Die Liebefähigkeit verstärkt sich hingegen in erster Linie durch den Willen zum Verstehen. Was ich verstehe, lerne ich auch lieben, das kann ich mit meinem Bewußtsein ganz umfassen. Nun hat das Ich zwei Hauptaktivitätsrichtungen: eine, die sich nach außen wendet, und eine, die sich nach innen wendet. Es gibt Biographien, wie zum Beispiel diejenige einer Hausfrau und Mutter mit mehreren Kindern, bei denen eindeutig zu sehen ist, wie die Hauptaktivität des Ich sich mehr nach innen auf einen kleinen beschränkten, menschlichen sozialen Umkreis wendet. Dann wieder gibt es andere Lebensläufe, bei denen das Häusliche eine ganz untergeordnete Rolle spielt und sich alle Aktivität primär nach außen wendet. Auch ist deutlich, daß Männer im allgemeinen dazu veranlagt sind, durch äußere Veränderungen und äußere Aktivitäten in ihrer Entwicklung fortzuschreiten, wohingegen Frauen mehr anhand seelischer Probleme und Krisen, das heißt durch innere Arbeit die wichtigsten Schritte ihrer Entwicklung durchmachen. Dennoch umfaßt jedes Erdenleben beide Richtungen, und eventuell vorhandene Einseitigkeiten gleichen sich im Laufe der verschiedenen Erdenleben wieder aus, so daß eine allseitige Entwicklung und Stärkung des Ich zustande kommen kann.

Frage: Welche Bedeutung haben Träume für das Seelenleben?

Antwort: Das Gefühlsleben ist erfahrungsgemäß im Traum sehr engagiert. Es können sogar so starke Emotionen auftreten, daß wir in Angstschweiß gebadet oder mit rasendem Herzklopfen aufwachen. Hauptproblem der Traumdeutung ist zu wissen, auf was sich das Traumbild oder das Erlebnis tatsächlich bezieht. Es gibt Träume, die sich auf Reminiszenzen des Tageslebens erstrecken. Andere wiederum spiegeln bestimmte physiologische Prozesse oder auch Krankheitsprozesse des Organismus wider. Zum Beispiel kann jemand, der Fieber bekommt, plötzlich von einem brennenden Haus träumen. Das bedarf im einzelnen einer sehr sorgfältigen Abklärung und würde hier zu weit führen.

Zwischenfragen: Ist es vorstellbar, daß Träume auch über Zukünftiges Auskunft geben?

Antwort: Ja, das kann durchaus sein. Dann beziehen sie sich auf etwas, was im Willensleben schon als Zukünftiges lebt, ohne jedoch jetzt schon bewußt zu sein. Es ist auch so, daß, bevor der Mensch geboren wird, er einen Vorblick auf sein späteres Leben hat und auch darauf, welchen Stellenwert dieses eine Erdenleben in seiner Gesamtentwicklung haben wird. Das prägt sich tief ein und trägt auch viel zu der Grundgestimmtheit der Seele bei. Wenn jedoch Träume im Hinblick auf die Zukunft ausgewertet werden, so ist damit zugleich die Gefahr verbunden, daß der Betreffende dadurch seine Unbefangenheit verliert. Daher würde ich von einer zukunftsorientierten Interpretation der Träume abraten. Selbst wenn ich wüßte, daß mir in soundsoviel Jahren etwas Problematisches beschieden ist, so könnte es sich doch nur dadurch zum Guten ändern, wenn ich mich in dieser Situation besonders sicher und gewappnet zeige. Lebenssicherheit und Ruhe entwickelt man jedoch am ehesten dadurch, daß man sich positiv in die Gegenwart hereinstellt und hier versucht, sein Ich in der Auseinandersetzung mit den tatsächlichen Fragestellungen zu bewähren und zu stärken, anstatt sich mit – noch dazu mehr oder weniger hypothetischen – Gedanken an die Zukunft zu befassen, wodurch eher eine gewisse Verunsicherung entstehen kann.

Frage: Was bedeutet die Liebe für eine Tat?

Antwort: Das ist eine sehr schöne Frage. Man kann sie noch allgemeiner stellen: Was hat die Welt davon, daß der Mensch in ihr tätig ist? Blicken wir auf den Menschen und fragen, was er von der Welt hat, so wird sogleich deutlich, daß die Welt dem Menschen dient. Mineralien, Pflanzen, Tiere, Sonne, Licht, Wärme und Luft und selbstverständlich nicht zuletzt auch das Wasser – sie alle haben Anteil an der Bildung des menschlichen Leibes und seinem Wohlergehen. Mit Hilfe unserer Verdauungswerkzeuge verwandeln wir all dieses, was von der Welt in uns hineinkommt, in körpereigene menschliche Substanz. Wenn nun der Mensch tätig wird, dann kann man auch einmal umgekehrt fragen: Was gibt der Mensch nun eigentlich der Welt wiederum zurück, die sich für ihn gleichsam geopfert hat? Durch seine Handlungen verwandelt er seine Umwelt, durch seinen Blick und durch seine Freude, auch durch sein Erkenntnisinteresse begegnet er in anderer Weise der Welt. Und so, wie ein Mensch es als etwas völlig anderes erlebt, ob ihm jemand etwas zuliebe tut oder ob er es nur aus Pflicht tut, so ist es auch dem Weltzusammenhang nicht gleichgültig, ob ein liebevoller Blick sich zum Himmel oder in eine Landschaft oder auf eine Blume richtet, oder ob dies ein gleichgültiger, belangloser Blick ist. Das eine tut wohl, regt an, baut auf – das andere läßt kalt und unbeteiligt. Es ist eben ein gravierender Irrtum zu meinen, nur äußere Taten hätten eine Wirkung. Vielmehr haben gerade auch unsere Gedanken und Gefühle, mit denen wir unsere Taten begleiten, Auswirkungen, an die normalerweise nicht gedacht wird. Wer erlebt, wie zehrend kritische oder neidische Gedanken und Gefühle wirken können, bemerkt erst richtig den Unterschied zur anderen Möglichkeit, daß jemand einem wohlwollend und verzeihend gegenübertritt. Gedanken und Gefühle wirken jedoch nicht nur auf den Menschen aufbauend oder zehrend, sondern auch auf Pflanzen und Tiere, ja selbst auf unsere gesamte Umgebung. Bei einer Tat ohne Liebe ist die Bilanz von Geben und Nehmen zwischen Mensch und Welt gestört. Denn das, was der Mensch der Welt zurückgeben kann, was er ihr gleichsam schuldet, ist allein die Dankbarkeit, Liebe und Freude, durch die er seinen Umkreis beleben kann.

Wir sehen dies heute äußerlich auch schon daran, daß die Natur an ein Ende gekommen ist, von uns in primär ausbeuterischem Sinne benützt zu werden. Sie braucht jetzt unseren interessevollen Blick für den Lebenszusammenhang der Erde und braucht die Liebe des Menschen, um weiterleben zu können und sich und ihre ökologischen Systeme wieder regenerieren zu können. Das Schwerste, aber auch das Menschlichste, das der Mensch sich erarbeiten kann, ist die Liebefähigkeit im umfassendsten Sinne. Hiermit beschenkt er aber wiederum die Welt in der schönsten Weise. So sollte jede Tat von dem liebevollen Interesse des Menschen begleitet sein. Ist sie es nicht, so stellt sie sich als nicht ganz menschlich in den Wirkzusammenhang der Umgebung hinein.

Frage: Wo ist die Grenze zwischen Bewußtem und Unbewußtem zu sehen?

Antwort: Allgemein gesehen liegt diese Grenze im Gefühlsleben, da es zwischen dem wachen Denken und dem unbewußten Begeh-

ren vermittelt. Unser an die Sinnestätigkeit und das Denken ange-
schlossene Gefühlsleben gibt uns das Erleben, Bewußtsein zu haben. Letztlich wissen wir jedoch von unserem Gefühlsleben nur
dasjenige genau, was wir uns mit Hilfe der Gedanken bewußt machen können. Es gibt drei Bewußtseinszustände: Wachen (Denken), Träumen (Fühlen) und Schlafen (Begehren, Wollen).

Daher ist auch die gesündeste Art, mit seinem Unbewußten umzugehen, das Bemühen, an seinen verborgenen Neigungen, seinen
Gefühlen zu arbeiten und sie sich möglichst deutlich zum Bewußtsein zu bringen, gedanklich zu bearbeiten und zu durchdringen. Es
ist wichtig, sich zu fragen: Was sagt mir diese Sympathie, was lerne
ich an dieser Antipathie, was will ich, wenn ich mir eine Begierde
zum Bewußtsein bringe? Will ich ihr folgen, oder möchte ich darauf
verzichten? Die Bedeutung eines solchen bewußten Umgangs mit
dem, was zuvor unbewußt war, sei an folgendem Beispiel verdeut-
licht:

Stellen wir uns eine feste Partnerschaft oder Ehe vor. Eines Tages
verliebt sich einer der beiden in einen dritten Menschen. Es wird ein
unwiderstehlicher Drang bewußt, mit diesem Dritten in ein enges
Verhältnis zu kommen. Nun ist die Frage: Wie geht man mit diesem
neuen Bewußtseinsinhalt um? Hat er in dem Augenblick, wo das
Bewußtsein hinzutritt, dieselbe unwiderstehliche Anziehungs-
kraft, oder kann sich jetzt etwas ändern? Auf der Grenze zwischen
unbewußtem Begehren und bewußtem Reflektieren steht eben auch
die Frage nach der Freiheit, nach dem, was wir wirklich wollen. Ich
muß meinen Neigungen und Wünschen nicht folgen – es sei denn,
ich *will* es auch aus bestimmten Gründen heraus. Das gibt dann die
Möglichkeit, in einer komplizierten Schicksalssituation, wie der
eben genannten, zu fragen: Was muß geschehen, damit diese neue
Beziehung sozial integriert und dem bisherigen Leben förderlich
eingefügt werden kann? Was muß geschehen, damit der Umgang
mit diesem Neuen nicht zu Zerstörung oder Aushöhlung des Alten
führt, sondern vielmehr zu neuen Entwicklungsmöglichkeiten, an
der alle Beteiligten Anteil nehmen können? Auf diese Weise wird

ein bewußtes Arbeiten auch an den zunächst dem Bewußtsein entzogenen Seelenbezirken möglich, und dadurch kann sich das Leben unter den Menschen immer freier, bewußter und liebevoller gestalten.

Zwischenfrage: Sind in diesem Zusammenhang auch die Süchte zu sehen?

Antwort: In gewisser Weise ja. Nur daß es so ist, daß der Süchtige ja weiß, das heißt sich bereits bewußt gemacht hat, wonach er süchtig ist und trotzdem dieses freie Verhältnis im Umgang damit nicht herstellen kann. Er ist abhängig von seiner Sucht, und er stellt sein Bewußtsein ganz in den Dienst der Drogenbeschaffung. Es sind dies Begierden und körperliche Abhängigkeiten, zu denen das Ich den Zugriff verloren hat. Da sind therapeutisch viele, viele mühsame kleine Schritte nötig, um das Ich wieder so stark zu machen und so zu motivieren, daß es bewußt widerstehen lernt. In der Regel ist das ohne Hilfe von außen nicht möglich. Ist sie aber gegeben und entsteht eine wirkliche Beziehung zum Betroffenen, das heißt zum Süchtigen, so sind Heilungschancen gegeben.

Frage: Wie kann die »Elastizität« des Gefühlslebens erhöht werden?

Antwort: Dieses sogenannte Elastizitätstraining im Gefühlsbereich ist nichts anderes als die Übung, vom Ich aus seine Gefühle zu beherrschen. Jeder, der müde ist oder aus anderen Gründen ein geschwächtes Ich hat, bemerkt dies daran, daß er immer unelastischer wird im Reagieren auf bestimmte Eindrücke oder im Kompensieren von Problemen. Allerdings zeigt sich auch hier im Zustand der Übermüdung, daß die verbleibende Restelastizität um so größer ist, je mehr man im Laufe der Erziehung und Selbsterziehung gelernt hat, mit seinen Gefühlen umzugehen. Quelle für jede Elastizität im Gefühlsbereich ist jedoch die innere Ruhe, an der zu arbeiten wichtigste Übung dieses sogenannten Elastizitätstrainings ist. Durch das Erleben dieser Ruhe findet das Gefühlsleben gleichsam einen festen Bezugspunkt, von dem aus Zufriedenheit, Geduld und liebevolles Interesse ausstrahlen können.

Willensstärkung für Kinder und Erwachsene

Der Mensch kann was er soll und kann er nicht,
so will er nicht.

J. G. Fichte

Willenserziehung – eine spezifisch menschliche Angelegenheit

Wer den Menschen mit den Tieren vergleicht, entdeckt sehr auffällige Unterschiede im Willensverhalten. Tiere sind bei allem, was sie tun, instinkt- und triebgebunden. Daher ist ihr Verhalten auch so vollkommen. Ein Vogel, der gesund entwickelt ist, kann einfach alles, was man von einem richtigen Vogel erwartet; bei den anderen Tieren ist es ebenso. Auch ist der Wille des Tieres angepaßt an die Verhältnisse seiner Umgebung, ja es gibt Tiere, die schon bei geringen Veränderungen im ökologischen System sterben, da ihre Lebensweise einer ganz bestimmten ökologischen Situation angepaßt ist und keine Möglichkeit besteht, sich auf veränderte Umgebungsbedingungen einzustellen.

Demgegenüber sieht es beim Menschen ganz anders aus. Es ist ihm gegeben, sich an die verschiedensten Umweltbedingungen anzupassen und überall auf der Erde zu leben. Seine Instinkthandlungen wie Essen und Fortpflanzung können vom Bewußtsein her deutlich verändert bzw. weitgehend kontrolliert und beherrscht werden und laufen nicht zwanghaft bzw. naturgegeben einfach ab. Bei den übrigen Handlungen unterscheiden wir gekonnte und fehlerhafte oder irrtümliche. Hier kommt es auch vor, daß wir etwas erwarten, was der Betreffende vielleicht noch nicht kann. Auch wir selbst sind geneigt, von uns mehr zu erwarten und zu fordern, als wir in Wirklichkeit leisten können. Daher sind wir auch ständig ein wenig unzufrieden mit uns. Auf der anderen Seite ist es möglich, daß wir von uns und anderen zu wenig fordern, was dann ebenfalls Unstimmigkeiten mit der Umgebung nach sich zieht. Dieses Stehen zwischen Überforderung und Unterforderung ist ein typisches Kennzeichen menschlichen Verhaltens in bezug auf den Willen. Daher stellt sich die Frage: Wie veranlagen wir eine möglichst gesunde Willensfähigkeit beim Kind? Und wie kann man als Erwachsener an seiner eigenen Willensentwicklung arbeiten? Hängt doch das Lebensglück eines Menschen davon ab, wie er mit seinem Willen zurechtkommt. Wer mit sich und den anderen annähernd zufrieden sein kann, lebt bedeutend glücklicher als ein ständig unzufriedener Mensch. Gerade, wenn wir nach dem Willen und seiner Erziehung fragen, können wir entdecken, daß Glück und Zufriedenheit Qualitäten sind, die wir uns selbst bescheren müssen; Quelle der Unzufriedenheit und des Unglücklichseins ist in erster Linie unser eigenes Versagen im Umgang mit uns selbst und den äußeren Verhältnissen. Es gibt Menschen, die leben unter den schwierigsten äußeren Bedingungen und sind dennoch glücklich, und andere leben in glanzvollsten äußeren Verhältnissen und sind todunglücklich. Wenn man die einen fragen würde: Warum bist du glücklich?, und die anderen: Warum bist du unglücklich?, so würde bei den einen die Antwort kommen: »weil ich mit meinem Leben zurechtkomme« und bei den anderen: »weil ich mit meinem Leben nicht zurechtkomme«. Dieses Zurechtkommen mit sich und seiner Lebenssituation ist in erster Linie eine Willensfrage. Denn es gibt keine noch so problematische Situation oder noch so schwere Krankheit, der man nicht, wenn man will, etwas Positives abringen kann. Auch kann das Ziel und das Wissen, warum man etwas tut oder leidet, soviel innere Befriedigung geben, daß man es aushalten kann. So gesehen ist die Frage nach der Willenserziehung eine der aktuellsten in unserer Gegenwart. Denn es ist zugleich die Frage nach der Lebensbewältigung und dem inneren Frieden. Nur der Wille ist es, der Situationen, mit denen wir nicht zurechtkommen, verändern kann. Wir können lange denken, ohne daß irgend etwas geschieht; wir können manches fühlen, und da ist immer noch nichts geschehen – erst wenn wir die Konsequenzen ziehen und etwas tun, ändert sich die Lage.

Der Mensch ist ein konstitutionell unfertiges, nicht vorbestimmtes Wesen. In keiner menschlichen Wiege liegt der Fahrplan für das Leben. Die Organe des Willens, unsere Gliedmaßen, tragen kein vorbestimmtes Verhaltensmuster an sich. Sie bedürfen der Bestimmung durch das bewußte Denken und Fühlen des Menschen. Da der Mensch zur Freiheit berufen ist, kann es bei ihm vorkommen, daß er zwar einen wohlausgebildeten Willen hat, jedoch gefühlsmäßig nicht motiviert ist, etwas zu tun, oder aber kein Ziel hat und daher im Sessel sitzt und nicht tätig wird. Auf der anderen Seite kann der Mensch ein gut ausgebildetes Denken und Gefühlsvermögen haben, aber es geschieht nichts, da er aus irgendwelchen Gründen handlungsunfähig ist. Die Frage ist: Kann der Mensch von dem Gebrauch machen, was er hat? Benützt er dasjenige, was er durch die Erziehung gelernt hat, für etwas Sinnvolles, oder läßt er seine Möglichkeiten brachliegen? Wir bemerken, daß hinter der gewöhnlichen Willensfrage noch eine zweite Willensproblematik steckt: Will ich denn überhaupt mit meinem Leben etwas tun? Daher haben wir es bei unserem Thema eigentlich mit zwei Willensfragen zu tun. Einmal: Was können wir durch Erziehung erreichen, damit der Körper ein gutes Instrument für die Willensentfaltung wird, daß die Geschicklichkeit, das Arbeitsvermögen unterstützt und ausgebildet werden? Die andere Frage aber wäre: Wie erreiche ich das Wesen, das diese Willensfähigkeit gebraucht? Denn es gibt durchaus auch Menschen, die körperlich gar keine besonders guten Möglichkeiten haben, aber ihr Wesen ist so motivierbar, daß sie aus einer relativ geringen Begabung viel machen können und unablässig tätig sind. Auf der anderen Seite gibt es Menschen, die eigentlich sehr vieles könnten, aber nur schwer zu motivieren sind. Sie verschließen sich in ihrem Wesen und sind nicht wirklich ansprechbar.

Für die Erziehung des Kindes ist es entscheidend, daß diese beiden Willenserziehungen immer Hand in Hand gehen. Das Kind sollte daher keinen Tätigkeiten ausgesetzt werden, bei denen es nicht auch innerlich ganz dabei ist und sich in seinem Wesen angesprochen und angespornt fühlt.

Willenserziehung beim Kind

1.–9. Lebensjahr: Prägephase des Willens

Betrachten wir die Kinder: Je kleiner sie sind, um so stärker steht die Entwicklung des Willensvermögens ganz im Vordergrund. Denken und Fühlen sind noch wenig ausgebildet. Die Bewegungsentwicklung geht der Gefühls- und Denkentwicklung voraus. Bereits der strampelnde Säugling zeigt durch sein Verhalten, daß er vieles will, auch wenn die Bewegungen noch nicht ziel- und zweckgerichtet sind. Schon mit drei Monaten beginnt jedoch das Fingerspiel, das gezielte Greifen, und man sieht, wie der Wille des Kindes die Anregung zu seiner Betätigung durch die Sinneswahrnehmung bekommt, das heißt durch das Vorbild. Wir sind gewöhnt, diese Phase der Entwicklung die sensomotorische zu nennen, da die Motorik der Stimulation durch die Aktivität der Sinnesorgane bedarf. Die Hospitalismusstudien zeigen jedoch, daß die Sinneswahrnehmung allein nicht genügt, um dem Säugling und Kleinkind dauerhafte Anregung für seine Willensentfaltung zu geben. Es genügt nicht, daß eine kleine Klapper oder ein anderes Spielzeug da ist. Es muß auch der Mensch da sein, der am kindlichen Spiel Interesse hat und sich für die Aktivitäten des Kindes erwärmt. Ist diese Wesensansprache, diese Freude am Reagieren des Kindes nicht da, so zieht sich das kindliche Wesen zurück, und es treten die Symptome auf, die wir eben als klassische Hospitalismussymptome kennen: Infektanfälligkeit, Appetitlosigkeit, Übellaunigkeit, Schlafstörungen und anderes. Bereits im Säuglingsalter müssen diese beiden oben genannten Aspekte der Willenserziehung verbunden werden: die Motivierung des Kindes dadurch, daß es beim Namen gerufen und als Persönlichkeit ernst genommen wird, und die Anregung des Kindes durch das Vorbild zur eigenen Betätigung. Wie notwendig diese beiden Faktoren immer zusammenwirken müssen, sieht man in den ersten Jahren der Entwicklung sehr deutlich. Bei älteren Kindern und bei Erwachsenen ist es weniger offensichtlich, obwohl auch hier Schäden auftreten, wenn das eine ohne das andere geübt wird. Zum Beispiel kennen wir das Phänomen des inneren Aussteigens, wenn ein Erwachsener äußerlich unauffällig in der Tagesroutine darin steht, aber hinter dieser Fassade bereits der innere Rückzug im Gange ist und er sich in Wirklichkeit nicht mehr für das interessiert, was er tut. Kinder sind zu einem solchen Versteckspiel noch nicht in der Lage. Ihnen merkt man es an, wenn sie nicht mehr motiviert sind, je kleiner sie sind, um so mehr. Wenn jedoch später Belohnung oder Strafe als motivierendes Mittel hinzutreten und die innere Motivation ersetzen, so kann auch bei Kindern schon diese Spaltung eintreten, daß etwas getan wird, an dem man nicht wirklich innerlich mit dem Herzen beteiligt ist.

Wir haben diesen Abschnitt vom ersten bis neunten Lebensjahr Prägephase des Willens genannt. Dieser Ausdruck ist berechtigt, da in diesem Alter die Grundreifung des Nervensystems und der Sinnesorgane stattfindet. Und wenn wir fragen, welche stimulierenden Reize regen Bildung und Aufbau des Nervensystems und der Sinnesorgane an, so ist es eben nichts anderes als die sensomotorische Aktivität des Kindes. Wenn Kinder lernen, sich durch vielfältige Anregungen und Tätigkeiten geschickt und koordiniert zu bewegen, so ist dies zugleich die beste Unterstützung für die Anregung des Nervensystems. Damit ist aber auch zugleich der Grund gelegt für die Entwicklung der geistigen Leistungsfähigkeit im späteren Leben.

Wer diesen Zusammenhang versteht, der hat bereits hier große Probleme, wenn er auf die Art und Weise hinblickt, wie heute kleine Kinder aufwachsen. Vielfach beobachten wir heute geradezu eine, zwar sicher nicht bewußt gewollte, aber doch systematisch betriebene Schwächung des Willensvermögens. Wo wird den Kindern noch die Möglichkeit gegeben, sich ungehindert von morgens bis abends zu betätigen? Zu langen Autofahrten verurteilt, stundenlangem Sitzen vor dem Fernsehapparat, sich aufhalten in kleinen Wohnungen, wo ihnen vieles verboten ist, anzufassen, keine Möglichkeit besteht, sich auszutoben, zu rennen, mit anderen Kindern wirklich zu spielen – so leben sie. Wo sieht man heute noch in unseren unwirtlichen Städten die Kinder Ball spielen oder sonstige Sing-Reigen oder Geländespiele machen? In meiner Kindheit konnten die Kinder auf der Straße noch das sogenannte »Zehnerle« spielen. Stundenlang haben wir dieses komplizierte und abwechslungsreiche Ballspiel geübt, welches vom Gesichtspunkt der motorischen Entwicklung ein ausgezeichnetes Geschicklichkeitstraining ist. Diese Spiele werden heute oft nur noch in der Spieltherapie angeboten. Es wird das als Therapie entdeckt, was früher viele Kinder von selbst zu Hause oder auf der Straße lernten und taten. Auf den Spielplätzen, wo die Kinder mit dem Auto hingefahren werden, fehlen die Wände, an denen solche Ballspiele gemacht werden könnten. Auch sind oft nicht genügend ältere Kinder da, es sei denn, man kennt sich und fährt gemeinsam hin. Meist gibt es doch nur den Sandkasten und ein paar Böcke und Kletterstangen. Wir leben heute in einer Zivilisation, in der für die Hauptprägephase des Willens, in der die Kinder noch unmittelbar durch die Sinnesanschauung zur Tätigkeit angeregt werden, viel zu wenig angeboten wird. So braucht es uns auch nicht zu wundern, daß eine Jugend heranwächst, die ihren Willen nicht recht benützen kann. Er wurde nicht erzogen! Statt dessen lernen die Kinder von klein auf das Argumentieren und erleben, daß das Sprechen wichtiger ist als das Handeln. So wird dann auch in der Schule viel argumentiert und geredet, und der Lehrer hat Mühe, die Kinder zu geordneter Tätigkeit aufzurufen. Andererseits sind die Kinder motorisch unruhig, weil sie bewegungsmäßig viel zu wenig in Anspruch genommen sind. Gerade Jungen brauchen noch mehr Bewegung als die Mädchen, weil sie eine kräftigere Skelett- und Muskelanlage haben, die entsprechend geübt werden muß. Sie werden mit dem Auto in die Schule gefahren, haben sich am Nachmittag und Abend wenig bewegt und unter Umständen an Hausaufgaben und vor dem Fernsehapparat und in Zeitschriften blätternd dagesessen, und jetzt wollen sie selbstverständlich, bevor sie wieder stillsitzen sollen, erst einmal kräftig herumtoben. Hilfreich ist es, wenn die Eltern hier einsichtig werden und die Kinder morgens (nach einem guten Frühstück! Manche Kinder kommen ohne Frühstück in die Schule ...) auf den Weg zur Schule bringen, aber sie so rechtzeitig absetzen, daß mindestens noch 10 bis 15 Minuten Schulweg übrigbleiben. Nach einem solchen Weg kommen die Kinder schon etwas beruhigter ins Klassenzimmer und genießen es eher, sich hinzusetzen.

Die erste wichtigste Regel für die Willenserziehung ist also: Anregung zu eigener Aktivität!

Eine zweite Regel ist: Stärkung des Willens durch Wiederholung und regelmäßige Ausübung von Tätigkeiten.

Es hat wohl noch kaum eine Zeit gegeben, in der man so wenig Sinn für Wiederholung und Regelmäßigkeit hatte wie heute. Wir finden es eher lästig, jedes Wochenende dasselbe zu machen oder aber regelmäßig schwimmen zu gehen, zu spazieren oder zu essen. Das sind jedoch wichtige Momente für die Willenserziehung in der Kindheit. Auch der Stoffwechsel braucht den Rhythmus von Arbeit und Ruhe, wie er durch regelmäßige Mahlzeiten gegeben ist. Sportler wissen ganz genau, daß sie sehr dosiert und regelmäßig essen müssen, wenn sie körperlich viel leisten wollen. Hinzu kommt, daß gerade in der Aufbauphase des Körpers auch die Stoffwechselorgane ihre Tätigkeit und Funktion erst noch lernen müssen und durch unregelmäßiges und einseitiges Nahrungsangebot hier eine Art Fehlstimulation für die eigene Entwicklung erfahren. Im späteren Leben hat dies dann oft die Konsequenz von Verdauungsunregelmäßigkeiten oder aber der Veranlagung zu vegetativer Dystonie mit unterschiedlichen Beschwerdebildern. Wie viele Kinder essen heute, wenn sie Hunger haben, unabhängig von geregelten Mahlzeiten? Sie machen den Kühlschrank auf und nehmen sich irgend etwas. Wenn es dann Essen gibt, haben sie keinen rechten Appetit mehr. Das aber macht auch nicht viel aus, da sie sich ja später wieder etwas nehmen können.

Ein weiteres Charakteristikum für ein starkes Willensvermögen ist die Durchhaltefähigkeit. Etwas Aushalten lernen wir auch nur durch wiederholtes Tun – eben durch das Durchhalten. Wer später im Leben ein gutes Durchhaltevermögen haben möchte, kann sich diese Eigenschaft nur dadurch erwerben, daß er in der Kindheit zu anhaltendem, regelmäßigen Tun motiviert worden ist. Rudolf Steiner hat im späteren Leben bekannt, daß er die Fähigkeit, komplizierteste Dinge durchzudenken und dabei bleiben zu können, der Tatsache verdankt, daß er als Kind häufig hat Holz hacken müssen. Erst später wurde er darauf aufmerksam, wie diese regelmäßige strapazierende Willensanspannung ihm für sein geistiges Durchhaltevermögen und Arbeitsvermögen die Grundlage gegeben hat.

Hinzu kommt die Fähigkeit, sich auf das Wesentliche konzentrieren zu können; auch dies ist eine Eigenschaft des Willens. Auch sie wird im Kindesalter veranlagt und geprägt. Und auch da haben wir durch die heutigen Verhältnisse eher eine Anleitung zur Oberflächlichkeit und zur Konzentrationsschwäche gegeben. Als erstes konzentrationszerstörendes Element ist leider wieder das Fernsehen zu nennen. Hier sehen die Kinder weit mehr Bilder, als sie verarbeiten können. Nichts kann festgehalten werden, um es so lange zu betrachten, bis man es wirklich angenommen hat. Auch beim Autofahren fliegen die Bilder an den Fensterscheiben vorbei, nirgendwo kann der Blick verweilen und sich konzentrieren. Selbst das Gehen durch die Straßen, das Einkaufen – überall überfluten Eindrücke über Eindrücke die Sinne der Kinder. In früheren Zeiten war da eben nur die Wohnung, das Gärtchen, die Straße, der Laden, der Weg des Vaters zur Arbeit. Es waren ganz andere Verhältnisse. Heute haben wir die Aufgabe, für das Kind die Umgebungsverhältnisse bewußt so einzurichten, daß ein Mindestmaß an Konzentration und Regelmäßigkeit für die Betätigung der Sinne und die Willenserziehung möglich werden. Und dazu gehört eben auch, statt zwanzig Puppen nur zwei oder drei zu haben, an die man sich gewöhnt, mit denen man lange umgeht, auf die man sich konzentriert. Die Fülle der Spielsachen ist es nicht, die die Kinder zur sinnvollen Tätigkeit anregt, sondern die wenigen geliebten Spielsachen, mit denen sie unentwegt zugange sind. Abwechslung und Fülle der Eindrücke fördert zwar das Aufmerken und Hinschauen, nicht jedoch das wirkliche Betrachten und sich auf eine Sache Konzentrieren. Letzteres wird dann in der Schule erwartet.

Als letztes Merkmal einer gelungenen Willenserziehung sei noch die Möglichkeit zu einem guten Gedächtnis genannt. Auch das ist eine Willenseigenschaft, die weitgehend in der Vorschulzeit und in den ersten Schuljahren veranlagt wird. Es gehört Anstrengung dazu, sich an etwas zu erinnern, sich etwas zu merken. Die Anlage zum Gedächtnis wird bereits im Kleinkindalter dadurch gelegt, daß die Kinder das Wiedersehen, das Wiedertun, das Wiedererkennen von Dingen und Menschen erleben. Wie sehr haben sie daran Freude, je kleiner sie sind, um so mehr. Wie freuen sie sich immer wieder über das Spiel, wenn etwas versteckt wird, das dann wieder erscheint. Auch hier gilt, daß zunächst getan und erlebt werden muß, was später als abstrakte Gedankenleistung erscheinen soll. In den Waldorfkindergärten wird daher großer Wert auf die Pflege des Wochenrhythmus, des Monatsrhythmus und des Jahresrhythmus gelegt. Aber auch im Tagesrhythmus wiederholen sich immer wieder bestimmte Abläufe, so daß die Kinder tätig erleben, was später zum Kurz- und Langzeitgedächtnis als einer reinen Gedankenleistung wird. Im Kindergarten und zu Hause kann man in vorgegebenen Rhythmen die Jahresfeste und damit die Qualität der jeweiligen Jahreszeit feiern. Kommt dann noch hinzu, daß jedem Monat sein Bild, sein Lied und seine besonderen Tätigkeiten zugeordnet werden, die jährlich wiederkehren, so ist das eine gute Erziehung für die Gedächtnisfähigkeit, die ja beides braucht: das Vergessen-Können und das Wieder-erinnern-Können.

Der Wille braucht für seine Entwicklung Übung, Wiederholung, Geschicklichkeit und Freude am Tun. Die wichtigsten Eigenschaften, um die es dabei geht, sind Kraftentfaltung, Ausdauer, Konzentrationsfähigkeit und Gedächtnisfunktion.

10.–15. Lebensjahr: Befestigung des Willens im Gefühlsleben

Beim älteren Kind, vom 9./10. Lebensjahr an, genügt das Vorbild nicht mehr. Auch Ermahnungen wie:»Wiederhole dies oder jenes, damit du es dir merkst«, würden nicht viel nützen. Der Wille des Kindes ist in diesem Lebensalter nur dadurch motivierbar, daß die Kinder gefühlsmäßig angesprochen werden. Am liebsten werden sie tätig, wenn sie es »jemand zuliebe« tun können. Sie lernen ja auch bei dem Lehrer am besten, den sie am meisten mögen. Das heißt, die Liebe zu den Eltern und den Erziehern ist in diesem Alter *das* den Willen motivierende und belebende Prinzip. Nur so kann gelernt werden, auch Unangenehmes zu tun und Antipathien zu überwinden. Wie oft kommen die Kinder aus der Schule und *müssen* dieses oder jenes machen! Anstelle der Motivation durch Liebe tritt die Motivation durch Angst oder Zwang. Natürlich wird der Wille anders erzogen, wenn Gefühle der Antipathie bzw. Druck und Zwang im Hintergrund stehen. Nur wo etwas gern getan wird, hat es auch für das spätere Leben wirklich die stärkende Auswirkung auf den Willen. Wer unter Druck gelernt hat, wird bald nachlassen, wenn der Zwang nicht mehr besteht. Auch wird er nicht gelernt haben, mit seinen Gefühlen umzugehen. Wie lernt ein Kind, negative Gefühle oder eine Null-Bock-Mentalität zu überwinden? Nur dadurch, daß ein stärkeres Gefühl in ihm angesprochen wird – eben das der Liebe zu einem anderen Menschen oder zu einer Sache, um die es sich lohnt. In dem genannten Lebensalter sind die Kinder geradezu begabt, diese Liebefähigkeit zu entwickeln, wenn sich die Erwachsenen entsprechend verhalten. So wie man in den ersten Lebensjahren von einer primären Willensbegabung sprechen kann, so in der Schulzeit vor der Pubertät von einer primären Gefühlsbegabung. Hört man Kinder in diesem Alter miteinander sprechen, so kreisen ihre Unterhaltungen stets um Dinge, die ihnen gefallen oder nicht gefallen, was schön war, was blöd war usw. Alles wird ästhetisch, das heißt gefühlsmäßig beurteilt. Und es gibt große Dramen bis zur Selbstauflösung, wenn ein bestimmter Pullover, über den einmal gehänselt wurde, am nächsten Tag noch getragen werden soll. Das findet man so schrecklich, daß man lieber sterben würde, als sich noch einmal so verspotten zu lassen. Rational kann ein solches Verhalten nicht verstanden werden, aber emotional sehr wohl. Das Problem mit dem Pullover ist ein Gefühlsproblem, kein Intelligenz- und kein Willensproblem. Die Frage ist nur, wie man mit einem solchen Gefühlsproblem in rechter Weise umgeht. Denn der Pullover, noch dazu wenn er neu war, sollte ja doch weiter getragen werden. Wie kann man nun dem Kind helfen, mit seinen Frustrationen umgehen zu lernen? Sicher nicht dadurch, daß jede Laune und jedes Gehänsel in der Schule zur Richtschnur für das Handeln gemacht werden. Wenn hier die Willenserziehung Berücksichtigung finden und nicht nur den Gefühlen freier Lauf gelassen werden soll, so ist es nötig, wenigstens den Kompromiß zu finden, daß dieser Pullover zu Hause getragen wird und vielleicht einige Zeit später bei einem Besuch, und daß man das Kind für seine Selbstüberwindung lobt und ihm sagt, daß man versteht, daß es ihn zumindest vorerst in der Schule nicht mehr tragen will. Kindlichen Wünschen entgegenkommen und doch vernünftige Grenzen zu setzen, ist eine gute Faustregel bezüglich der Willenserziehung in der gefühlsbetonten Lebenszeit. Hilfreich sind auch Geschichten oder historische Beispiele, die von Menschen berichten, die bestimmte Taten im späteren Leben, für die sie berühmt geworden sind, nur deshalb tun konnten, weil sie in Kindheit und Jugend Entbehrungen ausgesetzt waren, gegen vieles in der Welt ankämpfen mußten, nicht wohlgelitten waren.

16.–21. Lebensjahr: Befestigung des Willens im Gedankenleben

Nach der Pubertät sieht es wieder anders aus. Jetzt ist der Wille nicht mehr in so starkem Maß von dem Gefühl bestimmt, sondern mehr und mehr durch die Einsicht. Es beginnt die Prägephase des Denkens, und damit wird auch die Motivierbarkeit des Willens vom Denken abhängig. Da das Denken eine dialektische Struktur hat und in These und Antithese verläuft, beginnt ein früh intellektualisiertes Kind bereits bald, gerne das Gegenteil von dem zu sagen oder zu tun, was die Erwachsenen sagen. Normalerweise tritt dieses Verhalten jedoch erst in der Pubertät als ein typisches auf. Das Denken betätigt sich dialektisch zwischen Ja und Nein, zwischen Sein und Nichts. Es gibt keinen Gedanken, zu dem man nicht das Gegenteil formulieren könnte. Dieser dialektischen Struktur unseres Denkens verdanken wir auch das Freiheitserlebnis, die Möglichkeit zu wählen. Entscheidend ist nun, daß zwischen diesen beiden Möglichkeiten ein Drittes immer mehr erlebbar wird: der Kompromiß, der Bezug zum Leben. Zwischen Sein und Nichts gibt es eben in Wirklichkeit das Werden und das Vergehen. In jedem Ja steckt auch immer eine Begrenzung, ein leises Nein und in jedem Nein ebenfalls eine Begrenzung, ein leises Ja. Der Pubertierende, der sein Denken entdeckt und übt, verehrt die Erwachsenen, die in der genannten Weise in der Lebenswirklichkeit darinnen stehen und deswegen sowohl dem Ja als auch dem Nein Verständnis entgegenbringen können und die Gesichtspunkte nennen können, die sowohl für als auch gegen das eine oder das andere sprechen. Letztlich kommt es ja immer auf den Gesichtspunkt an, auf den persönlichen Bezug, dem man jetzt die Priorität in einer bestimmten Angelegenheit geben will. Hier selbständig zu werden im Durchdenken verschiedener Möglichkeiten und dann aus Einsicht in einen bestimmten Zusammenhang zu handeln, ist Aufgabe des Jugendalters. Der Jugendliche lernt auch, auf etwas zu verzichten, wenn er es einsieht, und ist auch stolz darauf, wenn er etwas tut, obwohl er keine Lust dazu hatte. Hier rückt die Willenserziehung bereits in einen Bereich, mit dem es der Erwachsene auch zu tun hat: Jetzt braucht der Wille übergeordnete, gedanklich faßbare Ziele, um sich zu betätigen. Wenn ich eine bestimmte Ausbildung machen will, so muß ich auch bereit sein, mich an bestimmte Regeln zu halten und muß sie mir klar machen. Erst dann kann ich ein pünktlicher, verläßlicher, erfolgreicher Student oder Arbeitskollege sein. Wenn ich mir jedoch diese Regeln nicht geben kann, weil ich sie nicht wirklich einsehe und ernst nehme, so bin ich eben jemand, über den immer wieder geschimpft wird, weil er unzuverlässig und unpünktlich ist und im Arbeitszusammenhang als unzureichend empfunden wird.

Willenserziehung beim Erwachsenen

Der Wille des Menschen erfährt durch Übung und Wiederholung seine Grundprägung, an die sich dann die Motivation durch positive Gefühle sowie die stimulierende Wirkung der Einsicht anschließen. Alles zusammen macht dann die Willensgrundlage aus, die wir aus der Erziehungszeit für das Leben mitbekommen.

Wer motiviert den Erwachsenen? Auch hier geschieht noch erstaunlich vieles durch das Vorbild oder dadurch, daß man jemand gerne einen Gefallen tun möchte. Die Einsicht in den Sinn einer Handlung ist jedoch für den Erwachsenen die befriedigendste Motivation für eine Tat. Wo geschieht aber die Schulung für den Willen? Sie geschieht beim Erwachsenen im Erleben des Schicksals mit seinen täglichen Anforderungen. Ein Mensch, der seine Lebenssituation und sein Schicksal nicht als zu sich gehörig empfinden kann und als seinen eigenen persönlichen Erzieher entdeckt, der wird früher oder später innerlich aussteigen und an einer zunehmenden

Willensschwäche leiden. Viele sogenannten Lebenskrisen sind Ausdruck dafür, auch manche körperliche Krankheit, hinter der sich wirklich eine Depression verbirgt. Wer sich nicht wirklich identifizieren kann mit seiner Lebenslage, dem fehlt die wichtigste Kraftquelle im Erwachsenenalter für die Willensentfaltung. Denn das, was uns letztlich körperlich, seelisch und geistig gesund erhält, ist die Bejahung unseres eigenen Wesens und seiner Aufgabe in der Welt.

Wer als Erwachsener bemerkt, daß seine Willenserziehung zu wünschen übrig läßt und er etwas zur Verbesserung seines Willensvermögens tun möchte, der kann Bilanz ziehen und sich nüchtern fragen: Was kann ich, und was kann ich nicht? Wer sich zunächst vor Augen geführt hat, was er alles kann und wo keine Schwierigkeiten bestehen, der hat sich soweit gestärkt, jetzt auch die Dinge anzuschauen und auszuhalten, zu denen er sich unfähig fühlt. Von diesen kann er sich nun etwas vornehmen, was er sich Schritt für Schritt erarbeiten möchte. Und da gilt die Regel, daß die Schritte zum Erfolg klein genug sein müssen. Denn die Kluft zwischen Ideal und Wirklichkeit ist groß, und wer sich zuviel vornimmt, wird schnell wieder aufgeben, weil er sich bald die Fähigkeit abspricht, dies zu lernen. Wenn eine Frau sich beispielsweise vornimmt, die liebevolle, offene, verantwortungsbewußte, pünktliche, verschwiegene, treue und gute Ehefrau zu sein, kann sie durch solch ein Ideal angesichts der Lebenswirklichkeit derartig gelähmt werden, daß sie bald an ihren Fähigkeiten zu zweifeln beginnt, wenn sie diesem Selbstwertentwurf nicht dauerhaft entspricht. Daher ist das wichtigste Kriterium für eine erfolgreiche Willenserziehung im Erwachsenenalter die Fähigkeit, mit dem Ideal der eigenen Entwicklung menschlich umzugehen, indem man den Weg dorthin in gangbare, mögliche kleine Schritte und Stufen einteilt. Um dieser Schule des Lebens besser gewachsen zu sein, ist es hilfreich, die von Rudolf Steiner empfohlenen sogenannten Nebenübungen zu machen. Diese Nebenübungen erstrecken sich auf die Beherrschung des Denkens, Fühlens und Wollens und der Verknüpfung zwischen diesen Seelenfähigkeiten. Da diese Übungen so zentral und hilfreich sind, möchte ich sie hier charakterisieren.*

1. Willenserziehung im Bereich des Denkens

Wie lerne ich selbständig zu denken, mich nicht lenken zu lassen und Meinungen einfach von Autoritäten zu übernehmen? Ich muß fragen lernen und mit dem Denken selber umgehen lernen. Wer so beginnt, sich mit seinem Denken zu beschäftigen, macht die Erfahrung, wie beweglich dieses Denken ist. Was man da mit einem Mal an Assoziationen feststellt, was für interessante Einfälle sich einstellen können. Besonders, wenn man beginnt, eine Konzentrationsübung zu machen, und einen Gedanken in den Mittelpunkt des Bewußtseins rückt, entdeckt man plötzlich, was sich da alles einstellt und wie schwer es ist, sich wirklich auf das zu konzentrieren, was man sich vorgenommen hat, zu denken. Es ist wichtig, die Zeit solcher Konzentrationsübungen zu beschränken, beispielsweise auf fünf Minuten, und diese Übung möglichst täglich über einen längeren Zeitraum hindurch zu machen. Es empfiehlt sich, eine solche Übung über vier Wochen kontinuierlich durchzuführen und dann auf eine andere überzugehen, damit sich keine Einseitigkeiten einstellen.

2. Willensübung im Bereich des Fühlens

Welche Wohltat ist es, nach einer solchen Zeit gedanklicher Anstrengung nun seine Aufmerksamkeit dem Gefühlsleben zuzuwenden. Woher wird das Gefühlsleben bestimmt? Wodurch lasse ich mich aufregen oder beruhigen? Welche Eindrücke sind mir am liebsten? Wie viele Stunden muß ich schlafen, damit ich ausgewogen reagiere, und wann werde ich reizbar? Hier findet man Erklärungen

---

* Vgl. Rudolf Steiner, »Die Geheimwissenschaft im Umriß«, Kapitel »Pfad der Erkenntnis«.

für so manche bis dahin unerklärliche Lebensstimmung: Man entdeckt, wie einen bestimmte Informationen aus der Tagespresse so stark mitnehmen, daß man anderen Ereignissen gar nicht mehr unbefangen gegenübertreten kann. Man lernt plötzlich, wie erstaunlich fremdbestimmt doch das eigene Gefühlsleben ist und wo Abhängigkeiten sind, die man nicht für möglich gehalten hätte. Wenn man nun anfängt, auf diesem Felde zu üben, so ist es sinnvoll, zunächst einmal selbst zu bestimmen, was man einige Minuten lang fühlen möchte. Beispielsweise kann man sich vornehmen, die Empfindung der Heiterkeit oder Leichtigkeit zu fühlen oder aber die Qualität des Lichtes, der Helligkeit. Man kann sich auch einer Farbe zuwenden und danach trachten, sie so lange innerlich auf sich wirken zu lassen, bis die ganze Seele davon erfüllt ist und beispielsweise die Qualität Rot oder Blau fühlbar wird. Man kann auch eine Kinderharfe zur Hand nehmen, und einige Minuten lang einen einzigen Ton spielen und versuchen, dessen Eigenqualität zu empfinden.

Es gibt zwei Möglichkeiten, starke Gefühle in sich aufzurufen und zu üben: einmal über die Sinneswahrnehmung und das andere Mal über das Denken. Wir können Lichterscheinungen anschauen, dann die Augen schließen und die Empfindungen erleben und im Gefühl festhalten, die im Nachklang dieses Sinneseindrucks in uns entstehen. Auch ist es möglich, sich bestimmte Erinnerungen in die Seele zu rufen und sie solange in sich aufleben zu lassen, bis auch Gefühle daran wieder erwachen, die ähnlich sind, die man damals hatte. Kann man die Qualität noch empfinden, die in der Seele lebte, als die Tür zum Weihnachtszimmer das erste Mal aufging? Oder stehe ich heute gefühllos diesen Erinnerungen gegenüber? Übungen dieser Art helfen dem Menschen, zu seinem Gefühlsleben in eine aktivere Beziehung zu kommen, aus eigenem Entschluß heraus bestimmte Gefühle wachzurufen und dadurch frei zu werden vom ständigen Reagieren auf die Umgebungsverhältnisse. Auf diesem Wege kommt man auch dahin, in schwierigen Situationen Ruhe bewahren zu können oder ein gewisses Gleichmaß der Seele zu erreichen, das auch bei einseitiger Anspannung nicht ganz verloren geht.

3. Willensübung auf der Handlungsebene

Wer sich etwa einen Monat lang mit dem Gefühlsleben beschäftigt hat, erlebt es wiederum als wohltuende Abwechslung, dieses Gebiet nun zu verlassen und sich dem Willen selbst, das heißt dem Handlungsleben zuzuwenden. Bei der Rückschau am Abend wird er oft feststellen, wie vieles von dem, was er tagsüber getan hat, nicht auf eigenen Entscheidungen beruhte, sondern von außen bestimmt war. Hier nun sich Klarheit zu verschaffen, wer das eigene Handeln bestimmt, ist Voraussetzung für die Willenserziehung auf der Handlungsebene. Welche Handlungen werden durch die Bedürfnisse des Körpers bestimmt, welche durch bestimmte Gefühle und welche durch Aufforderung von außen? Natürlich läßt sich zunächst gar nichts daran ändern, daß man so handelt, wie man handelt. Es ist aber schon ein wichtiger Schritt, dieses zu erkennen. Was kann nun positiv geschehen? Man kann üben, all die Dinge, die man aufgrund äußerer oder körperlicher Veranlassung tut, bewußter auszuführen, als dies vorher geschehen ist. Man kann sich bemühen, auch noch einmal aus eigener Einsicht einen Sinn in diesen Handlungen zu sehen. Dabei wird man bemerken, wie ein solches Vorgehen einen die Dinge leichter erledigen läßt und einen dies weniger Kraft kostet als früher. Außerdem läßt sich täglich irgendeine Handlung tun, für die überhaupt kein Anlaß besteht, die man nur deswegen tut, weil man es will. Ein Beispiel, das ich einmal erlebt habe, ist dies: Ein Mann, der mit mir im Gespräch war, zog plötzlich ein kleines Steinchen aus der Tasche und klopfte sich dreimal damit auf die Schuhsohle und steckte es wieder ein. Weil ich diesen Menschen gut kannte, sah ich ihn erstaunt an und fragte: »Was machst du denn da?« Er antwortete verschmitzt: »Das ist meine Willensübung.« Er hatte sich vorgenommen, diese Willensübung, wenn irgend möglich, nachmittags um sechs Uhr zu machen, egal wo er sich befand. Und da er mich kannte, sah er trotz unseres Gespräches keine Veranlassung, auf die Durchführung dieser Übung zu verzichten. Eine andere Möglichkeit ist, das Taschentuch aus der Tasche zu holen, sich damit über den Mund zu fahren und es wieder einzustecken. Oder aber, sich zu einer bestimmten Zeit mit der Hand einfach nur zweimal durchs Haar zu fahren. Diese Übungen können so diskret sein, daß niemand sie bemerkt. Entscheidend für den Erfolg ist nur die Frage: Kann ich tun, was ich mir vornehme, kann ich meinen eigenen Befehlen gehorchen, oder kann ich das nicht? Finde ich tausend Gründe, warum das jetzt nicht geht, oder vergesse ich es schlichtweg? Wer harmlose Willensübungen kontinuierlich durchführen gelernt hat, wird dann auch bei anspruchsvollen Dingen seinen Willen zur Verfügung haben.

4. Übung des Zusammenhangs von Denken und Fühlen

Bei dieser Übung handelt es sich um die sogenannte Positivitätsübung. Man könnte sie auch Negativitätsübung nennen, denn jede Sache hat ihre zwei Seiten, wenn sie genauer bedacht wird. Wichtig ist nun, daß man sowohl das Positive als auch das Negative einer Sache in gleicher Weise empfinden lernt. Kindern kommt das sehr zugute. Denn jetzt sind die Eltern gezwungen, wenn sie die Positivitätsübung machen, auch dann etwas Positives zu finden, wenn die Kinder gerade eine Unart machen. Es gibt nichts, woran man nicht eben auch etwas Positives entdecken kann. Aufgrund dieser Tatsache ist die Positivitätsübung zugleich auch eine soziale Übung, eine Übung, die einen befähigt, den Willen für das soziale Leben immer hilfreicher einzusetzen.

5. Der Zusammenhang von Denken und Wollen

Als letztes in der Reihe folgt nun wiederum für einen Zeitraum von etwa einem Monat die Übung in Unbefangenheit. Wer unbefangen sein will, muß sein Denken und Wollen gemeinsam üben. Jetzt muß ich in der Lage sein, vorurteilsfrei (Gedankenanstrengung) zu handeln (Willenseinsatz). Wer diese Übung durchführt, muß sich in die Lage versetzen, Vorurteile aufzugeben, die aus dem Denken über die Dinge und aus der Erfahrung stammen. So ist auch die Unbefangenheitsübung eine solche, deren Ausführung ebenfalls unmittelbare Konsequenzen für den sozialen Umkreis hat.

6. Erüben des Einklangs der Willensbetätigungen

Als letztes empfiehlt Rudolf Steiner, nach einem solchen Durchgang nun noch eine Zeitlang alle fünf Übungen gemeinsam zu üben. Es heißt dies, am Gang der Tagesereignisse zu überprüfen, welche Aktivität gerade gefordert ist, und darauf zu achten, ob eine der genannten Fähigkeiten dominiert und andere nur schwach entwickelt sind. Nach diesen Erfahrungen richtet sich dann auch die Intensität und Dauer der einzelnen Übungen, wenn man wieder von vorn beginnt. Auch der Name, den Rudolf Steiner diesen Übungen gegeben hat – »Nebenübungen« – verweist sie in die Sphäre des Alltäglichen, wo man sie bei allem, was geschieht, »neben sich« haben kann. Denn kein Wille ist so stark, daß er nicht noch stärker werden könnte. Gerade da, wo einseitige Willensbegabungen vorliegen (beispielsweise auf der Gedanken- oder der Handlungsebene) ist es wichtig, auch die anderen Bereiche für den Willen verfügbar zu machen und insbesondere das Eigenwollen sozial abzustimmen durch die beiden letztgenannten Übungen der Positivität und der Unbefangenheit.

Außer diesen Nebenübungen gibt es noch zwei Bereiche, die hilfreich für die Willenserziehung sind:
Der eine Bereich ist die künstlerische Übung – ganz gleich, in welcher Kunstrichtung. Da die künstlerischen Fähigkeiten durch das Üben zunehmen, motiviert dies ebenso wie auch die Freude an den Fortschritten zu weiterem Tun. Das regelmäßige Üben aber ist zugleich konsequente Willenserziehung.

Der zweite Bereich ist die religiöse Übung. Nichts erzieht den Willen, der von der Persönlichkeit ausgeht, mehr als das religiöse Element, wenn der Zugang dazu gewonnen ist. Wer keinen Zugang zum Religiösen hat, kann statt dessen ein Lebensideal wählen und sich bemühen, ihm gegenüber eine gewisse Verehrung und Dankbarkeit zu empfinden, weil man sich entwickeln darf und einem solchen Ideal zustreben darf. Denn was ist Wille letztlich? Hingabe an eine Aufgabe. Diese Hingabefähigkeit ist aber auch im tiefsten Sinn der Nerv jeden religiösen Tuns. Der Wille selber hat eine religiöse Qualität. Er kommt da am schönsten zur Offenbarung, wo der Mensch sich mit einer Aufgabe identifiziert und ihr all seine Willenskraft zur Verfügung stellt. In solcher Hingabe gewinnt er seine stärkste Kraft, die »Berge versetzen« kann.

Fragen zum Thema

Frage: Mich würde interessieren, ob die Willensübungen in der von Ihnen genannten Reihenfolge stattfinden müssen?

Antwort: Die Reihenfolge der fünf Übungen ist schon begründet. Rudolf Steiner hat sie nicht umsonst in dieser Weise angeordnet. Selbstverständlich ist man frei, auch die Reihenfolge zu ändern, wenn es Gesichtspunkte dafür gibt. Normalerweise ist es jedoch so, daß der Wille lernen muß, sich der Einsicht, das heißt der Erkenntnis zu unterstellen. Ist es doch auch die Einsicht, die beim Erwachsenen den Willen motiviert. Daher würde ich die Übungsreihe auch mit dem Erüben der Gedankenbeherrschung beginnen und mich von dort aus in die unbewußteren Seelen- und Lebensschichten des menschlichen Daseins hereinarbeiten. Aus Erkenntnis zu handeln ist doch letztlich das Ideal für das Willensleben.

Frage: Ein fast vierjähriges Kind tut nicht, was es soll, was aber unbedingt getan werden müßte. Wie kann man seinen Willen steuern?

Antwort: Anhand dieser Frage können wir uns noch einmal klarmachen, wie die Willenserziehung beim kleinen Kind am besten zu bewerkstelligen ist. Kinder dieses Alters brauchen noch das Vorbild. Das heißt, sie müssen wirklich erleben, was Sie als Eltern wollen. Wenn also ein Kind etwas, was wirklich getan werden muß, nicht tut, so wäre meine Frage, ob es den Willen der Erwachsenen genügend stark erlebt. Zum Beispiel, Sie wollen etwas, und das Kind will nicht. Jetzt wirft es sich vielleicht auf den Boden und strampelt und schreit und macht Rabatz. Wenn Sie nun anfangen zu zweifeln: Habe ich dem Kind vielleicht doch zuviel zugemutet? Hat es vielleicht recht, das jetzt zu verweigern? Wenn Sie auch nur ein bißchen unsicher werden, können Sie dem Willen Ihres Kindes nicht auf den Weg helfen. Vielmehr müssen Sie jetzt, da es schreit, sich nochmals entscheiden: Will ich es wirklich, oder ist es doch nicht so wesentlich? Fordere ich jetzt zu Recht etwas oder nicht? Und wenn es wirklich wesentlich ist und sein muß, dann müssen Sie es tun. Wenn Sie es sich zeitlich leisten können, zu warten, bis das Kind sich ausgetobt hat, dann verlassen Sie mit der Bemerkung den Raum: Ich komme wieder, wenn du dich ausgetobt hast – dann machen wir das. Und wenn Sie das nicht nur sagen, sondern auch ganz konsequent tun, so lernt Ihr Kind bald, daß da nichts zu machen ist, und wird beim nächsten oder übernächsten Mal auf die Szene verzichten. Wenn es hingegen bemerkt, daß Sie sich nicht ganz sicher sind, so wird dies bald sein liebstes Theaterspiel und Sie sind sein Publikum. Ist jedoch keine Zeit zu warten, so müssen Sie unter Umständen ganz liebevoll und bestimmt tun, was nötig ist, auch wenn das Kind sich sperrt. Das hat nichts mit Brechen des Willens zu tun, sondern mit einem Handeln aus Einsicht, das vom Kind letztlich doch wahrgenommen wird, auch wenn es sich momentan dagegen wehrt. Natürlich ist es nicht ideal, das Kind gegen seinen Willen beispielsweise zum Auto zu tragen, wenn losgefahren werden muß. Manchmal läßt es sich jedoch nicht anders einrichten, und dann sollte es mit ruhiger Bestimmtheit getan werden und nicht im Kraftgefühl der eigenen Autorität. Auch sollten wir nie vergessen, daß Kinder in diesem Alter gern toben und daß diese Zeit nicht umsonst die Trotzphase heißt, in der sie sich erstmals selbst als Eigenperson erleben und das auch genießen. Kinder, die keine Trotzphase durchmachen, haben ein schwach veranlagtes Willensvermögen – das sollte uns Erwachsenen ein Trost sein, wenn wir immer wieder Zeugen dieser Szenen sind.

Frage: Üben die »Jain-Sager« eine Überangepaßtheit?

Antwort: Im Wesen des Willens liegt auch die Fähigkeit zur Anpassung darinnen. Denn eine gute Willensleistung ist immer Anpassung an eine ganz bestimmte Arbeitsnotwendigkeit. So würde ich sagen, das »Jain« und auch die Anpassung schaden dem freien Willen des Menschen nicht, wenn jener es wirklich selber so will. Einen Kompromiß einzugehen, der einer Lebensnotwendigkeit entspricht, stellt den freien Willen nur dann in Frage, wenn er unfreiwillig eingegangen wird. Förderlich für die Willenserziehung ist alles, was wir, ganzherzig tun. Halbherzigkeit wirkt sich auf Dauer kränkend oder lähmend auf den Willen aus.

In der Lebenswirklichkeit sieht es meist so aus, daß man sich da anpaßt, wo es am wichtigsten ist für das Gedeihen des Lebens im sozialen Umkreis, und daß man da auf der Durchsetzung eigener Willensentschlüsse besteht, wo es für einen selbst wirklich wichtig ist und der Umkreis dadurch nicht beeinträchtigt wird. Das Positive der Anpassung ist immer, daß für die Situation in der Umgebung das Optimale geschieht. Kann man sich daher entschließen, eine solche Handlung auch dann aus Liebe zur Sache zu tun, wenn man sie von sich aus nicht getan hätte, so wird daraus die schönste Art der Anpassung. Denn letztlich entfaltet sich der Wille nur dann gesund, wenn er motiviert ist durch die Liebe zur Tat. Liebloses Handeln, ob angepaßt oder nicht, ist nicht menschlich.

Frage: Lassen sich durch diese Willensübungen auch vorübergehende Zustände von Depressionen positiv beeinflussen?

Antwort: Diese Frage möchte ich uneingeschränkt mit Ja beantworten. Steckt man in einer situationsbedingten reaktiven Depression, so gibt es immer zwei Möglichkeiten, sich da herauszuarbeiten: Entweder dadurch, daß man die Umstände ändern kann, in denen man erkrankt ist, oder aber, daß man sich selber, das heißt seine Einstellung zu der Situation ändert. Letzteres wird gefördert durch die genannten Willensübungen.

Zwischenfrage: Sie haben gar nicht die Bewegungstherapie für den Erwachsenen erwähnt.

Antwort: Diese Frage habe ich nicht extra berücksichtigt, weil darüber heute fast jeder Bescheid weiß. Gibt es doch inzwischen nahezu in jedem Dorf ein Fitneß-Center und Joggingpfade und das Angebot bestimmter Sportarten. Selbst in den Großstädten werden heute wieder Fahrradwege angelegt, weil jeder einsieht, daß durch körperliche Bewegung die Gesunderhaltung von Leib und Seele gefördert wird.

Frage: Wie kann man gut einschlafen, um mit dem richtigen Willen aufzuwachen?

Antwort: Ein gesunder Schlaf-Wach-Rhythmus ist die Basis für die Kraft am nächsten Tag. Wer kaputt ist, kann auch schließlich nicht mehr üben, sondern braucht Erholung bzw. eine Pause. Für die Therapie von Schlafstörungen bedarf es einer besonderen Form der Willenserziehung, die primär beim Religiösen und Künstlerischen ansetzt. An erster Stelle muß ja die Frage stehen: Woher kommt mein Einschlaf- oder mein Durchschlafproblem? In welche Welt trete ich eigentlich ein, wenn mein Bewußtsein erlischt? Was ist die Welt der Nacht? Was ist die Realität des Schlafes? Hat doch der Schlaf nicht nur eine physiologische, sondern auch eine spirituelle Seite. Das, was man in Träumen erlebt, und die Gedanken, mit denen man aufwacht, können einem deutlich zeigen, wie vieles nachts geschieht, wovon wir nur wenig wissen. Es kann geschehen, daß man mit einer Frage ins Bett geht und am Morgen mit der gesuchten Antwort aufwacht. Man weiß mit einem Mal, was man tun soll, und ist sich sicher, wo man am Tag davor noch ganz unsicher war. Den meisten Menschen fehlt heute noch der Sinn für diese Art von Schlafkultur, weil wir sowenig von der Welt des Schlafes wissen. Es kann eine Hilfe sein für das Einschlafen, wenn man sich zum Beispiel einen religiösen Inhalt in künstlerischer Form (etwa ein Bild von Caspar David Friedrich oder eine Madonna) vornimmt, durch den Sammlung, Ruhe, Harmonie und Ausgewogenheit vermittelt werden. Wer so etwas abends vor dem Schlafengehen eine Weile anschaut, merkt, daß schon dieses viel bewirken kann. Erinnert man sich am nächsten Morgen daran und unternimmt von diesem Ruhepunkt aus einen kleinen Vorblick auf den Tag, so geht man mit anderer Sammlung und Konzentration in diesen neuen Tagesablauf herein. Auch der Rückblick am Abend wird dann eine andere Qualität haben, man lernt so immer besser, die Ereignisse des Tages in der Nacht zu verarbeiten und mit neuen Impulsen wiederum in den Tag hereinzugehen.

Frage: Was ist zu tun, wenn der Jugendliche nicht mehr beten will?

Antwort: Jemand, den ich gut kannte, hatte in seiner Pubertätszeit genau diese Frage: »Warum soll ich denn beten?« Und wollte eigentlich damit aufhören. Da kam er zufällig an einer Kirche vorbei, in der ein Vortrag angezeigt war über das Vaterunser. Nach dem Vortrag ging er zu dem Pfarrer hin und stellte ihm genau diese Frage, die Sie jetzt gestellt haben, und er setzte hinzu: »Hat denn der liebe Gott etwas davon, wenn ich nur bete aus Pflicht oder aus Gewohnheit und überhaupt keine Ahnung habe, wer er ist? Kann man ihm das zumuten?« Da hat dieser Pfarrer eine sehr weise Antwort gegeben. Er sagte, daß Gott das Problem kenne, daß es Menschen gibt, die nicht wissen, wer er ist. Es sei dies sogar für Gott in der gegenwärtigen Zeit die normale Situation. Aber für den Fragenden wäre es natürlich ein Riesenunterschied, ob er in der Zeit des Zweifelns seine Beziehung zu Gott abbricht oder ob er sie aufrechterhält, weil er offenläßt, daß er eines Tages wieder wissen wird, zu wem er betet, so wie er es als kleines Kind instinktiv gewußt hat. Wenn er dann später im Leben, beispielsweise als Dreißig- oder Vierzigjähriger, wieder eine Ahnung davon bekommen hat, wie die Wege zu Gott aussehen, würde er sich gewiß freuen, all die Jahre davor die Beziehung nicht abgebrochen zu haben.

Vielleicht finden Sie einen Menschen, der mit Ihrem Jugendlichen spricht. Oder Sie tun es und sagen ihm, daß er das jetzt selbst entscheiden muß und daß Sie ihn von nun an nicht mehr dazu ermahnen. Sind jedoch noch jüngere Geschwister da, so sollten Sie mit ihm darüber sprechen, daß er sich ihnen zuliebe beispielsweise an dem täglichen Tischgebet beteiligen soll, weil das für die Kleinen wichtig ist. Sie seien in einem Alter, wo man sich noch nicht für oder gegen das Beten entscheiden kann, sondern erst einmal kennenlernen muß, worum es da geht. Entscheidend ist, daß der Jugendliche erlebt, daß Ihnen diese Angelegenheit ernst ist und daß Sie Anteil nehmen an seinen Fragen und sie nicht auf die leichte Schulter nehmen.

Frage: Manchmal ist es doch auch gesund, faul zu sein!

Antwort: Das Faulsein ist gesund, wenn es der Erholung dient. Die Frage jedoch, wieviel einer faul sein muß, um gesund zu bleiben, ist individuell sehr verschieden. Wichtig ist hier, daß man sich selbst und seine Neigungen nicht zum Maßstab für andere macht. Jeder Mensch sollte sein Faulheitsquantum selbst bestimmen dürfen. Es gibt Menschen, für die es am schönsten ist, wenn sie jeden Tag ein paar Minuten faulenzen dürfen, dafür aber das ganze Jahr lang fleißig sind. Andere fühlen sich nur wohl, wenn sie immer wieder längere Urlaubswochen einschalten oder zumindest faule Wochenenden. Das ist eben ganz verschieden. Erstaunlich ist nur, daß auch

Zeiten, in denen man einmal gar nichts macht, anstrengend sein können. Selbstverständlich ist es vollkommen berechtigt, ja in manchen Fällen sogar notwendig, auszuspannen. Dieses würde ich jedoch nicht unbedingt als »Faulsein« bezeichnen.

Geistesgegenwart und Entscheidungsfreude

Mit 34 Jahren fühle ich mich, als sei ich eben erst geboren. Diese Empfindung habe ich jeden Tag. Sie mag sonderbar sein, aber sie ist so lebhaft, so tief und wirklich, daß ich sie laut herausschreien möchte. Das Leben beginnt heute.

JACQUES LUSSEYRAN

Kinder mögen es, wenn Eltern und Erzieher geistesgegenwärtig und entscheidungsfreudig sind. Es hat etwas Beruhigendes und Sicherheit Gebendes, wenn man sich auf sie verlassen kann und das, was sie sagen, auch wirklich so gemeint ist, wie es gesagt wurde. Umgekehrt reagieren Kinder spontan mit allerlei Quengeleien und Provokationen – je kleiner sie sind, um so mehr –, wenn sie bemerken, daß die Erwachsenen mehr oder weniger geistesabwesend sind. Sie fordern gleichsam die Eltern heraus, sich entweder ihnen entschieden zuzuwenden oder aber deutlich zu machen, daß jetzt etwas anderes daran ist.

Immer wieder fragen Eltern: Wie kann ich denn meinem Kind etwas verbieten oder erlauben – woher nehme ich mir das Recht, gegen den Willen des Kindes anzugehen? Da kann es eine Hilfe sein, sich klarzumachen, daß es hier ja nicht darum geht, dem Kind den eigenen Willen aufzuzwängen, sondern einzig und allein darum, ihm eine Fähigkeit vorzuleben, die es in diesem Alter noch nicht hat, die es aber lernen will: Entscheidungsfreude und Lebenssicherheit.

Was hindert uns, geistesgegenwärtig zu entscheiden?

Die erste Hinderung sind fraglos Selbstzweifel. Woher weiß ich denn, ob ich die richtige Entscheidung fälle? Ich habe an meiner eigenen Erziehung kein Vorbild gehabt – wie soll ich dann andere erziehen? Hinzu kommt, daß es heute kaum eine Illustrierte gibt, in der nicht ein Pädagoge, Psychologe oder ein Arzt beziehungsweise Ärztin Ratschläge geben für den Umgang mit Kindern, für das Verhalten in dieser und jener Situation. Dazu gehören auch Radio- und Fernsehsendungen mit Vorträgen oder Podiumsdiskussionen entsprechenden Inhalts. Eine Fülle an Meinungen – nicht zuletzt auch die Ratgeber, die man sich in Buchform gekauft hat – stehen zur Verfügung, und schließlich weiß man überhaupt nicht mehr, was denn nun eigentlich das Richtige ist. Dasselbe gilt natürlich auch für die hier niedergelegten Ausführungen. Auch hier werden bestimmte Gedanken und Gesichtspunkte vorgetragen, zum Gespräch angeboten, und letztlich ist es dem Zuhörer oder dem Leser überlassen, wie er damit umgehen, was er davon in sein Leben integrieren und was er abweisen will. Es können also auch durch Darstellungen wie diese Selbstzweifel geweckt werden, zumal wenn idealistische Maßstäbe gegeben werden und man nur zu deutlich erlebt, wie groß die Kluft ist zur eigenen Wirklichkeit zu Hause.

Ein zweites Hindernis sind Haß und Wut auf bestimmte Zustände, auf Menschen, auf Dinge, auf dieses und jenes im Umkreis. Auch wenn ein ursprünglicher Zorn der Hilflosigkeit und der Resignation gewichen ist, wirken sich diese Gefühle lähmend und hindernd auf die Geistesgegenwart aus. Man ist durch seine Mißstimmung wie besetzt. Etwas anderes ist anwesend, nämlich diese Mißstimmung und nicht das eigene Selbst. Man kann gar nicht mehr richtig offen sein und fühlt sich verstimmt wie ein Instrument, mit dem man keine Musik mehr machen kann. Natürlich sind hier jetzt nur diejenigen Zornausbrüche oder Verstimmung gemeint, die nicht die Kraft in sich haben, Entscheidungen herbeizuführen, die

die Situation in eine andere Richtung bringen können. Ein gerechter Zorn kann auch wie ein reinigendes Gewitter wirken und so gerade Ausdruck von geistesgegenwärtigem Verhalten sein, wenn dies von der Situation gefordert war.

Eine dritte Behinderung sind die vielen großen und kleinen Ängste: Wie kann ich mein Kind ermutigen, wenn ich selbst an meinem eigenen Mut zweifle und Angst habe, was der nächste Tag bringt? Muß ich nicht ehrlich sein mit meinem Kind?

Ein viertes Hindernis ist ein nicht Hier und Jetzt handeln Können. Entweder lebt man nachtrauernd im Rückblick auf bessere Zeiten – oder aber in der Hoffnung auf dieses und jenes.

Welche Wege gibt es, diese vier Haupthindernisse zu bearbeiten und zu überwinden, um dadurch den Blick freizubekommen für die tatsächlich real gegebene Situation?

Geistesgegenwart ist erlernbar

Ein Weg, den jeder gehen kann, ist zugleich der schönste und einfachste: die Kinder in ihrem Verhalten zu beobachten und von ihnen die Geistesgegenwart zu erlernen.

Zum Beispiel können Sie damit beginnen, sich das Photoalbum Ihres Kindes vorzunehmen und zunächst das berühmte erste Photo anzuschauen. Dann kommt dasjenige, wo der Säugling schon so richtig rund und proper ist, dann das, wo er sitzt und mit etwas spielt und vielleicht ganz verschmitzt hochschaut – dann folgen Photos vom ersten Aufstehen und Krabbeln und von der ersten richtigen Frisur. Wenn Sie sich so Bild um Bild vor Augen führen und mit Ihren Erinnerungen zusammenhalten, können Sie sich die Frage stellen: Was spricht mich aus diesen Bildern eigentlich an? Was kann ich daraus lernen – was ist das für ein Verhalten gewesen? Ja, und wie habe ich mich selbst in all diesen Jahren verhalten? Wie habe ich auf das erste Lächeln reagiert? Wie war ich stolz und dankbar, als das Kind plötzlich sitzen konnte oder die ersten Schritte machte! Wie rührend war das, als man selbst noch mitgekrabbelt ist und dem Säugling immer wieder dieselben Sachen zeigte oder anbot! Was wurde da in einem geweckt? Woher kommt das eigentlich, daß die Kinder, je kleiner sie sind, um so mehr das ganz zentral Menschliche in uns ansprechen? Wie verändert sich in einem Eisenbahnabteil oder in einem Restaurant sofort die Stimmung, wenn ein kleines Kind hereingebracht wird oder von Tisch zu Tisch zu laufen beginnt! Auf den meisten Gesichtern erscheint ein Lächeln. Die kleinen Kinder rufen etwas in uns wach, das im Alltag tief verschüttet scheint. Und wer einmal für eine halbe Stunde einen Säugling in den Arm gelegt bekommt, ist ganz stolz, wenn er danach sagen kann: Er hat auch gar nicht geschrien, er ist ganz ruhig geblieben. Man freut sich, wenn so ein kleines Wesen sich bei einem wohlfühlt, und man stellt sich ganz und gar darauf ein. Das Erwachen dieser elementar menschlichen Hinwendung und Zuwendung ist das Erste und Wichtigste, das wir für ein geistesgegenwärtiges Verhalten brauchen. Die eigenen Sorgen, Ängste, Nöte oder Probleme beiseite schieben können und sich ganz dem, was jetzt in der Gegenwart da ist, zuwenden: Dies fordern die kleinen Kinder nicht nur von uns, sondern sie selbst können es meisterlich. Ihr ganzes Verhalten ist immer Wachheit und Aufmerksamkeit für irgend etwas. Wenn man einen Säugling beim Spielen beobachtet oder ein Kleinkind bei seinen Betätigungen, so ist es gerade das, was uns so fasziniert: Diese Intensität, dieses ganz bei der Sache Sein, dieses immer und immer wieder dieselbe Sache mit neuer Freude in Angriff nehmen Können, dieses ganz in der Gegenwart Leben und Tätigsein. Nur wenn die Kinder müde sind oder schlafen, oder aber wenn sie schlecht behandelt und schlecht gepflegt werden, indem sie nicht rechtzeitig etwas zu essen bekommen oder nicht warm genug angezogen sind – dann können auch sie gleichsam neben sich stehen, quengelig sein und nicht wirklich anwesend. Normal gepflegte kleine Kinder jedoch, die in einen gewissen Lebensrhythmus eingebunden und gut versorgt sind, sind immer geistesgegenwärtig und

offen gegenüber den Menschen und Dingen ihres Umkreises. Ihr
Lächeln, ihre strahlende Bereitschaft, auf einen zuzugehen, ihre
Zuversichtlichkeit im Hantieren und Herumwirtschaften mit irgendwelchen Lappen, Spielautos oder Klötzchen, ihre ungehinderte Lebensbejahung und Daseinsfreude, all das sind Merkmale
der Anwesenheit, der Geistesgegenwart. Friedrich Nietzsche hat
diese Fähigkeit »das Heilige Ja-Sagen« genannt. Jedes Kind scheint
sich so eine Art selbstverständliches »Startkapital« an Menschlichkeit mitzubringen. Alles was uns später so schwerfällt: Offenheit,
Unvoreingenommenheit, rückhaltlose Hinwendung, Zupacken-
Können, ohne viel zu überlegen usw., all dies zeigt sich zunächst als
natürliche Verhaltensweise beim Kind und geht dann im Laufe der
Entwicklung schrittweise verloren. Es kann aber neu wieder erworben werden, wenn man sich bewußt auf den Umgang mit den Kindern einläßt. Dann ruft das eine Lächeln das andere wach, dann
erwidert und verstärkt sich Vertrauen durch Vertrauen, dann weckt
die dem Kind noch eigene natürliche Menschlichkeit das Zentral-
menschliche im Erwachsenen auf. Und dieses ist es letztlich, worauf das Kind wartet, was es zu seiner Entwicklung braucht.

Phänomene wie diese können auch verständlich machen, warum
Rudolf Steiner verschiedentlich betont hat, daß eine gute Erziehung
vergleichbar ist mit der Taufe. Erziehung sei eigentlich nichts anderes als ein fortgesetztes Taufgeschehen. Diese zunächst unverständ-
liche Aussage klärt sich, wenn der eben genannte Tatbestand hinzu-
genommen wird. Denn gerade dieses Angelächelt-Werden und Zu-
rücklächeln, dieses Erwidern von Vertrauen, dieses ganz für den
anderen Dasein, dieses uneingeschränkte Annehmen des Kindes
und immer wieder seinen Namen rufen – das ist es eigentlich, was
bei der Taufe einmalig geschieht. Bei der Taufe wird das Kind beim
Namen gerufen und – repräsentiert durch die anwesende Ge-
meinde – in die Gemeinschaft der Menschen aufgenommen. Dieses
Angesprochen-Werden und Aufgenommen-Sein ist es aber, das das
Kind täglich erleben möchte und erleben muß, wenn es sich gesund
entwickeln soll. Lernt ein Erwachsener, dies zu geben, so ist das

zugleich die große Schule in Geistesgegenwart. Man lernt, sich und
seine persönlichen Probleme vorübergehend zu vergessen und ganz
für das Kind und mit dem Kind dazusein.

Erlauben – verbieten, Ermutigung – Verzicht

Nichts genießen kleine Kinder mehr, als wenn sie tätige Erwachsene
erleben. Und besonders beglückend ist es, wenn gemeinsam etwas
getan wird. Wenn gesagt wird: »Jetzt machen wir dieses – und jetzt
machen wir das.« Wieviel Ermutigung liegt allein schon darin, daß
der Erwachsene es dem Kind zutraut, daß es hier mitmachen kann.
Ganz von selbst stellt sich in dieses Verhalten des Erwachsenen auch
der Umgang mit dem Verzicht herein. Denn überall da, wo Le-
bensqualitäten kultiviert werden sollen, wo gute Gewohnheiten
entstehen sollen, die sich nicht von selbst einstellen, ist bewußte
Lebensführung und damit auch immer wieder ein Ausschalten stö-
render Einflüsse, das heißt ein Verbieten beziehungsweise ein Verzichten nötig.

Ein Beispiel: Die Kinder spielen noch, und es wird zum Essen
gerufen. Die Mutter weiß, daß es richtig ist, wenn die Kinder regelmäßige Mahlzeiten bekommen und der Tag seinen Rhythmus hat.
Auf der anderen Seite weiß sie auch, daß es für ein Kind nichts
Schlimmeres gibt, als aus einem Spiel gerissen zu werden, bei dem es
mit ganzer Seele dabei ist. Daher ist es selbstverständlich, daß wenn
die Mutter jetzt zum Essen ruft, der Verzicht, weiterzuspielen, gefordert ist. Er wird dem Kind um so leichter fallen, je besser die
Gewohnheit bereits etabliert ist, daß es beispielsweise um zwölf
Uhr Mittagessen gibt. Die Gewohnheit erleichtert das Verzichten,
so daß es dann doch ohne große Überwindung zum Essen kommen
wird.

Andererseits weiß die Mutter, daß es dem Kind nicht leichtfällt,
das Spiel zu unterbrechen. Darum kann sie ihr Zum-Essen-Rufen

so gestalten, daß sie vielleicht schon zehn Minuten vorher sagt: »Bald ist es soweit, daß ich euch zum Essen hole.« Sie hat im Bewußtsein, daß Kinder eine gewisse Zeit brauchen, um vom einen zum anderen übergehen zu können und daß es etwas Verletzendes hat, sie abrupt aus irgendwelchen Tätigkeiten herauszureißen, als hätten diese gar keinen Eigenwert und keine Eigenberechtigung. Sie kann aber möglichen Konflikten auch vorbeugen, indem sie beispielsweise zwanzig Minuten, bevor das Essen beginnt, es gar nicht mehr gestattet, daß mit einem Spiel begonnen wird, sondern eher sagt: »Hilf mir doch noch ein bißchen, wir sind gleich soweit mit dem Essen.« Die vielen sogenannten Verzichte – auf das zu frühe Rauchen, das zu späte Insbettgehen, das häufige Naschen zwischendurch, das berühmte dritte Eis im Sommer, wenn man schon zwei gegessen hat – wurzeln letztlich in der Einsicht des Erwachsenen, daß diese Dinge dem Kind eher schaden als nützen und daß es deswegen gut ist, sie zu verbieten. Immer wieder zeigt sich, daß das Kind es instinktiv einsieht, wenn der Erwachsene überzeugt ist von dem, was er ihm verbietet. Ist der Erwachsene hingegen der Meinung, er schade vielleicht durch dieses Verbieten, wird das vom Kind sogleich empfunden, und es wird dann durch Nörgeln und Provozieren die Sache so in die Länge ziehen, bis der Erwachsene schließlich aufgibt und das Kind gewähren läßt.

In jedem Lernprozeß ist notwendigerweise immer beides darin: das Hinweghelfen über schmerzliche Augenblicke, Schwierigkeiten, Unbehagen, Blockaden – und auf der anderen Seite das Vertrauen in die Kraft und das Vermögen des Kindes, das sich schon beim ersten Lächeln angekündigt hat und das man im Gedanken erwiderte: Aus dir wird genau das, was in dir liegt, und ich will dir dabei helfen, daß es sich entwickeln kann.

Geistesgegenwart und Resignation

Warum fällt es vielen Erwachsenen so schwer, in der hier skizzierten Weise von den Kindern zu lernen? Sie sind inzwischen von den Lebensrealitäten gezeichnet und denken, wenn sie ein Kind so fröhlich daherkommen sehen: Tja, wenn du wüßtest – du hast jetzt noch gut lächeln, das Leben wird dich schon eines anderen belehren. Das sich unbefangen Freuen-Können geht verloren, weil man die Bitternisse des Lebens kennengelernt hat, und irgendwann fing es dann an, daß man resignierte. Die vielen Wünsche an das Leben, die sich nicht erfüllt haben, der Lebensplan, der Beruf, den man ausüben wollte, und was sich alles sonst nicht realisieren ließ – wie soll man angesichts all dieser Tatsachen Vertrauen haben, daß dieses Kind sich seines Lebens und seiner Entwicklung freuen wird? In solch einer Situation kann es helfen, sich einmal energisch darauf zu besinnen, was an der jetzigen eigenen Existenz und an der Existenz des Kindes sinnvoll ist. Und zwar sollte diese Bilanz nicht anhand der Wünsche, die man sich und dem Kind gegenüber hatte, gezogen werden, sondern anhand der Realitäten. Was habe ich tatsächlich alles? Angefangen von den Kleidern, die ich anhabe und die ich bezahlen konnte, die Wohnung, die Menschen, die ich kenne, und der Einkaufsladen, der so praktisch gerade um die Ecke ist, so daß man nicht mit dem Auto zum Einkaufen fahren muß. Man suche festzustellen: Was bin ich mir gegenwärtig selber wert? Was habe ich real alles? Und wie sieht das bei meinem Kind aus? Es ist erstaunlich, was bei einer solchen Positiv-Bilanz alles zutage kommt. Das steigert sich noch, wenn man beginnt, sich mit anderen zu vergleichen, denen es eindeutig schlechter geht als einem selbst. Normalerweise neigen wir dazu, all das zu registrieren und festzustellen, was wir nicht haben oder wo wir anderen gegenüber im Nachteil sind. Spontan machen wir eher Negativ-Analysen, so daß sich die Mangelerlebnisse von selbst aufdrängen. Beispielsweise sieht man hier oder da etwas Schönes, Begehrenswertes und stellt fest: Tja, das kann ich mir nicht leisten. Oder man hört irgend etwas von einem anderen und registriert: Ja, der hat es gut, das sollte mir einmal passieren. Und von Mal zu Mal frißt sich eine gewisse Bitterkeit tiefer in die Seele hinein. Wer jedoch Geistesgegenwart lernen will, muß sich dieser Technik seines Unbewußten bewußt werden. Er muß lernen, sich mitzufreuen, wenn er hört, daß es einem anderen gut geht, anstatt sich sogleich zu fragen: Und warum habe ich das nicht? Ganz abgesehen davon, daß eine wirkliche Analyse der Situation oft ergibt, daß der andere, den man beneidet, in Wirklichkeit gar nicht zu beneiden ist. Ich kann zum Beispiel jemanden beneiden, der über das Wochenende nach Paris fährt, um dort alles mögliche anzuschauen. Aber weiß ich, wie es ihm wirklich geht und warum er den Abstand von zu Hause braucht?

Geistesgegenwart ist so gesehen nichts anderes als die Fähigkeit, sich mit dem positiv auseinanderzusetzen, was in der aktuellen Situation gegeben ist. Denn da, wo man mit Sympathie dabei ist, ist man auch wirklich anwesend. Selbstmitleid und Resignation hingegen sind ein Weg aus der Geistesgegenwart heraus.

Geistesgegenwart – ein Entschluß

Zusammenfassend können wir sagen: Es gibt Möglichkeiten, die Hindernisse, die sich der Geistesgegenwart entgegenstellen, zu überwinden. Die eine ist, sich zu entschließen, das Kind in seinem Sosein anzunehmen und darauf entsprechend zu reagieren, indem man von ihm das zentral menschliche Anwesend-Sein wieder lernt.

Eine andere ist, die eben genannte Positiv-Analyse vorzunehmen und darauf zu achten, woher die Mißstimmungen kommen, was einem den Mut nimmt und einen letztlich davon abhält, von sich selbst etwas zu halten.

Fragen zum Thema

Frage: Ermutigung der Jugendlichen (16 bis 18 Jahre): Wie bekommen sie Mut zum eigenen Weg, geraden wenn sie noch nicht wissen, was sie wollen, und wie ist es hier mit dem Verzicht?

Antwort: Ermutigend auf Kinder und Jugendliche zu wirken, sieht in jedem Lebensalter anders aus. Bei den kleinen Kindern geschieht die Ermutigung durch das Vorbild. In der Schulzeit dann zunächst durch aufmunternde Worte. Beides reicht jedoch im Jugendalter nicht mehr aus. Hier ist das Finden eines Ideales nötig, für das man sich begeistern kann. Paradoxerweise hängt nun aber vielfach die Lustlosigkeit und Mutlosigkeit vieler Jugendlicher eben mit dieser Tatsache zusammen. Wünsche und Ideale werden durch Freunde, durch die Lebensverhältnisse, durch dieses und jenes geweckt, aber man empfindet deutlich, daß man es selber nicht schafft, sie zu verwirklichen. Resignation und Mutlosigkeit sind die Folge. Und so wie ein Jugendlicher einem Ideal zuliebe auf nahezu alles Verzicht leisten kann, so will er im Zustand der Mutlosigkeit gerade nicht verzichten, sondern in Ruhe gelassen werden und sich beispielsweise stundenlang seiner Lieblingsmusik aussetzen, um nur nicht über sein Problem nachdenken zu müssen. Gerade die 16- bis 18jährigen, die noch nicht im Vollbesitz ihrer Willenskräfte, das heißt ihrer Mündigkeit sind, empfinden oft diese Verunsicherung angesichts ihrer eigenen Ideale. Auch fehlt ihnen ja noch die Lebenserfahrung, sie kennen die Berufsbilder beziehungsweise die Berufsrealitäten viel zu wenig und machen sich zum Teil ganz erstaunliche Vorstellungen, welche Anforderungen da auf sie zukommen. Für uns als Erwachsene ist es entscheidend, gerade hinter der Maske der Lustlosigkeit und des abweisenden Verhaltens in die hohen Ideale, die der Jugendliche insgeheim hegt, Vertrauen zu haben und mit ihm mitzuleiden, daß er sich seinen Idealen gegenüber immer wieder als »armes Würstchen« empfindet, daß er in der Schule unter Umständen nicht genügt und von den Lehrern nicht als vollwertiger Mensch angenommen wird. Da möchte er doch wenigstens jetzt demonstrieren, daß er unabhängig ist von den Erwachsenen und sich abschirmen und in seine eigene Welt zurückziehen. Es ist wichtig, diese Symptomatik wie eine Art Verpuppungszustand des späteren Menschen zu sehen. Ich habe immer wieder die Erfahrung gemacht, daß man mit 16- bis 18jährigen zwar über alles reden kann, was sie bedrückt, daß man ihnen aber nicht direkt Mut machen kann. Das kann man nur, wenn sie einen fragen. Auch Vergleiche, wie man selber in einer entsprechenden Situation gehandelt hat, nützen nur selten. Was am meisten hilft, ist das lebhafte Interesse an der Persönlichkeit des Jugendlichen und daß man deutlich machen kann, daß die Bejahung seiner Person nicht abhängig ist vom Erfolg oder Mißerfolg einzelner Schulleistungen, sondern einzig und allein in seiner Existenz begründet ist. Haben die Jugendlichen so Vertrauen in einen gewonnen, dann stellen sie auch Fragen, und erst dann ist die Möglichkeit gegeben, daß man direkt an sie herankommt und auch das eine oder andere ermutigende Wort Gehör findet. Wer als Jugendlicher nicht mindestens einen Menschen hat, der an ihn wirklich glaubt und ihm vertraut, daß etwas aus ihm wird, kann diese Zeit eigentlich nicht gesund durchleben. Wenn er aber weiß, daß unabhängig von dem, was er tut – ob er zu Hause auszieht, ob er Drogen nimmt, ob er in der Schule versagt oder sich sonstwie benimmt – doch immer jemand da ist, der ihn nicht fallenläßt, sondern darauf vertraut, daß er es irgendwann schaffen wird, hat er die Ermutigung, die der Erwachsene ihm in diesem Alter noch geben kann. Sich als Eltern oder Erzieher immer wieder in der Stille zu sagen: Ich vertraue auf deinen guten Kern, den habe ich, als du ein kleines Kind warst, gesehen. So wie du mich damals angelächelt hast, so wie du das Laufen gelernt hast, so wie du mutig warst, tätig warst, dich deines Lebens gefreut hast – so wirst du wieder werden, wenn du dich zum Bewußtsein deines Selbst und deiner Lebensaufgabe hindurchgerungen hast.

Natürlich kann man dieses einem Jugendlichen nicht in Worten sagen. Bestimmt dies aber die eigene Haltung ihm gegenüber, so spürt er das instinktiv und ist dankbar dafür, auch wenn er nichts sagt. Entscheidend ist auch, daß er die Mitfreude des Erziehers erlebt bei allem, was ihm gelingt, daß dieses Gelingen aber nicht als etwas Selbstverständliches erwartet wird.

Frage: Und wie ist es mit dem Verzicht im Jugendalter? Zum Beispiel möchte ich nicht, daß mein 16jähriger den Walkman benützt, wenn er unterwegs ist, so wie dies viele seiner Freunde tun.

Antwort: Das ist ein heikles Thema. Denn es liegt die Frage zugrunde: Warum will der Jugendliche den Walkman? Geschieht dies nur, weil es die anderen haben und damit er nicht auffällt? Oder geschieht es aus dem obengenannten Grunde, weil er gerade in einer seelischen Krise steckt und sich vor sich selbst und seiner Umwelt verbergen möchte? Oder aber ist es nur die Langeweile, daß er wirklich nicht weiß, was er tun soll? Unabhängig von all diesen Ursachen – auf die natürlich eingegangen werden muß – kann man jedoch an seine Einsicht appellieren und sagen: Merkst du nicht, wie du immer mit gespaltenem Bewußtsein durch die Welt läufst? Du hörst auf der einen Seite deine Musik und andererseits machst du Hausaufgaben oder läufst auf der Straße herum und hast lauter andere Sinneseindrücke. Es ist dies das Gegenteil von Konzentration. Weil du aber noch im Wachstum bist und dein Nervensystem sich auch noch weiter ausdifferenziert und entwickelt, ist es einfach ungesund, wenn du dein Bewußtsein spaltest, anstatt es zu konzentrieren. Du machst es dir immer schwerer, wirklich Konzentrationsfähigkeit zu lernen. Man erzieht sein Nervensystem als Instrument zur Konzentration und Aufmerksamkeit nur durch Tätigkeiten, denen man sich geistesgegenwärtig und mit ungeteilter Aufmerksamkeit widmet. Und schließlich kann man dieser Erklärung auch noch hinzufügen: Wenn du einmal mündig bist, kannst du mit dir tun und lassen, was du möchtest. Solange ich aber noch für dich verantwortlich bin, möchte ich nicht, daß du dir permanent schadest. Bitte versteh das und tue es mir zuliebe nicht. Selbst wenn die Jugendlichen im Oberbewußtsein gegen so ein Votum opponieren, so sind sie doch tief im Inneren dafür dankbar, daß sie jetzt ihren Kameraden gegenüber einen Grund haben zu sagen: Mensch, meiner Alten kann ich das nicht antun. Da wird die so fuchsig und so traurig, und ich möchte sie nicht auf achtzig bringen. Wenn man einen Sündenbock hat, den man anprangern kann, ist es leichter, den Verzicht sozial akzeptiert zu bekommen, als wenn man es nur von sich aus tut. Denn Ehrlichkeit ist ein hohes Ideal unter den Jugendlichen. Es wird akzeptiert, wenn einer sagt: Das kann ich der nicht antun, und es dann auch wirklich nicht tut.

Frage: Wie bringe ich meiner 8jährigen Tochter das Verzichten bei? Wenn sie auf einem Geburtstagsfest ist, wird sie sofort neidisch, weil das Geburtstagskind so tolle Geschenke bekommen hat.

Frage: Gehört da nicht auch Eifersucht dazu? Sind Neid und Eifersucht eigentlich anerzogene Eigenschaften oder angeborene?

Frage: Bei uns ist es so, daß die Kinder materiell wirklich alles im Überfluß haben, und trotzdem streiten sie sich um das eine Spielzeug. Es will immer der eine genau das haben, was der andere gerade hat.

Frage: Und wie ist es, wenn sich die Eifersucht durch einen Tobsuchtsanfall äußert? Wenn zum Beispiel mein Viereinhalbjähriger exaltiert reagiert und außer sich kommt, weil er es nicht ertragen kann, daß man ihm etwas wegnimmt?

Antwort: Im Grunde genommen steckt in diesen Fragen noch einmal ein abendfüllendes Thema: nämlich der Umgang mit Neid und Eifersucht. Dahinter verbirgt sich eines der Hindernisse, welches ich für die Entwicklung der Geistesgegenwart genannt habe: Wut, Ärger, Eifersucht und Neid sind bestimmte Formen des Hasses, der

Antipathie. So wie man den Zweifel primär im Denken erlebt, so erlebt man den Haß und die Eifersucht primär als Gefühlsprobleme, wohingegen Angst und Furcht den Willen lähmende Erlebnisse sind.

Bevor ich auf den Geburtstagsneid eingehe, möchte ich erst die Fragestellung beim Erwachsenen ansprechen.

Wie lernt er, mit diesem Hindernis, das sein Gefühlsleben so sehr tangiert, nämlich mit Neid und Eifersucht umzugehen? Interessant ist, daß dies nur in Verbindung mit dem Verzichtsmotiv gelernt werden kann. Die Tatsache, daß wir so schlecht verzichten können, bewirkt, daß wir zu Neid, Wut und Eifersucht befähigt sind. Erst wenn es gelingt, aus Einsicht in den betreffenden Zusammenhang Verzicht zu leisten, kehrt plötzlich wieder Ruhe in die Seele ein, und man kann dem anderen gönnen, was er hat. Wir müssen also fragen: Wie lernt man den Verzicht, hinter dem man hundertprozentig stehen kann? Da kenne ich nur einen Weg – nämlich den, danach zu fragen, was überhaupt durch den Verzicht gelernt werden kann.

Nehmen wir ein Beispiel. Wer kleine Kinder hat, kann nicht mehr jedes Wochenende irgendwohin fahren, so wie er das früher vielleicht gewohnt war. Denn es ist für kleine Kinder nicht sinnvoll, ständig das Milieu zu wechseln und immer wieder viele Stunden im Auto zu sitzen. Für sie ist es besser, die Feiertage gemeinsam mit den Eltern in der vertrauten Umgebung zu verbringen, wo man jeden Tag wieder die liebgewordenen Gegenstände begrüßen und sein Selbstbewußtsein am Wiedererkennen stärken kann. Da ist es sachlich richtig, zu verzichten. Wenn man sich jetzt aber fragt: Was gewinne ich dadurch, daß ich jetzt am Wochenende zu Hause bin? Dann drängt sich natürlich zunächst die Antwort auf: nichts. Da sitze ich jetzt zu Hause herum, und das ist gräßlich. Als nächstes kann dann aber die Frage auftauchen: Könnte ich nicht etwas machen, an das ich bisher noch gar nicht gedacht habe? Wie viele Menschen beneiden mich vielleicht darum, daß ich ruhig zu Hause sein darf, während sie in anstrengenden Berufen unterwegs sind oder vielleicht jedes Wochenende zu den Eltern fahren müssen oder andere familiäre Verpflichtungen haben? Was würden die denn wohl machen, wenn sie zu Hause bleiben könnten? Ein Verzicht wird dadurch menschlich und tut der Seele wohl, wenn er dazu führt, etwas Neues zu entdecken oder zu lernen, an das man sonst nicht gedacht hätte. Da kann der Verzicht direkt zur Ermutigung werden, beziehungsweise in eine Ermutigung übergehen. *Indem ich auf etwas verzichte, werde ich frei für etwas Neues.* Es erfordert dies aber, daß ich in dem Augenblick, wo ich etwas loslasse beziehungsweise auf etwas verzichte, innerlich aktiv werden und mich fragen muß, was ich an dessen Stelle ergreifen kann. Was kann ich mit den frei gewordenen Kräften jetzt tun, was setze ICH an die Stelle des gewesenen? Und damit bin ich wieder ganz bei der Geistesgegenwart angelangt und bin gefragt, mich für dieses oder jenes zu entscheiden. So gesehen könnte man in Neid und Eifersucht auch den Ausdruck für einen Mangel an innerer Aktivität sehen. Das Nachsinnen über den richtigen Verzicht jedoch ruft gerade diese Aktivität wach und hilft damit, diese zehrenden seelischen Eigenschaften und Gemütsstimmungen zu überwinden. Auf die Frage, ob Eifersucht auch anerzogen sein kann, kann ich aufgrund meiner Lebenserfahrung nur sagen: Sie kann durch eine Erziehung, wo der hier charakterisierte positive Verzicht nicht gelernt wird, gefördert werden.

Es gibt aber auch Menschen, die von Natur aus neidisch sind, genauso wie es solche gibt, die nie einen Menschen wirklich beneiden. Beispielsweise hat Goethe einmal von sich gesagt, er habe alle menschlichen Schwächen bei sich entdeckt, nicht aber den Neid. Letztlich ist dies aber mit allen menschlichen Wesens- und Charaktereigenschaften so. Wir bringen bestimmte Anlagen mit, die dem entsprechen, wo wir gerade in unserer Entwicklung stehen. Dann wird die Weiterentwicklung durch Erziehung und Selbsterziehung mehr oder weniger konsequent fortgesetzt. Denn was wir in einem Erdenleben »von Natur aus« haben an Begabungen und Schwächen, das ist Ergebnis dessen, was wir in unserem vorangegangenen

Erdenleben schon aus uns gemacht haben. Kein Mensch kommt heute mehr als »unbeschriebenes Blatt« zur Welt.*

Was jedoch immer hilfreich wirkt, ist das Vorbild der Erwachsenen. Wie sie miteinander umgehen und – in Abwesenheit des Betreffenden – übereinander sprechen, das wirkt wegweisend und orientierend oder aber enttäuschend.

Doch jetzt konkret zum Geburtstagsneid. Den muß man genauso behandeln wie jede Form von Neid und Eifersucht, die mit der Frage des Verzichtes verbunden ist. So kann man beispielsweise eine Geschichte erzählen von einem Kind, das immer andere beneidet hat, bis es eines Tages selbst vom Neid eines anderen so getroffen wird, daß es nun weiß, wie ungut das ist. Oder man sagt: Jetzt freu dich doch, daß der Christian das bekommen hat. Vielleicht leiht er es dir später einmal, dann kannst du auch damit spielen. Jetzt aber machen wir dafür das und das. – Oder aber wenn es etwas ist, was auch in die eigene Familie paßt: Tja, da weiß ich doch schon, was ich dir zu Weihnachten schenken könnte. – Durch ermutigende oder ablenkende Worte dieser Art kann über das Lähmende der Neidgefühle im Augenblick hinweggeholfen werden. Geht es aber um ein Spielzeug, das man seinem eigenen Kind zu Hause nicht geben möchte, so ist es gut, auf dem Heimweg zu sagen: Schau mal, du hast das zwar sehr schön gefunden, aber ich bin froh, daß wir so etwas nicht haben. Statt dessen hast du das oder jenes, und das finde ich viel brauchbarer. Kleine Kinder beruhigen sich beim sicheren Urteil der Erwachsenen, mit dem diese das Geschehen begleiten. Ältere Kinder hingegen, so ab dem 11./12. Lebensjahr, wollen Erklärungen, warum es brauchbarer ist und warum sie das eine oder andere nicht haben können. Leidet das Kind jedoch sehr unter dem Neid und weint bitterlich, weil es vielleicht sogar gehänselt worden ist, weil es bestimmte Dinge selbst nicht hat oder wesentlich weniger hat als andere – dann sollte man es trösten. Diese Hilfsmöglichkeit habe ich heute noch nicht er-

* Vgl. Rudolf Steiner, »Theosophie«, GA 9, Dornach 1973

wähnt, obwohl auch sie sehr viel mit Geistesgegenwart zu tun hat. Denn da, wo Neid und Eifersucht nagen und wehtun, weil das Verzichten-Können noch nicht erreicht ist, helfen liebevolle und tröstliche Worte über den schlimmsten Schmerz hinweg. Da kann dann auch die Aussicht auf harmlose Freuden Ablenkung bringen im Sinne von: Schau mal, jetzt machen wir heute abend einen ganz besonderen guten Nachtisch. Dadurch erlebt das Kind, daß es etwas *anderes* hat, und das tröstet. Dasjenige also, was der Erwachsene auch lernen muß, wenn er verzichtet, daß er die Sache, die ihm nicht gegönnt ist, loslassen muß, um etwas anderes initiativ zu ergreifen – das muß er auch in irgendeiner Form dem Kind vermitteln. Er muß es auf dasjenige aufmerksam machen, was es hat, damit es nicht so sehr unter dem leidet, was es nicht hat.

Was den Umgang mit Wutausbrüchen anbetrifft, so ist es hier entscheidend, daß der Erwachsene nicht die Nerven verliert. Wer so einen Wutausbruch wie ein Gewitter hinnehmen kann, wie ein Naturereignis, auf das er gelassen hinschaut, der gibt für das Kind die beste Umgebung ab. Nur so lernen die Kinder, mit ihrer Wut umzugehen: Sie bricht aus, darf sich austoben und ebbt wieder ab, fällt gleichsam in sich zusammen, da der Erwachsene nichts tut, um sie weiter anzuheizen oder anzuregen, sondern dieses Naturereignis ruhig geschehen läßt. Weder ein beschwichtigender Wortschwall, noch Entsetzen sind hier hilfreich. Sie würden nur den Wutausbruch verlängern. Es ist wohltuend für die Kinder, wenn sie erleben, daß die Erwachsenen nicht die Nerven verlieren und vor dem Wutanfall kapitulieren. Auch das ist eine Erfahrung, die ihnen hilft, das nächstemal schon etwas besser mit ihrer Wut und ihrem Trotz umzugehen.

Schließlich möchte ich noch etwas erwähnen, was mein kinderärztlicher Lehrer, Wolfgang Goebel, so oft den Eltern gesagt hat, wenn sie entsetzt waren über die Trotzreaktionen ihrer Kinder: Daran müssen Sie Freude haben. Denn Sie sehen bereits, welche Kraft in Ihrem Kind steckt. Mit dieser Kraft, wenn das Kind sie einmal beherrschen kann, wird es später viel Gutes leisten.

Bisweilen ist es auch hilfreich, wenn der Erwachsene das Kind in seiner Wutreaktion ganz sich selbst überläßt (das gilt besonders für die 2- bis 4jährigen) und damit deutlich macht, daß er auf diese Weise nicht erpreßbar ist. Er sagt mit ruhiger Stimme: Ich komme wieder, wenn du dich beruhigt hast, und geht in ein anderes Zimmer.

Wut, Trotz, Neid und Eifersucht haben die Eigenschaft, daß sie sich verstärken, sobald man ihnen Aufmerksamkeit schenkt, sei es durch Mitleid oder Sentimentalität, sei es durch Ärger oder irgendwelche Beachtung. Sie lassen nach, wenn die Kinder sich selbst überlassen sind und dennoch spüren, daß der Erwachsene sie innerlich nicht im Stich läßt in dieser Situation. Letztlich steckt ja hinter diesen Neid- und Eifersuchtsgefühlen das Erlebnis des Nicht-Habens beziehungsweise ein Zeugnis der eigenen Armut, weswegen man sich eigentlich auch schämt. Diese Schwäche im Selbstbewußtsein, die sich letztlich immer hinter Neid und Eifersucht verbirgt, kann nur geheilt werden, indem man dem anderen das gibt, was er eigentlich sucht: die Selbstbestätigung, die Ermutigung, das Zutrauen, die Anerkennung und Liebe.

Zwischenfrage: Wie reagiere ich aber, wenn sich Kinder um ein Spielzeug streiten?

Antwort: Das ist nun wirklich ein schönes Beispiel für die Frage nach der Geistesgegenwart in der Erziehung. Eine Möglichkeit ist, daß Sie weggehen, weil Sie merken, daß die Kinder aus Provokation zanken, um Ihre Aufmerksamkeit zu erregen. Wichtig ist jedoch, daß Sie sich hinterher fragen: Warum wollten mich die Kinder provozieren? Habe ich mich vielleicht heute noch zu wenig um sie gekümmert? Die Kinder dürfen nicht erleben, daß Sie durch Streit und Provokation erpreßbar sind. Vielmehr sollten Sie Ihre Zuwendung freiwillig geben, vorbeugen sozusagen, damit die Kinder nicht versuchen müssen, Ihre Aufmerksamkeit zu erzwingen.

Eine andere Möglichkeit, situationsgerecht und geistesgegenwärtig zu handeln ist, wenn Sie blitzschnell einen Ersatz für eines der Kinder finden und sagen: Jetzt kannst du das nehmen, das ist doch genauso schön. Oder Sie nehmen eines der Kinder und sagen: Ich brauche dich jetzt, du kannst mir da und da helfen.

Allgemein gesehen gilt auch hier, was vorhin über die Wut gesagt wurde. Wenn die Kinder im Kindesalter nicht lernen, selbst mit Zank, Streit und Wut umzugehen, verlagert sich dieses Problem ins spätere Leben. Wie viele Partnerschaften und Ehen leiden daran, daß das in Kindheit und Jugend nicht gelernt wurde. Zumeist sind es behütete Einzelkinder oder solche, die in der Schule beliebt waren und wenig angeeckt sind und die es jetzt gar nicht fassen können, daß nicht alles so glatt geht, wie sie es gewohnt waren. Wer hingegen als Kind in einer größeren Familie aufwachsen durfte oder sich im Schulklassenzusammenhang durchbeißen mußte, der ist gut vorbereitet für Konfliktverarbeitung im späteren Leben und wird ein verträglicher Mensch. Daher gilt auch hier, was für den Trotz gesagt wurde: Freuen Sie sich, wenn sich die Kinder streiten. Es ist dies die Vorbereitung dafür, später Kämpfe innerlich mit sich selbst auszumachen und nicht mehr nach außen zu projizieren, wie das im Kindesalter noch berechtigt ist. Es besteht meist gar kein Grund, in die Streitigkeiten der Kinder einzugreifen. Sie werden schließlich doch selbst damit fertig und haben geübt, mit Streit umzugehen, Kräfte zu messen und sich wieder zu vertragen.

Frage: Wie kann man kleinen Kindern (2 1/2 Jahre) klarmachen, daß die Mutter auch einmal Hausarbeit machen muß? Können sie auch schon verzichten lernen?

Antwort: Mir scheint da eher die Frage zu sein, ob Sie Ihr Kind sinnvoll in Ihre Hausarbeit miteinbeziehen können. Denn wenn Sie Ihre Arbeit gerne machen und eifrig dabei sind, kommt ja das Kind sogleich hinzu und möchte mitmachen. Es ist sogar wichtig, daß Sie als Mutter nicht der Hauptspielkamerad Ihres Kindes werden. Kinder, auch wenn sie Einzelkinder sind, können sich sehr gut stundenlang allein beschäftigen. Oder aber sie arbeiten mit auf ihre Weise, was die Erwachsenen tun. Da wird dann im Nu aus einem Stöckchen ein Messer, aus einem Tuch ein Deckel – mit einfachsten Mitteln, die man den Kindern in die Hand gibt, können sie sich am Arbeitsprozeß beteiligen und auf ihre Art dasselbe tun, was die Erwachsenen tun. Ist es jedoch noch klein, so ist ein großer mit Schaffell und Spielsachen ausgekleideter Laufstall die richtige Position des Kindes. Hier kann es alles sehen und nachahmen, was Sie tun, ohne selber störend eingreifen zu können.*

Frage: Wie verhalte ich mich meinem Kind gegenüber, das in dem Sinn nicht auf Dinge verzichten kann, indem es sie einfach mitnimmt, das heißt stiehlt? Was kann ich dagegen tun? Das Kind ist sieben Jahre alt und hat eine unwiderstehliche Sammelleidenschaft.

Antwort: Da muß sorgfältig abgeklärt werden, ob es nur eine Sammelleidenschaft ist oder ob es sich um Kleptomanie handelt. Im Alter zwischen sechs und zwölf Jahren treten häufiger solche Tendenzen auf. Wenn sich eine echte Kleptomanie dahinter verbirgt, sollte man sich mit einem erfahrenen Kinderpsychiater besprechen. Ist hingegen nur eine Sammelneigung da, so wäre zu überlegen, ob jemand in der Umgebung des Kindes hierfür ein Vorbild ist. Man könnte eventuell mit diesem Menschen sprechen und ihn veranlassen, seine Neigung etwas weniger zur Schau zu tragen. Wichtig ist, wenn so einseitige Sammelleidenschaften vorliegen, daß man sich da um Ausgleich bemüht, indem zum Beispiel das Kind etwas Neues lernt. Ein Musikinstrument kann ein sehr schöner Ausgleich für diese einseitige Neigung sein.

Bisweilen kommt das Stehlen aber auch deswegen vor, weil einfach der Nachbarjunge so attraktive Metallautos hat, gegen die die eigenen aus Holz wertlos erscheinen, so daß die Versuchung zu stehlen eben doch sehr groß wird, wenn sich eine Gelegenheit hier-

---

* Vgl. »Kindersprechstunde«

für bietet. In diesem Fall wäre zu überlegen, ob nicht doch ein Auto dieser Art auch auf legale Weise den Weg in die eigene Wohnung finden könnte.

Frage: Als Mutter von drei Kindern möchte ich einen Ansporn erhalten, wie ich im Alltag geistesgegenwärtiger werden kann. Ich selber brauche eben auch Ermutigung und habe Probleme, den Verzicht zu akzeptieren, der darin liegt, daß ich häuslich so angebunden bin. Wo kann ich diese Ermutigung im Alltag hernehmen? Gibt es da einen Trick zur Selbsthilfe?

Antwort: Der beste Trick, den ich kenne, ist eben, energisch daran zu arbeiten, sich über das zu freuen, was man durch den Verzicht lernen kann. Das heißt diejenigen neuen Möglichkeiten zu finden, die dadurch entstehen, daß man auf etwas anderes verzichten muß. Wenn Ihnen da für Ihre eigene Situation nichts einfällt, so würde ich Ihnen raten, diese Frage an einige Menschen zu stellen, die Sie einerseits schätzen und die wiederum Sie genügend gut kennen. Fragen Sie doch: Was würdet ihr an meiner Stelle tun? Womit könnte ich mich auseinandersetzen, beschäftigen? Vielleicht stellt sich dann heraus, daß Sie sehr wohl eigentlich wissen, was Sie gerne machen würden, aber nur die Zeit nicht finden dafür, weswegen alles immer wieder im alten Trott erstarrt. Da ist es dann entscheidend, zu Hause zu verabreden, daß Sie unbedingt entweder einen Nachmittag in der Woche oder ein Wochenende im Monat freihaben müssen, wo Sie wirklich etwas für sich machen können, ganz aus eigener Initiative, das Sie dann bei Ihrer Alltagstätigkeit im Hintergrund haben. Wenn man an einer Stelle wieder Feuer gefangen hat und in Bewegung geraten ist, dann erscheint einem oft auch die übrige Tätigkeit nicht mehr so grau, und es fallen einem bei der gewohnten Arbeit neue Dinge auf. Und dann ist es auch eine große Hilfe und Ermutigung, sich klarzumachen, was es bedeutet, anderen Menschen – in diesem Fall den eigenen Kindern – den Weg ins Leben hinein zu ermöglichen und ihnen zu geben, was sie brauchen. Je mehr wir empfinden, was das eigentlich bedeutet, sich ganz für einen anderen Menschen einzusetzen, selbstlos, ohne zu wissen, was man jemals wieder dafür bekommt, um so mehr erwacht auch eine tiefe innere Sicherheit bezüglich des Wertes und der Würde einer solchen täglichen Arbeit. Sie selbst wird dann zu dem Neuen und Wertvollen, das man durch den Verzicht auf andere berufliche Tätigkeit zum Beispiel gewinnt. Es ist so entscheidend, den Wert dessen zu erkennen, was man tatsächlich hat, und nicht immer nach etwas zu verlangen, das man gerade nicht hat. Hierzu gehört auch, den tieferen Sinn der Alltagstätigkeiten zu entdecken. Was heißt sauber machen, Licht anzünden, kochen, spülen *eigentlich*? Ordnung schaffen, Helligkeit bringen, Ernähren – es sind edelste moralische Qualitäten, die sich hinter diesen scheinbar äußerlichen Tätigkeiten verbergen. Sie werden aber erst geistesgegenwärtig getan, wenn in der Seele die entsprechenden Eigenschaften aufleben und bewußt gemacht werden. Innerlich hell werden, sich von unguten Eigenschaften reinigen, Grundlagen zur Entwicklung schaffen und den Dank empfinden, daß dies gegeben ist, das sind Möglichkeiten, die Hausarbeit heute als Weg zur inneren Weiterentwicklung sehen zu lernen.

Frage: Ich möchte gern etwas über die negative Spiegelung hören. Wieso kann man nicht spontan geistesgegenwärtig reagieren? Warum braucht man da eine besondere Anstrengung? Warum reagiert man unbewußt immer zunächst negativ?

Antwort: Die spontane Reaktion ist nur dann negativ, wenn wirklich eine Projektion oder Spiegelung stattfindet: Das heißt, wenn man sich selbst zu wenig kennt und in der Beurteilung anderer seine eigenen Schwächen in den anderen projiziert. Liegt das vor, so ist tatsächlich zunächst die Reaktion negativ, und es wäre an der Selbsterkenntnis zu arbeiten. Man muß sich fragen: Wo sitzen meine Zweifel, meine Ängste, meine verborgene Wut, mein Neid oder bestimmte Haßgefühle? Andererseits gibt es aber auch Menschen, die das schon weitgehend können und die direkt, spontan und angemessen in bestimmten Lebenssituationen reagieren und sich auf ihre positiven Reaktionsmuster verlassen können. Wir Menschen sind eben zunächst selbstsüchtig und müssen das Interesse an der Welt erst lernen. Aus diesem Grunde bewerten wir unsere Erlebnisse zunächst immer auf uns bezogen, das heißt im Vergleich zwischen anderen und uns selbst. Je mehr wir aber gelernt haben, uns in die Hand zu nehmen und unsere eigenen Anschauungen und Meinungen nicht hineinzuinterpretieren in das, was uns begegnet, sondern bewußt nach Erkenntnissen zu suchen, desto mehr äußert sich auch in unserem Reagieren und Verhalten primär das positive Mitempfinden.

Frage: Ist Geistesgegenwart etwas anderes als Aufmerksamkeit? Zum Beispiel im Straßenverkehr, an Maschinen oder anderen muß man doch sehr aufmerksam sein. Ist das dieselbe Aufmerksamkeit, die man anderen Menschen entgegenbringt, wenn man sich geistesgegenwärtig verhält?

Antwort: Aufmerksamkeit im Straßenverkehr kann zum Beispiel durchaus damit gepaart sein, daß man als Autofahrer Musik hört oder sich noch nebenbei mit dem Beifahrer unterhält. Auch an Maschinen braucht man nur die Aufmerksamkeit, die nötig ist, daß bei der Maschine alles gut läuft. Daneben hat man immer noch freie Valenzen, an etwas anderes zu denken oder etwas anderes zu fühlen. Bei der vollen Geistesgegenwart jedoch ist man mit ungeteilter Aufmerksamkeit in der Situation oder an der Sache engagiert oder im Gespräch mit einem Menschen. Es gibt beispielsweise Frauen, die sagen, daß sie sehr gut zuhören und gleichzeitig stricken können oder aber beim Stricken lesen. Ich habe das nie ganz geglaubt. Zu oft habe ich beobachtet, daß, wenn es im Gespräch wirklich spannend und interessant wird, die Betreffende das Strickzeug für Augenblicke oder gar für Minuten sinken läßt, bis die Spannung vorüber ist und sozusagen der normale Informationsfluß wieder einsetzt.

Dieser verträgt sich mit dem Stricken, die geteilte Aufmerksamkeit reicht, um zu verstehen, was gemeint ist. Volle Geistesgegenwart wäre die ungeteilte Aufmerksamkeit, die das Strickzeug sinken läßt.

Frage: Was ist zu tun, wenn man selbst nicht humorvoll ist, aber doch den Eindruck hat, daß mit Humor vieles leichter zu schaffen wäre, auch bezüglich der Geistesgegenwart?

Antwort: Da möchte ich gerne Hölderlin zitieren: »Wer auf sein Leid tritt, steht höher.« Humor kann man nur entwickeln, wenn man bereit ist, sich über sein Elend ein wenig zu erheben, ein wenig über den eigenen Hutrand hinauszuschauen, das heißt Überschußkraft zu entwickeln. Dabei kann es eine Hilfe sein, sich in bestimmten Lebenssituationen einmal für einige Momente ganz genau zu beobachten und sich zu fragen: Was würdest du eigentlich von so einem Menschen denken, wenn er dir ganz fremd wäre und du ihn so von außen sehen und bei seinem Tun beobachten würdest? Schon diese Distanz zu sich selbst, die durch solche Beobachtungsübungen vorübergehend entsteht, bewirkt ein Stück Aus-sich-Herausgehen und kann unter Umständen schon ein kleines Lächeln im Gesicht erzeugen. Humorvoll kann nur der werden, der auch über sich selbst lachen kann. Hinzu kommt, daß Humor ja nichts mit Auslachen zu tun hat. Im wirklichen Humor steckt eine tiefe Liebe zu den Dingen und zum anderen darin. Es gibt zwei Möglichkeiten, den Humor zu lernen: einmal durch genaue Selbstbeobachtung mit dem Willen, sich selbst einmal von außen zu sehen und nicht immer als Betroffener zu fühlen, und zum anderen, sich den Belangen der Umgebung so zu öffnen, daß echtes Mitleid, echte Sympathie und damit auch Verstehen und Liebenlernen möglich werden. Wer nach den Ursachen der Humorlosigkeit fragt, wird entdecken, daß hier ein verborgener Hochmut vorliegt und die Tendenz, sich selbst zu wichtig zu nehmen. Dem Humor hingegen liegt eine verborgene Liebe zur Welt zugrunde und die Fähigkeit, sich selbst als Teil des Ganzen zu sehen und nicht ausschließlich im Mittelpunkt.

Vom Umgang mit sozialen Problemen –
Welche Rolle spielen dabei Erwartungen und Ansprüche?

Ist es denn schon ausgemacht, daß meine Seele nur einmal Mensch ist? Ist es denn schlechterdings so ganz unsinnig, daß ich auf meinem Wege der Vervollkommnung wohl durch mehr als durch eine Hülle der Menschheit durch müßte?
GOTTHOLD EPHRAIM LESSING

Es ist relativ leicht, dieses Thema abstrakt zu behandeln. Es ist jedoch schwer, in die Einzelheiten zu gehen, auch wenn soziale Probleme – von außen gesehen – vielfach ähnlich sind oder als typische Konstellationen auftreten (z.B. Ursachen von Ehekonflikten oder Streit bei Kindern). Jeder Einzelfall ist jedoch stets neu anzuschauen und bedarf individueller Beurteilung, wenn man ihm wirklich gerecht werden will. So seien jetzt hier einige allgemeine Gesichtspunkte als Grundlage für die Aussprache angeführt.

Probleme sind Aufgaben

Zunächst eine überraschende Feststellung: Ist es nicht auch gut, daß wir alle irgendwelche Probleme haben? Wenn sich jeder ehrlich fragt: »Was wäre ich ohne meine Probleme? Was bleibt übrig von mir, wenn ich wirklich einmal alles wegnehme, was für mich problematisch ist: an mir selbst, an meinem sozialen Umkreis und am lieben Gott? Wie geht es mir dann?« Da würde jeder wohl zunächst sagen: »Da geht es mir endlich einmal ganz gut.« Aber was dann? Woher nimmt man sein Engagement, etwas zu tun? Wie sollte die Entwicklung weitergehen? Da wird es schon anders.

Nehmen wir z. B. das Bild vom »Schlaraffenland«. Alle Menschen liegen übersatt mit ausgebreiteten Armen in schönster Naturumgebung auf dem Boden, keiner rührt sich mehr: ein Bild gesättigter Zufriedenheit. Ist das nicht auch ein Bild kompletter Problembewältigung? Alles ist gegessen – es gibt nichts mehr zu verarbeiten. Wäre das nicht zugleich auch das Ende der Entwicklung? Probleme und Konflikte haben offensichtlich auch eine positive Seite. Sie bringen uns in Bewegung, sie fordern Lernprozesse und Entwicklungen von uns, die wir ohne unsere Probleme nicht unternehmen würden. Und da stellt sich die Frage: Müssen wir uns nicht sogar, wenn die Konflikte oder Widerstände nicht von außen in unser Leben hereinkommen, solche im Inneren schaffen, um aktiv zu bleiben, um uns weiterzuentwickeln? Gibt es überhaupt ein Lernen von innen, aus eigenem Antrieb, ohne daß Schwierigkeiten und Hemmnisse von außen diese Lernprozesse anregen?

Es ist gut, sich im Zusammenhang mit diesem Thema einmal vor Augen zu führen, was man den Problemstellungen in der eigenen Biographie verdankt an Entwicklung, an Erfahrungen, ja an Persönlichkeitsreifung, an Sensibilität und Menschenverständnis. Denn die Probleme, die ich selber habe und zu verarbeiten versuche, machen mich zugleich sensibel für entsprechende Probleme bei anderen Menschen. Die besten Lebensberater sind diejenigen, die selbst viel durchgemacht haben, und nicht diejenigen, die aus einem angelesenen Wissen heraus gute Ratschläge geben.

Dann gibt es die großen Zeitprobleme existentieller Art, wie die Frage von Arm und Reich oder das Völkermorden rings um uns. Sie sind kaum zu ertragen, es ist schwer, mit diesen Tatsachen überhaupt zu leben: die Unterdrückung der Kurden, der Balkankonflikt, die brennenden Ölfelder nach dem Golfkrieg mit aller von Menschen verursachten Zerstörung, die Naturkatastrophen in Bangladesh, der Hunger in Afrika, die Millionen von Kindesmißhandlungen in aller Welt – ein Jahrhundert sozialen Unvermögens und menschlichen Versagens. Man hat unser Jahrhundert das »Jahrhundert des Kindes« genannt, weil man viel über das Kind nachgedacht hat, aber in keinem Jahrhundert ist Kindern soviel Grausamkeit widerfahren wie in unserem. Wer über diese Dinge nachdenkt und sie überhaupt an sich heranläßt, dem gehen sie an den Lebensnerv. Sie können einem den Appetit und den Schlaf stören. Man kann mit Alpträumen aufwachen und sich fragen: Wo bin ich denn hingeraten? Warum kann ich nichts tun? Warum kann ich nicht helfen? Man steht zunächst ohnmächtig vor diesen großen Weltproblemen. Den individuellen Problemen gegenüber ist die Ohnmacht geringer. Denn hier sind wir selbst aufgefordert, etwas zu deren Bewältigung zu tun.

Es ist notwendig, sich einerseits diese individuellen, »gesunden« – im Sinne von aktivierenden – Probleme anzuschauen, bei denen es immer möglich ist, einen Sinn zu finden und daran zu arbeiten und sich andererseits jenen zu stellen, bei denen es einem schier unmöglich erscheint, dieses zu tun. Denn in der persönlichen überschaubaren Situation kann prinzipiell deutlich werden, worin der Sinn des Bösen und der Hemmnisse liegt: Wir erfahren dadurch neue, unerwartete Anregungen für unsere Entwicklung. Diese Einsicht kann helfen, sich auch dem unerträglich großen Bösen gegenüber zu sagen: Gemeinsam mit den anderen Menschen und Völkern müssen wir die drängenden Aufgaben der Konfliktbewältigung angehen. Wird dadurch auch die Menschheitsentwicklung in einer Weise gefördert werden, wie es ohne dieses Leid und die damit verbundene Arbeit nicht möglich wäre?

Gerade in der christlichen Religion, die die Entwicklung zu Freiheit und Liebe prophezeit, wird uns der Passionsweg vor Augen geführt. Gott nimmt sich des großen Leides der Menschheit an, setzt sich selbst dem Bösen aus. Ja, er identifiziert sich damit und gibt uns dadurch das Vorbild. So wie er das annehmen und bejahen kann, so können wir das auch zu tun beginnen, wenn wir ihm nachfolgen wollen.

Das kann eine große Hilfe sein angesichts von katastrophalen Ereignissen. Wir können uns vorstellen, wie wohl Christus darauf hinblickt, der alles miterlebt und uns Menschen nicht verläßt. Er hat sich nicht gegen das, was ihm geschah, aufgelehnt, sondern hat gesagt:»Sie wissen nicht, was sie tun.« Damit hat er den Weg für jede Problemlösung gewiesen: Wirklich zu wissen, was geschieht und dem Bösen dadurch die Macht zu nehmen.

Anspruch und Erwartung

Wo Ansprüche sind, sind die Menschen beflügelt, Urteile zu fällen. Menschen, die viel urteilen, meistens kritisch, aber auch lobend, wenn etwas gelingt, was ihren Ansprüchen genügt, sind anspruchsvolle Menschen. Wer keine Ansprüche hat, hat auch keinen Grund zu loben oder zu tadeln.

Es ist wichtig, diesen Zusammenhang zu erkennen. Wer bestimmte Ansprüche an sich selbst und an seine soziale Umwelt hat, ist auch sich selbst und der Umwelt gegenüber entsprechend kritischer. Es wird sogleich bemerkt, was von diesen Ansprüchen abweicht. Wer sich über seine eigene Anspruchshaltung jedoch nicht genügend im Klaren ist, kann unter Umständen daran zu kranken beginnen. Oft liegen hier auch die tieferen Ursachen von depressiven Verstimmungen.

In der Therapie geht es dann darum, die betroffenen Menschen aufmerksam darauf zu machen, daß es diese verborgenen Ideale und Ansprüche sind, die die Unzufriedenheit und Lähmung herbeigeführt haben, die letzlich die Depressionen verursachen. Es muß dann versucht werden, die Ansprüche auf ein gesundes Maß zu reduzieren, so daß man sich selbst und die anderen wieder besser leben lassen kann.

Ansprüche und Erwartungen führen nicht nur zu einer verschärften Urteilsbildung, sondern auch zu verschärften Enttäuschungserlebnissen.

Dabei ergeben sich die Ansprüche aus unserem Erkenntnisvermögen, während die Erwartungen mehr mit unserem Gefühlsleben zu tun haben. Wir hoffen auf Erfolg, sehnen uns nach etwas, erwarten Anerkennung oder Berücksichtigung und sind enttäuscht, ja traurig, wenn das Erwartete nicht eintrifft, oder aber glücklich und zufrieden, wenn es sich erfüllt.

Probleme am Arbeitsplatz

Das eigentlich Belastende und Schwierige an Problemen ist deren Dauer und Unausweichlichkeit. Es ist die Einsicht, daß man – zumindest zunächst – damit leben muß. Zum Beispiel ist ein Lehrer, der mit den Schülern nicht fertig wird, ein Problem für ihn selbst, die Kollegen, die Eltern und die Kinder. Die damit verbundenen Schwierigkeiten sind jedoch innerhalb von ein oder zwei Jahren nicht zu lösen, es sei denn, die Situation ist so dramatisch, daß das Arbeitsverhältnis sogleich gelöst werden muß. Das dadurch verursachte, oft über Jahre sich hinziehende Leid bedarf der Verarbeitung und Linderung seitens aller Beteiligten. Kritik und Lamento helfen nicht weiter. Wohl aber der Versuch zu verstehen, zu unterstützen und kleine Schritte zur Verbesserung der Situation zu unternehmen.

Entsprechend schwierige Situationen gibt es auch an anderen Arbeitsplätzen und zu Hause, wenn zum Beispiel ein Mensch, der seelisch labil oder unzugänglich ist, aufgrund seiner Stellung großen Einfluß hat, oder wenn man ständig auf jemanden Rücksicht nehmen muß und wichtige Dinge nicht zur Ausführung kommen können.

Alle menschlichen Schwächen, die wir mehr oder weniger ausgeprägt auch von uns selber kennen, verursachen im sozialen Zusammenhang Probleme, wenn sie durch einen Menschen zur Auswirkung kommen, der Einfluß auf den Gang der Dinge hat.

Letztlich liegen den sozialen Problemen immer ganz bestimmte Fehlleistungen, Unzulänglichkeiten, Engstirnigkeiten und Ungenügendheiten zugrunde.

Ansätze zur Problembewältigung

Zunächst ist die Frage: »Kann ich meine Ansprüche, meine Erwartungen in dieser Situation so einstellen, daß ich etwas zur Änderung beitragen kann?« Nehmen wir das Beispiel des Lehrers, der Disziplinschwierigkeiten hat. Da gibt es zwei Wege: Entweder man arbeitet offen daran, für den Lehrer eine andere Lebensbasis zu finden und einen neuen Versuch mit einem anderen Lehrer zu wagen. Es ist dies der Weg der Problembewältigung durch aktive Veränderung der äußeren Verhältnisse.

Der zweite Weg geht über die Veränderung der inneren Verhältnisse. Man sieht ein, daß beispielsweise kein Ersatz für den betreffenden Lehrer da ist. Also geht jetzt die ganze Aktivität nach innen in Richtung der Frage: »Was können wir alle zusammen tun, um den betreffenden Lehrer in seiner Aufgabe zu unterstützen, so daß er im Lauf der nächsten Jahre lernt, ein guter Lehrer zu werden?« Denn da, wo Unfähigkeiten und Schwächen sind, ist doch gerade viel zu lernen, sind doch auch Möglichkeiten da, die mangelnden Fähigkeiten auszubilden. Es kann das gelingen, wenn die Eltern sich – besonders auch vor den Kindern! – hinter den Lehrer stellen und ihm ihre Anerkennung aussprechen für das, was er trotzdem leistet, anstatt sich lautstark mitzuärgern, wenn die Schüler sich Luft machen. Ebenso können die Kollegen den Schülern deutlich machen – insbesondere die, die von ihnen geschätzt werden –, daß sie den Betreffenden gerne mögen und es nicht dulden, wenn die Schüler ihn zugrunde richten. Wieviel hängt doch für das soziale Klima davon ab, wie die Menschen voneinander über Abwesende sprechen! Diese können dadurch systematisch aufgebaut oder gelähmt werden. Dieser innere Weg durch Änderung der Einstellung gegenüber dem Problem ist der für alle schwierigere, aber zugleich auch fruchtbarere. Es wird geübt, die Schwächen anderer Menschen genauso tolerant mitzutragen, wie man seine eigenen Schwächen mittragen und aushalten muß, und kleine Schritte zur Änderung zu tun, auch wenn es nicht sofort gelingt, Erfolge zu sehen.

Ist es nicht möglich, den einen oder den anderen Weg der Kon-
fliktlösung zu beschreiten, so besteht die Gefahr, daß die Probleme
zum Dauerbrenner werden und krankmachend wirken. Menschen,
die es schwer haben, Probleme zu verarbeiten, verlieren diese Fähigkeit nach und nach auch auf leiblicher Ebene. Das heißt, die körpereigene Abwehr, die zur Gesunderhaltung notwendig ist, beginnt
ebenfalls nachzulassen, und nach 10 oder 15 Jahren können infolge
der Schwäche des Immunsystems unterschiedliche Krankheiten
auftreten, je nachdem, wo der Organismus ohnehin seine schwache
Stelle hat. Probleme aktiv zu verarbeiten hingegen stärkt das Immunsystem. Diese Tatsache ist inzwischen auch von der immunolo-
gischen Forschung empirisch bestätigt worden und hat bereits Konsequenzen für die Behandlung von Krankheiten, denen eine Immunschwäche zugrunde liegt wie beispielsweise Krebs oder AIDS.
Hier wird der Psychotherapie im Sinne einer Konflikt- bzw. Problembewältigung ein immer wichtigerer Platz im gesamten therapeutischen Konzept eingeräumt.

Schicksalseinsicht und Problembewältigung

Alle Probleme, die wir haben, begegnen uns in einer bestimmten
Umwelt, einer bestimmten sozialen Situation, das heißt im Grunde
genommen sind sie Teil unseres persönlichen Schicksals. Probleme
so gesehen sind eben Schicksalsfragen. Sie entstehen, weil im Zwi-
schenmenschlichen, in der Arbeit, in der Familiensituation spezifische Konflikte auftauchen. Und da ist es hilfreich, sich die Frage zu
stellen: Warum habe gerade *ich* mit dieser Sache zu tun? Was habe
ich für einen Begriff vom Schicksal? Warum ist gerade in *meinem*
Umkreis dieser schwache oder schwierige Mensch, der nicht weg-
zubringen ist von seinem Platz, so daß ich mich permanent mit ihm
auseinandersetzen muß? Angesichts dieser Fragen möchte ich gerne
als These ins Gespräch einbringen: Daß wir heute vielfach so unfä-

hig sind, unsere Probleme anzunehmen und zu bearbeiten, hängt
damit zusammen, daß wir keinen befriedigenden und zureichenden
Begriff vom Schicksal haben. Wir sehen im Schicksal mehr oder
weniger einen Zufall oder aber eine Notwendigkeit, gegen die wir
uns auflehnen und von denen wir meinen, *daß wir es nicht nötig
haben*, uns mit ihnen zu befassen. Wir verstehen das Schicksal noch
nicht als eine uns persönlich gestellte Aufgabe, die auch um unserer
Selbst willen da ist und nicht nur die anderen betrifft. Es ist die
Frage nach unserer Identifikation mit der Schicksalsgegebenheit.

Auch bei einer Ehescheidung kann man sich die Schicksalsfrage
stellen: Warum finde ich in meinem Inneren nicht die Kraft, mit
dieser Situation fertig zu werden? Warum muß es zum äußeren
Bruch kommen? Was müßte ich lernen, um es nicht zum Bruch
kommen zu lassen? Gehört das nicht genauso als Entwicklungsmöglichkeit zu mir wie dieser andere Weg der äußeren Veränderung? Wer einen Begriff vom Schicksal hat, der über ein Erdenleben
hinausreicht, und die Frage nach dem Woher und Wohin als zu sich
gehörig anzusehen beginnt, bekommt völlig neue Möglichkeiten,
an Probleme heranzugehen. Da wird man im Falle des Eheschei-
dungskonfliktes fragen: Wie wollen wir uns eigentlich im nächsten
Leben wieder begegnen? Hängt dies nicht stark von der Art und
Weise ab, wie wir jetzt auseinandergehen? Jede Beziehung hat Vergangenheit, Gegenwart und Zukunft. Es ist nicht möglich, den Faden einer Beziehung auf ewig abzuschneiden. Dieses geht, wenn
überhaupt, nur vorübergehend. Schwierigkeiten sind letzlich dazu
da, daß wir aus ihnen lernen und sie überwinden, nicht aber, daß
wir uns vor ihnen drücken. Denn: Meine Schwierigkeiten von
heute haben eben auch Geschichte. Könnte es nicht sein, daß ich
dem Menschen, an dem ich jetzt leide, etwas schuldig bin aus früherer Zeit? Wie will ich denn, daß die Beziehung weitergeht? Wie
arbeite ich an dieser Beziehung so, daß wir unser Problem nicht in
ein späteres Erdenleben verlagern müssen? So gesehen wird die
Problembewältigung auch zu einer Frage eigener Vergangenheits-
bewältigung und konkreter Vorbereitung von Zukunft.

Fragen zum Thema

Frage: Warum haben Anthroposophen mehr Probleme als andere Menschen?

Antwort: Ich finde es interessant, daß Sie augenscheinlich zu dieser Wahrnehmung gekommen sind, wenn Sie so fragen. Ich kann das aus meinem Gesichtswinkel nicht bestätigen. Ich kenne kaum jemanden, der nicht soziale Probleme irgendwelcher Art hat. Allerdings erwartet man von den Betroffenen normalerweise nicht, daß sie keine haben. Anthroposophen gegenüber jedoch besteht der Anspruch, daß sie eigentlich weniger Probleme haben oder aber mit ihren Problemen besser fertigwerden können müßten als andere Menschen. Ich habe versucht, zu verstehen, woher diese Ansicht kommt. Dabei kam mir der Gedanke, ob es nicht daran liegen könnte, daß diese Menschen denken, Anthroposophen müßten eigentlich bessere Menschen sein aufgrund der ihnen zugänglichen Geisteswissenschaft und der Fülle von Anregungen zur Selbsterkenntnis und Selbsterziehung. Wenn dem dann nicht so ist und bemerkt wird, daß bei Anthroprosophen auch nicht weniger Ehescheidungen vorkommen und kollegiale Probleme und Machtkonflikte ebenfalls an der Tagesordnung sind, so wird das als enttäuschend erlebt. In der ärztlichen Tätigkeit ist mir dieses auch begegnet. Zum Beispiel habe ich auf der Kinderstation in Herdecke erlebt, daß Eltern hier Ansprüche an die Versorgung stellen, die sie in keinem anderen Krankenhaus anmelden würden. Eine Mutter hat das einmal so formuliert: »Wissen Sie, ich bin gerade deshalb hierher gekommen, weil man mir gesagt hat, daß die Anthroposophen eine bessere Betreuung haben. Von dem anderen Krankenhaus, in dem ich auch schon einmal war, habe ich das gar nicht erwartet, da hat mich das nicht gewundert, daß die Ärzte keine Zeit hatten und auch die Schwestern zum Teil recht unfreundlich waren.«

Nach meiner Kenntnis der Anthroposophie würde ich nicht von vornherein darauf kommen, Anthroposophen für bessere Menschen zu halten oder von ihnen mehr zu erwarten als von anderen. Die Erfahrung zeigt vielmehr, daß ein großer Teil derjenigen, die zur Anthroposophie kommen, diesen Weg wählen, weil sie mit ihrer bisherigen Lebenssituation nicht mehr zurechtkommen und nach einer Schulungsmethode für sich suchen. Das heißt, es stoßen gerade viele Menschen zur Anthroposophie, die zunächst einmal für sich selber Hilfe und Stärkung suchen. Und von Hilfsbedürftigen darf man nicht erwarten, daß sie jetzt gleich alles besser machen als die Nichthilfsbedürftigen. Eines ist jedenfalls sicher: Wer mit sich selbst zufrieden ist und wenig Fragen hat, der wird auch nicht nach der Anthroposophie verlangen. Sie ist etwas für Menschen, die auf der Suche sind, die offen sind für Neues, die Fragen haben und an den vorhandenen Problemen arbeiten und Erkenntnisse gewinnen wollen. Viele Kinder, die in der Nachkriegszeit aufgewachsen sind und dort Bettler, zerstörte Häuser und viel Elend gesehen haben, sind mit der Frage nach der Ungerechtigkeit und nach dem Sinn des Bösen groß geworden. Solche Fragen können lange bohren und unbeantwortet in der Seele liegen. Da kann es eine Erlösung sein, die Anthroposophie kennenzulernen und dadurch neue Möglichkeiten zu bekommen, an diesen schwierigen Lebensfragen zu arbeiten.

So sicher ich sagen kann, daß die Anthroposophie ein Weg ist, der die Vollendung des Menschseins im Sinne des Christentums zum Ziel hat, genauso sicher kann ich sagen, daß dieser Weg nicht der leichteste ist und ganz gewiß auch kein solcher, der von vornherein eine Art Garantieschein wäre für gutes Benehmen oder für das Ausbleiben von Schwierigkeiten.

Frage: Was entsteht in einer Gruppe von Menschen dadurch, daß die Ansprüche nicht so richtig ausgesprochen werden? Offiziell ist ein gemeinsamer Anspruch da, aber die 20 Leute der Gruppe haben unausgesprochen individuell verschiedene Ansprüche. Den Anspruch für alle formulieren jedoch die, die dominanter sind, und die übrigen fügen sich dann. Wie ist da die Einordnung, wenn dieser

Anspruch, den vielleicht zwei formuliert haben, von den meisten der Gruppe in Wirklichkeit gar nicht erfüllt wird?

Antwort: Diese Konstellation findet man häufig in Einrichtungen, die kollegial verwaltet sind. Auch hier gibt es zwei heilsame Vorgehensweisen für den von Ihnen geschilderten Problemfall. Die eine ist, daß die drei, vier Hauptverantwortlichen, die meinungsbildend wirken, sich dieser Tatsache bewußt werden und Einrichtungen schaffen, die sie in den Stand versetzen, wirklich zu hören, was die anderen Mitarbeiter denken und dieses dann auch bei ihren Vorschlägen und Entscheidungen berücksichtigen. Die andere Möglichkeit ist, daß die stets übergangene schweigende Mehrheit sich eben doch zusammenschließt und artikuliert und so die führenden Mitarbeiter durch äußeren Druck zwingt, stärker auf ihre Fragen und Bedürfnisse einzugehen. Der schönere Weg ist jedoch der des Interesses füreinander und nicht der revolutionäre, bei dem doch immer die Gefahr besteht, daß er ins Machtpolitische abgleitet und die Arbeitsleistung der Einrichtung beeinträchtigt.

Frage: Mein Problem: Die Unwahrhaftigkeit wird gelebt und soll von mir akzeptiert werden, weil es die »Eigenart« des anderen ist, daß er mich nicht verletzen möchte. Wie gehe ich damit um?

Zusatzfrage: Mich würde interessieren, wie man mit einer solchen Verletzung umgehen kann, die dadurch entsteht, daß die Ansprüche eben nicht erfüllt werden, weder von sich selbst als auch vom anderen.

Antwort: Nichts verletzt so sehr, als wenn man von einem Menschen, dem man vertraut, nicht ins Vertrauen gezogen wird in für ihn oder beide wichtigen Angelegenheiten. Dabei ist es gar nicht so schwer, den Ursachen für diese scheinbare Verlogenheit nachzuspüren. Der Grund dafür ist meistens der, daß man die Ansprüche und Wertmaßstäbe des anderen so gut kennt, daß man meint, ein Problem nicht ansprechen zu können, das ganz offensichtlich diesen Wertsetzungen nicht standhält und von vornherein der Verurteilung anheim fallen müßte. Zum Beispiel weiß ein Kind, daß seine Mutter nichts mehr haßt als die Lüge. Nun hat das Kind aber gelogen und es möchte seine Mutter nicht enttäuschen, weil es sie nicht verletzen will. Dann zieht diese eine Lüge noch manche andere nach sich. Es wird schließlich doch für die Mutter eine große Belastung, weil sie spürt, daß das Kind ihr nicht die volle Wahrheit gesagt hat. Sie kommt jedoch nicht an das Kind heran, weil es seine Mutter liebt. Die Angst, sie zu verletzen ist stärker und kann von ihm nicht überwunden werden. Oder aber das Kind hat größte Angst vor der Strafe, die es schon einmal hat über sich ergehen lassen müssen. Ähnliche Konfliktsituationen entstehen auf der Erwachsenenebene im Falle neu hinzutretender intimer Freundschaften in einem Ehezusammenhang. Man hat sich früher in dieser Angelegenheit verständigt und sich vielleicht sogar versprochen, nach der Eheschließung nie mehr mit einem anderen Menschen eine intime Beziehung einzugehen, und nun ist es eben doch geschehen und man findet nicht die Worte, es dem anderen zu sagen. Ein solches Verhalten nur verlogen zu nennen, würde der tatsächlichen Situation nicht gerecht. Es geht hier vielmehr darum, zu fragen, ob man nicht hier selber auch mitschuldig ist an dem Verhalten des anderen dadurch, daß man bestimmte Prinzipien stets zur Schau trägt und bei der Besprechung von Problemen anderer Menschen leicht zu einem harten, überheblichen Urteil neigt. Wer selbst Verständnis hat für Schwierigkeiten und Probleme anderer Menschen, dem wird auch viel eher die Wahrheit gesagt, wenn Probleme auftreten.

Zwischenfrage: Ist das wirklich ein »Den anderen nicht verletzen wollen«? Ist es nicht eher so, daß man selber die Konsequenzen nicht tragen will, die entstehen würden, wenn man die Wahrheit sagt?

Antwort: Ich denke, es ist beides möglich. So können sich sehr verschiedene Motive hinter diesem Sachverhalt verbergen. Es kann zum Beispiel auch die Frage brennen, ob die Konsequenzen, die zu fürchten sind, wirklich die adäquaten Folgen aus dieser Situation sein müssen. Der Versuch, vorerst von der Angelegenheit zu schweigen, kann so auch das Motiv haben, abzuwarten und daran zu arbeiten, die scheinbare Logik der drohenden Konsequenzen zu hinterfragen. Deshalb sind Fehlinterpretationen auch so häufig. Die wahren Motive zu durchschauen und sie erst einmal zu verstehen, ist der wichtigste Schritt zur Problembewältigung. Fehleinschätzungen und Verdächtigungen hingegen machen die Lösung schwer. Der sicherste Weg ist daher, offen auf den anderen zuzugehen und ihm die Frage nach den wahren Motiven zu stellen und die eigenen Vorurteile zurückzuhalten. Von Lüge sollte jedenfalls erst dann gesprochen werden, wenn wirklich gelogen worden ist. Wenn jedoch aus Angst vor Konsequenzen, aus Schwäche oder aus Liebe etwas verheimlicht wird und der andere erfährt es dann doch, so eröffnet sich hier eine Möglichkeit, sich noch einmal ganz neu gegenüber zu treten und sich von einer anderen Seite ehrlich kennenzulernen. Werden solche Begebenheiten als Krisen aufgefaßt, die zur Heilung und zur Verbesserung der Beziehung Anlaß geben können, so ist das die beste Grundeinstellung dem Konflikt gegenüber. Wohingegen Vorurteile und Rechtfertigungen die Problemlösung beeinträchtigen oder verhindern.

Frage: Sie haben bei Ihren Ausführungen eine Situation geschildert, daß ein Lehrer bestimmte Schwächen hat oder unfähig ist. Ich habe das selbst erlebt, daß ein Lehrer von den Kollegen mitgetragen wurde, mit sehr viel Leid auf allen Ebenen. Und ich frage mich, ob das so sein muß. Wann ist der Zeitpunkt da, daß man diesem Kollegen kündigt, oder muß man ihn ewig aushalten?

Antwort: Diese Frage ist für jeden Fall in der konkreten Situation neu zu beantworten. Nie aber ist das ein einfacher Prozeß.

Denn es ist leicht zu sagen: Der Lehrer muß gehen – wenn man nicht in der Situation ist, einen Ersatz für ihn suchen zu müssen. Und woher weiß man, daß der neue Lehrer besser ist? Vielleicht schafft es der erste nach zwei Jahren doch? Auf keinen Fall kann man sagen, daß der Kollege »ewig ausgehalten« werden muß. Entweder entscheidet man sich dafür, einen neuen Lehrer zu suchen, oder aber die vorhandene Situation aufzuarbeiten durch positive Unterstützung und Ermöglichen von Lernschritten.

Bei den Lehrern kann es Kollegialität und Hilfsbereitschaft fördern, bei den Eltern mehr Verständnis für die Schwierigkeiten des Lehrerberufes heute.

Katastrophal wirkt sich jedoch eine solche Problematik aus, wenn man nur kritisiert, den anderen die Schuld zuweist und nicht bereit ist, selber daran zu lernen und mitzuarbeiten. Geschieht jedoch letzteres, so ist es in der Regel auch möglich, sich über den »richtigen Zeitpunkt« zu einigen, zu dem dann doch eine eventuelle Änderung herbeigeführt werden muß.

Partnerschaft und Freiheit

Wie gehen Kinder, Vater und Mutter miteinander um?

Erst durch die Französische Revolution vor jetzt mehr als 200 Jahren wurde für jeden einzelnen Menschen das Recht auf Selbstbestimmung und Emanzipation geltend gemacht. Auch haben wir vielfach aus dem Bewußtsein verloren, das erst 1861 in Rußland die Leibeigenschaft aufgehoben wurde und das große Reich im Osten noch bis 1917 zu 98 % ein Bauernvolk war, wovon die meisten als Analphabeten lebten. Erst in unserem Jahrhundert ist der Gedanke von der Menschenwürde des einzelnen und von einer Erziehung zur Selbstbestimmung immer mehr zur Grundlage der allgemeinen pädagogischen Bemühungen geworden. 2000 Jahre hat es gedauert, bis der johanneische Entwicklungsgedanke, durch Erkenntnis der Wahrheit zur Freiheit zu gelangen, nicht nur von einzelnen Berufenen verstanden wurde, sondern mehr und mehr die Menschheit als Ganzes erfaßt hat.

Entwicklung zur Freiheit in Kindheit und Jugend

Ist der Impuls zur Freiheit den Menschen eingeboren, sind wir – so paradox das klingen mag – schon von Natur aus dazu bestimmt, zur Freiheit zu gelangen? Wenn ein Kind geboren wird, erleben wir es zunächst in seiner umfassenden Abhängigkeit und Unfreiheit. Schon nach drei, vier Stunden kann ein verzweifeltes Hungergeschrei erklingen, dann sind wiederum die Windeln voll und der Po würde wund, wenn er nicht gepflegt würde usw. Urbild dafür, daß dennoch eine Entwicklung zur Freiheit begonnen hat, ist das Durchschneiden der Nabelschnur. Was zuvor integriert war in den mütterlichen Organismus, kann jetzt außerhalb ihrer als ein Du angesprochen werden. Jetzt sind Trennung und Verbindung möglich. Damit ist aber auch die Urgeste der Freiheit gegeben: sich von etwas lösen und sich wieder mit etwas verbinden können.

Des weiteren beobachten wir an dem Kind, daß es von morgens bis abends eine Eigenschaft zeigt, die wir nicht anders charakterisieren können als mit Lernbereitschaft. Diese äußert sich zunächst in dem Bemühen um immer geschicktere Bewegungen bis hin zum Greifen, dann zum Stehen und Gehen (1. Lebensjahr), im Erwerb der Sprache (2. Jahr) und schließlich im Denkenlernen, das mit dem bewußten Ich-Sagen einsetzt (3. Lebensjahr). Man kann nun mit Recht fragen: Ist dieses unermüdliche Lernen nach einem gegebenen Vorbild nicht ein Bild der Unfreiheit? Die Kinder sind außerstande, Gehen, Sprechen und Denken zu lernen, wenn nicht Menschen in ihrer Umgebung ihnen dieses vormachen. Auch sind sie nicht in der Lage, sich ihre Muttersprache freiwillig auszusuchen, sondern lernen diejenige, die ihnen die Eltern vorsagen. Würden wir beispielsweise ein Kind aus Japan in Schwaben erziehen, so würde es schwäbisch sprechen wie ein echter Stuttgarter. Japanisch wäre für es genauso Japanisch wie für jeden von uns. Aus der naturgegebenen genetischen und rassischen Disposition kommt die Sprache nicht hervor. Wollen wir hier von Freiheit sprechen, so müssen wir zunächst untersuchen, welche Freiheit es im Zusammenhang mit Lernprozessen überhaupt gibt. Da fällt sogleich auf, daß keine Freiheit herrscht mit Bezug auf dasjenige, *was* das Kind lernt. Es muß sich nach dem Vorbild richten: Wenn man mehrere Kinder beim Spracherwerb beobachtet, wird auf der anderen Seite jedoch auch deutlich, daß diese mit dem, was sie da lernen, auf ganz individuelle Weise umgehen. Das läßt sich auch im Bereich der Bewegungsentwicklung und der Denkentwicklung beobachten. Mit Bezug auf das *Was* ist keine Freiheit gegeben. Alle Kinder lernen Gehen, Sprechen und Denken. Mit Bezug auf das *Wie* jedoch bietet sich eine unerschöpfliche Vielfalt ganz individueller Verwirklichungsmöglichkeiten, die für jedes Kind spezifisch sind. *Wie* eine Sache gehandhabt wird, bleibt jedem selbst überlassen. Das Kind übernimmt zwar die Bewegungsmuster: das Zu- und Aufknöpfen, das Halten des Löffels, das Türenschließen und -öffnen usw. Schauen wir jedoch, wie die Kinder diese Verrichtungen dann tun und wann sie es tun, so sehen wir eine große Spielbreite an Möglichkeiten. Jedes Kind tut es auf seine Art. So zeigt sich bereits schon in dieser ersten Kindheit beim Lernen aus Nachahmung das Grundprinzip der Freiheit: *Wie* ich es mache, *wann* und *ob* – das ist mir weitgehend selber in die Hand gegeben. Beispielsweise gibt es Menschen, die sich später nie mehr die Jacke zuknöpfen, auch wenn sie es gut gelernt haben. Das mag vielleicht auch gerade daher kommen, weil sie in ihrer Kindheit so oft gehört haben: »Kind, mach doch die Jacke zu!« Beim *Spiel* mit dem, was man gelernt hat, und beim Wie im Umgang mit den Fähigkeiten kündigt sich bereits beim kleinen Kind die Möglichkeit der Freiheit an, die dann im Laufe der weiteren Entwicklung immer deutlicher hervortritt.

Die den Menschen eingeborene Lernfähigkeit ist demnach Grundlage seiner Entwicklung zur Freiheit. Dabei werden charakteristische Stufen durchlaufen. Die erste Stufe ist noch mit viel Mühe verbunden, wenn das, was man lernen möchte, nicht auf Anhieb gelingt. Dann folgt die Etappe, wo es mehr und mehr

Freude macht, weil es leichter geht, und schließlich die Möglichkeit, die erworbene Fähigkeit in freier Weise zu handhaben und hier oder da einzusetzen oder auch nicht.

Eine Betrachtung wie diese macht deutlich, daß dasjenige, was häufig mit der Freiheit verwechselt wird: nämlich die Willkür, das heißt das ausleben zu wollen, wozu man gerade Lust hat, nur *ein* Aspekt der Freiheit ist: der Aspekt des sich Trennens und Lösens von einer Verbindung oder Verpflichtung. Bliebe man jedoch dabei stehen, so würde vieles nicht gelernt, was sich später als Mangel an Möglichkeiten und damit eben auch an Freiheitsgraden bemerkbar machen würde. Zur Freiheit gehört aber gerade dieses Wählenkönnen aus den Möglichkeiten und schließlich das Wesentlichste: die Fähigkeit, sich bewußt und verbindlichst für eine Sache einsetzen zu können. In diesem Zusammenhang hat Rudolf Steiner den tiefsten Begriff der Freiheit im Rahmen seiner Autobiographie so formuliert: Freiheit besteht darin, das historisch Notwendige zu tun. Beide Komponenten müssen in ihrer Bedeutung für die Entwicklung durchschaut werden: Wenn ich mich von etwas löse, so hat das für mich und meine spätere Freiheit ebenso Konsequenzen, wie wenn ich mich mit etwas verbinde. Viele Jugendliche erleben dies im späteren Leben oft schmerzlich, wenn ihnen klar wird: Was mir als jugendlicher Spaß gemacht hat, mich zu emanzipieren, vielleicht sogar die Schule und den blöden Lernstreß einfach hinter mir zu lassen – das wird mir jetzt zum Zwang, das begrenzt meine Möglichkeiten, das verbaut mir viele Wege im Leben. Ich bin jetzt eigentlich Knecht meiner damaligen Entscheidung geworden. Das, was scheinbar Freiheit war, ist jetzt meine Unfreiheit. Der Erwerb von Freiheitsmöglichkeiten zeigt sich so als ein lebenslanger Prozeß. Was im einen Lebensalter als Freiheit erlebt wird, kann in einem anderen zum Zwang werden, wenn die Annahme oder die Verwandlung der Situation nicht gelingen.

Zu einer Erziehung zur Freiheit insbesondere im Vorschulalter gehört jedoch nicht nur, daß den Kindern die Möglichkeit zur Nachahmung gegeben wird. Es gehört noch ein zweites hinzu:

nämlich eine regelmäßige Lebensgestaltung. Auch hier könnte eingewendet werden: regelmäßiges Essen, regelmäßiges Schlafen – ist das nicht alles Zwang? Das Gegenteil ist der Fall, wenn sich die Kinder sinnvoll eingebettet erleben in einen geordneten und geregelten Tageslauf.

Bereits morgens zu wissen: jetzt gibt es Frühstück. Und nach einer Weile: jetzt kommt das Spielen usw. hat etwas Befreiendes für ein Kind. Die Dinge haben ihren Gang, es kennt sich aus, es fühlt sich sicher. Hingegen sind häufig Unmut und Übellaunigkeit im Kleinkindalter dadurch gegeben, daß dem Kind diese Sicherheit fehlt. Es wird orientierungslos und weiß nicht, was jetzt kommt. Dieses wird als Unfreiheit erlebt. Das Kind wollte vielleicht gerade noch spielen, die Mutter will jedoch jetzt essen, zu einer Zeit, wo gestern und vorgestern noch gespielt werden durfte. Unsicherheit, Unzufriedenheit und Unfreiheit im Erleben sind die Folge. Ist der Tagesablauf jedoch geregelt, fällt dem Kind der Übergang von einem zum anderen bedeutend leichter. Sicherheit und Geborgenheit, das Sich-Finden in einer sinnvollen Umgebung, das möglichst ungehinderte, ungestörte Spiel – das wird in der Vorschulzeit als Freiheit erlebt: als freudiges, tätiges Dasein.

Wenn die Zeit des Lernens durch Nachahmung abklingt, bedarf es anderer Motivationen, um den Entwicklungsweg zur Freiheit fortzusetzen. Beim Schulkind ist dies die Motivation durch Sympathie oder Begeisterung für etwas. Lust und Unlust entscheiden jetzt darüber, ob etwas gelernt wird oder nicht. Das Vorbild allein ist nicht mehr maßgeblich. So wie die Lernbereitschaft beim Vorschulkind ganz von den Vorbildern, von den Sinneseindrücken abhängig war, so ist sie es jetzt von den Gefühlen und den gefühlsmäßigen Reaktionen.

Nach der Pubertät hingegen ist die Lernbereitschaft weitgehend abhängig davon, ob man einsieht, warum etwas gelernt werden soll. Weder das Vorbild noch Lust oder Unlust allein sind das ausschlaggebende. Leistungsverweigerung wird hier oft zur Provokation, die dem Erzieher signalisieren möchte: Erkläre mir erst richtig, warum

ich das überhaupt tun soll. Nach der Pubertät wird die Leistungsmotivation immer mehr durch Einsicht bestimmt.

Krisen der Freiheitsentwicklung

Wer ein Leben lang Freude am Lernen behält, wird auf dem Entwicklungsweg zur Freiheit kontinuierlich fortschreiten und immer
neue Fähigkeiten erwerben, die zugleich neue Freiheitsgrade darstellen für alle möglichen Tätigkeiten. Läßt die Lernbereitschaft
nach oder tritt ein Entwicklungsstillstand ein, so treten als charakteristische Symptome auf: Kritiksucht, Resignation, Depression.
Man fühlt sich abgeschnitten vom Strom der Entwicklung, isoliert,
in Distanz zur Umwelt. Diese Qualitäten sind gerade in unserer
heutigen Zeit sehr verbreitet und markieren damit auch ganz allgemein eine Krise auf dem Entwicklungsweg zur Freiheit: Das Sich-
Loslösen, die kritische Distanzierung und das Bestreben, gleichsam
überall »die Nabelschnur durchzuschneiden« sind als Freiheitsmo-
tiv in den Vordergrund getreten. Die Verwirklichung der Freiheit
jedoch, das Lernen und die Bereitschaft, sich für etwas nach freien
Entschlüssen einzusetzen, sind unterentwickelt.

Jeder Mensch, der einmal durch eine depressive Phase gegangen
ist, weiß ganz genau, wann der entscheidende Moment war, der die
Wende zur Besserung gebracht hat. Man konnte sich plötzlich wieder etwas vornehmen und bekam wieder Lust, sich für etwas Bestimmtes anzustrengen und einzusetzen. In dem Augenblick ist es
geschafft, und man kommt aus der Krise heraus. Dann erwacht aber
auch ein neues Selbstgefühl: sich aus dieser dunklen Stunde selbst
herausgeholt zu haben. Obwohl man zu nichts Lust hatte, hat man
den ersten Schritt gewagt, einfach weil man es wollte und aus der
Einsicht heraus, daß alles andere noch schlimmer ist. Hier kann
erlebt werden: Ich bin eigentlich erst dadurch wirklich selbständig
geworden, daß alles dagegen gesprochen hat, daß ich noch weiter-

mache – und ich trotzdem die Kraft in mir gefunden habe, aus eigenem Antrieb durchzuhalten. Dabei wird die Erfahrung gemacht, daß auch die eigene Existenz weitgehend in unsere Hand gegeben ist. Wenn wir uns nicht entwickeln wollen – so schwierig auch der Ausgangspunkt sein mag –, so geschieht eben nichts, und wir werden immer trostloser.

Das wichtigste Vorbeugungsmittel für Entwicklungskrisen im späteren Leben, die immer Ausdruck von Lernstörungen sind, ist, alles dafür zu tun, daß die Freude am Lernen in Kindheit und Jugend nicht erlahmt, sondern jedwede Unterstützung und Förderung erfährt, die nur möglich ist. Wer in Kindheit und Jugend gerne gelernt hat, wird dies auch im späteren Leben beibehalten, selbst wenn große Prüfungen und Belastungen anstehen.

Entwicklung zur Freiheit im Erwachsenenalter

Das Verhältnis zur Freiheit wird in entscheidender Weise durch das bestimmt, was wir den Umgang mit dem eigenen Schicksal nennen können. Viele Menschen sind geschlagen durch die Begrenzungen ihres eigenen Körpers und seiner Schwächen, oder aber durch eine widrige Umgebung, eine problematische Erziehung oder durch Sorge und Elend. Sie erleben sich in ihrem Willen zur Freiheit schmerzlichst eingeschränkt durch die Schicksalsumstände. Demgegenüber kann sich der einzelne nun auf zwei ganz verschiedene Weisen verhalten.

Die eine Möglichkeit ist die, einen Schuldigen zu suchen für die widrigen Umstände und sich von seinem unangenehmen Schicksal zu distanzieren, indem man andere Menschen oder Umstände dafür verantwortlich macht.

Die andere Möglichkeit ist sich zu fragen: Ist so ein widriger Schicksalsumstand wie der meiner Körperlichkeit oder der meiner unmittelbaren Umgebung mit ihren Problemen und ihrer Not nicht auch eine ganz spezifische Lernsituation? Was kann ich denn unter diesen schwierigen Umständen lernen, wozu mir sonst gar nicht die Möglichkeit gegeben wäre? Gerade angesichts des Schicksals entscheidet die Auffassung, die man vom Sinn des Lernens hat, über Lebensglück oder Lebensunglück, über Freiheit oder Unfreiheit. Es kann so entdeckt werden, daß hier im Grunde dasselbe vorliegt, was man schon als Kleinkind erfahren hat: daß man sich mit dem, was zu lernen war, an der Umgebung orientierte. Beginnt man jetzt ganz bewußt, sich am Schicksal zu orientieren und seine Lernbedingungen anzunehmen, so werden wiederum eine Vielzahl von Fähigkeiten erworben, die man dann zu einem späteren Zeitpunkt – vielleicht sogar erst in einem späteren Leben – in freier Weise handhaben kann. Jeder lebenserfahrene Mensch weiß, daß er seine wichtigsten Eigenschaften gerade dem Verarbeiten schmerzlicher Schicksalsumstände verdankt. Das, was ihn in einem späteren Alter frei und souverän in einer kritischen Lebenssituation stehen läßt oder was ihm die Möglichkeit gibt, anderen Menschen in Krisensituationen zu helfen, das wurde zu einem früheren Zeitpunkt erlitten unter dem Zwang scheinbarer Schicksalsnotwendigkeiten. Diese verlieren jedoch ihren zwanghaften Charakter, wenn man sie annimmt und durch einen inneren Entschluß als individuelle Lernvorhaben ernst nimmt.

Wer einen Schuldigen sucht für das Problem, das er hat, und sich dadurch davon distanziert, wird wenig zu dessen Bewältigung beitragen können. Es wird ein negativer Bezug dazu bestehenbleiben. Wer jedoch in sich selber den Ausgangspunkt für die Lösung sucht, wird eine positive Beziehung zu seiner Problematik bekommen und sie dadurch auch verarbeiten können. Für das Erwachsenenalter ist es entscheidend, sich mit den Schicksalsgegebenheiten nicht nur irgendwie abzufinden, sondern sie auch auf positive Art und Weise zu verarbeiten. Wird diese Dimension der Freiheit entdeckt, die gerade darin liegt, Dankbarkeit für alles zu entwickeln, was man durch sein Schicksal lernen konnte, so wird das Freiheitserleben zur Grundstimmung menschlicher Entwicklung. Das Gefühl der Gebundenheit schwindet, das Freiheitsgefühl dem eigenen Schicksal gegenüber beginnt zu tragen.

Machtkonflikt und Partnerschaft

Zwischen die Freiheitsgrade, die ein noch unmündiges Kind besitzt, und diejenigen, die der mündige Erwachsene hat, stellt sich der Machtkonflikt als ein gravierendes Problem herein. Der Erwachsene, der die Überschau hat, und das Kind, dem diese fehlt, stehen sich übermächtig bzw. unterworfen gegenüber. Das Freiheitserleben kann so auf der einen Seite leicht zum Machterleben werden und auf der anderen Seite das Gefühl des Überwältigtwerdens hervorrufen. Weil das so ist, fragen viele Erwachsene heute: Mit welchem Recht darf ich meine Macht bzw. Übermacht ausnützen und meinem Kind dieses oder jenes verbieten? Muß ich es nicht seine eigenen Erfahrungen machen lassen, auch wenn ich sehe, daß manches jetzt nicht gut bzw. schädlich ist?

Umgekehrt hat auch das Kind viele Mittel in der Hand, Macht auszuüben, wodurch es dem Erwachsenen dessen Ohnmacht zu Bewußtsein bringen kann: Schreien, Quengeln und Provokationen wie Streit mit den Geschwistern, abends nicht einschlafen wollen, Essen verweigern, Schimpfwörter benützen, Bauchweh anmelden und ähnliches. Viele Kinder setzen ihre Eltern so unter Druck, daß es ihnen unmöglich wird, ein vernünftiges erzieherisches Konzept zu verfolgen. Der bereits sprichwörtliche »kleine Tyrann« wird zum großen Tyrann, den die betroffenen Eltern zu fürchten beginnen und in dessen Willen sie sich resigniert fügen.

Dieser Machtkonflikt tritt jedoch auch zwischen den Ehepartnern in vielfältigster Weise auf: Nehmen wir eine typische Familiensituation in einem Arzthaushalt: Sie – Mutter von vier Kindern – möchte zu einem Elternabend gehen. Nachmittags war sie auswärts bei einer Bekannten, was länger gedauert hat als erwartet.

Jetzt kommt sie um 19.00 Uhr nach Hause gehetzt, mit dem Gedanken: Rasch noch für meinen Mann und die Kinder das Abendessen richten, dann los zum Elternabend. Sie findet ihren Ehemann friedlich in einer Ecke sitzend und Zeitung lesend. Er ist heute unerwartet früher nach Hause gekommen als sonst und hat es genossen, diese Zeit zur Entspannung zu nützen. Ihn hier so friedlich und entspannt sitzen zu sehen, versetzt sie jedoch aufgrund ihrer eigenen Situation in Bitterkeit: »Hättest du nicht auch auf die Idee kommen können, heute einmal das Abendessen zu machen, zumal du doch weißt, daß ich noch zum Elternabend muß? Ich komme doch auch nicht zum Zeitung lesen!«

Der Interessenkonflikt ist da. Wer übt hier auf wen Druck aus? Wessen Freiheit gilt? Wer hat hier einen berechtigten Anspruch an den anderen? Er denkt oder sagt: Wer krank ist und in die Sprechstunde kommt, hat den Anspruch, daß der Arzt jetzt für ihn da ist, selbst wenn es schon sehr spät am Abend ist, weil so viele Patienten da waren. Genauso hat eine Mutter, die den Hausfrauenberuf hat, die Pflicht, dreimal täglich das Essen auf den Tisch zu bringen. Warum freut sie sich eigentlich nicht, wenn ich bei meinem anstrengenden Beruf einmal etwas weniger Streß habe und mir eine entspannte Stunde zu Hause gönnen kann? Ich hätte ja sonst auch irgendwoanders hingehen können, wo sie gar nicht bemerkt hätte, daß ich heute früher fertig war. Ich wäre dann zur erwarteten Zeit nach Hause gekommen und alles wäre im Lot gewesen. – Sie denkt oder sagt: Wenn du mir jetzt nicht hilfst, raste ich aus. Tag und Nacht tue ich alles, damit du deiner Arbeit nachgehen kannst. Auch um die Kinder kümmere ich mich so gut wie allein …

Interessenkonflikte wie diese zeigen schon auf den ersten Blick, daß jeder auf seine Art recht hat und daß das Freiheitsgefühl immer da beeinträchtigt wird, wo man vom anderen etwas erwartet, was man selber vielleicht in dieser Situation tun würde, was dieser jedoch gerade nicht macht. Es wird an diesem Beispiel jedoch auch noch etwas anderes deutlich. Jung verheiratet und in der Hochblüte der Verliebtheit wäre eine solche Szene unter den beiden Partnern undenkbar gewesen. Was fehlt denn jetzt in der Beziehung, daß hier so rasch eine Mißstimmung auftreten konnte? Ein erfahrener Eheberater würde vielleicht angesichts einer solchen Szene sagen: Diese Situation ist symptomatisch dafür, daß ihr etwas für die Gestaltung eurer Beziehung tun müßt. Sie ist inzwischen zur Routine geworden. Ein lebendiges Aufeinander-Zugehen und Aneinander-Lernen wird durch eingefahrene Gewohnheiten und Ansprüche vernachlässigt. Ansprüche sind die Vorboten von Machtausübung. Sie zeigen an, daß Interesse und Liebe für den anderen und seine Lebenssituation nachgelassen haben.

Hinzu kommen die vielen, vielen großen und kleinen Probleme des Alltags: Was ist zu tun, wenn die Kinder am Sonntag nicht mit in die Kirche wollen? Wenn sie ihr Musikinstrument nicht üben wollen? Wenn sie nicht das anziehen wollen, was sinnvoll oder nötig ist? Wenn sie nicht essen mögen? Wenn sie nicht ins Bett gehen wollen? Wenn sie morgens nicht aus dem Bett herauskommen? Wessen Ansprüche sollen gelten? Wer hat das Recht, für den anderen zu entscheiden? Und welche Katastrophe, wenn die Eltern sich in diesen Fragen selbst nicht einig sind und ihren Machtkonflikt voll in den Interessenkonflikt mit den Kindern hereintragen.

All diesen Fragen und Problemen liegt ein gemeinsamer Konflikt zugrunde: der Konflikt zwischen Macht und Liebe. Wir können ihn in uns selber genau erleben, wenn wir uns z. B. in einer Angelegenheit durchgesetzt haben: Genießen wir jetzt unsere Machtposition und daß wir im Recht waren, oder tun wir, was wir aus Liebe zur Sache, aus Liebe zum andern für richtig halten? Ein Kind, das gegen seinen Willen zur bestimmten Stunde ins Bett gebracht wird und fühlt, daß dies aus Liebe geschieht, wird den Übergriff der elterlichen Gewalt ganz anders verarbeiten und erleben als ein Kind, welches gleich spürt, wie der Erwachsene seine Übermacht genießt und das, was er tut, mehr oder weniger lieblos erledigt. Nehmen wir die oben genannte Familiensituation: Was ist die Folge, wenn beide Ehepartner sich im Recht fühlen? Die Stimmung beim Essen ist miserabel, die Kinder merken, daß wieder mal dicke Luft ist, jeder verdrückt sich, sobald er kann und ist geneigt, seinem eigenen Unmut freien Lauf zu lassen. Freiheit könnte hier bedeuten, daß einer der beiden sich von seinem Gefühl, im Recht zu sein, nicht zwingen läßt, sondern den Blick für die Lebenssituation behält, die es jetzt zum Wohle aller Beteiligten zu gestalten gilt. Sie kann sagen: »Verzeih', ich bin im Streß – ich gönn' Dir's ja –, aber holst Du in zehn Minuten die Kinder?« Er kann sagen: »Ich habe eine Idee: Heute gehe ich mit Dir zusammen zum Elternabend. Ich sage eben unten der Lika Bescheid, daß sie nach den Kindern schaut.«

Freiheit zwischen Macht und Liebe

Mit der Möglichkeit zur Freiheit ist die Gefahr verbunden, die Freiheit zu mißbrauchen. Zwang und Machtausübung, Ohnmacht und Schmerz sind die Folge. Das Gefühl, im Recht zu sein, oder die Lust am Herrschen geben die Motivation zu solchen Übergriffen auf die Freiheit des anderen.

Rechthaberei und Herrschsucht sind Eigenschaften, die dem Menschen ebenso eingeboren sind wie der Trieb zu lernen. Ja, in gewisser Weise sind sie sogar der Garant für eine wirkliche Entwicklung zur Freiheit. Denn wenn sich unseren Entscheidungen keine inneren Hindernisse entgegenstellen würden, so wären sie nicht von uns selbst erarbeitet. Das Böse in Form von Rechthaberei und Machtinstinkten gehört zur menschlichen Entwicklung genauso dazu wie die Möglichkeit, Gutes zu tun. Diese zu ergreifen, den vielleicht näherliegenden spontanen Neigungen zum Trotz – das erst ist wirklich freies Handeln. Denn was ich nicht gelernt habe, verdanke ich auch nicht mir selbst, das bin ich eigentlich auch nicht. Was von selber geht wie z. B. das Ausleben eines Machtinstinktes, ist eine fremde Macht in mir. Der Geist der Macht, »der widerrechtliche Fürst der Welt«, das Böse selbst. Ebenso ist es mit dem Geist der Selbstverwirklichung bzw. der Rechthaberei. So wie

im Neuen Testament von zwei Mächten des Bösen gesprochen
wird: Teufel und Satan, so werden sie auch von Rudolf Steiner beschrieben und mit dem Namen Luzifer und Ahriman benannt. Luzifer lebt in unserem Innern als Versucher, wenn wir uns ins Licht
und andere in den Schatten stellen wollen. Ahriman hingegen lebt
da, wo wir im Sozialen tätig werden wollen und die Gefahr der
Machtausübung droht. Beide haben ihren Angriffspunkt in der Eigenliebe, im Egoismus der Menschen. Demgegenüber erweist sich
Christus als die Macht des Guten, als Lehrer der Menschenliebe
und der Überwindung des ungesunden Egoismus. Was ist also im
christlichen Sinne Freiheit? Es ist die Möglichkeit, im Interesse aller – aus Liebe – zu handeln. Interessenkonflikte sind nur dadurch
zu lösen, daß die eigentliche Identität von Freiheit und Liebe entdeckt wird. Freiheit und Macht sind unvereinbar. Wenn ich meine
Freiheit dadurch erkaufe, daß ein anderer in Unfreiheit gerät und
von mir dominiert wird, so ist dies eine Scheinfreiheit. Es muß einen Weg geben, wenn Freiheit das Entwicklungsziel sein soll, daß
das Freiheitsbestreben aller Menschen in gleicher Weise Berücksichtigung findet. Wer dies zu denken versucht, muß das Macht-
prinzip aus der menschlichen Entwicklung streichen und an dessen
Stelle die Liebe setzen. Da wo Liebe sich regt, tritt immer zugleich
auch das Freiheitsempfinden auf. Wenn ich einem anderen etwas
zuliebe tue und deswegen auf die Erfüllung eines eigenen Wunsches
verzichte, fühle ich mich dadurch nicht unfrei. Denn wenn ich
wirklich aus Liebe handle, tue ich dieses freiwillig. Unfreiwillige
Handlungen sind immer vom Beigeschmack einer gewissen Lieblosigkeit begleitet, bis hin zu Zwang und Macht, die deren krasseste
Ausdrucksformen sind. Taten aus Liebe aber bleiben freie Handlungen, selbst wenn ich im Hinblick auf das Gesamtwohl meine
eigenen Interessen unterordne.

Zur Praxis der Konfliktlösung

a) *Allgemeine Voraussetzungen*

1. Anstelle des alttestamentlichen »Du sollst …«, »Du sollst nicht …« tritt das mit der Freiheit vereinbare »Ich will«.
2. Entscheiden der Grundsatzfrage: Strebe ich Machtzuwachs an oder Verstärkung meiner Liebefähigkeit?
3. Einsicht, daß Entwicklung zu Freiheit und Liebe ohne Schulung und kontinuierliche Arbeit nicht zu verwirklichen sind.

b) *Fragen an den Partner*

Kehren wir nochmals zu der abendlichen Szene im Arzthaushalt zurück. Das Ereignis ist vorbei und beide überlegen, wie so etwas in Zukunft zu vermeiden sein könnte. Was hätte man anders machen können? Wie kam es überhaupt dazu, daß sich der Konflikt so emotional dargestellt hat? Wie kann man in einer solchen Situation die Überschau behalten? Sie stellt sich die ganze Szene nochmals vor Augen: Das gehetzte nach Hause-Kommen und die Enttäuschung, daß er nicht an sie und ihre Situation gedacht hat. Was hätte sie tun können? Sie hätte sich beispielsweise fragen können: Wie muß sein Tag gewesen sein, daß er jetzt nicht an mich und meine Eile denkt, sondern an die Zeitung? Ist es überhaupt wahr, daß er nicht an mich gedacht hat? Könnte er nicht auch deshalb Zeitung lesen, damit er mir beim Abendbrot das Neueste erzählen kann? Ich frage ihn doch immer danach und bin enttäuscht, wenn er nicht zum Zeitunglesen gekommen ist, zumal er doch weiß, daß ich dazu so selten Zeit finde. Oder war es tatsächlich nur schlichte Gedankenlosigkeit? Und: warum bin ich eigentlich so zornig? Liegt es nur daran, daß ich müde bin? Warum freue ich mich nicht, daß er es einmal besser hat als ich? Warum gönne ich ihm die ruhige Stunde nicht? Warum konnte ich nicht sagen: Ach, wie schön, daß du schon da bist! Können wir heute vielleicht zusammen Essen machen, weil ich schon so spät dran bin? Das wäre ganz lieb, wenn du mir hilfst. Wäre er da nicht gerne gekommen? Wäre er da nicht sogar ganz begeistert gewesen, weil er diesen freundlichen Empfang nicht erwartet hatte? Wie leicht täuscht man sich über seine eigenen Motive und die eines anderen! Wie oft projiziert man seine eigene momentane Stimmung hinaus in den anderen und ärgert sich dann über dasjenige, was man da projiziert hat – in Wirklichkeit ärgert man sich aber dabei über niemand anderen als sich selbst!

Fragen wie diese schaffen den Abstand von der Situation, der nötig ist, um frei zu handeln und sich nicht von spontanen Emotionen leiten zu lassen.

Ebenso überlegt er, was er sie zur Klärung der Situation hätte fragen oder ihr sagen können. Wer so miteinander umgeht, lernt sich in einer Weise kennen, wie man das früher nicht für möglich gehalten hätte. Es begründet sich ein neues Vertrauen, wie es nur unter Menschen möglich ist, die durch ein gemeinsames Ideal verbunden sind: sich gegen den Machtimpuls für das Entwicklungsziel der Liebe entschieden zu haben. Alles, was besprochen oder getan wird, kann im Lichte dieses gemeinsamen Bemühens gesehen und verarbeitet werden. Auch zwingt das Ideal der Liebe zu einer ganz neuen Ehrlichkeit. Da wo ich den anderen in irgendeiner Form beherrschen möchte, beginne ich auch, die Wahrheit zu manipulieren, ob ich es mir bewußt mache oder nicht. Die Liebe allein gibt die Möglichkeit, immer bei der Wahrheit bleiben zu können und vor dem anderen nichts verbergen zu müssen. Die mit ihr verbundene Offenheit und Ungeschütztheit wird gerade zum größten Schutz.

c) Fragen an das Kind

Nehmen wir eine Situation, bei der ganz eindeutig der Erwachsene die Überschau hat und richtig handelt: Er verbietet dem Kind, an einem kühlen Sommerabend leicht bekleidet auf die Straße zu gehen. Führt eine solche Einsicht mit Notwendigkeit zu der Haltung:

Entweder du ziehst dich vernünftig an oder du bleibst zu Hause? Auch in diesem Fall ist es gut, im Inneren Fragen an das Kind zu haben: Warum versuchst du eigentlich immer wieder, ohne Jacke hinauszugehen wenn es kalt ist? Machst du das aus Provokation? Du weißt doch inzwischen längst, was ich in solchen Situationen sage. Warum also versuchst du es immer wieder? Liegt es vielleicht daran, daß ich dir zuwenig Spielraum gebe für deine eigene Lebensgestaltung? Hast du zuwenig Möglichkeiten, neue, eigene Erfahrungen zu machen? Wäre es nicht vielleicht jetzt sogar der richtige Zeitpunkt, daß du einmal erlebst, wie man sich durch unvernünftige Kleidung erkälten kann oder wie man abends längere Zeit nicht einschlafen kann, weil die Füße eben noch kalt sind? Du bist doch nicht mehr fünf Jahre alt, sondern inzwischen zehn geworden!

Erziehung zur Freiheit muß doch auch möglich machen, daß ich abwäge zwischen meinem Willen, einer Erkältung vorzubeugen oder dem Zulassen der Erfahrung, daß man sich tatsächlich erkälten kann. Wer so die Lebenssituation des Kindes zu verstehen sucht und scheinbare Unarten, wenn sie sich wiederholen, als Signal dafür erkennt, daß vielleicht etwas ganz anderes nicht stimmt, woran man selber arbeiten kann, der baut an einem freien Klima, auch für das Kind. Letztlich kann der Erwachsene jedoch immer vertrauen, daß alles, wozu er sich aus Liebe zum Kind entscheidet, diesem früher oder später zugute kommen wird und auch akzeptiert werden kann, ohne daß es sich unverstanden und nur bevormundet fühlt.

Fragen zum Thema

Frage: Meine 6jährige Tochter will das Seidenkleid nicht anziehen, das die Patentante ihr selbst genäht hat. Soll ich das Kind dazu zwingen?

Antwort: Der erste Schritt zur Beantwortung dieser Frage wäre,

herauszufinden, warum die Tochter das Theater mit dem Kleid
macht. Geschieht dies öfters, oder nur im Zusammenhang mit gerade diesem Kleid? Auch entnehme ich aus der Art, wie Sie das
Problem vorgebracht haben, daß das Kind es sonst gewöhnt ist,
daß es anziehen darf, was es will. Vielleicht handelt es sich nur um
das Ungewohnte, daß Sie jetzt plötzlich Wünsche anmelden? Vielleicht liegt auch dieses vor, daß es die Patentante nicht mag? Vielleicht empfindet es sogar, daß Sie selber dieses Kleid ebenfalls
nicht schön finden und es nur der Patentante zuliebe vom Kind
tragen lassen wollen? Vielleicht fällt das Kind in dem Seidenkleid
auch gegenüber den anderen aus dem Rahmen? Wer in dieser
Weise herauszubekommen versucht, warum das Kind so reagiert
hat, findet in der Regel leicht den annehmbaren Kompromiß. Die
goldene Regel für den Kompromiß ist ja stets: Soweit dem anderen
entgegenkommen als möglich, und dann entschieden eine Grenze
setzen. Sie können dem Kind damit entgegenkommen, daß es das
Seidenkleid nicht anziehen muß, wenn beispielsweise Klassenka-
meraden zugegen sind. Wohl aber kann es das Kleid anziehen an
Weihnachten oder wenn die Patentante einmal sonntags zu Besuch
kommt.

Frage: Wenn ich so diese Worte vor mir sehe: Liebe – Freiheit –
Macht – so fehlt mir das Wort »Ohnmacht«. Ich bin Vater von drei
Kindern und erlebe so oft meine Hilflosigkeit.

Antwort: Sie haben recht, die Ohnmacht habe ich bei meiner Darstellung zu wenig berücksichtigt. Sie tritt immer dann auf, wenn
man spürt, wie weit man noch von seinem Entwicklungsideal ent-
fernt ist. Sie entsteht in dem Augenblick, wo man sich entscheidet,
diesen Weg in Richtung Liebe gehen zu wollen. Gerade da, wo man
sich bemüht, die eigenen Interessen gegenüber denen des anderen
möglichst sorgfältig abzuwägen, kann dieses Gefühl der Ohnmacht
immer wieder auftreten. Rudolf Steiner hat hierzu einmal bemerkt,
daß man zum Christus nicht durch das Erlebnis der Macht gelangen

kann, sondern nur durch die Erfahrung der Ohnmacht.* Ohnmacht positiv erlebt ist aber gerade nichts anderes als die Einsicht, daß jetzt aus Freiheit etwas geschehen kann, auch wenn man es selber im Augenblick nicht vermag. Ohnmacht wird so Ausdruck für die Aufgabe des Egoismus und die Offenheit für die Situation, die erst einmal angenommen werden muß als Ausgangspunkt für freies Handeln und Handeln aus Liebe.

Frage: Meine zweijährige Tochter hat öfters Wutanfälle und der elf Monate alte Sohn ahmt dies nach. Da fühle ich mich immer wieder ganz überfordert.

Antwort: Die beiden Kinder haben bereits gelernt, daß es eine Wirkung hat, wenn sie »Theater machen«. Wenn Sie sich nicht entschließen, die »Vorstellung« abzubrechen und den Kindern das geliebte »Publikum« zu entziehen, so wird das vorerst so weitergehen.

Zwischenfrage: Ich bin auch schon einige Male hinausgegangen, aber das hat die Kinder gar nicht beeindruckt.

Antwort: Wie lang hat es denn gedauert, bis Sie wieder zurückgekommen sind? Haben Sie gewartet, bis es ruhig wurde?

Die Mutter: Eigentlich komme ich nicht so schnell zurück. Das Problem ist nur, daß ich es eben nicht aushalten kann, daß der kleine Bruder darunter leiden muß, wenn ich nicht mehr im Raum bin. Die große Schwester vergreift sich an dem Kleinen, und dann gehe ich eben doch herein und dann geht das Ganze wieder von vorne los.

Antwort: Da sehe ich tatsächlich nur zwei Möglichkeiten. Entwe-

---

* Rudolf Steiner, »Wie finde ich den Christus?«, Dornach 1975

der nehmen Sie den Kleinen mit, wenn Sie das Zimmer verlassen und lassen die zweijährige Tochter sich austoben und sagen ihr, wir kommen wieder, sobald du dich ausgetobt hast. Oder aber Sie lassen es wirklich darauf ankommen. Denn wenn die Kinder sich daran gewöhnen, daß Sie immer vorbeikommen, wenn die Große den Kleinen ärgert, dann sind Sie zu jeder Tages- und Nachtzeit erpreßbar. In der Regel tun sich Kinder nur in Gegenwart der Mutter wirklich etwas scheinbar Gefährliches an – nicht jedoch, wenn sie allein sind. Ich würde Ihnen raten, dieses ruhig einmal auszuprobieren. Letztlich müssen die Kinder ja doch lernen, selber miteinander zurechtzukommen und auf den permanenten Schiedsrichter zu verzichten.

Zwischenbemerkung: Die Wutanfälle beginnen schon bei Kleinigkeiten. Zum Beispiel wenn wir nach draußen gehen wollen. Ich erkläre der Großen, daß ich noch den Kleinen und dann auch noch mich anziehen muß. Dann möchte sie viele Spielsachen mitnehmen und ich muß ihr auseinandersetzen, daß das nicht geht, daß sie spazierengehen muß, ohne das alles mitzunehmen. Dann fängt sie an zu stampfen. Der Kleine sieht das und läßt sich daraufhin nicht anziehen und ahmt die Große nach.

Antwort: Da kann ich Ihnen nur raten, daß Sie das nächste Mal in einer solchen Situation keine Erklärungen abgeben, sondern einfach handeln. Wenn Sie sich fröhlich anziehen und genau wissen, was Sie wollen und dann ohne viel zu reden den Kleinen fertigmachen und schließlich auch der Großen in den Mantel helfen und das kleine Kind bereits auf dem Arm haben und zur Tür gehen, so wird nicht viel Zeit für das begehrte Theater bleiben.

Sehr oft ist bei solchen Trotzreaktionen der entscheidende Punkt, daß gelernt wird, durch konsequentes Handeln zu sprechen und nicht durch Worte. Erklärungen haben erst Sinn, wenn die Kinder älter sind.

Frage: Mein 11jähriger Sohn möchte endlich fernsehen. Es sind aber noch zwei jüngere Geschwister da.

Antwort: Was den Umgang mit dem Fernsehen anbetrifft, so ist es gut, im familiären Rahmen hier eine Altersgrenze zu haben, ab der das Fernsehen erlaubt ist. Aus menschenkundlichen Gründen würde ich hier zum 12. Geburtstag raten.* Wenn das die Regel ist, so wissen die jüngeren Geschwister, daß sie eben warten müssen, bis sie zwölf und somit auch beim Fernsehen zugelassen sind. Lassen sich die Kleinen jedoch schon aus räumlichen Gründen schwer fernhalten, dann könnte dem Großen der Vorschlag gemacht werden, vielleicht bei seinem Freund die eine oder andere Sendung zu sehen und hinterher mit Ihnen darüber zu sprechen. Letzteres finde ich besonders wichtig. Dabei erleben die Kinder nämlich, wie passiv sie vieles aufnehmen und wie anstrengend es ist, sich an dasjenige, was man gesehen hat, wirklich zu erinnern und darüber in ein sinnvolles Gespräch zu kommen.

Frage: Täglich findet ein Machtkampf zwischen meiner 8jährigen Tochter und mir statt. Der Klavierlehrer möchte, daß ich beim Üben dabei bin. Und sie will das nicht. Wie soll ich mich verhalten?

Antwort: Auch hier wäre es wichtig, Phantasie zu entwickeln und sich die Frage zu stellen, warum Ihre Tochter so provoziert. Denn eigentlich haben es Kinder doch gerne, wenn die Eltern beim Musiküben zuhören. Liegt jedoch keine Provokation vor, gibt es eigentlich keinen Grund, Ihre Tochter nicht auch einmal eine Zeitlang allein üben zu lassen und dies mit dem Lehrer zu besprechen. Es ist schade, wenn der Umgang mit dem Musikinstrument ständig Anlaß für Ärger gibt.

* Vgl. das Kapitel »Fernsehen« in der »Kindersprechstunde«.

Frage: Inwieweit können die Eltern bestimmen, daß ein 12jähriges Mädchen weiterhin ein Musikinstrument lernen soll, obwohl es keine Lust mehr zum täglichen Üben hat? (Die weitere Schilderung des Falles ergibt, daß die 12jährige das einzige Familienmitglied ist, das ein Instrument spielt).

Antwort: Da Ihre Tochter ja schon zwölf ist, könnten Sie mit ihr einen Vertrag abschließen: In der Woche gibt es sieben Tage, an vier Tagen, die sie selbst bestimmen darf, muß sie üben. An den anderen ist sie frei. Auf jeden Fall würde ich eher auf das Üben verzichten, als die Musikstunde abzusagen. Es läßt sich mit der Lehrerin durchaus besprechen, daß einmal eine Zeitlang nur in der Stunde gearbeitet wird, aber das Kind nicht mehr üben muß. Oft dauert es ja nur eine gewisse Zeit, daß die Kinder – gerade in der Pubertät – nicht üben mögen. Später sind sie froh, wenn man ihnen durch dieses Tief hindurchgeholfen hat und sie das Instrument nicht aufgegeben, sondern weiter spielen gelernt haben.

Frage: Soll ich meinem 5jährigen Sohn eine Knallpistole kaufen? Ich glaube, daß es den Kindern hauptsächlich auf das Knallen ankommt, aber ich verabscheue die Geste des Todschießens.

Antwort: In diesem Fall würde ich genauso reagieren, wie meine Eltern seinerzeit reagiert haben: Pistolen sind kein Spielzeug und auf Menschen zielt und schießt man nicht.

Anmerkung einer Teilnehmerin: Mein Großvater war Förster und wir sind quasi mit Gewehren aufgewachsen. Ich kann mich auch noch sehr deutlich an diesen einen Satz erinnern: »Man zielt nicht auf Menschen!« Das ist mir damals sehr eingegangen, so daß ich es nie vergessen habe.

Anmerkung einer anderen Mutter: Wir haben unserem Kind einen Apparat gebaut, mit dem man durch Flitschen die Knallplättchen abschießen konnte. Und weil es eben auf das Knallen ankam, war dieses Gerät eine Zeitlang sehr zufriedenstellend.

Frage: Bei der Frage nach der Emanzipation sollte man sich vom Rollenklischee freimachen. Man bezieht sich bei der Emanzipation immer mehr auf die Mutter. Müßte man nicht auch von der Emanzipation vom Vater sprechen?

Antwort: Mein Bestreben war zu zeigen, wie sich der menschliche Entwicklungsgang zur Freiheit während eines Lebens vollzieht, unabhängig vom Geschlecht. Glück hat das Kind, das zum Menschen erzogen wird und alles lernen darf. Alles weitere würde ich dem Kind, seinen Neigungen und seiner Nachahmungsfähigkeit überlassen.

Zwischenfrage: Oft findet man gerade in anthroposophischen Büchern Rollenklischees. Die Mutter kocht, der Vater baut. Und so werden die Kinder erzogen. Das Mädchen orientiert sich an der Mutter, der Junge am Vater.

Antwort: Hier scheint mir nun das andere Extrem vorzuliegen. Warum sollen denn jetzt die Väter kochen und die Mütter bauen? Und woher wissen Sie, daß sich die Mädchen nur an der Mutter und nicht zugleich auch am Vater orientieren? Die Aufgabe der Frau und Mutter gehört natürlich auch in das Wahrnehmungsfeld von Kindern beiderlei Geschlechts, nicht nur der beruflich tätige Vater. Je mehr jedoch die Mutter mit ihrer Aufgabe identifiziert ist, um so vorbildlicher wird dies auf beide Kinder wirken, insbesondere die Tatsache, daß der Vater diese Arbeit der Mutter achtet und das auch immer wieder vor den Kindern zum Ausdruck bringt. Letztlich ist es ja doch nur der Mangel an Arbeitsfreude und sozialer Anerkennung, die die Tätigkeit der Mutter als weniger wertvoll für das ganze hinstellen.

Frage: Freiheit kann man doch nur in den eigenen Grenzen verwirklichen. Wie finde ich meine eigenen Grenzen?

Antwort: Die eigenen Grenzen kann man eigentlich nur durch Erfahrung finden. Dazu gehört aber auch der Mut, die Grenzen zu berühren, ja sie gelegentlich auch zu überschreiten, um dann viel bewußter als vorher innerhalb der eigenen Grenzen das Meistmögliche zu leisten.

Eines habe ich immer beobachtet: Es gibt eine Kraft, die systematisch an der Erweiterung der Grenzen arbeitet: das ist die Identifikation mit einer Aufgabe. Mit ihr können die Kräfte zur Bewältigung wachsen in einer Weise, wie man sich das nicht zugetraut hätte. Wer sich jedoch mit seiner Aufgabe nicht voll identifiziert, ist schneller an seinen Kraftgrenzen, als wenn er sich damit identifiziert und die Aufgabe gerne tut.

Frage: Wir haben von der Lernbereitschaft in den drei ersten Lebensjahren gehört. Wenn aber die Mutter alles tut, was das Kind will, können bei solch einem Tyrannen Lernblockaden auftreten. Was geschieht dann?

Antwort: Dann werden sicher allerlei Provokationen eintreten, durch die das Kind seine Unzufriedenheit zum Ausdruck bringt. Denn in Wirklichkeit möchte es gern lernen und leidet selbst am meisten unter der Lernblockade. Spätestens, wenn diese Provokationen auftreten, müssen Sie sich als Mutter klarmachen, daß es von Ihrem Kind eben nicht honoriert wird, wenn Sie alles tun, was es von Ihnen will.

Frage: Will einen das Schicksal immer etwas lehren oder gibt es auch ein tragisches Schicksal, das letztlich doch sinnlos ist?

Antwort: Wer eine Schicksalssituation nicht annimmt, der ist in der Gefahr, sich von einer wichtigen eigenen Entwicklungsmöglichkeit abzuschneiden. Mir ist bisher noch kein Ereignis begegnet, in dem nicht ein Sinn zu finden gewesen wäre. Alles was ein Mensch erlebt, ist Anlaß, Erfahrungen zu sammeln, und diese sind nur dann sinnlos, wenn man nicht bereit ist, sie anzunehmen und aus ihnen zu lernen.

Tod und bedrohliche Krankheit –
wie sprechen wir darüber mit Kindern?

Da ist ein Land der Lebenden
Und ein Land der Toten,
Und die Brücke zwischen ihnen
ist die Liebe –
das einzig Bleibende, der einzige Sinn.

THORNTON WILDER

Erlebnisse mit Kindern angesichts von Krankheit und Tod

Unsere Kinder können Krankheit und Tod schon früh begegnen. Zum einen durch Erzählungen: Wir alle haben Erinnerungen, wie sich zu Hause im Familienkreis oder aber in der Schule die Stimmung schlagartig veränderte, wenn von einem Krankheitsfall oder dem Tod eines nahen Menschen gesprochen wurde. Hinzu kommen die Märchen, in denen die Kinder auf schöne Weise vom Sterben erfahren: »Als der Vater fühlte, daß sein Ende herankam, ließ er seine drei Söhne zu sich kommen und gab ihnen seinen Segen. Dann schloß er die Augen und verschied.« Nach einem solchen Tod gibt es keine Trauer in dem Sinn, daß man hadert oder verständnislos davorsteht.

Des weiteren begegnen Kinder der Krankheit und dem Sterben durch eigene Anschauung. Der erste Tote, den ein Kind zu sehen bekommt, oder der erste Schwerkranke ist immer ein besonderes Erlebnis, je nachdem auch, wie man die Erwachsenen dabei erlebt hat, die einen begleitet haben.

Die dritte Form der Begegnung ist die eigene Krankheit oder der eigene Tod. Es gibt im Menschenleben kein Datum, an dem der Tod nicht eintreten könnte. Es beginnt dies unmittelbar nach der Geburt und dehnt sich durch das ganze Leben hin. So gesehen ist Sterben ein ganz alltäglicher Vorgang. Wenn Kinder nicht durch ängstliche Erwachsene beeinflußt werden, entwickeln sie ein realistisches Verhältnis hierzu. Auch wenn sie selber als schwerkranke Kinder den Tod nahen fühlen, können sie doch darüber sprechen und je nachdem, wie alt sie sind, auch die Eltern trösten.

Es hängt jedoch viel davon ab, wie die begleitenden Erwachsenen diesen Ereignissen gegenüberstehen und die Kinder miteinbeziehen. Hierzu einige Beispiele:

Ich kenne eine anthroposophische Einrichtung, in der vorwiegend alte Menschen, die in Altenheimen nicht mehr versorgt werden können, betreut oder gepflegt werden, bis sie sterben. Interessant ist, daß man dort versucht, die Mitarbeiter und insbesondere deren Kinder mit ihrem eigenen Leben voll in den Lebensablauf dieser alten Menschen miteinzubeziehen. Die Mahlzeiten werden gemeinsam eingenommen, die Kinder begleiten zu bestimmten Stunden des Tages ihre Mütter zu den pflegerischen Arbeiten, so daß dort viele, auch schon kleine Kinder, sehr viel mit den alten, kranken und auch sterbenden Menschen zu tun haben. Da kann man nun überraschende Vorkommnisse beobachten. Gerade zwischen kleinen Kindern im ersten, zweiten und dritten Lebensjahr und bestimmten alten Menschen können sich Großvater- oder Großmutterbeziehungen der schönsten Art anknüpfen, so daß manche dieser alten Menschen förmlich aufblühen und sich jeden Tag schon darauf freuen, wieder einige Zeit mit dem Kind zusammensein zu dürfen. Die Kinder wiederum springen freudig auf die alten Menschen zu und sind gespannt, was jetzt getan oder gesprochen werden wird. Wenn dann dieser Mensch stirbt, ist es für die Eltern und Kinder selbstverständlich, daß sie dann mitgehen, sich von dem Verstorbenen auf dem Totenbett zu verabschieden. Mütter berichten dann, wie die Kinder fasziniert dastehen und sagen: »Wie

287

sieht sie schön aus, so ruhig und lieb.« Nichts ist zu spüren von Angst oder Schrecken angesichts des Todes, wie sie häufig die Erwachsenen in dieses Erleben hereinprojizieren. Wenn Menschen geschult sind im Umgang mit schwerem Leid und Tod und aus dieser Sicherheit heraus die Kinder daran Anteil nehmen lassen, so führt dies zu einer Fülle wichtigster Lebenserfahrungen im Leben der Kinder, und es gibt kein Alter, in dem man die Kinder nicht in geeigneter Form daran Anteil nehmen lassen könnte. Werden Fragen gestellt, so müssen sie natürlich ehrlich beantwortet werden. Selbstverständlich muß auch respektiert werden, wenn ältere Kinder eines Tages sagen, daß sie nicht mitgehen wollen, sich von dem Toten zu verabschieden. Dieses kann mit dem neunten, zehnten Lebensjahr einsetzen und bis zur Pubertät anhalten. Gerade in dem Alter, wo das Gefühlsleben erwacht, gibt es immer wieder besonders sensitive Kinder, die es dann doch stärker mitnimmt, als das früher der Fall war, und die sich durch ein solches Fernbleibenwollen schützen.

Ein anderes Beispiel: Neulich hatte ich Gelegenheit, bei der Totenfeier der Schulgründerin einer Waldorfschule dabei zu sein. Aus allen Klassen waren einzelne Kinder nach vorne gekommen und hatten jedes eine Rose in eine große Vase gesteckt. So konnte man von der ersten bis zur zwölften Klasse hin beobachten, wie unterschiedlich die Kinder dies taten. Die Erst- und Zweitkläßler gingen ganz sachlich nach vorn und steckten selbstsicher ihre Rose in die Vase und begaben sich stolz darüber, daß sie dies tun durften, wieder an ihren Platz. In der 3. und 4. Klasse war bereits ein deutlicher Unterschied zwischen Mädchen und Jungen zu beobachten. Die Mädchen gingen noch mit dieser kindlichen Sicherheit nach vorn, die Jungen waren bereits etwas linkischer und genierten sich. Die einzigen Kinder, die weinten, waren Kinder aus der 5. und 6. Klasse. Als die Kinder später klassenweise den Raum verließen, sah man sechs Mädchen dieser Altersstufe schluchzend und zum Teil eng Arm in Arm hinausgehen.

Die Pubertierenden konnten ihre Gefühle schon wieder verbergen. Aus der Art und Weise aber, wie sie nach vorne gingen, sprach ihre innere Beteiligung.

Die Schulfeier war in diesem Fall nicht von den Lehrern organisiert worden, sondern von einem 17jährigen Schüler, der insbesondere in den letzten Lebensmonaten zu dieser alten Lehrerin eine persönliche Beziehung angeknüpft hatte. Diese hatte jeden Tag noch die Schule besucht und sich viel mit ihm unterhalten. Da sie keine Angehörigen hatte, fühlte er sich jetzt verantwortlich wie ein Sohn, sich auch an der Totenwache mitzubeteiligen und mit den Lehrern die Art ihres Begräbnisses und die Gestaltung der Totenfeier zu besprechen. Er war stolz und dankbar, daß er alles selber organisieren durfte. In diesem Alter ist oft schon die Möglichkeit da, vom ideellen Aspekt her auf den Tod hinzublicken, und je nachdem, welche Gedanken sich der Jugendliche bereits gemacht hat, den Tod nicht mehr nur als Endstation des Lebens anzusehen, sondern zugleich als Übergang in eine geistige Daseinsform.

Eine Mutter erzählte mir einmal, daß bei einem Todesfall, der ihr sehr naheging und bei dem sie sehr weinte, die 14jährige Tochter zu ihr gesagt habe: »Mama, das gehört doch zum Leben dazu!«

Es gibt ein kleines Buch im Suhrkamp-Verlag von Ginette Raimbault »Kinder sprechen vom Tod«. Es ist eine repräsentative Zusammenstellung verschiedener Begebenheiten im Krankenhaus, wo Kinder sich zu Krankheit und Tod äußern. Aus den Schilderungen geht zum einen hervor, wie stark der Einfluß seitens der Erwachsenen ist. Zum anderen wird aber auch deutlich, wie nüchtern und realistisch gerade die Kinder im Vorschulalter noch mit diesen Fragen umgehen. Beispielsweise wird berichtet, wie ein nierenkranker Fünfjähriger, der immer wieder an die künstliche Niere angeschlossen werden muß, mit einer etwa gleichaltrigen Patientin im Krankenhaushof spazieren geht. Das kleine Mädchen belehrt ihn und sagt: »Du, also wenn du unter ein Auto kommst, dann bist du tot.« Darauf antwortet der Junge: »Tja, aber es hat auch etwas für sich, dann brauche ich nicht mehr an die künstliche Niere.« Oder Jeannette, die elf Jahre alt ist und an einem Hirntumor leidet, beklagt sich beim Pflegepersonal über das Schweigen der Erwachsenen: »Die sagen mir einfach nichts, aber ich weiß doch, daß ich einen Tumor habe. Man stirbt daran, auch Kinder sterben, auch ich werde sterben.« Hier kommt zu der realistischen Einstellung schon die seelische Not zum Ausdruck, wenn das Empfinden für diese Vorgänge erwacht ist und die Erwachsenen unfähig sind, darüber zu sprechen und diese Not anzunehmen. Es ist dies auch die wichtigste Frage an uns alle: Wie sprechen wir über diese Vorgänge mit den Kindern? Wann ist Schweigen angezeigt, wann das Sprechen?

Welche Gefühle gilt es dabei zu berücksichtigen?

Beim Sterben ist es zunächst das Gefühl der Ungewißheit: »Was ist Tod eigentlich? Was kommt danach? Tut es weh?«

Dann ist das Gefühl des Alleinseins da. Ein Kind sagt zu seiner Mutter: »Vor dem Sterben habe ich keine Angst, wenn du nur bei mir bleibst.« Da spürt man die Einsamkeit, man will nicht alleine sterben. Das fühlen auch schon die Kinder, und sie wünschen sich, daß Mutter oder Vater am Bett sitzen, wenn es geschieht. Lebensmüde Menschen bringen dem Sterben die Sehnsucht entgegen, endlich Ruhe zu finden. Auch schwerkranke und schmerzgeplagte Kinder sehnen sich nach der Erlösung von ihren Schmerzen, nach der Ruhe, nach dem Schlafendürfen.

Wenn ein Mensch früh oder mitten aus dem Leben gerissen wird, so kommen Empfindungen der Ungerechtigkeit, des Bedauerns und des Haderns auf. Auch das existentiell bedrohliche Gefühl, vor dem Nichts zu stehen, es einfach nicht annehmen zu können, am Sinn von Leben und Tod zu zweifeln. Wenn die verständnisvolle Anteilnahme am Schicksal des Kindes gelingen soll, so bedarf es der Trauerarbeit im Sinne einer schrittweise Sinngebung.

Wie gelingt die Sinngebung?

Goethe bemerkt am Ende seines über 80 Jahre währenden Lebens, daß er doch deutlich erlebe, daß seine Entwicklung damit nicht abgeschlossen sei und daß er wiederkommen möchte. Selbst er, der so auf der Höhe der Bildung seiner Zeit stand, empfand das Sterben nicht als Abschluß seiner Entwicklung, sondern nur als Abschluß dieses Lebens und hatte die Hoffnung auf Fortsetzung seiner Bestrebungen in einem späteren Erdenleben. Eine der wichtigsten Möglichkeiten der Sinngebung auch eines kürzeren Erdenlebens ist das Hinblicken auf alles dasjenige, was dieser Mensch im Laufe seines Lebens erlebt und gelernt hat. Sterben kleine Kinder, so ist die Fülle der Erlebnisse in dieser ersten Lebenszeit noch begrenzt. Faßt man jedoch den Umkreis der näheren und weiteren Familie dieses Kindes ins Auge, so ist sogleich zu bemerken, daß gerade der Tod kleiner Kinder starke Veränderungen in dem Familienleben bewirkt. Durch den Schmerz und den Verlust werden Fragen wach, die ohne diese Tragödie nie geweckt worden wären. Ja, es kann sich das ganze Klima der Familie durch den Hinweggang eines Kindes ändern. Rudolf Steiner bemerkte hierzu verschiedentlich, daß durch den Tod kleiner Kinder Frömmigkeit und Religiosität in den Familienzusammenhang hereinkommen können. Und so wird es auch oft erlebt, da die unsichtbare Welt, in der die Verstorbenen anwesend sind, mit einem Male so nahe an die sichtbare herangerückt ist.

Eine weitere Hilfe zur Sinngebung ist es, sich Gedanken über das nachtodliche Leben zu machen und beispielsweise die Forschungsergebnisse Rudolf Steiners zur Kenntnis zu nehmen, in denen die Welt der Verstorbenen und die Möglichkeiten, mit ihnen in Beziehung zu treten, beschrieben werden.* Sehr hilfreich ist auch das

---

* Rudolf Steiner, Themen aus dem Gesamtwerk, Band 15, »Das Leben nach dem Tode«, Stuttgart 1987.

Buch von Friedrich Husemann »Vom Bild und Sinn des Todes«.*
Wie wohltuend ist es für Kinder zu erleben, wenn der Erwachsene
aus einer gewissen Kenntnis vom Leben und Schicksal der Toten
sprechen kann und auf die Fragen der Kinder hin nicht ängstlich
reagiert, sondern sicher und wohlüberlegt.

Bei Krankheiten ist die Sinngebung nicht weniger schwierig. Die
schwere Krankheit läßt andere Empfindungen entstehen, als es die
angesichts des nahenden Todes sind. Der Schwerkranke hat der
Krankheit gegenüber andere Empfindungen als dem Tod gegenüber. Er fühlt Ohnmacht, den Leib nicht mehr recht benützen zu
können, er fühlt den Schmerz und die Behinderungen, die mit der
Krankheit verbunden sind. Sein seelisches Erleben ist oft von diesen
Erfahrungen ganz ausgefüllt. Es wird erstmals jetzt hierdurch in der
Krankheit die enorme Diskrepanz erlebt zwischen Seele und Geist
auf der einen Seite und dem Körperleben auf der anderen Seite. Es
wird gefühlt, wie das, was man eigentlich seelisch möchte, weit
über das hinausgeht, was auszuführen der Leib in der Lage ist. Die
Zweiteilung des Menschenwesens in ein seelisch-geistiges und ein
körperliches Dasein kann zur beherrschenden Erfahrung werden.

Eine andere Empfindung, die zu verarbeiten ist, ist die Tatsache,
daß diese Krankheit früher oder später zum Tode führen wird. Wie
soll die Zeit bis dahin gestaltet werden? Gibt es noch Rettungsmög-
lichkeiten? Wie lernt man, diesem Unausweichlichen zu begegnen?

Der Verlust von Lebenshoffnungen und Perspektiven ist sehr
schmerzlich. In dem zuvor genannten Buch gibt es hierzu auch ein-
drucksvolle Zeugnisse von Kindern: Ein 12jähriges Mädchen zum
Beispiel berichtet: »Unsere Lehrerin in der Schule hat uns nach unseren Berufsplänen gefragt, da konnte ich gar nichts hinschreiben.
Ich habe keine.«

Die Geduld, das Wartenkönnen auf Genesung, ist eine wertvolle
Qualität, wenn man sie erworben hat. Wenn aber keine Heilung
ansteht, was ist daraus zu lernen? Ein Warten auf den Tod? Was ist

* Stuttgart 1986.

das für eine Form von Geduld? Wie wird dieses Warten ausgefüllt? Die Hoffnung auf ein Wunder reicht nicht aus. Hier geht es darum, das Leben selbst, die vielen Begegnungen als solche, die Freude am anderen zu pflegen und so intensiv als möglich zu erleben und zu gestalten. Die Bedeutung der Einzelheiten des Lebens tritt angesichts des herannahenden Todes deutlich hervor. Augenblicke können hier unverlierbare Geschenke werden und Ewigkeitscharakter bekommen. Sie beschenken das betroffene Kind und die ihnen nahen Menschen in gleicher Weise. Es wird erlebt, was wesentlich ist im Leben und worauf es bei einer menschlichen Beziehung in Wahrheit ankommt: kleine Handreichungen, Wahrnehmen von Fragen und Wünschen, Nähe und Geborgenheit, schweigendes Anwesendsein oder Gespräch, Offensein füreinander und Dasein füreinander.

Die Schicksalsfrage

So wie angesichts des Todes die Sinnfrage im Vordergrund steht, so stellt sich beim Erleben schwerer Krankheiten die Schicksalsfrage. Warum hat gerade mein Kind diese Krankheit bekommen? Die persönliche Betroffenheit steht ganz im Vordergrund. Niemand kann einem das Verarbeiten dieser Tatsache abnehmen. Keiner ist da, der aus Erfahrung hier zureichend raten kann, zumal das Erleben auch derselben Krankheit sehr unterschiedlich sein kann. Wenige Menschen gibt es, mit denen man überhaupt über Fragen dieser Art sprechen kann. Gerade da, wo sich die Schicksalsfrage stellt, hängt das Entscheidende von einem selber ab, davon, wie man sich selber zu seinem eigenen Schicksal stellt. Nur derjenige kann mit Kindern oder auch mit Erwachsenen hier hilfreiche Gespräche führen, der sich ernsthaft mit der Frage nach dem Schicksal auseinandergesetzt hat. Jeder Schicksalsverlauf ist einmalig. Keine zwei Biographien gleichen sich. Jeder Mensch ist im Erleben und Verarbeiten seines

Schicksals letztlich doch allein, nicht nur der Kranke. Ja, gerade dieses Alleinsein und dieses ganz Persönliche sind die Voraussetzung dafür, daß wir uns wirklich als Individualität fühlen und entwickeln können. Wird dies in seiner ganzen Folgenschwere erkannt, so stellt sich für jede Schicksalssituation die Frage: Was kann gerade durch diese Situation für die weitere Entwicklung gelernt werden? Gute und schlimme Erfahrungen, gesunde und kranke Tage werden zum persönlichen Schulungsweg. Es wird empfunden, wie man den angenehmen und erfreulichen Ereignissen die Kraft und den Schwung für die Arbeit und für das Verfolgen der eigenen Ziele verdankt. Auf der anderen Seite erweisen sich die tragischen und problematischen Erfahrungen als die aufrüttelnden, erweckenden Momente im Leben, auch wenn sie durchlitten werden müssen und oft viel Kraft kosten. Als mich einmal eine verzweifelte Mutter fragte: Was ist denn der Sinn der Krankheit? So kam mir spontan der Gedanke: Eine Krankheit ist eigentlich eine Privatstunde beim lieben Gott. Man kann das natürlich nicht jedem einfach so sagen. Aber im Gespräch mit dieser Mutter war es das richtige Wort. Wir berieten dann gemeinsam darüber, was sie selber und ihr Kind aus dieser Situation für die weitere Entwicklung gewinnen können.

Beim Hinblick auf schwerkranke Kinder ist es oft naheliegend, an ein späteres Erdenleben zu denken. Gerade die schwere Krankheit oder der Tod im Kindesalter machen ja deutlich, daß dies nicht alles gewesen sein kann, wozu ein Mensch auf die Erde kommt. Sie zeigen vielmehr, daß dieses kurze Erdenleben nur ein Ausschnitt ist aus einem großen Entwicklungszusammenhang, der durch viele Leben geht und an dessen Ende die johanneische Prophetie wahr werden kann, daß wir Menschen durch Erkenntnis der Wahrheit zur Freiheit zu gelangen berufen sind. Dieses Ziel läßt sich nicht in einem Erdenleben erreichen. Es ist vielmehr die Perspektive für einen langen Weg, auf dem uns der Herr des Schicksals, der Christus selbst, begleitet. Die Frage nach dem Sinn von schwerer Krankheit und Tod ist zugleich auch immer die Frage nach IHM, nach der Lehre des Schicksals, nach der Beziehung zur geistigen Welt.

Warum ist es heute so schwer, über das Sterben und über die Krankheit zu sprechen?

Die Hauptschwierigkeit liegt wohl darin begründet, daß wir alle mehr oder weniger materialistisch erzogen worden sind und an materialistischen Denkgewohnheiten leiden. Wir können den Tod zwar feststellen aufgrund eindeutiger naturwissenschaftlicher Kriterien, ihn jedoch nicht wirklich begreifen. Dennoch sind es gerade naturwissenschaftlich erforschte Phänomene, die, im richtigen Lichte betrachtet, helfen können, zu einem Verstehen des Todes zu kommen. Beispielsweise verfügt jede Körperzelle über sogenannte Lysosomen, die eiweißspaltende (proteolytische) Enzyme enthalten. Diese kleinsten Bläschen werden in der Zelle aufgebaut und bleiben erhalten, solange die Zelle am Leben ist. Stirbt sie ab, so platzen diese Bläschen auf und geben ihre eiweißauflösenden Enzyme frei, wodurch die Zelle sehr rasch sich selbst auflöst bzw. zerstört wird. Was ist damit gesagt? Die Zelle baut selbst auch die Enzyme auf, mit deren Hilfe sie sich auch wieder auflösen kann. Die Sterbemöglichkeit der eigenen Zelle wird so durch die eigene Lebenstätigkeit substantiell mit aufgebaut. Schon die elementarsten biologischen Kenntnisse über das Leben der Zelle machen deutlich, daß das Leben stärker ist als der Tod, da es die tötenden Enzyme selber aufbauen kann.Der Tod erweist sich biologisch als ein integrierter Bestandteil des Lebens. Selbst die befruchtete Eizelle enthält bereits diese genannten Lysosomen, die allerdings so klein sind, daß man sie erst mit Hilfe des Elektronenmikroskopes entdecken konnte. Ab der befruchteten Eizelle tragen wir bereits den möglichen Tod in uns. So erscheint uns rein aufgrund unseres naturwissenschaftlichen Wissens der Tod als ein besonders Rätsel des Lebens.

Blicken wir vom Seelischen her auf das Ereignis des Todes, so fühlen wir uns ihm ausgeliefert. Er steht da als ein zunächst unlösbares Problem.

Für den Geist des Menschen jedoch ist die Vorstellung des Todes eine Herausforderung: Was hat das mit mir zu tun? Was kommt danach?

Wir erleben die Konfrontation mit dem Tod in den Schichten unseres Wesens ganz verschieden. Naturwissenschaftlich betrachtet ist er ein Rätsel, seelisch erlebt ein Problem, geistig erfaßt eine Aufgabe, eine Herausforderung. In dem genannten Buch von Friedrich Husemann »Vom Bild und Sinn des Todes« wird der Leser durch die Kulturgeschichte der Vergangenheit bis in die Gegenwart geführt. Es wird beschrieben, wie die Menschen in den verschiedenen Epochen das Sterben erlebt haben. In früheren Zeiten war der Tod ein Ritual. Das Sterben wurde als heiliger Akt erlebt, eigentlich als Initiationsmoment, da man noch wußte, daß der Mensch durch den Tod in direkte Beziehung zu den Göttern tritt. Später ging dieses Bewußtsein verloren, der Tod wurde zum Sinnbild der Ohnmacht des Menschen, der nicht weiß, woher er kommt und wohin er geht.

Das wird sich erst wieder ändern, wenn die Menschen sich aufs neue für die Realität der geistigen Welt interessieren. Eine Möglichkeit hierzu ist, sich auf den bewußten inneren Weg der Entwicklung zu begeben, in dem Sinne, wie ihn Rudolf Steiner in seinem Buch »Wie erlangt man Erkenntnisse der höheren Welten?« beschrieben hat. Das Erleben der eigenen seelischen und geistigen Fähigkeiten und deren relative Unabhängigkeit vom Körper führt zu einer ganz neuen Lebenssicherheit und nimmt nach und nach die Angst vor dem Tode.

Eine andere Möglichkeit ist der religiöse Weg, wenn er in innerer Freiheit gegangen werden kann und zum Erleben der Existenz des Geistes führt. An dieser Stelle möchte ich ein Buch empfehlen, in dem verschiedene Menschen zu Wort kommen über ihre Erfahrungen mit dem Tod. Es ist von Arie Boogert, einem Priester der Christengemeinschaft, zusammengestellt und heißt: »Beim Sterben von Kindern«.* Es ist in drei Abteilungen gegliedert: In der ersten Ab-

---

* Stuttgart 1986.

teilung werden konkrete Sterbesituationen geschildert, dann folgt eine Sammlung der wichtigsten Äußerungen Rudolf Steiners zum Sinn des Todes und in der dritten Abteilung sind Gedichte, Sprüche, Märchen und Legenden zusammengetragen, in denen der Tod oder das schwere Leid eine zentrale Rolle spielen.

Einige seien hier wiedergegeben:

Mein Tod

Frohlocket
und streut lebendige Blumen über meinen Leib,
ich bin gestorben, ihr Menschen,
ich habe den Schmerz ausgezogen,
die Begierden, die Qualen der täglichen Stunden.
Die Wunden der jeglichen Schlachten
sind nun vernarbt.

Ich bin aufgeflogen,
ich schwebe noch über euren Tränen,
aber heute nacht im Mondeskahn
segle ich an die anderen Ufer.
Frohlocket,
das Tor sprang auf,
und die neue Straße blüht überselig im Licht!
KURT HEYNICKE

Auf meines Kindes Tod

Freuden wollt ich dir bereiten,
zwischen Kämpfen, Lust und Schmerz
wollt ich treulich dich geleiten
durch das Leben himmelwärts.

Doch du hast's allein gefunden,
wo kein Vater führen kann,
durch die ärmste dunkle Stunde
gingst du schuldlos mir voran.

Wie das Säuseln leiser schwingend,
draußen über Tal und Kluft,
ging zur selben Stund ein Singen
ferne durch die stille Luft.

Und so fröhlich glänzt der Morgen,
's war, als ob das Singen sprach:
jetzo lasset alle Sorgen,
liebt ihr mich, so folgt mir nach!

JOSEF VON EICHENDORFF

Auch wenn man sich selber noch nicht viele Gedanken über den Tod gemacht hat, kann das Lesen von Gedichten wie diesem das Empfinden wecken, daß sich in ihnen eine Wahrheit ausspricht. Hier haben sich Menschen der geistigen Herausforderung durch den Tod gestellt.

Und letztlich bleibt dies keinem von uns erspart. Insbesondere die Kinder erwarten, daß wir uns unserer eigenen Existenz bewußt und sicher sind. Da ist es gut, sich auf die ewige Natur der eigenen Gedanken zu besinnen. Mit ihnen tragen wir etwas in uns, in dem alle Weltgesetze auffindbar sind, völlig unberührt vom Sterben. Leben und Tod können wir in gleicher Weise denken. Aber diese Gedanken selbst sind so bleibend und dauernd, wie die Tatsache des Todes für unsere Entwicklung eben eine Gesetzmäßigkeit darstellt. Die Gedanken selber können nicht zerstört werden. Ebensowenig kann auch der einmalige Gedanke unserer eigenen Existenz und Entwicklung zerstört werden.

Ich möchte an dieser Stelle an etwas erinnern, was im Rahmen dieser Elternabende immer wieder angesprochen worden ist: Das von Rudolf Steiner erforschte Gesetz von der Metamorphose der Wachstumskräfte in Gedankenkräfte. Betrachten wir unter diesem Aspekt die menschliche Entwicklung, so sehen wir, wie im ersten Lebensdrittel Jahr um Jahr das körperliche Reifen begleitet ist von einer Zunahme und einem Sich-weiter-Entwickeln des Gedankenlebens. Man sieht förmlich, wie im Zuge des körperlichen Wachsens und Reifens auch das gedankliche Wachsen und Reifen geschieht.

Vollends evident wird es dann aber im letzten Lebensdrittel, in dem der Körper welkt und abbaut. Die Menschen, denen es gegeben ist, gesund alt zu werden und bis zum Tode voll bewußt und geistig rege zu bleiben, erleben, wie sie, obwohl der Körper in all seinen Funktionen nachläßt, doch seelisch-geistig immer weiter wachsen und reifen und sich zu neuen Möglichkeiten hindurcharbeiten können. Rudolf Steiner konnte dieses Rätsel erklären durch seine Geistesforschung, die ihn befähigte, das Denken als real im Menschen wirksame Lebenskraft zu beobachten und wahrzunehmen, wie es zunächst als unbewußtes Gedankenleben identisch mit der Wachstumskraft den Leib aufbaut und sich dann schrittweise vom Körper emanzipiert und als bewußtes Gedankenleben dem Menschen zur Verfügung steht. Im letzten Lebensdrittel, wenn die Regenerationsfähigkeit nachläßt, werden auch diese nicht mehr für die Regeneration unbewußt gebundenen Kräfte frei und ermöglichen die Entwicklung von Altersweisheit, wie wir sie im späteren Leben beobachten können. Was so dem Körper an Regenerationsmöglichkeit entzogen wird, steht jetzt für das gedankliche Wachstum und die geistige Arbeit zur Verfügung. So wie unser Leib ein offenes System ist, das ernährt werden muß, um überhaupt am Leben zu bleiben, würde auch unser Gedankenleben ohne geistige Nahrung verdorren, da es ebenfalls ein offenes, der geistigen Welt gegenüber offenes und verarbeitendes System ist.

Menschen, die schon einmal an der Todesschwelle gestanden haben und als klinisch Tote dann doch wieder ins Leben zurückgekehrt sind, haben übereinstimmend berichtet, wie dieser scheinbare

Todesmoment ein Augenblick größter Bewußtseinsklarheit gewesen ist. Zumeist sahen sie ihr ganzes Leben in größer Deutlichkeit vor sich wie einen Film in lebendigen Bildern abrollen. Der Tod ist alles andere als ein schwarzer Abgrund. Er ist das Tor zum Licht des Geistes. Dieses kündigt sich uns im Licht und der Ewigkeit unserer Gedankenwelt an.

Im Todesaugenblick löst sich der ganze Gedanken- bzw. Wachstums- und Regenerationskräfteorganismus aus dem Leib heraus und umgibt mit allen in ihn eingeprägten Erinnerungen und Erfahrungen das menschliche Seelen- und Geisteswesen, während der physische Leib zerfällt. So wie ein Naturgesetz einmal nur gedacht sein kann, oder aber auch wirken kann in einer Substanz oder einem Vorgang, genauso kann ein Menschenwesen einmal befreit sein vom Materiellen und als rein geistige Gesetzmäßigkeit und Wesenhaftigkeit bestehen, oder aber aus dem Zusammenhang dieser Gesetze heraus einen Körper aufbauen, um sich darin als tätig selbst zu erkennen und in der Welt zu handeln.

Nimmt der Geist des Menschen die Herausforderung an, die sich angesichts des Todes stellt, so findet er auch durch Selbsterkenntnis Ansatzpunkte, um sich über seine eigene Unsterblichkeit aufzuklären. Die dadurch möglich werdende innere Sicherheit ist die wichtigste Hilfe, um mit Kindern jeden Alters über ihre Fragen nach Krankheit und Sterben zu sprechen.

Zum Verständnis der Krankheit

In bezug auf die Krankheit möchte ich nur einen Gesichtspunkt hier erwähnen, der hilfreich sein kann, sinngebend mit der Tatsache der Krankheit umzugehen. Wie stellt sich die Krankheit in das normale Menschenleben herein?

Zunächst haben wir im ersten Lebensdrittel als typische und allgemein fast jeden Menschen betreffende Krankheitserscheinung die akuten Kinderkrankheiten und Infekte. Im Alter zwischen 20 und 40 tritt diese Erkrankungsform nahezu vollständig zurück und weicht einer ganz anderen Gruppe von Krankheiten, die wir die psychosomatischen nennen. Es sind dies eine Vielzahl möglicher Störungen, die oft so diskret sind in körperlicher Hinsicht, daß der Arzt zwar die Beschwerden der Menschen zur Kenntnis nimmt, jedoch keinen entsprechenden körperlichen Befund findet. Herzstiche, Übelkeit, Schwindel und Kopfweh führen zwar zum Arzt, aber nicht zu einer handfesten Diagnose. Es sind zumeist Streß- oder Überlastungssymptome, oder aber Folgen innerer Anspannung.

Was ist nun der Sinn dieser Krankheitserscheinungen? Bei den Infektionskrankheiten in Kindheit und Jugend liegt der Sinn ganz auf körperlicher Ebene. Denn in der Auseinandersetzung mit den Infektionen wird ein leistungsfähiges Immunsystem aufgebaut. Anders liegt der Sinn bei den psychosomatischen Erkrankungen. Diese machen dem Kranken bewußt, daß Gesundheit keine Selbstverständlichkeit ist, sondern der Mitarbeit insbesondere von innen bedarf. Man muß lernen, ein neues Verhältnis zum eigenen Körper zu bekommen und seelische Probleme in der Seele zu verarbeiten und nicht zu somatisieren. Auch den Streß muß man seelisch abfangen lernen, wenn kein Magengeschwür entstehen soll.

Im letzten Lebensdrittel werden chronische Krankheiten typisch. Ob dies nun ein Rheuma ist, ein Altersdiabetes oder Rückenbeschwerden oder aber Herz- und Kreislaufstörungen – immer sind es Erscheinungen, von denen man weiß, daß sie nicht mehr vollständig verschwinden werden, sondern einen nun bis ans Ende begleiten. Hier lernt nicht der Leib, auch nicht primär die Seele, sondern bei diesen Krankheitsformen ist der Menschengeist selber herausgefordert, sich die Frage nach dem Lebensende zu stellen. Die chronische Krankheit macht wach dafür, daß der Körper unwiederbringlich geschädigt ist und daß irgendwann einmal das Ende kommen wird. Dies zu wissen bei voller Gesundheit ist etwas gänzlich anderes, als wenn man eine Krankheit am eigenen Leib erlebt.

Da stellt sich diese Frage mit einer ganz anderen existentiellen Dringlichkeit.

Diese drei großen Gruppen von Krankheiten stellen sich als normale »gesunde« Krankheiten in das menschliche Leben herein. Es wird dadurch etwas gelernt, was wichtig ist für die eigene Biographie und was ohne diese Krankheiten so nicht erworben werden kann.

Daneben gibt es dann aber die eigentlichen Krankheiten, die sich als unerwartete Schicksalsschläge zu irgendeiner Zeit des Lebens ereignen. Da erhebt sich dann die Frage: Warum muß gerade ich hier etwas lernen? Und was ist es? Jede Krankheit stellt eine individuell zu erfassende Aufgabe dar. Sie spricht eine Sprache, die sehr persönlich ist und die man erst verstehen lernen muß, so wie auch das Schicksal selber in allen Einzelheiten sehr persönlich zu uns spricht. Es ist schwer, hierzu allgemeines zu sagen. Das Entscheidende ist, innerlich still zu werden und auf die Gedanken und Gefühle zu achten, die in der Seele rege werden, wenn man sich in vollem Ernst die Sinnfrage bezüglich der eigenen Krankheit oder der des Kindes stellt. Es gilt dies auch für schwere Erkrankungen im Alter, die mit Bewußtseinsveränderungen oder Schmerzzuständen einhergehen. Wer weiß wirklich, was Seele und Geist des Menschen erleben, wenn sie zum Teil schon in der geistigen Welt leben, der Leib jedoch noch auf der Erde weiter am Leben gehalten wird? Uns fehlen weitgehend noch die sinngebenden Gedanken für diese Grenzerfahrungen der menschlichen Existenz, und es ist ein materialistisches Vorurteil, hier von vornherein Sinnlosigkeit anzunehmen und nach eigenem Ermessen einzugreifen.

Fragen zum Thema

Frage: Welche Bedeutung hat die Totenwache, und was passiert, wenn sie nicht stattfindet?

Antwort: Die Totenwache ist ein sehr alter Brauch und knüpft unmittelbar an das an, was wir besprochen haben über diesen lichtvollen Sterbemoment.

In den ersten Tagen nach dem Sterben (in der Regel sollte die Totenwache drei Nächte lang dauern) vollzieht sich dieses Herauslösen der Gedankenorganisation, die identisch ist mit der Lebens- bzw. Wachstums- und Regenerationstätigkeit. Damit ist ein Rückblick auf das gesamte Erdenleben verbunden.

Wenn der Mensch durch den Tod aus dem Leben herausgerissen wird, so erlebt er zunächst diesen Lebensrückblick und muß lernen, sich in der körperlosen Welt zu orientieren. Da ist es eine Hilfe, wenn er umgeben wird von guten Gedanken und Gefühlen von Menschen, denen er verbunden war und die jetzt die Totenwache halten. Hilfreich ist auch, wenn das Johannes-Evangelium oder andere sakrale Texte und Gebete gelesen werden, die dem ewigen Wesen des Menschen zugeneigt sind. Oft erleben die Menschen dann auch ein intensives Anwesenheitsgefühl von dem Verstorbenen.

Wenn die Totenwache nicht stattfinden kann, weil jemand zum Beispiel im Hochgebirge verunglückt ist und erst gefunden wird, wenn diese Tage längst vorbei sind, so fehlt dem Verstorbenen diese menschliche Überbrückungshilfe zwischen den Welten. Das nachtodliche Erleben jedoch wird dadurch nicht verändert, es fehlt nur eben der menschliche Beistand.

Es ist ein Glück, wenn man ihn haben kann. Es gibt aber auch Menschen, die dezidiert sagen, daß sie das nicht wollen und dies auch testamentarisch festlegen und sagen: »Wenn ich sterbe, möchte ich gern allein sein.« Das sollte man dann auch respektieren. Denn menschliche Beziehungen sind immer konkret, auch wenn man sie über den Tod hinaus fortsetzt. Da sollte das Prinzip des Sich-ernst-Nehmens und des Sich-Freilassens gewahrt bleiben.

Zwischenfrage: Würden Sie sagen, das Ritual der Totenwache ist vorwiegend für den Verstorbenen, nicht für den Hinterbliebenen?

Antwort: Wenn man eine Totenwache hält, dann spürt man sehr deutlich, daß das einem selber auch viel gibt, weil man sich einige Stunden lang rein geistig orientiert. Sie wird jedoch für den Verstorbenen gehalten, nicht für die Hinterbliebenen.

Frage: Woher haben Sie die Sicherheit zu sagen: Die Totenwache ist für den Verstorbenen?

Antwort: Es heißt doch Totenwache!
Es *ist* für den Verstorbenen, es heißt ja nicht Lebenswache.

Zwischenfrage: Aber diese Tätigkeit, meine ich, hat doch auch eine große Bedeutung für den Lebenden.

Antwort: Sie haben recht insofern, als wir Menschen nichts machen können, ohne auch selbst daran zu lernen und zu gewinnen. Dennoch sollte man über dem Nebeneffekt nicht die Hauptsache vergessen. Es werden ja auch Totenmessen gelesen. Auch die sind nicht für die Lebenden, sondern für die Verstorbenen. Für die Lebenden sind die Gottesdienste und geistigen Gespräche und Besinnungen da. Hier ist es umgekehrt. Da nehmen die Verstorbenen – für die Lebenden als Nebeneffekt – auch Anteil.

Frage: Was passiert, wenn die Hinterbliebenen die Toten nicht loslassen können?

Antwort: Dazu gehört auch die Frage: Wie pflegt man jetzt über drei Tage hinaus den Kontakt mit den Verstorbenen?
Dieses »Nicht-loslassen-Können« kann sehr behindernd sein. Dazu gibt es sogar Märchen, zum Beispiel das vom Tränenkrüglein, in dem eine Mutter ihr Kind verliert und Tag und Nacht um es weint, bis eines Tages das Kind der Mutter im Traum erscheint und ihr sagt: Jetzt läuft das Krüglein fast über. Ich kann hier gar nicht fröhlich sein, hör doch bitte auf zu weinen.
Unsere Gefühle sind ja Realitäten. Es geht doch uns Lebenden

schon so, daß wir unangenehm oder angenehm berührt sind von den Gefühlen, die unsere lieben Mitmenschen uns gegenüber hegen. Das geht nicht spurlos an uns vorbei!

Und jetzt muß man sich den hüllenlosen Toten vorstellen. Wir haben doch immerhin noch Fleisch und Blut und eine Jacke und können uns irgendwie auch wieder distanzieren und haben ganz andere Möglichkeiten, uns abzuschirmen. So ein reines Seelen- und Geisteswesen erlebt die Gefühls- und Gedankenwelt der Menschen näher, schutzloser. Die Verstorbenen leben in unseren Gefühlen und Gedanken, so wie wir zwischen Blumen und Bäumen leben.

Rudolf Steiner, der viel über das Leben nach dem Tod gesprochen und auch geschrieben hat, sagt, daß eigentlich zwei Gefühle für die Verstorbenen am angenehmsten sind, das sind Dankbarkeit und Liebe, damit belasten wir sie nie.

Wenn aber die Liebe ein Festhalten ist: »Warum hast du mich verlassen, ich hatte dich doch so lieb?« – dann ist das eine Liebe, die einen sehr starken Anteil an Eigenliebe hat, weil man das Verbundensein mit dem anderen so liebt und gar nicht merkt, daß dieses Verbundensein einem wichtiger ist als der andere selbst. Da sollte man sich prüfen. Reine Liebesgefühle jedoch, die wirklich dem Wesen des anderen gelten, und Dankbarkeit, die sind nicht belastend.

Frage: Was hat es für einen Sinn, wenn viele Menschen, vor allem Kinder, sterben müssen (Katastrophen, Rumänien, Jugoslawien)? Ist das ein persönliches Schicksal oder ein Gemeinschaftsschicksal?

Antwort: Das Sterben in den verschiedenen Lebensaltern hat für die betreffenden Menschen, die sterben, unterschiedliche Bedeutung.

Dazu gibt es von Rudolf Steiner eine Fülle von sehr erhellenden Erläuterungen. Zum Beispiel sagt er, daß Menschen, die im mittleren Lebensalter sterben (so mit 30 oder 40), viele unverbrauchte Kräfte mitnehmen und dadurch in einem späteren Leben überschüssige Kräfte haben und mehr Veranlagung für eine gewisse Genialität mitbringen.

Dagegen muß man sich, wenn man nach einem erfüllten Leben stirbt, alles von neuem erarbeiten. Da bringt man aus dem vergangenen Leben keinen Überschuß mit, man hat alles ausgelebt.

Kleine Kinder halten nach ihrem Tod zunächst sehr stark die Beziehung zur Familie aufrecht und lassen, wie schon gesagt, Impulse der Frömmigkeit zurück.

Vielleicht noch ein Wort zum gewaltsamen Tod. Da äußert sich Rudolf Steiner folgendermaßen: Durch einen gewaltsamen Tod bleibt die Beziehung des Verstorbenen zur Erde besonders stark erhalten. Die Verstorbenen können sich nicht so leicht von der Erde und von ihren Aufgaben lösen, sondern bleiben länger damit verbunden.

Auf dem berühmten Bild von Raffael, der »Disputa«, auf dem in den verschiedenen Himmelsregionen Heilige und bedeutende Persönlichkeiten dargestellt sind und unten auf der Erde über den Sinn des Abendmahls diskutiert wird, ist auch ein Mönch, ein Märtyrer, gemalt worden, der mit dem Finger zur Erde weist. So wurde auch künstlerisch diese Beziehung zur Erde dargestellt, Menschen betreffend, die unter besonderen Schmerzen von der Erde geschieden sind.

Das Sterben von jungen Menschen ist eine Schicksalsfrage, und dazu kann ich in der Kürze nur soviel sagen: Jeder Mensch geht eine Art Kompromiß ein in seiner Biographie zwischen seinem persönlichen Schicksal, einem Gruppenschicksal (Familien-, Berufs-, Nationalitäts- und Volksschicksal) und dem Menschheitsschicksal. Denn mit der Tatsache, daß man in diese ganz bestimmte Zeit hineingeboren wurde, verbindet sich auch ein bestimmtes Menschheitsschicksal.

Die blutigen Ereignisse in Rumänien waren Zeitenschicksal und ein Gruppenschicksal, und das muß jetzt auch individuell verarbeitet werden.

Frage: Vor diesem Ausspruch: »Wenn in der Straße einer stirbt, dann folgen zwei andere«, hatte ich als Kind Angst, ich könnte der nächste sein. Meine Frage ist: Gibt es da beim Tod eine Art Gesetzmäßigkeit?

Antwort: Dieses Sprichwort kenne ich auch. Allerdings ist mir auch bekannt: »Jeder Tote nimmt noch einen mit.«

Diesem Ausspruch liegt die Erfahrung zugrunde, daß tatsächlich Menschen, die sich gut kennen, oft zur selben Zeit oder kurz nacheinander sterben. Man findet am häufigsten bei Ehepaaren, daß, nachdem der eine gestorben ist, der andere relativ bald nachfolgt. Es liegt hier keine abstrakte Gesetzmäßigkeit zugrunde, sondern eine konkrete Schicksalgegebenheit.

Wir gehen doch auch im Leben gern einmal mit jemandem Hand in Hand oder pflegen Beziehungen. Warum sollte man sich nicht auch – unbewußt – vornehmen, zusammen zu sterben? Das ist doch etwas Schönes!

Frage: Ein Kind (12–13 Jahre) hat eine schwere Krankheit, die verschieden schwere Stadien durchläuft. Bei einer Besserung fühlt sich das Kind wohl, aber trotzdem muß dauernd etwas getan werden (Medikamente, Therapien). Wie verhält man sich, damit beim Kind keine Resignation eintritt?

Antwort: Das ist ein kinderärztliches Thema ersten Ranges und gehört in jede Beratung von chronisch kranken Kindern: Tut, was nötig ist, aber seid so sachlich und realistisch wie die Kinder! Macht das, was nötig ist, ohne falsches Mitleid. Denn wenn falsches Mitleid dabei ist, wird bei den Kindern das Gefühl verstärkt, daß mit ihnen etwas nicht stimmt.

Wenn es den Eltern gelingt, das Gefühl zu vermitteln: »So wie du bist, bist du mir gerade recht! Du bist mein Kind und so will ich dich!«, wenn man aus dem, was da ist, das Beste macht, dann treten Probleme wie Resignation nicht in den Vordergrund. Oft muß hier jedoch energisch daran gearbeitet werden, daß auch besonders gutmeinende Anverwandte, die zu Besuch kommen und sich für die neuesten Leiden im Krankheitsverlauf des Kindes interessieren, verstehen, worum es geht. In Gegenwart des Kindes sollte nicht davon gesprochen werden, es sei denn, das Kind möchte es oder hat Fragen.

Frage: Wie geht man mit Kindern um, wenn die Eltern um einen Toten trauern, die Kinder erfahren aber vom Tod dieses Menschen nur durch Erzählung und können die Trauer der Eltern nicht verstehen?

Antwort: Vor allem für das kleine Kind ist es sehr wichtig, wie, auf welche Art und Weise der Erwachsene mit diesem Gefühl umgeht, ob das Gefühl ihn überwältigt oder ob er selber daran arbeitet und die Sache irgendwie im Griff behält.

Wenn das Kind erlebt, der Erwachsene ist zwar sehr traurig, aber er kann damit umgehen, dann ist das etwas Positives. Denn Trauer und Schmerz, auch einmal einige Wochen der Bedrücktheit, gehören genauso in das Leben hinein wie einige Wochen Weihnachtsvorfreude! Das sollte man nicht aus dem Leben wegwünschen.

Frage: Wie kann man einem Schulkind helfen, das nach einer schweren Krankheit der Mutter unsicher geworden ist und vor allem Angst hat?

Antwort: Da müßte man einige Rückfragen stellen. Denn eine Sache haben wir überhaupt noch nicht berührt: Kleine Kinder sind nicht nur Realisten, sondern sie genießen es auch, im Mittelpunkt zu sein. Und wenn einmal so ein Schlawiner herausbekommen hat, daß die Erwachsenen, wenn er vom Tod redet oder er gar Angst äußert, zu sterben oder krank zu werden, ihn dann besonders aufmerksam und lieb behandeln, so wiederholt er solche Aussagen mit Sicherheit, und zwar oft und viel und ausgiebig, bis es bemerkt wird. Wenn dann eines Tages kein Aufhebens mehr davon gemacht wird, wird es sehr bald uninteressant, und das Kind sucht sich etwas anderes, um die Aufmerksamkeit der Erwachsenen auf sich zu lenken.

Also man muß schon genau prüfen, wie es sich verhält.

Da wo es sich um wirkliche Angstzustände handelt, sind die Eltern meist überfordert. Da sollte, zumindest am Anfang, eine fachliche Beratung in Anspruch genommen werden.

Frage: Wie begleite ich innerlich das Sterben und den Toten?

Antwort: Das ist sehr individuell.

Es ist für alle Beteiligten befriedigend, wenn der Kranke zu Hause sterben darf und dort aufgebahrt wird. Es ist möglich, unmittelbar nach Eintreten des Todes ein »Vaterunser« zu beten oder den Anfang des Johannes-Evangelium zu lesen. Wichtig ist, daß nicht sofort alles Mögliche getan wird, sondern diese ersten Augenblicke der Stille ungebrochen bleiben. Auch nach einer halben Stunde ist noch Zeit, zu telefonieren usw.

Der Sterbemoment wird bei jedem Menschen anders sein, auch in Abhängigkeit von dem menschlichen Umkreis.

Ich werde nie vergessen, wie beim Medizinstudium am Ende des Präparierkurses Totenfeiern für die Menschen abgehalten wurden, die ihre Leiche für das praktische Studieren der Anatomie zur Verfügung gestellt hatten.

Da gab es hintereinander eine Feier für die evangelischen und eine Feier für die katholischen Verstorbenen. Die Särge wurden hereingefahren, sie waren schön geschmückt, auch die Angehörigen der Verstorbenen waren zugegen, ebenso die Studenten und Professoren. Es war bewegend zu erleben, wie verschieden die beiden Totenfeiern waren und wie anders von evangelischer Seite über das Sterben und die Verstorbenen gesprochen wurde als von katholischer Seite aus. Beide Theologen, die diese Feiern abhielten, waren Professoren, vorbildliche Vertreter ihres Faches. Von protestantischer Seite aus imponierte die Nüchternheit und Ehrlichkeit im Nichtwissen, was nach dem Tode kommt. Es wurde von den Verstorbenen gesagt, daß sie nur in unserer Erinnerung leben und daß man nicht wissen kann, wo sie jetzt sind. Dann sprach der katholische Pfarrer davon, wie wir mit den Verstorbenen verbunden sind. Er sprach von der Läuterungszeit (Fegefeuer) nach dem Tode und vom Jüngsten Tag als einem Prozeß. Es war eine Gewißheit spürbar vom nachtodlichem Dasein.

Es war deutlich, wie unterschiedlich ein Verstorbener gedanklich und gefühlsmäßig umgeben wird, je nachdem, in welcher Konfession er verstorben ist.

Frage: Wie geht man damit um, wenn für die Kinder der Tote noch »da« ist?

Antwort: Es gibt Kinder, die den Verstorbenen wirklich sehen, weil sie eben noch Gedanken, das heißt rein Geistiges, wahrnehmen können. Sie sehen auch noch Dämonen und Elementarwesen unmittelbar.

Viele Menschen – mehr als wir glauben – haben auch solche, oft leicht vorüberhuschende Erlebnisse, aber sie achten nicht darauf oder scheuen sich, darüber zu sprechen, weil sie Angst haben, daß man sie für Spinner hält.

Wenn Kinder entsprechende Erlebnisse haben, müssen sie von den Erwachsenen ernst genommen werden. Sonst ist das für die Kinder eine Enttäuschung, und sie hören auf, den Erwachsenen davon zu erzählen.

Das Wichtigste ist, daß der Erwachsene zuhört und zu verstehen gibt, daß das durchaus so seine Richtigkeit haben kann. Wenn das Kind Angst bekommt, so hilft ein gemeinsames Gebet für den Verstorbenen und die Ruhe und Nähe des Erwachsenen.

Zwischenfrage: Wenn man solche Erlebnisse gehabt hat, ist es eigentlich positiv, wenn man darüber spricht oder kann man damit auch etwas zerstören, Verbindungen zum Beispiel?

Antwort: Wenn man dankbar dafür ist, kann man eigentlich nichts zerstören, aber wenn man Angst davor hat oder das Erlebnis nicht verarbeiten kann, dann kann schon eine Irritation hervorgerufen werden.

Frage: Woran liegt es, daß die kleinen Kinder alles so realistisch sehen, sogar den Tod?

Antwort: Kinder sind Realisten, weil ihr Seelenleben ganz an der Sinneserfahrung orientiert ist.

So können Kinder auch untersuchen, was passiert, wenn man einer Katze auf den Schwanz tritt. Sie erleben das noch als etwas Äußerliches. Ein schon neunjähriges Kind würde sogleich hinzustürzen und sagen:»Quäl doch das arme Tier nicht so.«Da ist das Gefühlsleben schon erwacht und zum Zentrum des seelischen Erlebens geworden.

Das sind Entwicklungsschritte, die durchgemacht werden. Kinder leben zunächst in dem, was sie sehen. Wenn sie einen Toten sehen, dann ist er tot. Wenn sie eine rote Farbe sehen, so ist das eben rot. Ein ästhetisches Empfinden jedoch, was die Qualität Rot ist im Unterschied zu Blau, das muß erst gelernt werden. So ahmen Kinder auch zunächst die Haltung der Erwachsenen nach und orientieren sich an ihren Reaktionen auf die Vorgänge von Krankheit und Tod. Deshalb ist es so wichtig, daß wir uns selbst Sicherheit und Unbefangenheit aneignen und Krankheit und Tod nicht verdrängen oder tabuisieren.

Vom Sinn der Krankheit

Ich habe viel in der Krankheit gelernt,
das ich nirgends in meinem Leben hätte lernen können.
J. W. GOETHE

Krankheit als normale Begleiterscheinung menschlicher Entwicklung

Wer das Buch Hiob liest mit den vielen Gesprächen, Reden und Gegenreden, der sieht, wie alt die Frage nach dem Sinn der Krankheit ist, welche Dimensionen sie im religiösen Leben, aber auch im Erkenntnisleben, im wissenschaftlichen Verständnis annehmen kann, und daß alle Weisheit der Welt nichts nützt, wenn derjenige, der betroffen ist, sich nicht selbst auch entschließt, die Krankheit als Wahrheit für sich selbst anzunehmen.

Wie können wir uns dem Sinn der Krankheit nähern? Wie tritt Krankheit beim Menschen auf? Krankheiten sind zunächst – so paradox es klingt – etwas ganz Normales im Menschenleben und werden auch nicht als besondere Tragödien empfunden, solange es sich eben um sogenannte »normale« Krankheiten handelt. Es ist auch entsprechend leicht, an diesen »normalen« Krankheiten deren Sinn für die menschliche Entwicklung abzulesen.

Ich will es kurz machen: Es gibt drei klassische Gruppen von Krankheiten, die sich in jede menschliche Biographie hereinstellen, im Unterschied zum Lebenslauf von Tieren. Bei Tieren wäre es unnormal, wenn sie klassische Krankheiten durchmachten. Das gibt es dort nicht. Es gibt allenfalls Anpassungsschwierigkeiten, wenn das ökologische System instabil wird, aber es gibt keine typischen Krankheiten wie für den Menschen.

Das ist unser Privileg als Mensch, daß wir krank werden können. Es wird dies auch das Privileg des Menschen im 21. Jahrhundert bleiben. Es wandeln sich zwar die medizinischen Verfahren, es treten auch neue Krankheiten auf, während alte verschwinden. Es wird aber unsere Aufgabe bleiben, daß wir uns mit Krankheiten oder Krankheitsmöglichkeiten auseinandersetzen müssen.

Welches sind nun diese »normalen« Krankheiten? Das sind in der ersten Etappe des Lebens, in der sich der Körper entwickelt, in der die Kinder und Jugendlichen wachsen und gedeihen, die Kinderkrankheiten, akute fieberhafte Infekte, Husten, Schnupfen, Heiserkeit. Sie gehören einfach zum Kinderalltag. Der erste, zweite »Infektwinter«, wenn die Kinder in den Kindergarten kommen und viele Kontakte haben, sind geradezu sprichwörtlich. Und diese Krankheiten, das weiß die heutige Medizin ganz genau, haben einen Sinn: sie trainieren, stabilisieren und stärken das Immunsystem. Impfungen dienen demselben Ziel, nur wirken sie bedeutend schwächer als die tatsächlichen Krankheiten, ganz abgesehen davon, daß man sie dem Körper aufzwingt ohne Rücksicht darauf, ob er jetzt gerade dafür empfänglich ist.*

In den neuen Lehrbüchern der Kinderheilkunde liest man schon wieder Sätze, die zu meiner Studentenzeit noch verpönt waren, nämlich daß nur der unerfahrene Kinderarzt bei jedem Fieber sogleich mit einem Zäpfchen bei der Hand ist, denn inzwischen hat man die heilende, immunstimulierende Wirkung des Fiebers erkannt. Bei einer Temperatur zwischen 38,5–39,5 C werden z.B. die Grippeviren angegriffen. Sie können sich nicht mehr vermehren oder sterben ab. Das Fieber ist ein natürliches körpereigenes Antibiotikum.

---

* Vgl. Kap. Impfungen in der »Kindersprechstunde«.

Ich spreche jetzt nicht von Komplikationen oder von solch dramatischen fieberhaften Erkrankungen, die dringend ärztlichen Eingreifens bedürfen. Ich spreche vielmehr von einem normalen fieberhaften Infekt, der problemlos verläuft, wie das in der überwiegenden Zahl der Fälle zutrifft.

Später im Jugendalter ist es nicht mehr normal, daß man mit hohem Fieber im Bett liegt, und es ist auch nicht mehr normal, daß man drei- bis fünfmal im Jahr eine Erkältung oder Grippe hat. Da sollte man sich dann schon Gedanken machen, warum man immer noch so anfällig ist und ob da nicht vielleicht eine Immunschwäche vorliegt.

Im Alter etwa zwischen 20 und 40 Jahren wird vielmehr eine andere Krankheitsgruppe typisch, das sind die sogenannten psychosomatischen Beschwerden. Man hat Kopfschmerzen oder Magenbeschwerden oder Schlafstörungen vor dem Examen, vor besonderen Ereignissen oder durch Streß am Arbeitsplatz. Die Tendenz zu einem Magengeschwür ist vorhanden, oder man bekommt psychogene Asthmaanfälle; Störungen, die wir eben zu dem psychosomatischen Formenkreis rechnen. Im übrigen ist der Mensch dieses Alters gesundheitlich stabil und leistungsfähig. Die Familie wird gegründet, der Beruf aufgebaut und eigentlich vergessen, was es heißt, krank zu sein.

Auch hier spreche ich jetzt vom normalen Leben und von den normalen Krankheiten. Jeder kennt psychosomatische Beschwerden dieser Art. Sie können heute sogar schon viel früher auftreten: durch den Leistungsdruck in der Schule oder durch starke Belastungen im Elternhaus.

Der Sinn dieser Leiden liegt auch hier auf der Hand. Treten sie auf und trifft man auf einen erfahrenen Arzt, so wird er vielleicht für den Notfall z.B. Kopfschmerztabletten aufschreiben, hauptsächlich aber wird er seinen Patienten in Fragen der Lebensführung und über den Umgang mit sich selbst beraten. Er wird vielleicht fragen: »Können Sie entspannen? Machen Sie auch mal Pause? Können Sie abschalten? Warum lassen Sie sich denn so ärgern? Ziehen Sie einen

Gummimantel an, lassen Sie das doch an sich ablaufen!« Und dann fragt der erstaunte Patient, der sich damit noch nicht befaßt hat: »Ja wie soll ich das denn machen?«

Jetzt muß die Seele lernen, sich vom Körper zu emanzipieren, damit nicht die Probleme, die seelisch nicht bewältigt werden können, sich in den Körper projizieren und zu gesundheitlichen Störungen werden. Das seelische Unwohlsein und das »Nicht-verarbeiten-Können« dürfen nicht übergreifen auf die körperliche Verfassung. Selbst erfahrenen Ärzten kann es so gehen, daß sie jahrelang einen Patienten wegen Koliken behandeln und erst spät bemerken, daß ein ungelöstes seelisches Problem die eigentliche Ursache davon war.

Es gibt eine ganz innige Wechselwirkung zwischen der Art, wie wir denken und fühlen, und wie unser Körper arbeitet. In dieser mittleren Lebensetappe, in der wir Umgangsformen suchen, um mit uns selbst und anderen Menschen zurechtzukommen, können solche psychosomatische Beschwerden diesen Lernprozeß beschleunigen, indem sie den betreffenden Menschen dafür aufwekken, ihm helfen, ihn unterstützen und auf den richtigen Weg bringen. Sie sind ein Segen, denn sie machen uns darauf aufmerksam, daß die Probleme unseres Seelenlebens die körperliche Gesundheit beeinträchtigen und belasten können.

Im Alter ab 40/45 Jahren macht sich dann eine dritte klassische Gruppe von Störungen bemerkbar, die auch »normal« sind und jeden früher oder später heimsuchen: das sind die Verschleißerscheinungen. Da treten plötzlich Gelenkbeschwerden, Rückenschmerzen, Stoffwechselstörungen und andere chronische Erkrankungen auf. Der eine hat »seine Galle« und der andere »seinen Magen« und der dritte »seine Nieren« und der vierte »seinen Diabetes«.

Man kann sagen, es sind Krankheiten, die in der Regel – und nur von denen spreche ich hier – das normale Leben nicht drastisch behindern, die aber jetzt angenommen werden müssen, und bei denen der Arzt schon bei der ersten Konsultation signalisiert: Dieser Freund bleibt jetzt bei dir. Du wirst nie mehr ganz gesund.

Diese Tatsache aber will verarbeitet werden! Und wenn sie verarbeitet wird, so trägt dies wesentlich zur Persönlichkeitsreifung im Alter bei.

Bei diesen Krankheitsformen lernt nicht primär der Leib oder die Seele, sondern der Geist. Denn jetzt muß der Gedanke verkraftet werden: Mit dir geht es jetzt körperlich bergab. Du wirst nie mehr ganz gesund. Du wirst jetzt alt. Man muß mit dem Gedanken fertigwerden, daß irgendwann dann auch das Sterben kommt, daß der ganze Körper unbrauchbar wird.

Dieser Gedanke ist ein zentraler Gedanke des Alters. Er betrifft den Menschengeist und die Frage nach seiner Unsterblichkeit, nach seiner Wiedergeburt, die Frage nach der ewigen und der vergänglichen Existenz. Gelingt diese Auseinandersetzung, so bedeutet dieser Vorgang zugleich die richtige Sterbehilfe, das heißt eine menschengemäße Vorbereitung auf den Tod.

Bei den erstgenannten typischen Krankheitsformen wurde etwas Positives gelernt: körperliche Stabilität, Aufbau des Immunsystems und dann entsprechend: seelische Stabilität und die Fähigkeit, sich nicht so leicht irritieren zu lassen. Bei der dritten Krankheitsgruppe jedoch liegt der Sinn nicht primär in der besseren Bewältigung der irdischen Verhältnisse. Es liegt vielmehr darin, sich seinem nicht irdischen, ewigen Wesen zuzuwenden. Geistige Stabilität kann nur errungen werden, wenn man lernt, den eigenen Geist ernst zu nehmen und in seiner Körperunabhängigkeit zu erkennen.

Das aber bedeutet Arbeit, innere geistige Arbeit, Arbeit in Selbsterkenntnis, Arbeit in meditativer Hinsicht, in Verinnerlichung. Die chronische Krankheit kann aber auch helfen, das Erdenleben mit neuen Augen zu sehen und Qualitäten zu entwickeln, die wir zur Bewältigung sozialer Probleme sehr brauchen: verzichten können, objektiv anschauen können, zur persönlichen Perspektive auch einen überpersönlichen Standort einnehmen können.

Den Sinn dieser drei Krankheitsgruppen kann man verhältnismäßig leicht einsehen, weil das Positive der Krankheit überwiegt und das die Entwicklung Fördernde zutage tritt.

Krankheit als individuelles Schicksal

Die Frage nach dem Sinn ist bei jenen Krankheiten schwieriger zu beantworten, die unerwartet kommen, die nicht jeder hat oder bei denen man schon in eine Selbsthilfegruppe gehen muß, um Gesprächspartner, das heißt Leidensgenossen zu finden. Man fühlt sich meist allein und individuell betroffen. Vor allem wird zunächst oft die schiere Sinnlosigkeit einer solchen Erkrankung empfunden: ein Nierentumor bei einem achtjährigen Kind; eine Leukämie im Alter von fünf Jahren; ein Hodenkarzinom mit 22 Jahren – Warum? Warum gerade *mein* Kind, *mein* Freund? Warum *Ich*?

Oder ein 45jähriger engagierter Lehrer, der die Seele der Schule ist und den Kollegen stets Mut macht und hilft, der bei Kindern und Eltern beliebt ist, erkrankt plötzlich an einem Nierentumor und ist ein halbes Jahr später verstorben. Warum gerade er?

Ein anderer Mensch, der noch vor wenigen Wochen reinste geistige und seelische Gesundheit ausgestrahlt hat, bekommt ein Magenkarzinom – fünf Monate später ist er gestorben. Was ist der Sinn?

Es sind dies unerwartete, schockierende, plötzliche Schicksalsschläge; Ereignisse, bei denen sich die Sinnfrage viel schwerer erschließt. Bei der Betrachtung der sogenannten normalen Krankheiten gewinnen wir jedoch eines ganz sicher als Ausgangspunkt für die Bearbeitung dieser schwierigen Frage: nämlich die Einsicht, daß Krankheiten Sinn haben können und Lernprozesse auf leiblicher, seelischer und geistiger Ebene anstoßen können. Wenn es sich nun um eine plötzliche, in das Schicksal tief eingreifende, individuelle Krankheit handelt, dann wäre hier folgerichtig zu fragen: Was bedeutet es, daß ich gerade jetzt in dieser Zeit etwas lernen muß, was andere so nicht lernen müssen?

Wenn die »normalen« Krankheiten den Sinn hatten, einen Menschen zu stabilisieren und in der ganzen Charakterbildung und Persönlichkeitsentwicklung zu unterstützen, dann kann bei einer individuellen Krankheit gefragt werden: Wo liegt bei diesen persönlichen, bei diesen Extralehrstunden, das Positive? Es wird zweifellos bedeutend schwieriger, das Lernziel zu finden, wenn z. B. das fünfjährige, an Leukämie erkrankte Kind sterben muß, oder wenn der 45jährige Lehrer seine Schüler und seine Kollegen zurückläßt.

Schritte der Sinnfindung

Ein erster Schritt könnte sein, überhaupt ernsthaft nach dem Sinn zu fragen, und nicht von vornherein zu sagen: Diese Krankheit halte ich für sinnlos, sie ist ungerecht und fatal.

Ein zweiter Schritt wäre, die Frage zu stellen: Erlebe ich die Sinnlosigkeit nicht nur deshalb, weil die Krankheit mir nicht eingebettet erscheint in einem größeren Sinnzusammenhang? Wenn ein Kind bei einer fieberhaften Krankheit einige Tage apathisch im Bett liegt und dann nach einer gewissen Rekonvaleszenzzeit wieder gesund ist und besser und fröhlicher spielt als zuvor, so überblicke ich den Zusammenhang leicht und sehe den Sinn. Würde sich mir nicht auch der Sinn dieser unvorhergesehenen schicksalhaften Erkrankung erschließen, wenn ich dies Ereignis zu einem größeren Zusammenhang sehen könnte und nicht nur so ausschnitthaft und isoliert und damit unverständlich? Kann sich der Sinn nicht erst erschließen, wenn die ganze Perspektive ins Auge gefaßt und das Davor und Danach mitbetrachtet werden?

Ein nächster Schritt kann sein, weiter zu fragen: Wie nimmt sich das Ereignis eines frühen Todes durch Krankheit aus unter dem Gesichtspunkt, daß ein Erdenleben nur ein Ausschnitt ist aus einer viel umfassenderen Entwicklung, die durch eine bestimmte Anzahl von Erdenleben geht? Eine denkbare Perspektive wäre doch die, daß ein Leben sehr sinnlos erscheinen muß, wenn man es nicht mit dem vorigen und dem nachfolgenden Leben in Zusammenhang sehen kann. Könnte es nicht sein, daß etwas, das ich unter ganz schweren Bedingungen in einer kritischen Krankheits- und Schicksalssituation durchmache, in mir Kräfte freisetzt, Tiefen aufreißt, Erkenntnisse wachruft, die ich für ein späteres Leben brauche, in dem ich vielleicht ein weiser, tiefsinniger Mensch sein werde, der ich heute nicht bin; ein Mensch, der Schweres ertragen kann und damit auch anderen Hilfen geben kann in Problemsituationen, wo andere vielleicht aufgeben oder verzagen?

Wenn diese weitere Perspektive aber wahr ist, könnte dann nicht ich selbst derjenige sein, der bei der Verarbeitung meiner Biographie im nachtodlichen Leben gemerkt hat: Ich brauche ganz bestimmte Erfahrungen für meine Selbsterkenntnis, für den Umgang mit mir und anderen Menschen im nächsten Erdenleben? Oder aber: Bestimmte Menschen, mit denen ich verbunden bin, brauchen vielleicht das Erlebnis, daß ich früher sterbe, damit die Beziehung zwischen uns geistiger und selbstloser wird?

Es gibt viele Beispiele dafür, wie erst durch eine schwere Krankheit des einen Ehepartners die Beziehung dieser beiden Menschen auf ein völlig anderes, immer ersehntes, jedoch vorher nicht erreichtes Niveau gekommen ist. Wenn der Partner dann an der Krankheit verstirbt, kann gesagt werden: Ich bin so froh, daß ich diesem meinem Lebenspartner noch einmal wirklich begegnet bin, daß ich jetzt weiß, wer er eigentlich war. Wir haben den größten Teil unseres Lebens doch mehr nebeneinander hergelebt und uns nie ganz existentiell und offen unterhalten. Das ist erst durch die Krankheit möglich geworden ...

Bei solchen Erlebnissen liegt die Frage nahe, ob nicht diese Krankheit aus einer höheren, vorgeburtlichen Einsicht, die nur »vergessen« wurde, selbst gewollt war. So berichten viele Eltern von behinderten Kindern, was sie der Tatsache verdanken, dieses Kind zu haben, und was sie in kleinen Schritten gelernt haben, vom ersten Annehmen der Behinderung an bis zu der Fähigkeit, dieses Schicksal mit all den Fragen, die damit verbunden sind, zu akzeptieren. Da können Familienangehörige sagen: »... dadurch hat unser Leben eine neue Orientierung und einen tieferen Sinn bekommen.«

Der Sinn kann sich jedoch nur erschließen, wenn in der angedeuteten Weise ganz persönlich gefragt wird: Was kann *Ich* aus dieser Situation und für meinen Umkreis lernen, und was bedeutet mein Schicksal für meinen Lebensumkreis?

Wer sich zu dieser offenen Fragehaltung durchgerungen hat, hat die ersten Schritte einer möglichen Sinnfindung getan. Das Problem selbst ist dadurch jedoch noch nicht gelöst. Hierzu sind weitere Schritte nötig.

Zu den Krankengeschichten im Neuen Testament

Wer die Krankengeschichten im Neuen Testament auf diese Fragen hin anschaut, kann bemerken, daß es da drei ganz verschiedene Arten von Krankengeschichten gibt.

1. Der individuelle Aspekt der Krankheit

Da sitzt der Blinde von Jericho am Wege und hört, daß der Heiland vorbei geht, und ist von dem Glauben durchdrungen, daß dieser auch ihm helfen kann. So schreit er laut und ruft den Herrn an. Die Umstehenden wollen ihm das Schreien verbieten, auch die Jünger meinen, daß man den Meister schonen müsse, aber er läßt sich nicht abhalten. Christus bleibt stehen. Es kommt zu einem Dialog, die Beschwerden werden geschildert; es erfolgt eine Belehrung, und die Heilung wird vollzogen. Dabei wird deutlich, daß diese Krankheit Folge persönlichen Verschuldens ist, das durch das Finden des rechten inneren Weges ausgeglichen werden kann.

2. Einbeziehung des sozialen Umkreises

Hier ist nicht die persönliche Betroffenheit das Entscheidende, vielmehr liegt ein sozialer Konflikt zugrunde.

Ein Beispiel hierfür ist die Erzählung vom Knecht des Hauptmanns von Kapernaum. Dieser Knecht ist krank. Dadurch wird der Hauptmann innerlich verändert. Er geht als römischer Hauptmann zu dem Juden Christus und bittet ihn, er möge doch ein Wort sprechen, damit sein Knecht gesund wird. Der Patient wird von Christus nicht gesehen, es findet nur das Gespräch mit dem Hauptmann statt, und der Knecht wird gesund.

Der Kranke kann erst gesund werden, wenn im sozialen Umkreis eine bestimmte Veränderung eintritt. Wenn der Knecht nicht krank geworden wäre, so hätte der Hauptmann weiter gelebt, ohne diese Betroffenheit zu empfinden, die dadurch ausgelöst wurde, daß sein geliebter, treuester Knecht so schwer erkrankt war. Das hat bei ihm die Existenz- und Lebensfragen wachgerufen und ihn zu Christus geführt. So hat die Krankheit ihren Sinn erfüllt und Gesundung ist möglich.

3. Krankheit als Menschheitsschicksal

Diese Erkrankungsweise ist zunächst am schwersten verständlich. Beispiel dafür ist die erste Krankengeschichte im Lukas-Evangelium, in der Christus nur mit dem Dämon der Krankheit spricht. Man erfährt nichts von einer sozialen Bedeutung der Krankheit, und auch mit dem Kranken selbst wird nicht gesprochen. Die Zwiesprache des Christus geschieht nur mit dem Wesen der Krankheit selbst. Indem er dieses erkennt und beim Namen nennt, wird der Mensch gesund.

Hier handelt es sich um eine rein geistige Dimension der Krankheitserkenntnis, bei der es darauf ankommt, zu erkennen, warum die Menschheit von dämonischen Wesen, von dem Bösen heimgesucht wird, und wie dieses Böse heißt; das heißt, wo es in der Schöpfung seinen berechtigten Platz hat.

Dieser dritte Krankheitstypus trifft uns heute besonders unvorbereitet. Wir sind gewöhnt, die Krankheiten aus genetischen Defekten oder anderen äußerlich nachprüfbaren Ursachen zu erklären. Es gibt jedoch auch diese wesenhafte Ebene der Krankheit, die deutlich macht, daß die Menschheit als Ganzes heimgesucht ist von Krankheitsdämonen und daß die Heilung erst vollständig ist, wenn auch das Wesen einer Krankheit als eine geistige Realität erkannt worden ist.

Bei jeder schicksalhaften, tragischen Krankheitssituation spielen alle drei Gesichtspunkte eine gewisse Rolle jeweils in unterschiedlicher Gewichtung. Es ist fruchtbar, wenn der Kranke sich fragt: Was kann *ich* selbst daraus lernen? Was kann der *Umkreis* daran gewinnen? Was bedeutet es, daß ich mit dieser speziellen Art von Krankheit befallen bin, die eine bestimmte Situation der Menschheit betrifft? Was haben zum Beispiel alle Menschen, die ein Magenkarzinom haben, gemeinsam? Was bedeutet die Auseinandersetzung mit dem Wesen dieser Erkrankung? Wenn ich hier etwas erkenne, tue ich dies zugleich stellvertretend für die vielen, die vielleicht in Kummer und Hader an dieser Krankheit versterben. Ich bin ein Teil im Ganzen der Menschheit und kann auch an der Sinnfindung im großen, in der menschheitlichen Dimension mitarbeiten. Daß diese dritte Dimension heute immer mehr ins Bewußtsein rückt, sieht man am Entstehen der Selbsthilfegruppen, die sich jetzt auch international zu organisieren beginnen, die zu einer internationalen Verständigung und zu einem internationalen »Sich-gegenseitig-Helfen« und Austauschen führen. Es ist deutlich, daß hierdurch völlig neue menschliche Bezüge, neue Erkenntnisfragen aufgeworfen werden.

Hilfen zum Krankheitsverständnis aus der Anthroposophie

Rudolf Steiner hat nicht nur eine sehr differenzierte psychosomatisch ausgerichtete Menschenkunde entwickelt, sondern er hat auch sehr viele Ausführungen gemacht über Gesundheit und Krankheit in wiederholten Erdenleben, über bestimmte Verhaltensweisen, die in einem späteren Erdenleben zu Krankheitsneigungen werden können. Letzteres sei hier ausführlicher wiedergegeben:

Stellen wir uns vor, ein Mensch erlebt seine Biographie, er macht ganz bestimmte Erfahrungen und kann sie seelisch mehr oder weniger gut verarbeiten. Das, was wir in der anthroposophischen Menschenkunde den astralischen Leib nennen, den Träger des seelischen Erlebens, wird durch die Erlebnisse und durch die Art, wie das Ich lernt und verarbeitet, geprägt. Diese seelischen Geschehnisse wiederum beeinflussen die Lebensvorgänge, die im ätherischen Organismus ihren Ursprung haben, und wirken schließlich entsprechend ihrer Ordnung und Harmonie oder Disharmonie auf den physischen Leib ein, der dann unter Umständen erkrankt.

Ich – lernt, verarbeitet denkend, fühlend, wollend

Astralleib – erlebt es und bildet entsprechend Denken, Fühlen, und Wollen

Ätherische Organisation – wird in ihrer Lebenstätigkeit und ihren zyklischen Vorgängen dadurch beeinflußt

Physischer Organismus – erscheint als Ergebnis der Vorgänge in den Wesensgliedern*

So ist also die gute oder schlechte Verfassung des Astralleibes eine Folge des lernenden Umgangs mit Denken, Fühlen und Wollen in einem vergangenen Leben.

Und das, was wir seelisch mehr oder weniger im Gleichgewicht halten konnten und mit in das nachtodliche Leben hinübergenommen haben, das prägt sich dem Zustand unserer Lebensorganisation, dem Zustand unseres ätherischen Leibes ein, den wir für das nächste Leben ausbilden. Es führt dort zu Krankheitsdispositio-

---

* Vgl. R. Steiner »Die Theosophie des Rosenkreuzers«. Zu den Wesensgliedern vgl. die Ausführungen Rudolf Steiners, in: »Theosophie« und »Geheimwissenschaft« (s. Literaturverzeichnis).

nen. Da ist der Mensch noch nicht physisch krank, aber ihm sind bestimmte Krankheitsdispositionen durch die Vererbung, durch die Art, wie die Wachstums- und Differenzierungsverhältnisse verlaufen, eingeprägt.

Es hängt dann auch sehr viel von der Erziehung ab, und davon, wie man selbst mit sich umzugehen lernt, ob diese funktionellen Beschwerden manifest werden und zur Krankheit führen oder nicht.

Wenn nun ein bestimmtes Problem durch Lernunfähigkeit in diesem nächsten Leben nicht bewältigt wurde im Seelischen und in die Lebensorganisation hineingekommen ist und in einem weiteren Leben wiederum nicht bewältigt wird, dann erst kommt es in einem vierten Leben zu einer angeborenen physischen Erkrankung oder zu einer veranlagten Krankheit im Laufe des Lebens.

Wie läßt sich hier nun der Sinn finden, wenn die Ursache gleichsam schon so weit zurückliegt? Wie kann man eine Ahnung von dem bekommen, was in früheren Zeiten nicht verarbeitet und gelernt werden konnte, und was man jetzt auf körperlicher Ebene lernen muß? Ist das der Sinn, daß sich das, was bewußtseinsmäßig nicht gelernt werden konnte, jetzt auf körperlicher Ebene darlebt?

Wer sich auf diesen erkenntnismäßigen Weg begibt, der bedarf noch weiterer Fragestellungen: Wie arbeiten denn diese Wesensglieder überhaupt im Körper: Ich, astralischer Leib, ätherischer Leib, physischer Leib?

Wenn Sie den Kopf, den Rumpf und die Gliedmaßen betrachten, so sind diese sehr verschieden gestaltet. Vom Zwerchfell abwärts haben wir Organe, deren Tätigkeit weitgehend dem Bewußtsein entzogen ist. Im Brustbereich haben wir schon deutlich mehr Bewußtsein, und im Kopf sind wir hellwach.

So ist die bewußte Verarbeitung von Einflüssen der Umwelt in erster Linie eine Sache der Denk- und Gefühlstätigkeit. Denken und Fühlen sind im oberen Teil des Körpers zu Hause, und der Wille, die Kraft, die Aktivität, die Stoffwechselumsetzung ist im unteren Teil zu Hause und dem Bewußtsein entzogen. Nun arbeiten die vier Wesensglieder unterschiedlich in diesen drei Bereichen des menschlichen Organismus zusammen.

Das Wachbewußtsein kommt dadurch zustande, daß das Ich und der astralische Leib und sogar ein großer Teil des ätherischen sich vom physischen Organismus lösen können.

Die Kräfte der Wesensglieder können sich vom Leib emanzipieren, das heißt die Gesetzmäßigkeiten, die wir an unserem Denken erleben, sind dieselben, die unbewußt in der Lebenstätigkeit des Organismus walten. Das Gedankenleben ist emanzipierte, vom Körperleben befreite Gesetzmäßigkeit des ätherischen Leibes. So können auch gute Gedanken beleben und uns körperlich erfrischen. Gefühle sind vom Körper weitgehend emanzipierte astralische Qualitäten: Sympathie, Antipathie, Harmonie, Disharmonie. Musikalische Gesetzmäßigkeiten sind es, Proportionen, Intervalle.*

Im Stoffwechselbereich arbeiten alle vier Wesensglieder unbewußt, aber dafür ganz mit dem Körper verbunden zusammen.

Wir müssen schlafen, weil es der Körper nur auf Zeit verkraftet, wenn wir einen Teil unserer Regenerationskräfte emanzipieren und zum Denken benutzen. Nachts müssen wir das bewußte Gedankenleben eine Zeitlang aufgeben, damit das Gehirn von den jetzt aufbauenden Gedankenkräften regeneriert werden kann. Der Herzschlag und der Stoffwechsel können Tag und Nacht arbeiten, sie werden nicht müde.

Mit dieser freien Verfügbarkeit unserer Gedanken hängt es nun aber auch zusammen, daß wir krank werden können. Dadurch, daß wir über Regenerationskräfte, körperbildende Kräfte, frei verfügen können für unser seelisches Leben, für gedankengetragenes Fühlen und Wollen, können wir seelisch arbeiten, können wir uns innerlich frei bewegen. Aber wir arbeiten seelisch-geistig nicht so perfekt, regelmäßig und konstruktiv wie unser Körper, wir sind oft nicht im Einklang mit uns und unserer Umwelt, oft nicht in Ordnung

---

* Vgl. Armin J. Husemann, »Der musikalische Bau des Menschen. Entwurf einer plastisch-musikalischen Menschenkunde«, 2. Auflage Stuttgart 1989.

und können ganz bestimmte negative Emotionen durch ein ganzes Leben mitschleppen, unverwandelt und unbearbeitet. Das hat natürlich eine entsprechende Wirkung auf den Leib, auf den Stoffwechsel.

Denn die Regenerationskräfte des Körpers, die sich am Tage emanzipiert haben als Gedankentätigkeit und körperfrei gearbeitet haben, werden in der Nacht, wenn wir schlafen und unbewußt sind, wieder in den Körper integriert, das heißt da haben wir wieder einen einheitlich aufbauend wirksamen Ätherleib.

Wenn nun aber bei Tage ganz bestimmte Gedanken, ganz bestimmte Gefühle unverarbeitet liegengeblieben sind, dann teilt sich das nachts dem Körper als eine Unregelmäßigkeit in dieser Organisation mit. Ein sehr komplexer, aber außerordentlich aufschlußreicher Zusammenhang. Jetzt kann begonnen werden, Krankheit für Krankheit daraufhin zu studieren: Welche Seelentätigkeit entspricht welchem Organ? (Siehe auch S. 42)

Krankheit und Schicksal

Welcher Sinn liegt nun aber in der Krankheit, die zum Tode führt? Um auch in solchem Schicksal einen Sinn zu finden, müssen wir nochmals auf das Bild vom Zusammenwirken der vier Wesensglieder schauen. Die im Stoffwechsel miteinander stark verbunden arbeitenden Wesensglieder sind es, von denen Aufbau und Heilung ausgehen. Wenn hier nun die Auseinandersetzung mit einer Krankheit ein Ende findet und sie nach einiger Zeit zum Tode führt, so wird dabei doch unbewußt vom Ich gelernt, wie ein Organ zerstört werden konnte, welche Kräfte unbewußt zur Heilung angestrengt werden mußten. Das heißt, was in den vorangegangenen Erdenleben vom Ich nicht gelernt werden konnte, wird jetzt – zwar unbewußt, aber eben doch vollständig – auf der körperlichen Ebene gelernt. Es vollzieht sich dies auch dann, wenn die bewußte Ichtätigkeit hier andere Wege ging und der Betreffende vielleicht mit seinem Schicksal bis zuletzt gehadert hat. Unbewußt hat er doch die Botschaft empfangen. Auf leiblicher Ebene, im Unbewußten, kann man sich der Verarbeitung nicht entziehen wie im bewußten Gedankenleben.

Als Ergebnis dieser Arbeit tritt dann im nächsten Leben oder später eine positive Veranlagung, vielleicht sogar eine Genialität auf, eine angeborene Fähigkeit, die nur weniger Lernschritte bedarf, um aus dem Unbewußten zur bewußten Handhabe zu kommen. Zum Beispiel wird der am Magenkarzinom Verstorbene eine angeborene Fähigkeit besitzen, alles hervorragend aufnehmen und verarbeiten zu können. Und die Umwelt wundert sich, warum er das so kann. Auch wird eine tiefe Weisheit in seiner Lebensorganisation das Erbgut so kombinieren können, daß ein gesundes Organ zustande kommt, weil sie »weiß«, wodurch es gekränkt und aufgebaut wird. So kann selbst im tragischen Tod durch Krankheit ein Sinn gefunden werden.

Ein Durchschauen dieser Zusammenhänge führt dann auch zu anderen Gedanken über die Krankheitsprophylaxe. Erziehung und Selbsterziehung werden zu den Faktoren, die wesentlich mitentscheiden, ob eine Krankheit sich vorbereiten wird oder nicht. Eine Betrachtung wie diese gibt dem Kranken seine volle Menschenwürde wieder zurück. Denn es ist entwürdigend, wenn man in dem schicksalhaften Verhängnis der Krankheit den Sinn nicht findet und so sich selbst nicht versteht in seinem Erleben.

Führt jedoch die Krankheit zu einer neuen Dimension der Selbsterkenntnis, so ist dieses das Bedeutendste, was wir am Schicksal lernen können. Auch das schwerste Schicksal möchte die wahre Selbsterkenntnis und Charakterbildung, es möchte unsere Menschenwürde bekräftigen.

Fragen zum Thema

Frage: Heutzutage hat die Medizin natürlich wunderbare Möglichkeiten, die Leiden zu verringern oder ganz zu vermeiden, so daß die Krankheit dann überhaupt keine Rolle mehr spielt in der Biographie. Welchen Sinn hat dann eine Krankheit? Oder vermeidet man dann deren eigentlichen Sinn?

Antwort: Bei diesen Krankheiten, die unterdrückt oder symptomatisch ausgeschaltet werden, insbesondere bei der regelmäßigen symptomatischen Behandlung, bleibt ein Effekt dennoch bestehen, daß der Körper sich – wenn auch anders – mit der Erkrankung auseinandersetzen muß. Der Lernvorgang wird dadurch nicht verhindert, sondern allenfalls abgeschwächt.

Wenn nun aber eine Krankheit sehr schnell wie durch ein Wunder beseitigt wird – man kann z. B. auch in der Homöopathie mit hohen Potenzen Beschwerden, mit denen sich einer lange herumgeschlagen hat, ganz plötzlich beseitigen, oder es geschieht durch symptomatische Mittel –, so kann man sich dadurch natürlich die Chance nehmen, selbst daran zu arbeiten, daß sie verschwindet. Beim Asthma z. B. würde dadurch verhindert, eine ganz bestimmte Selbstdisziplin und Entspannungstechnik zu lernen.

Der Arzt handelt nach bestem Wissen und Gewissen nach dem, was er gelernt hat. Die Patienten wollen ja in der Regel so schnell wie möglich von ihren Leiden befreit werden. Hier zu urteilen ist schwer. Auf jeden Fall muß jedes Krankheitsschicksal ganz individuell angeschaut werden. Allgemeine Regeln gibt es da nicht.

Letztlich muß eben doch der Kranke mitentscheiden, was für ihn das Richtige ist.

So gibt es Menschen, die kommen dann und sagen: »Ich habe jetzt lange Cortison genommen (oder irgendwelche anderen symptomatischen Mittel), ich möchte es jetzt anders machen und selber an dieser Krankheit arbeiten.« Dann kommen sie eben auf einen anderen Weg und lernen mit der Krankheit anders umgehen und deren Botschaft verstehen.

Frage: Wie ist das mit der Freiheit des Ichs bei Erkrankungen, die Bewußtseinsstörungen hervorrufen? Ist das so, daß das wie ein früher Tod zu verstehen ist?

Antwort: Die Erkrankungsformen, die mit Bewußtseinstrübungen und Bewußtseinsausfällen einhergehen, habe ich absichtlich nicht besprochen, denn sie sind ein völlig eigenes Gebiet. Auch schwere psychotische Störungen oder geistig-seelische Behinderungen sind Krankheiten, die ein aktives inneres Arbeiten und Verarbeiten unter Umständen für ein ganzes Erdenleben unmöglich machen. Hier erschließt sich der Sinn nur unter dem Aspekt der wiederholten Erdenleben. Es ist zu fragen, was das Erleben der Unmündigkeit oder Hilflosigkeit bedeutet. Soll jetzt gelernt werden, wieviel wir anderen im Leben zu verdanken haben und wie wenig berechtigt es ist, stolz zu sein auf die eigenen Leistungen? Es gibt Menschen, die alles selber machen wollen, sich nicht helfen lassen können, die ein Leben in Stolz und Hochmut verbringen – könnte da nicht eine solche Krankheitserfahrung hilfreich sein?

Oder ein anderes Beispiel: Wie werden diejenigen Menschen, die in der Nazizeit Tausende umgebracht haben, damit fertig, wenn sie nachtodlich erkennen, was sie da getan haben? Das kann ein solcher Schock sein, daß auch sie erst einmal ein Leben brauchen, in dem sie sich von dieser Tragödie erholen. Man erträgt sein Bewußtsein nicht, weil man es nicht aushalten könnte, denen, die man getötet hat, im nächsten Leben gegenüberzutreten.

Es sind Kraftfragen, was ein Mensch aushalten kann oder nicht. Und da muß unter Umständen ein ganzes Erdenleben dazu dienen, Kraft zu sammeln.

Es gibt heute so viele Beispiele von Menschen, die etwas tun, das sie im Grunde gar nicht verantworten können. Denken Sie nur an die sogenannte friedliche Nutzung der Kernenergie, durch die Tau-

sende ins schlimmste Elend kommen können. Wer will denn das
verantworten? Da streikt das Bewußtsein! Den Menschen Gutes zu
tun, dazu muß man selber erst gut werden.

Und wie will man das lernen? Wenn man das bewußt lernen will,
geht das sehr langsam, weil im bewußten Leben sehr viel Egoismus
herrscht. Wenn dieser dann einmal weitgehend ausgeschaltet wird
durch ein Krankheitsschicksal, dann können in ganz anderer Weise
moralische Qualitäten und Willenskräfte geschult werden, wenn
auch zunächst nicht bewußt.

Es ist aber auch das andere möglich: Rudolf Steiner* berichtet,
daß es eigentlich keinen genialen Menschen und auch keinen großen
Eingeweihten gibt, der nicht wenigstens eine Behinderteninkarna-
tion durchgemacht hat. Denken Sie nur an den »Dorftrottel« des
Mittelalters, als es die Behinderteneinrichtungen noch nicht gab, als
jedes Dorf soundsoviele Behinderte hatte – wir sind ja heute wieder
dabei, Integrationsmodelle zu schaffen –, das waren meist gutmü-
tige Menschen, die für schlichte Arbeiten von Haus zu Haus gingen, überall gerne gesehen waren, oft kaum sprechen, aber tüchtig
zupacken konnten und viel Positives leisteten. Sie hatten keine Gelegenheit, Böses zu tun, auch schon deshalb nicht, weil ihnen dazu
die Intelligenz fehlte.

Was machen wir denn mit unserer Intelligenz? Wie oft benützen
wir sie, um uns und andere kaputtzumachen! Das muß doch alles
wieder verarbeitet und aufgearbeitet werden. Dazu ist manchmal
ein ganzes Erdenleben nötig.

Frage: Sind Organtransplantationen Eingriffe in das Schicksal?

Antwort: Organtransplantationen sind tiefe Eingriffe in das Schicksal, aber das beginnt schon bei der Bluttransfusion, bei der ein
Mensch einen Teil seines Blutes spendet, um einem anderen Menschen zu helfen. Auch hier knüpft sich unbewußt eine konkrete

* Vgl. »Heilpädagogischer Kurs«, Zwölf Vorträge, GA 317, Dornach 1975.

Schicksalsbeziehung, von welchem Menschen ich da die Blutkonserve bekomme. Aber was gibt es denn Schöneres unter Menschen, als daß man sich gegenseitig hilft?

Die Frage ist nur, wenn es dann kompliziertere Organspenden sind: Was kann und will der Empfänger verkraften? Der Spender hat in der Regel damit keine Last, sondern er gibt nur einem anderen die Möglichkeit, sich selbst zu helfen, indem er das Organ freigibt.

Der Organempfänger muß sich hingegen entscheiden, ob er mit allem, was zu einer Organtransplantation dazugehört, leben will oder nicht. Er muß sich frei entscheiden können, weil er die Konsequenzen zu tragen hat.

Frage: Warum treten Allergien in letzter Zeit gehäuft auf? Warum kannte man das Problem am Anfang des Jahrhunderts noch nicht annähernd so wie jetzt?

Antwort: Der allergische Mensch reagiert überempfindlich, überschießend und kann die Stoffe, die er aufnimmt, die in ihn eindringen, nicht zureichend verarbeiten.

Es hängt dies nicht nur mit der Zunahme der Schadstoffbelastung zusammen, sondern auch mit der seelisch-geistigen Überforderungssituation, die die heutige Zeit kennzeichnet. Viel mehr Informationen kommen an uns heran, als wir bewältigen können. Und diese ständige bewußtseinsmäßige Überforderung schwächt das Immunsystem, das hingegen durch die Fähigkeit seelisch-geistigen Verarbeitens gestärkt werden kann.

Drogensucht verstehen – behandeln – vorbeugen

> *Ja! Eine Sonne ist der Mensch,*
> *allsehend, allverklärend, wenn er liebt,*
> *und liebt er nicht,*
> *so ist er eine dunkle Wohnung,*
> *wo ein rauchend Lämpchen brennt.*
>
> FRIEDRICH HÖLDERLIN

Sucht – ein weltweites Problem

In Zürich, in der Schweiz, gibt es ein sogenanntes »Spritzenhaus«, in dem die Drogenabhängigen straffrei sterile Nadeln erhalten und auch im Notfall versorgt werden. Denn es hat sich herausgestellt, daß Gewalttätigkeiten und Zwischenfälle allein schon durch diese Maßnahmen eingedämmt werden können.

Der aktuelle Stand progressiver Diskussionen über die Drogensucht ist die Forderung, doch endlich die Sucht als eine legitime Krankheit darzustellen, deren Ursachen adäquat erforscht werden müssen, und die einer entsprechenden Behandlung sowie der gesellschaftlichen Anerkennung bedarf, wie andere Krankheiten auch. So wie es Alkoholentzugsanstalten gibt und die Gesellschaft es toleriert, daß der Alkohol frei verkäuflich ist, so wie man weiß, daß der Alkoholismus eine Krankheit ist und der Alkoholentzug von den Krankenkassen bezahlt wird, so sollte man auch ehrlicherweise mit der übrigen Drogenabhängigkeit verfahren.

Angesichts der Schwere der Schädigung der Persönlichkeit durch die Drogensucht (einschließlich Alkohol) ist es kaum zu fassen, daß nicht in grundlegender Weise das Erziehungskonzept heute geändert und vorbeugende Maßnahmen integriert werden. Im »Spiegel« war kürzlich zu lesen: »Amerikas Bürger konsumieren täglich 3 t Kopfschmerzmittel und erhalten jährlich 120 Mio. Rezepturen über Psychopharmaka.« Damit sind sie das Volk der Erde, das am stärksten disponiert ist für die Drogensucht.

Nur ein einziges Beispiel: das Benzodiazepinderivat »Valium«, eine bekannte Beruhigungsdroge, wurde erst 1959 entdeckt. Bereits ein Jahr später, nachdem es in den Handel gekommen war, brachte dieses Medikament einen Umsatz von 45 Mio. Dollar. Und schon zehn Jahre darauf war dieser Konsum um das Vierfache gestiegen, und seither verzeichnet allein dieser Valiummarkt eine Produktions- und Umsatzsteigerung von jährlich 400 %, bis heute. Amerika ist Spitzenreiter auf diesem Gebiet, und da die westlichen Industrienationen dem Trend »Let's go West« folgen, sagen die Hochrechnungen der WHO, daß im Jahr 2100 jeder zweite Bürger eines industrialisierten Landes drogenabhängig sein wird, einschließlich der Alkohol- und Tablettenabhängigen.

Das Suchtproblem ist also ein Kulturproblem, ein Zukunftsproblem, es ist ein menschliches Kardinalproblem geworden.

Auf jeden Nichtabhängigen wird in Zukunft ein Abhängiger kommen. Und selbst wenn es durch irgendwelche Ereignisse nicht so weit kommen sollte, so sind doch die Zahlen, die im Moment vorhanden sind, schon alarmierend genug:

20 Mio. Amerikaner sind Marihuana-Raucher; 1/2 Mio. hängen an der Heroin-Spritze; 5 Mio US-Bürger konsumieren regelmäßig, 17 Mio. gelegentlich größere Mengen Kokain; zwischen 10 und 23 % *aller* Arbeitnehmer (das ist nahezu 1/5 aller Arbeitnehmer) koksen bisweilen am Arbeitsplatz.

Hinzu kommen 2,3 Mio. Verbraucher von Aufputschmitteln (Amphetaminen), 3,4 Mio. Menschen, die regelmäßig Schlafmittelmißbrauch treiben sowie mißbräuchlich Psychopharmaka einnehmen.

Der durch Drogenmißbrauch bedingte Verlust der US-Wirtschaft liegt bei etwa 60 Milliarden Dollar pro Jahr. Mit 110 Millionen Dollar, die US-Bürger pro Jahr für illegale Drogen ausgeben, hält die westliche Supermacht eine traurige Weltspitze. Doch die übrige Welt holt auf!

Die Drogen, so heißt es in dem WHO-Report, sind keine vorübergehende Zeiterscheinung, sondern bedrohen die Gesundheit und die Lebenserwartung großer gesellschaftlicher Gruppen sowie der betroffenen nationalen Volkswirtschaften.

Die Sucht ist nicht mehr das Problem einer kleinen Randgruppe, sondern es ist *unser* Problem geworden.

Wenn wir die genannten Zahlen betrachten, so müssen wir in ehrlicher Selbstbesinnung zugeben, daß unsere Zivilisation, so wie sie ist, mit ihrem Schulsystem, mit ihrer Leistungsorientiertheit und mit ihrer einseitigen intellektuellen Bildung an der Disponierung zur Drogensucht aktiv mitarbeitet.

Wenn der Sucht vorgebeugt werden soll, so muß sich die Einstellung zum gesellschaftlichen Prozeß, das heißt zum Umgang der Menschen miteinander im Elternhaus, Schule, Arbeit und Leben grundlegend ändern.

Das wird jedoch jetzt noch nicht gewollt, weil der Leidensdruck augenscheinlich immer noch nicht groß genug geworden ist. Immer noch geht es uns allen viel zu gut, und so ist gegenwärtig die Prognose für eine wirksame Prophylaxe noch schlecht.

Sucht verstehen

Was sind nun die Gründe für das Suchtverhalten? Sie liegen in der menschlichen Natur, insofern wir alle auf der Suche nach uns selbst sind, nach dem Verbundensein mit anderen Menschen, nach einem Verständnis des Weltzusammenhangs. Wird diese Suche nicht bewußt strukturiert und geführt, so lebt sie sich als unbewußter

Drang aus, als Sehnsucht nach Selbst- und Welterleben, die nicht durch Erkenntnis und Erfahrung gestillt wird, sondern sich als Resignation und Suchtverhalten darlebt. So verstanden sind wir alle grundsätzlich dazu veranlagt, süchtig werden zu können. Ob wir es werden, hängt davon ab, ob wir durch Erziehung und Selbsterziehung den eigenen Entwicklungsweg finden und gehen lernen oder nicht.

Eine der Hauptursachen für den Griff nach der Droge ist die Ausweglosigkeit in einer bestimmten Lebenssituation. Die Droge wird vorübergehend zum Ausweg aus einer unerträglichen Lage. Denn wer hat schon in solchen Momenten einen vertrauten Menschen, mit dem er sich beraten kann? Und wenn dann ein Freund kommt und sagt: »Du, red nicht soviel, probier das einfach mal; du wirst sehen, das hilft!« Dann ist tatsächlich vorübergehend dieser Teufelskreis, diese Ausweglosigkeit durchbrochen. Wer das einmal erlebt hat, für den wird die Droge zum Tröster. Und wer stark genug ist, braucht nur gelegentlich die Droge als Tröster, und das sind eben, wie gesagt, fast 1/5 der amerikanischen Bevölkerung. Sie benutzen sie nur für die schlimmsten Zeiten ihres Lebens und sind sonst mehr oder weniger unauffällig.

Weitere Ursachen für die Suchtdisposition liegen dann noch in den Schwächen, die einen nicht so belastungsfähig sein lassen, daß man auch unerträgliche Situationen ertragen kann. Auch die Unfähigkeit, chronische Krankheiten zu ertragen, gehört hierher. Herzkrankheiten, Kreislauferkrankungen und damit verbundene Schwächezustände sowie die Gelenkerkrankungen mit ihren chronischen Schmerzzuständen und Belastungseinbußen treiben in krisenhafte Verzweiflungszustände herein, aus denen der Griff nach der Droge vorübergehend befreit.

Eine andere Schwäche ist mangelnde Frustrationstoleranz: Man kann keine Kritik vertragen. Man hat eine eigene Selbstwertvorstellung, die idealistisch schön ist, und nun kritisiert einer daran herum. Man hat versagt, man hat von sich etwas erwartet, ist von sich selber enttäuscht.

Andere Ursachen sind solche, die auch zu Schlafstörungen führen: z.B. Ängste, wie die Angst vor Krebs oder allgemeine Existenzprobleme (Tschernobyl, die Angst vor einem Weltkrieg oder vor den Umweltgiften). Auch die Neigung zu Zwangsvorstellungen gehört hierher.

Hinzu kommen Schwächegefühle, Selbstwertverluste und Minderwertigkeitskomplexe, die infolge zwanghafter Fixierung zur Ursache einer Sucht werden können.

Ein anderes großes Problem unserer Zivilisation ist die Verwöhntheit.* Man hat sich nichts wirklich erarbeiten müssen, die Eltern haben für alles gesorgt. Äußerlich war immer alles perfekt zu Hause, und jetzt beginnt das Leben, und man muß die Dinge selbst in die Hand nehmen. Man ist ein unreifes, psychosozial zurückgebliebenes, seelisch labiles Geschöpf. Alles drehte sich um einen, als man noch zu Hause war. Jetzt ist man verunsichert und den normalen Härten des Alltags gegenüber nicht gerüstet.

So können viele Ursachen aufgezählt werden bis hin zu verschiedenen Formen der Melancholie und Depression. Auch der Arzt greift bei der Therapie vorübergehend zu bestimmten Drogen, wobei er möglichst solche Medikamente auswählt, die nicht abhängig machen.

Es ist nicht schwer nachzuvollziehen, warum ein Mensch Drogen nimmt. Fast jeder kann Situationen aus seinem eigenen Leben schildern, in denen er auch gefährdet war; aber er hatte das Glück, daß ihm auf andere Weise geholfen worden ist.

Das zeigt uns, daß die Ursache für den Drogenkonsum letztlich in uns selber liegt, und zwar in unserer Konstitution. Wir sind Suchende und müssen unser leiblich-seelisch-geistiges Wesensgefüge erst verstehen und beherrschen lernen.

---

* Vgl. Christa Mewes: »Manipulierte Maßlosigkeit«, »Geld spielt keine Rolle«.

Es liegt in der menschlichen Natur, daß wir uns entwickeln wollen, daß wir uns selbst verwirklichen wollen. Das heißt die Ur-Sucht hängt mit der Ur-Suche nach Selbstverwirklichung und nach Welterleben zusammen.

Der Mensch sucht sich selbst und die Welt, und zwar möglichst auf angenehme Weise. Wir wollen Mensch werden, und wir wollen die Welt genießen, das ist normal.

Aber normal ist eben auch, daß dies nur durch Arbeit an sich selbst und durch Arbeit an der Welt errungen werden kann. Es ist krankhaft, jedoch verständlich, wenn man dieses Ziel ohne Arbeit erreichen möchte.

Und das ist das Wesen der Sucht: das Ziel erreichen zu wollen, ohne einen arbeitsreichen Weg gehen zu müssen, das heißt ohne diesen Weg wirklich *selber* zu gehen. Die Folge ist Verlust der Selbstbeherrschung und Abhängigkeit vom Genuß.

Nicht das Ziel, ein bestimmtes Welt- und Selbsterleben zu haben, ist krankhaft, sondern der Weg dorthin!

Denn was sucht der Drogenabhängige? Er sucht dasselbe, was wir alle suchen: Licht, Wärme, sinnvolle Selbsterfahrung, liebevolle Welterfahrung, Ruhe, Geborgenheit, Existenzsicherheit, sinnvolle Lebenserfüllung.

Aber der Weg, den er einschlägt, ist krankmachend, weil er den eigenen Willen nicht zur Erfüllung dieses Zieles einsetzen möchte oder kann, sondern auf körperliche Manipulationen verfällt mit Hilfe von Drogen.

Wesentlich schwieriger zu verstehen sind die Wege, die die Drogen bei den Stoffwechselvorgängen nehmen. Da steht die Medizin heute noch ganz am Anfang.

Man versteht auch noch kaum, was sich da eigentlich psychosomatisch abspielt, wenn ein Mensch Schlafmittel, Narkotika, harte oder weiche Drogen nimmt. Wieso besitzt ein Gramm Marihuana die Macht, das gesamte seelische Erleben für drei Stunden vollständig zu verändern und jeden Sinneseindruck um ein Vielfaches zu intensivieren?

– Wer Marihuana zu sich genommen hat und eine Symphonie
hört, fühlt sich in die höchsten Himmel gehoben durch diese
Musik: Er ist in den Klängen, er kommt zu einem totalen Musik-
erlebnis.
– Jede Partnerbeziehung ist vollständig verändert. Alles, was man
vorher vielleicht als Liebe bezeichnet hat, kommt einem vor wie
ein trüber Schatten gegenüber den Höhepunktserlebnissen, die
man während der Wirkung einer Droge haben kann.
– Die Farben verändern sich, sie fangen an zu leben, sie sind ein
Stück von einem selbst.
– Alle Sinneswahrnehmungen und auch die gedanklichen Bilder-
lebnisse bekommen eine viel größere Intensität, wie sie auf nor-
malem Wege nur durch Meditationsübungen erreicht werden
kann.

Aber das Erstaunliche ist, und das ist natürlich ein Rätsel für die
Medizin: Wieso kann ein Stoff seelische Erlebnisse und auch Entwicklungsschritte des Menschen, die er eigentlich nur durch konsequente meditative Schulung erringen kann, ersetzen? Wieso kann
eine Droge das Erreichen eines Entwicklungszieles »Ich bin in der
Welt gerechtfertigt, aufgenommen, geistig eingewurzelt in den
weisheitsvollen Lebenszusammenhang der Welt, bin kraftvoll,
schön, wahr, menschlich –« vortäuschen, wozu der Mensch eigentlich viele Erdenleben braucht, um sich solch ein Selbsterleben durch
eigene Arbeit zu erringen? Das menschliche Ich, unsere Persönlichkeit mit ihrem seelischen und geistigen Vermögen, scheint eine Verwandtschaft zu haben zur Substanz, zur Droge.

Es wird so neu verständlich, daß das Zentrum der christlichen
Religion die Verwandlung der Substanz ist, daß das Menschen-Ich
durch moralische Schulung, indem es sich bemüht, die christlichen
Ideale aufzunehmen und nach ihnen zu leben, befähigt ist, selber
die eigene Körpersubstanz zu verwandeln.

Nicht nur Substanzen (z. B. Drogen) zeigen ihre Auswirkungen
auf die geistige Tätigkeit des Menschen, sondern geistige Werte wirken sich gesundend und kräftigend auch auf die körperliche

Verfassung aus. Geistige Aktivität wirkt wie ein umgekehrter Drogenkonsum. Das Ich wird Herrscher über die Substanz, indem es sich zu übersinnlichen Erlebnissen und Erkenntnissen aktiv hindurcharbeitet. Beim Drogenkonsum beherrscht die Substanz das Ich.

Man kann verstehen, warum beides möglich ist. Weil unser Körper in jedem Augenblick die Wechselwirkung zwischen seelischem Erleben, bewußter Aktivität und substantiellen Vorgängen erlebt. Die Frage ist nur: Wie hängt das zusammen?

Rudolf Steiner hat in jahrzehntelanger Forschung herausgefunden, daß jeder menschliche Gedanke, alles, was wir uns an Gedankenanstrengung überhaupt bewußt machen können, genau dieselbe Aktivität ist, die der Körper unbewußt vollzieht, wenn er seine biologischen Prozesse besorgt. Daß dieses Forschungsergebnis stimmt, kann schon an der einfachen Tatsache abgelesen werden, daß unsere Denkfähigkeit im letzten Lebensdrittel nicht mit Notwendigkeit nachläßt – entsprechend dem alterstypischen Vitalitätsverlust. Vielmehr können gerade jetzt geistige Höchstleistungen vollbracht werden, zu denen man vorher nicht in der Lage war. Wer nicht erkrankt an irgendeiner Form von Demenz, der kann geistesklar und wach sein bis zum Tod.

Inzwischen gibt es auch eine Fülle von Darstellungen über Nahtodeserlebnisse, die diesen Zusammenhang bestätigen. Das Bewußtsein wird nämlich nicht ausgelöscht in dieser Extremsituation, sondern eine unendliche Bewußtseinserhellung erfaßt den beinahe Sterbenden. Und was von den fast Gestorbenen und wieder Reanimierten berichtet wird, ist weitgehend identisch mit so mancher Drogenerfahrung.

Die Drogen haben die Möglichkeit, uns solche Bewußtseinserlebnisse zu verschaffen, denn jede Droge ist ein Gift für den Organismus. Das Nervensystem, die Leber oder andere Organe werden dadurch geschädigt. Die dem Organismus so verlorengehenden Regenerationskräfte werden pathologisch in Bewußtseinserlebnisse umgewandelt. Auch hier bestätigt sich die von Rudolf Steiner erforschte Identität von Wachstums- und Regenerationskraft und Denktätigkeit.

Denn was geschieht, wenn ein Organ durch eine Droge, durch ein Gift geschädigt wird? Wo lebendige Substanz in einem Organ getötet bzw. eine Funktion geschädigt wird, da geht das Leben heraus und das führt zum bewußten *Erleben*, Leben wird *Erleben*. Dann *Erlebt* man die geistige Aktivität, die Lebenstätigkeit seiner eigenen Organe und ihrer Funktionen im Bewußtsein. So wird auch verständlich, warum Menschen, die in Todesnähe waren, ganz ähnliches berichten wie Drogenabhängige, die sich die tödliche Spritze setzten (goldener Schuß) und wieder ins Leben zurückkehrten.

Ich referiere im folgenden aus der Zeitschrift für Allgemeinmedizin vom Dezember 1990. In diesem Artikel wurde vieles, was klinisch gesichert über diese Nah-Todeserfahrung in USA und in Deutschland bekannt geworden ist, zusammengestellt.

In mehr oder minder chronologischer Reihenfolge und in eher abnehmender Häufigkeit besteht das Nah-Todeserlebnis aus folgenden Elementen:

1. einer Stimmungsaufhellung mit Gefühlen von Glück, Friede, Heiterkeit, Wohlbefinden, Leichtigkeit.

2. einem außerkörperlichen Erlebnis, (obe genannt = out of body experience; near death experience – nde), bei dem der Sterbende sich plötzlich auf seinen eigenen physischen Körper herabschauend erlebt, wobei sein rationales Bewußtsein ohne Bruch weiterarbeitet und zuweilen sogar verschiedene Tests unternimmt, um diese neue Existenz zu überprüfen. Dabei werden oft selbst von Blinden verifizierbare optische Wahrnehmungen gemacht. Beim Verlassen des Körpers kommt es immer zu einer abrupten Schmerzfreiheit. Der Betreffende kann durch Materie hindurchgehen und -sehen, sowie zum Teil nachweisbar die Gedanken der Anwesenden, die in demselben Raum sind, lesen.

3. Eintritt in eine tunnelartige Übergangszone (der bekannte schwarze Tunnel, als den man den eigenen Körper erlebt, aus dem man schwer herauskommt).

4. Wahrnehmung eines weiß-goldenen, unendliche Liebe ausstrahlenden Lichtes, das bei dem Erlebenden Gefühle höchster Seligkeit auslöst. Zuweilen verschmilzt der das Erlebende mit diesem Licht, wobei es zu mystischen Allwissens- und Alleinheitserfahrungen kommt.

5. Wahrnehmung einer paradiesischen oder (selten) höllischen Landschaft

6. Begegnung mit verstorbenen Verwandten, mit Heiligen oder Lichtwesen. Zwischen diesen und dem Sterbenden kommt es zu einer Begegnung, in der der Sterbende häufig zur Rückkehr aufgefordert wird. Auch Drogenabhängige, die von einem »goldenen Schuß« wieder ins Leben zurückkamen, berichten oft von einer übersinnlichen Botschaft, die ihnen mitgegeben worden ist. Zum Beispiel: »Es ist noch zu früh für dich. Du hast auf der Erde noch Aufgaben. Du mußt arbeiten.« Sie kehren mit der Gewißheit zurück, daß die wahre geistige Existenz des Menschen anders ist, als wir es uns normalerweise vorstellen. Sie wissen jetzt, daß das Erdenleben eigentlich dazu dient, sich ein Selbstbewußtsein aufzubauen, um die Welt drüben bewußt erleben und würdigen zu können, daß das Erdenleben gleichsam eine Vorbereitung ist, um adäquat und selbstbewußt in die geistige Welt einzutreten. Diese Menschen sind daraufhin stark motiviert, sich von der Droge zu entwöhnen und die Erdenexistenz sinnvoll zu nutzen.

In diesem oder auch in den früheren Stadien kann es außerdem zu folgenden weiteren Nah-Todeserlebnissen und Elementen kommen: der Ablauf einer Lebensrückschau, in dem der Sterbende wie in einem abrollenden Film bekannte und verifizierbare Einzelheiten seines Lebens wiedererlebt. Dabei sieht er sich selbst zu und empfindet noch einmal alle jeweiligen Gefühle und – jetzt das ganz Entscheidende – auch die derjenigen Menschen, die an dem Erlebnis beteiligt waren. Also man erlebt in dieser Lebensrückschau nicht nur noch einmal, was man selbst erlebt hat, sondern man darf oder muß zugleich erleben, was in den anderen vorgegangen ist, die mit einem zusammen waren. Wenn ich also jemandem eine Freude gemacht habe, erlebe ich seine Freude; wenn ich jemanden beleidigt habe, erlebe ich die Beleidigung. Man steht sozusagen in der Wahrheit des Erlebens und kann sich keine Illusionen mehr machen: »Ich hatte ja recht! Dem mußte ich eine reinwürgen!« usw. Man erlebt die Realität, und das ist sehr lehrreich. Es kommt jedoch stets zu einer unzweideutigen ethischen Bewertung aller eigenen Gedanken, Worte und Taten nach dem Maßstab der Liebe.

Das heißt dieser Lebensrückblick findet in Anwesenheit dieser Lichtgestalt, die diese Liebe ausströmt, statt, und man kann den Lebensrückblick nur in ihrem Licht bewerten. Das wird hier angedeutet.

7. Ein weiteres Erlebnis ist die Präkognition (Vorausschau). Dabei werden Teile der eigenen, später zuweilen tatsächlich eintreffenden Zukunft oder auch der Zukunft der Welt gesehen. Immer aber kommt es zu einer Veränderung des Zeitablaufes, bestehend aus einer Zeitverlangsamung und parallel dazu zu einer Überschnelligkeit der Gedanken oder Bildfolgen.

8. Schließlich muß dann der Nah-Todeserfahrene oft gegen seinen Willen wieder zurück in den Körper. Dieser Übergang erfolgt zumeist sehr schnell.

In einer Häufigkeit von 0–25 % werden auch negative Nah-Todeserlebnis beobachtet. Dabei erlebt der Betroffene zwar auch die Außerkörpererfahrung und eine Tunnelpassage, jedoch kommt es unter dann dominierenden unangenehmen Gefühlen wie Angst oder Panik zur Begegnung mit den bösen Kräften oder Wesen und zum Eintritt in eine höllische Umgebung. Das entspricht dann dem Horrortrip in der Drogenerfahrung.

Insgesamt hat sich gezeigt, daß die Nah-Todeserlebnisse häufig um so tiefer sind, das heißt mehr oder alle und insbesondere die chronologisch späten Elemente umfassen, je größer die vermeintliche oder wirkliche Todesnähe ist. Das heißt, diese höllischen Erfahrungen treten auf, wenn man dem wirklichen Tod noch nicht sehr nahe ist, wenn man noch stark bei sich selbst ist. Je weiter man sich von seinem Leib löst, desto mehr gewinnen diese zuerst geschilderten lichtvollen Erfahrungen an Gewicht. Wer das alles im Zusammenhang betrachtet, kann verstehen, wie die Drogensituation, die Suchtsituation unserer Zeit tief mit unserer Persönlichkeitsentwicklung und unserer heutigen Menschheitssituation zusammenhängt. Jeder Mensch sucht im Grunde genommen einen Ausweg aus dem Materialismus, weil dieser kein wahres Existenzerleben vermitteln kann. Deshalb sind wir heute alle dazu disponiert, Geistsucher zu sein und uns unter Beibehaltung der Segnungen unserer technischen Zivilisation eine befriedigende innere geistige Existenz aufzubauen.

Die Droge ist so alt wie die Mysterien, wie der Einweihungsweg des Menschen seit ältesten Zeiten. Aber sie diente früher nur dazu, den körperlichen Anstoß zu geben, damit die geistig vorbereitete Seele sich leichter vom Leib lösen konnte. Sie unterstützte die geistige Entwicklung, aber sie machte den Menschen nicht abhängig und zerstörte ihn nicht. Denn der Umgang mit ihr war maßvoll und bewußt. Das ist heute anders. Heute liegt in jedem Menschen die Möglichkeit, seine geistige Erlebnisfähigkeit aus eigener Kraft rege zu machen.* Die Anwendung von Drogen hingegen untergräbt die geistige Aktivität und zerrüttet die Gesundheit.

Sucht behandeln und vorbeugen**

Ist der Entzug vorüber und eine gewisse Rehabilitation erfolgt und die Persönlichkeit des Abhängigen wieder gesprächsfähig, so kann die Therapie einsetzen. Zuerst muß ganz energisch daran gearbeitet werden, die Motive ins Bewußtsein zu heben, die zu dem Drogenkonsum geführt haben, das heißt an erster Stelle steht das Herausfinden der Motivation.

---

* Vgl. Rudolf Steiner »Wie erlangt man Erkenntnisse der höherer Welten?«, GA 10, Dornach 1975.
** Vgl. auch Olaf Koob, »Drogensprechstunde«, Stuttgart 1991.

Wenn es Ängste waren, dann muß an der Entängstigung gearbeitet werden, war es Lebensunzufriedenheit, waren es Depressionen, war es der Verlust eines nahen Menschen, so muß an der Bewältigung dieser Ereignisse gearbeitet werden. Es würde nichts helfen, einen Menschen nur in eine Entzugs- und Rehabilitationseinrichtung zu schicken, ohne die Gründe für seine Sucht zu bearbeiten. Er wäre dann nach Abschluß der Behandlung sehr schnell wieder in derselben Situation.

Der nächste Schritt ist dann der Aufbau einer stabilen, vertrauensvollen Beziehung zwischen dem Klienten und dem Therapeuten.Das nimmt Zeit in Anspruch. Es sind seltene Schicksalsgnaden, wenn eine Beziehung plötzlich und schnell entsteht. Das ist nicht das Übliche.

Die erfolgreichsten Behandlungen sind dann gegeben, wenn zwei Menschen merken, daß sie zusammengehören und einander helfen können, um dann gemeinsam diesen Weg weiterzugehen.

Ist das geschafft, folgt der nächste Schritt: Wie lernt man, Verantwortung zu übernehmen? Wie lernt man, Belastungen, denen auch die Beziehung ausgesetzt ist, zu tragen? Die Beziehung sollte nicht nur als Genußquelle dienen, sondern auch als Kraftquelle, um mit Belastungen fertigzuwerden.

Schwierig durchzuführen, aber dringend notwendig in der heutigen Zeit ist auch der Aufbau eines gesunden Tag-/Nacht- und Ernährungsrhythmus. Denn die vegetativen Funktionen des Körpers sind inzwischen schon weitgehend geschädigt. Der Körper muß neu einrhythmisiert werden. Meist dauert es Jahre, bis ein normales Grundkörpergefühl, so wie man es aus gesunden Zeiten kannte, wieder hergestellt ist.

Dieses Einpendeln eines gesunden Tag-/Nacht- und Essensrhythmus ist sehr wichtig, um gegen neue Gefährdungen widerstandsfähiger zu sein. Ein gut einrhythmisierter Körper ist seelisch belastbarer.

Das Aufstellen von Tagesplänen kann helfen, am Abend ein Erfolgserlebnis zu haben, wenn man das eine oder andere wirklich geschafft hat: »Ich habe es gemacht, ich kann mich wieder auf mich verlassen.«

Das Selbstvertrauen gründet sich darauf, ob man das, was man sich vorgenommen hat, auch tun konnte. Selbstzweifel und Selbstunsicherheit werden natürlich genährt, wenn man ständig vor der Situation steht, daß man sich nicht auf sich verlassen kann, daß man nicht tut, was man sich vorgenommen hat. So ist es ganz wichtig, ein neues Selbstwertgefühl aufzubauen: »Ich kann, was ich mir vornehme. Ich kann mich auf mich verlassen.«

Dann muß wieder gelernt werden, zu arbeiten. Die ehemaligen Drogenabhängigen haben meist eine ausgeprägte Willensschwäche: Eine Woche lang sind sie ganz high und arbeiten viel, und dann können sie kaum mehr die Glieder heben und haben zu nichts mehr Lust. Sie müssen lernen, kontinuierliche Arbeit auszuhalten. Und das beginnt schon in den meisten Heilstätten während der Rehabilitation, die praktisch ein Arbeitstraining auf den verschiedensten Gebieten ist. Jede Therapieform, die den Klienten in regelmäßige Tätigkeiten bringt, ist richtig. Da unterscheiden sich die Konzepte der verschiedenen Entzugs- und Heilstätten nur geringfügig voneinander.

Das wären die wichtigsten Therapieansätze. Eigentlich muß nochmals gelernt werden, wie man Mensch wird. Es wird praktisch die Kindheit nachgeholt:

Erstes Jahrsiebt: Regelmäßigkeit, Aktivität, gesundes Schlaf- und Wachverhalten;

Zweites Jahrsiebt: Aufbau einer bewußten Beziehung, lernen von Frustrationstoleranz, lernen, mit den Gefühlen umzugehen, Pubertät aushalten, »himmelhochjauchzend – zu Tode betrübt« verkraften, belastungsfähig werden, Freundschaft schließen und durch Krisen führen, nicht aufgeben;

Drittes Jahrsiebt: Selbständigkeit, eigene Wahrheitsfindung, Verantwortungsfähigkeit, Belastungsfähigkeit.

Das muß alles wieder gelernt werden!

Zugleich sind diese Behandlungsgrundsätze auch der beste Weg

345

zur Vorbeugung. Ein Willensleben, das in der Kindheit zur Eigenaktivität Anregung erhielt, ein Gefühlsleben, das Anerkennung und Liebe erfahren hat und geweckt bekam und ein Denken, das zur Ehrlichkeit hinstrebt, sind die beste Vorsorge, nicht süchtig zu werden. Wer Drogenabhängige fragt, was sie am meisten frustriert hat, so antworten sie: die Verlogenheit der heutigen Zeit, die Verlogenheit in den Beziehungen und die Lüge im Umgang mit sich selbst.

Diese kompromißlose Sehnsucht nach Wahrheit kann man nur befriedigen durch eine Erziehung zu Eigenständigkeit im Urteil und zur selbständigen Wahrheitsfindung. Es ist dies das Erziehungsideal, das auch die Waldorfpädagogik hat. Daher kann man sie auch als Suchtprophylaxe bezeichnen.

Wer in der Vorschulzeit wirklich Geborgenheit und echte liebevolle Zuwendung erfahren hat, der ist im Grunde genommen mit einem Existenzvertrauen ausgerüstet, das ihn, wenn die Umstände einigermaßen normal sind, schützt vor der Gefährdung, drogenabhängig zu werden. Ebenso schützen Liebe und Anerkennung und Interesse für die Wahrheit vor der Verführung. Fehlt dieser Schutz, so werden Ersatzhilfen gesucht und Stoffe aufgenommen, die die fehlenden Erlebnisgrundlagen ersetzen sollen.

Opiate stehen an erster Stelle der Drogenskala. Sie werden am häufigsten konsumiert und vermitteln das Gefühl der Geborgenheit. Sie führen einen zurück ins erste Jahrsiebt: Friede, Wärme, Geborgenheit, Zuhausesein.

Kokain vermittelt Lichterlebnisse. »Ich bin der Größte, der Schönste!«, das führt in die Erlebnisse, die denen des zweiten Jahrsiebts entsprechen. Das Denken arbeitet rascher und heller. Die Gefühle sind hell und optimistisch. Man fühlt sich groß und klar und stark, auch wenn man es gar nicht ist.

Im dritten Jahrsiebt, wenn es um den Anstoß für die innere Entwicklung geht und die selbständige Geistsuche beginnt, wird durch die Substanzen, die aus Cannabis, der indischen Hanfpflanze, gewonnen werden, Ersatz für die notwendigen Bewußtseinsanstrengungen (Haschisch, Marihuana) gesucht.

Am wichtigsten ist jedoch auch für die Vorbeugung der Aufbau einer tragfähigen menschlichen Beziehung. Das Kind muß das Gefühl haben: »Was ich auch tue, es ist immer im Bereich des menschlich Verstehbaren und des Wandelbaren. Und was ich auch tue, ich kann immer heimkommen!«

Fragen zum Thema

Frage: Wie ist der geistige Bezug zur Drogenerfahrung zu verstehen?

Antwort: Es sind Seelen- und Geisterfahrungen, die jedoch auf falschem Wege, auf gesundheitlich schädigendem und der Entwicklung nicht förderlichem Wege gesucht werden.

Frage: Wie ist es mit der Kaffee- oder Arbeitssucht?

Antwort: Wir müssen jetzt aufpassen, daß wir das Problem der Sucht nicht verniedlichen.

Es gibt die Sucht nach Kaffee, Tee, Schokolade, nach Arbeit und Schlaf, aber auch nach Sexualität. Das alles sind Süchte, die sozusagen gesellschaftsfähig sind, über die wir wenig diskutieren.

Entscheidend ist jedoch, ob wir selbständig bleiben, ob wir so suchen, daß wir uns dabei entwickeln, so daß unsere Persönlichkeit kräftiger wird, oder ob wir so leben und suchen, daß wir uns verführen lassen und unsere Persönlichkeit immer mehr abgebaut wird und zum Schluß praktisch gar nicht mehr in Erscheinung treten kann.

Es ist ein großer Unterschied, ob man aus dem Genuß Kraft für seine Arbeit zieht, oder ob man um des Genusses willen süchtig ist und für den sozialen Umkreis immer weniger bedeutet.

Frage: Nach einer Therapie findet der Jugendliche meistens die gleiche Situation zu Hause wieder vor, gegen die er sich nicht wehren konnte. Die nähere Umgebung ist nun einmal die Familie. Wie wird er damit fertig?

Antwort: Am Anfang sagte ich, daß die Therapie das allerschwerste ist. Sie ist leicht zu erklären, aber es ist sehr schwer, sie durchzuhalten, denn sie fordert von dem Betroffenen viel.

Wenn man beginnt, nach dem Motiv zu forschen, das zur Sucht geführt hat, dann kommt das ganze Milieuproblem ans Licht: »... ich bin süchtig geworden, weil ... ich deprimiert war, ... weil ich von der Schule so frustriert war ... oder ... weil der Arbeitsplatz so entsetzlich war.« Letztendlich ist es immer das Umfeld!

Denn nur sehr selten geben wir uns selbst die Schuld.

Natürlich muß die Umgebung auch behandelt werden, aber behandeln Sie einmal Erwachsene, die nicht wollen, und die auch nicht krank sind. Kurieren Sie einmal einen Vater, der Karriere macht. Soll der jetzt versagen, um seinen Sohn zu therapieren? Das ist einfach schwierig! Für viele Söhne ist ja allein das schon Grund für die Disposition zur Sucht, daß sie einen Vater haben, der alles kann. Immerhin sind zwei Drittel der Abhängigen Männer.

Daher ist es wesentlich aussichtsreicher, wenn die Betreffenden nach Möglichkeit nicht mehr nach Hause oder in das Milieu zurückgehen, in dem sie erkrankten.

Es ist jedoch wichtig, bei dem Abhängigen ein Verständnis dafür zu wecken, daß eben nur 50 % der Schuld zu Lasten der Umwelt und 50 % der Schuld zu den eigenen Lasten gehen, und daß die Umwelt sich auch dadurch ändern kann, daß man daran arbeitet, sie besser zu verstehen und besser auszuhalten.

Darüber gilt es aufzuklären, so daß die Drogenabhängigen auch lernen, ihr Milieu und die Versagenszustände ihrer Mitmenschen anzunehmen und zu merken: »Das sind ja auch Menschen mit Problemen wie ich.«

Frage: Ich selber bin eßsüchtig. Wie kann ich bei den Kindern vorbeugen?

Antwort: Wenn Sie eine Eßsucht haben, dann liegt da natürlich eine Disposition zur Sucht vor. Ihre Tochter erlebt unbewußt, daß die Mutter sich nicht beherrschen kann und immer ein bißchen etwas gegen ihren Willen macht. Andererseits erlebt sie aber auch, daß Sie das eigentlich nicht wollen und wirklich daran arbeiten. Und darauf würde ich vertrauen. Denn Sie lassen sich ja nicht hängen und sagen: »So bin ich, und so bleibe ich«, sondern Sie arbeiten an Ihrem Problem.

Und das beeindruckt Ihre Tochter viel mehr, als daß sie bemerkt, was Sie nicht schaffen, denn sie hat Sie ja lieb. Sie orientiert sich mehr an Ihren Anstrengungen, mit dem Problem fertigzuwerden, und das ist Vorbild; vor allem dann, wen Sie es eines Tages geschafft haben. Wenn Ihre Tochter später älter ist und Sie mit ihr darüber reden können, wie schwer so etwas ist, daß man es aber auch schaffen kann, dann geben Sie ihr etwas mit für das Leben und machen viel mehr Eindruck auf sie, als wenn Sie eine Mutter wären, die mit sich selber völlig pflegeleicht zurechtkommt.

Es ist für die Kinder sogar oft hemmender, wenn sie eine Supermutter oder einen Supervater haben, wo alles perfekt abläuft. Diese Kinder haben oft große Probleme, weil sie sich selbst schwächer und weniger perfekt erleben.

Frage: Als Mutter wird mir bei dem Gedanken, Drogen im Supermarkt anzubieten, angst und bange. Kann man nicht hier auch feste Grenzen setzen wie beim Alkohol? Es ist doch wirklich ein Problem, die Drogen frei kaufen zu können!

Antwort: Die Freigabe der Drogen ist natürlich auch ein Problem. Selbstverständlich sollte man sie nicht in Reichweite von Kindern im Supermarkt stapeln.

Alkoholica werden ja auch nicht an Kinder verkauft; gemeint ist damit, daß die Drogen auf legalem Weg erhältlich sein sollen. Damit würde die Drogenbeschaffungskriminalität eingeschränkt. Man leert die Gefängnisse, man zerschlägt die Mafien – ohne jedes Blutvergießen, ohne jede Verurteilung – nur dadurch, daß man den Kauf von Drogen legalisiert.

Frage: Wie ist es mit der Fernsehsucht?

Antwort: Fernsehen ist auch eine sehr weit verbreitete Sucht.

Was würde wohl geschehen, wenn der Staat dem Volk – so wie im alten Rom – die Spiele wegnähme? Da hätten wir größte Probleme bzw. Entzugserscheinungen. Es müßte sich die ganze Kultur ändern, die Arbeitsstruktur, das Freizeitverhalten usw., die Erziehung müßte anders aussehen. Denn das Fernsehen ist eine bedeutende Ersatzdroge, die Ersatzbefriedigungen gewährt für nicht stattfindende innere Entwicklungen. Man wird auf angenehme Art beschäftigt durch Genüsse, die man sich nicht selbst erarbeitet hat.

Ich bin überzeugt, das Fernsehproblem wird sich erst ändern, wenn der einzelne Mensch mehr seine Mündigkeit gebraucht und sich immer weniger vom Staat und von der Gesellschaft manipulieren läßt.

Im Osten waren jetzt die Umwälzungen möglich, weil der Mensch auf der Straße zu verstehen gegeben hat, daß er das kommunistische Regime nicht mehr mitmachen will. Und wenn die Hunderttausenden nicht auf die Straße gegangen wären, dann wäre es nicht so gekommen!

So werden sich auch nur durch einen Zusammenschluß all derjenigen, denen das Menschentum wirklich noch ein Herzensanliegen ist, menschliche Revolutionen unter uns abspielen, damit bestimmte Artikel nicht mehr hergestellt werden, die umweltverschmutzend sind, damit bestimmte Parteien nicht mehr gewählt werden, die bestimmte finanzielle Strukturen unterstützen und zulassen. Es wird sich wirklich einmal zeigen, wenn der Leidensdruck groß genug sein wird, wo die Macht sitzt: nämlich bei der einzelnen menschlichen Persönlichkeit, die sich mit guten Zielen verbinden und diese gemeinsam mit vielen anderen verwirklichen kann.

Frage: Mich beschäftigt die Frage der Abgrenzung. Wo fängt zum Beispiel beim Alkohol die Abgrenzung an? Wieviel Alkohol ist gestattet, wann beginnt eine Abhängigkeit?

Antwort: Die Frage nach der Abhängigkeit entscheidet sich daran, ob man jederzeit vollständig und beliebig lange mit dem Alkoholgenuß aufhören kann. Oft jedoch ist das Trinken nur ein Gewohnheitsproblem. Man ist in manchen Kreisen einfach nicht gesellschaftsfähig, wenn man nicht sein Weinchen mittrinkt: Wer aus Konvention mittrinkt, ist nicht in Gefahr, abhängig zu werden. Er würde in einer anderen Gesellschaft, in der das nicht üblich ist, sofort aufhören.

Die Grenze liegt dort, wo wir uns noch Rechenschaft darüber ablegen und wirklich selbst entscheiden, ob und wieviel Alkohol wir trinken wollen.

Frage: Was kann der Erzieher tun, wenn er den Verdacht hat, daß der Jugendliche abhängig ist?

Antwort: Das Wichtigste für den Erzieher ist, daß er zu den Schülern oder zu den Jugendlichen, mit denen er zu tun hat, eine so vertrauensvolle Beziehung aufbaut, daß
a) sie es wagen, mit ihm über ihre Drogenerfahrung zu sprechen;
b) der Jugendliche sich den Einsichten des Erfahrenen öffnet, weil er das Vertrauen hat. Durch die enge Beziehung wird dann auch eine Kontrolle möglich. Bestätigt sich der Verdacht, so sollte die Konsequenz immer heißen: Therapie – und dann wiederkommen. Nicht jedoch: moralische Entrüstung und Entfernung von der Schule.

Ein solches Verhältnis kann nur durch Moralität, das heißt durch echtes menschliches Interesse füreinander entstehen. Ich möchte Moral jetzt einmal definieren als »Interesse haben für den anderen«. Auf dieser Basis kann der Jugendliche alles sagen.

Frage: Wie kann man einem Süchtigen helfen, die Einsicht zu bekommen, aus der Sucht heraus zu wollen?

Antwort: Zum Entzug motivieren kann nur jemand, der den Abhängigen wirklich liebhat, oder sich als Therapeut für ihn einsetzt, ein Mensch, zu dem der Abhängige Vertrauen hat! (Zumindest ist das meine Erfahrung.) Ist dies nicht der Fall, so wird ein solcher Motivationsversuch von dem Drogenabhängigen meist als sehr lästiges Kluggeschwätz erlebt.

Frage: Kann man die Kraft eines einsichtigen Suchtkranken dahingehend einschätzen, ob er allein aus seiner Sucht herauskommt?

Antwort: Ich würde sagen, in der Regel nicht. Die Drogenkrankheit ist eine Krankheit, die der Behandlung bedarf und die der Selbstbehandlung in der Regel nicht zugänglich ist. Ist sie der Selbstbehandlung zugänglich, so handelt es sich um Menschen, die eigentlich nicht wirklich abhängig gewesen sind. Denn um eine Therapie selber durchzuführen, braucht man viel Selbstkontrolle und Willensstärke. Und wenn die noch da sind, so ist man gar nicht vollständig suchtkrank.

Vom Umgang mit der Sexualität

Denn was in der Sexualität ursprünglich lebt,
ist durchdrungen von der geistigen Liebe.
Aber die Menschheit kann herunterfallen
von dieser Durchgeistigung der Liebe,
und sie fällt am leichtesten herunter
in einem intellektuellen Zeitalter.
Dann wird das Geistige der Liebe vergessen,
dann wird nur ihr Äußeres in Betracht gezogen.

RUDOLF STEINER

Weder die Erziehung, die wir selbst genossen haben, noch eigene Erfahrungen reichen aus, um Kinder über den »richtigen« Umgang mit der Sexualität wirklich aufzuklären. Die Frage: »Wie sag' ich's meinem Kinde?«, könnte auch heißen: »Wie sag' ich's meinem Partner und mir selbst?« Das ist die Situation. Den »richtigen« Umgang mit der Sexualität muß jeder einzelne Mensch und jedes Paar ganz für sich selber finden.

Anlaß für diese Themenstellung war die Frage nach dem sexuellen Mißbrauch von Kindern. So sei zunächst der Beitrag einer Waldorfkindergärtnerin vorangestellt, den sie mir zugesandt hat. Ihre Betroffenheit war groß, als sie entdeckte, daß in ihrer Kindergruppe ein mißbrauchtes Kind war. Was war zu tun? Warum hat sie es erst jetzt gemerkt? War sie nicht genügend informiert gewesen über mögliche Erkennungszeichen? Sie ist diesen Fragen nachgegangen und hat die Ergebnisse ihrer Bemühungen für die Elternarbeit zusammengefaßt.

Beitrag einer Kindergärtnerin: Sexueller Mißbrauch von Kindern

Bevor ich näher auf das Thema eingehe, halte ich es für sinnvoll, erst einmal zu beschreiben, was unter sexuellem Mißbrauch zu verstehen ist.

Der Verein zur Prävention von sexuellem Mißbrauch an Mädchen und Jungen e.V. in Bielefeld gibt dazu folgende Definition: Es ist sexueller Mißbrauch, wenn eine Person ihre Machtposition oder die Unwissenheit, das Vertrauen oder die Abhängigkeit eines Mädchens oder Jungen zur Befriedigung der eigenen sexuellen Bedürfnisse benutzt.

Dazu gehört zum Beispiel, wenn eine Person

– ein Kind zur eigenen sexuellen Erregung anfaßt oder sich berühren läßt;

– ein Kind zwingt oder überredet, sich nackt zu betrachten oder sexuellen Aktivitäten zuzusehen;

– Kinder für pornographische Zwecke benutzt oder ihnen Pornographie vorführt;

– den Intimbereich eines Mädchens/eines Jungen berührt oder sie zu oralem, analem oder vaginalem Geschlechtsverkehr zwingt oder überredet – also vergewaltigt.

Wenn man sich mit diesem so belastenden Thema auseinandersetzt, ist es zunächst einmal wichtig, den Gedanken zuzulassen, es könnte auch Kinder in meiner Gruppe geben, die davon betroffen sind. Das ist der erste und wahrscheinlich nicht der leichteste Schritt. Die Zahlen sexuell mißbrauchter Kinder sind derart hoch, daß es diese Kinder mit Sicherheit auch in Waldorfkindergärten gibt. Diese Tatsache darf man im Interesse der Kinder nicht ignorieren, auch wenn der Prozeß, sich damit zu beschäftigen, ein sehr schmerzhafter und bedrückender sein kann. Einige Zahlen aus einer Expertise[*]:

---

[*] Ursula Enders, »Sexueller Mißbrauch von Kindern« (Expertise zum 5. Jugendbericht der Landesregierung NRW).

»Im Jahre 1984 wurden in der Bundesrepublik nach der polizeilichen Kriminalstatistik mehr als 10.000 Fälle von sexuellem Mißbrauch an Kindern im Sinne von § 176 StGB bekannt (Antwort der Bundesregierung 1985). Entsprechend der unterschiedlichen Einschätzung der Hell-/Dunkelrelation von 1:8 bzw. 1:30 gehen Expert/inn/en davon aus, daß jährlich schätzungsweise bis 150.000 und mehr (vgl. Saller 1987) bzw. etwa 300.000 Kinder – davon mindestens 250.000 Mädchen (vgl. Lohstöter/Kavemann 1984, Steinhage 1987) – sexuell mißbraucht werden.«

Die Täter sind in der Regel den Opfern bekannt und es handelt sich dabei fast ausschließlich (99,6 %) um Männer. Dabei gibt es keine Altersstufe, die von sexuellen Übergriffen ausgenommen ist; schon Säuglinge werden mißbraucht.

Den größten Prozentsatz der mißbrauchten Kinder bildet allerdings die Altersgruppe der 10–14jährigen.

Der Mißbrauch erstreckt sich in vielen Fällen über Jahre und ist um so gewalttätiger, je enger die soziale Bindung ist, die zum Täter besteht.

Angesichts dieser Fakten wird man die Kinder in der eigenen Gruppe mit anderen Augen ansehen müssen. Es gibt viele Zeichen von sexuellem Mißbrauch, die Kinder nach außen signalisieren können, angefangen von zum Beispiel veränderter Körperkontaktaufnahme (Verweigerung oder Distanzlosigkeit) bis hin zu den gemalten Bildern, auf denen z.B. Geschlechtsorgane zu sehen sein können oder auch dargestellte Sexualhandlungen. Eine umfassende Zusammenstellung von Anzeichen für sexuellen Mißbrauch findet sich in einer Broschüre*, die ich mit freundlicher Genehmigung auszugsweise anfüge. (Sie findet sich am Schluß dieses Kapitels.)

Wenn nun der Fall eingetreten ist, daß ich den begründeten Verdacht habe, ein Kind wird sexuell mißbraucht, ist es zunächst einmal sehr wichtig, sich Unterstützung zu holen.

---

* Monika Weber/Stephan Kibben, »Was stimmt da nicht? Sexueller Mißbrauch: Wahrnehmen und Handeln«

Inzwischen gibt es fast in jeder Stadt Beratungsstellen, die sich professionell mit diesem Thema befassen. Auch gibt es einzelnen Kinderpsychologen und Selbsthilfegruppen, die Hilfe anbieten. Es gibt keine allgemeinen Regeln zum Vorgehen, jedes mißbrauchte Kind muß individuell gesehen werden.

Wichtig ist vor allem, nicht in Panik zu geraten. Überstürzte Aktionen können die Situation des Kindes noch verschlimmern. In Ruhe Beobachtungen sammeln und schriftlich mit Datum festhalten.

Im weiteren ist das Vorgehen am besten mit der Beratungsstelle oder demjenigen, der Unterstützung anbietet, abzustimmen.

Die Folgen, die für die Familie als solche auftreten, kann die Kindergärtnerin oder wer sonst aufmerksam geworden ist, ohnehin nicht in Gang setzen und begleiten. Da ist fachkompetente Hilfe vonnöten, die sie gar nicht bieten können. Diesen Bereich müssen sie abgeben.

Ihre Aufgabe ist es vielmehr, eindeutig Partei für das Kind zu ergreifen. Damit ist gemeint, Ansprechpartner oder Vertrauensperson zu sein und sich deutlich auf seine Seite zu stellen, denn oft sind wegen der vermeintlichen eigenen Mittäterschaft Schuldgefühle beim Kind vorhanden.

Für das Kind ist es von großer Bedeutung, zu erleben: Da ist jemand, der versteht mich, dem darf ich alles sagen *und der glaubt mir*. Oft stehen die Kinder ja unter Redeverbot, was die Tat als solche angeht. Diese Sprachlosigkeit der Opfer zu überwinden ist schon ein Schritt in Richtung Gesundung. Dabei muß man aufpassen, daß beim Kind nicht das Gefühl entsteht, da will jemand etwas herausbekommen – das führt meist dazu, daß die Kommunikation einfriert. Eine offene, abwartende Haltung dem Kind gegenüber ermöglicht am ehesten ein Sich-Öffnen von seiner Seite.

Es ist jedoch notwendig, sich auch persönlich mit dem Thema auseinanderzusetzen: Wie entsteht sexueller Mißbrauch? Wie kann ein Mensch in die Lage kommen, so etwas tun zu müssen? Die meisten Täter waren selbst Opfer. Wodurch wird Sexualität zur Sucht?

Statt Verurteilen ist Verstehen gefragt, wenn man wirklich helfen will.

Darüber hinaus muß ein Weg gefunden werden, diese Thematik sachlich im Kollegium von Kindergarten oder Schule sowie mit den Eltern zu besprechen. *Birgit Heleenders*

Zum Verständnis des Mißbrauchs

Wer sich mit diesem Thema beschäftigt, dringt in ein Zentrum menschlichen Leides vor. Er spürt nicht nur das Leid des Betroffenen und seines sozialen Umkreises, sondern auch desjenigen, der so etwas tut, der gefangen ist wie der Süchtige. Es geht erst einmal darum, zu verstehen, wieso es überhaupt dazu kommen kann.

Nehmen Sie zum Beispiel folgenden Satz aus dem Lehrbuch über klinische Sexologie*, in dessen Kapitel über Abweichungen im sexuellen Verhalten am Ende geschrieben steht: »Die sexuelle Abweichung ist ebenso unbegreiflich für den Betreffenden wie für seine Umgebung, wenn auch unwiderstehlich für den Betroffenen. Er hat keine Wahl, es ist für ihn gewählt worden.«

Wir stoßen bei demjenigen, der so etwas tut, auf den Problemkreis menschlicher Identitätssuche, den wir mit dem Stichwort »Unfreiheit« am besten charakterisieren können. Man stelle sich vor, in einem Körper zu leben, in dem man sich gefangen fühlt, von dem man getrieben und bedrängt wird. Diese Unfreiheit prägt dann auch die menschlichen Beziehungen: Zwänge, Ängste, Unsicherheiten, Schuldgefühle, Gewissensnöte – Unfreiheit. Das Verhältnis zu sich selbst prägt auch die sozialen Kontakte.

Im Spiegel, Nr. 39/1991, lesen wir die Überschrift: »Er war der perfekte Geliebte.« Dann sieht man auf einem Foto eine Mutter mit ihrem Sohn in der Badewanne sitzen. In dem fettgedruckten Text

---

* Preben Hertoft, »Klinische Sexologie«, Köln 1989.

wird angekündigt, daß hiermit auch das letzte Tabu auf diesem Gebiet beseitigt werde, denn bisher seien alle Triebabweichungen und die sexuellen Mißbräuche an Kindern bis hin zu Straftaten den Männern angelastet worden. Nun mehren sich aber auch Berichte von Kindern, die in den Beratungsstellen erzählen: »Meine Mutter läßt mich zu niemand anderem hin, und ich muß jeden Abend zu ihr ins Bett.« Und auf Bildern, die die Kinder dann bei den Psychologen malen, stellen sie diese übermächtige Mutter dar, die dann in ganz bestimmter Verhaltensweise gemalt wird. Der Mißbrauch durch Frauen ist nicht so leicht zu entdecken und abzugrenzen, wie der Mißbrauch durch Männer. Denn mütterliche Zuwendung geht unmerklicher und sanfter in sexuelle Verhaltensweisen über.

Dieser Spiegel-Artikel, in dem verschiedene Berichte von Ärzten und Psychiatern zusammengestellt worden sind, macht ebenfalls deutlich, daß es sich dabei um eine der bedeutendsten Süchte handelt: die Sucht nach Sexualität.

Wer sein Suchtverhalten auslebt, erlebt seine Unfreiheit. Wer süchtig ist, dem ist die Kontrolle über sich selbst in einem bestimmten Bereich entglitten.

Daher wundert es auch nicht, daß in dem zitierten Spiegelartikel als Ursachen für den sexuellen Mißbrauch dieselben Probleme angegeben werden, die wir auch als Ursachen für den Drogenkonsum kennen: Angst, Einsamkeit, Unzufriedenheit, Selbstwertzweifel, innere Zerrissenheit, Haßgefühle, gedemütigter Stolz.

Und so wie manche Menschen dann nach der Droge greifen, um sich vorübergehend zu entspannen, zu harmonisieren, oder auch Freunde zu finden, denen es genauso geht wie einem selbst, so ist bei anderen Menschen die Gefahr gegeben, daß die normale Zärtlichkeit und mütterliche und väterliche Zuwendung unmerklich in ein erotisches und schließlich sexuelles Verhalten übergeht.

Betroffene können erzählen, wie sie anfangs eine ganz normale zum Beispiel väterliche Zärtlichkeit ihrem Kind gegenüber empfunden hätten. Es sei für sie dann eigentlich selbst ganz unverständlich gewesen, wie es schließlich doch zum Mißbrauch gekommen sei. Es sei dann mit einem Mal wie ein Zwang gewesen, dem sie sich nicht mehr hätten entziehen können.

Wer mit Erwachsenen spricht, die als Kinder Mißbrauch erlebt haben, findet bestätigt, daß es für sie sehr schwer ist, mit diesen Erinnerungen fertigzuwerden. Sie empfinden, wie dadurch ein Bruch in ihre gesamte Biographie hereingekommen ist.

Denn mit Zuneigung, Zärtlichkeit und Liebe wird das ganz Persönliche in uns angesprochen. Wenn jedoch deutlich wird, daß man gar nicht selbst als Person die liebevolle Zuwendung erfährt, sondern zum Objekt der Eigenliebe eines anderen geworden ist, bedeutet dies ein Verstoßenwerden in größtmögliche Einsamkeit und Unverstandensein in Hilflosigkeit und Verzweiflung.

Wer die Betroffenen fragt: »Was erachtet ihr als das Problematischste an diesem Trauma?«, dann antworten sie übereinstimmend, daß sie sich in ihrer Menschenwürde zentral verletzt und verunsichert fühlen.

So berichten Jungen, die mit ihren Müttern geschlafen haben, daß sie oft zunächst diesen Verkehr als Zeichen großer Zuneigung, als eine Art Auszeichnung erlebt haben. Erst nach und nach hatten sich dann das schlechte Gewissen, die Schuldgefühle und die innere Unsicherheit eingestellt so wie das Erleben, betrogen und mißbraucht zu sein.

Das Selbstvertrauen, die Suche nach der eigenen Identität und auch das Vertrauen in andere Menschen haben dadurch einen Bruch bekommen. Dadurch, daß Menschen, die man eigentlich lieben oder verehren möchte, dieses getan haben, treten tiefgreifende Zweifel auf an der Liebe als solcher und dem Sinn des Lebens.

Es gibt viele Menschen, die bei dem Wort Liebe nur in bestimmter Weise lachen, weil sie sich dabei etwas Bestimmtes vorstellen. Mit diesem Lachen bringen sie aber zugleich zum Ausdruck, daß sie im Grunde wissen, daß das nicht Liebe ist. Sie äußern in diesem

Lachen eigentlich ihre Verzweiflung darüber, daß sie an der Entwicklung der zentralsten menschlichen Kraft verhindert sind und der Lieblosigkeit den Namen der Liebe gegeben haben.

Unfreiheit, Lieblosigkeit und Unwahrhaftigkeit begleiten die sexuelle Sucht. Verstehen bedeutet hier, nach den Entwicklungsbedingungen der Menschlichkeit fragen. Denn diese bedarf der Pflege und Erziehung. Wo diese nicht gegeben sind, kann das Gegenteil eintreten. Wer sie jedoch erfahren hat und sich aufgrund günstiger individueller und sozialer Bedingungen körperlich und seelisch gesund entwickeln durfte, für den stellt der Umgang mit der Sexualität kein Problem dar. Für ihn ist damit genau das Gegenteil von Unfreiheit, Lieblosigkeit und Unwahrhaftigkeit verbunden: nämlich größtmöglicher Ausdruck von Liebe, größtmöglicher Ausdruck von Wahrhaftigkeit und größtmöglicher Ausdruck von Freiheit!

Sexualität als Problem, Aufgabe und Möglichkeit

Die Ursachen sexueller Nöte und Probleme liegen einerseits in der persönlichen Veranlagung, im persönlichen Schicksal selbst. Andererseits liegen sie eindeutig in den sozialen Bedingungen und Beziehungen.

Man hat herausgefunden, daß die meisten Menschen, die wegen sexueller Probleme einen Psychologen oder Arzt aufsuchen oder wegen sexuellen Mißbrauchs oder sexueller Perversion zur Behandlung kommen, aus Familien stammen, in denen sie derartiges selbst in Kindheit oder Jugend erlebt haben. Ebenso ist es selten, daß da, wo in der Familie Ehrlichkeit, liebevolles Verständnis und Respekt vor der Persönlichkeit des Kindes das soziale Klima bestimmt haben, Probleme mit der Sexualität auftreten. Da die seelische und geistige Erlebnisfähigkeit für das körperliche Geschehen vor der Pubertät noch nicht entwickelt ist, ist es entscheidend, daß hier durch Vorbild oder Manipulation keine verfrühte Bewußtwerdung und damit die Gefahr der Fixierung auf sexuelle Vorgänge stattfindet.

Der ganze Körper des Kindes besitzt in der Kindheit eine umfassende Empfänglichkeit für die Welt. Kleine Kinder sind – das erleben wir an ihrem ganzen Verhalten, wenn sie nur einigermaßen gesund sind – ungeheuer offen. Sie erleben praktisch alles, was um sie herum vorgeht, mit ihrer ganzen Existenz. Alles wird als angenehm und erhebend und freudig empfunden, was nur irgendwie interessant und schön ist; als schmerzlich und bedrückend alles, was den Betätigungsdrang und die Umweltbeziehung stört. Ein Einjähriges steckt alles in den Mund, es verbindet sich körperlich mit dieser Welt, es verhält sich wie leiblich intuitiv, leiblich kommunizierend.

Wenn ein Kind die Möglichkeit hat, in einer Umgebung aufzuwachsen, die ihm die ganze Fülle der Natur, Licht und Wärme, Klang und Ton und Farbe bieten kann, so ist es tief befriedigt. Ebenso da, wo Erwachsene sich um einen verständnisvollen Umgang miteinander bemühen. Wenn das von einem Kind erlebt wird, wächst es mit seinem ganzen Leib, mit seiner erwachenden Seele und mit seiner zunehmenden Verständnistätigkeit im besten Sinne des Wortes verdauend, genießend und verarbeitend in die Umwelt hinein.

Diese Kinder werden dann, wenn die genitale Erotik in der Pubertät erwacht, nicht sonderlich von ihr drangsaliert. Sie haben ihre Genußfähigkeit, ihre seelische Erlebnisfähigkeit bereits voll entwickeln können durch diese kindliche »Ehe« der Sinne mit der Welt, mit allem, was sinnvoll ist.

Goethe beschreibt diese Erfahrung in seiner Autobiographie »Dichtung und Wahrheit«. Er sitzt mit 15 Jahren in einer Kneipe bei einem Glas Wein und sieht dann das schöne Wirtsmädchen, das ihm und seinen Freunden noch ein paar Flaschen bringt. Er schaut sie einfach nur an und ist zum ersten Mal in seinem Leben bis ins Herz getroffen von dieser schönen und anmutigen Gestalt. Es ist ein rein seelisches Erlebnis: da ist kein Wunsch, sie zu berühren, da ist kein Wunsch, sie festzuhalten, sondern er träumt einfach nur, ja man kann sagen, bis an sein Lebensende von ihr. Sie heißt Gretchen. Noch kurz vor seinem Tode hat er Gretchen in der Begrüßungs- szene mit dem toten Faust im Himmel verherrlicht; dieses Bild hat ihn nie verlassen.

An Goethes Biographie wie auch an anderen kann man studieren, wie wesentlich es ist, die Welt verinnerlichen zu lernen und in vol- lem Umfang seelisch genußfähig zu werden, bevor die Sexualität erwacht. Problem und Aufgabe im Umgang mit der Sexualität ist also, es zur seelisch-geistigen Persönlichkeitsreife kommen zu las- sen, bevor das geschlechtliche Leben eine zentrale Rolle spielt.

So wie bestimmte Gene blockiert sein können und auf den adä- quaten Reiz warten müssen, um tätig zu werden, so kann auch die Sexualität blockiert bleiben, sich hier und da auszuleben, bis der adäquate Reiz, das heißt *der* andere Mensch kommt, mit dem man wirklich verbunden sein möchte und es auch bleiben will. Ein Um- gang mit der Sexualität, der ohne Wesensbegegnung mit dem ande- ren und ohne Verbindlichkeit zu Erlebnissen führt, ist für diese Menschen undenkbar.

Goethe hat vorgelebt, wie man die verschiedensten Beziehungen haben kann, von den feinsten Anflügen seelischer, rein im Betrach- ten des Schönen verbleibender Eindrücke bis hin zu allen Stufen erotischer Beziehungen, ohne auch nur einer dieser Begegnungen gegenüber untreu zu werden. Er schildert in rührender Weise, wie er wochenlang über die Berührung einer lieben Hand nachsinnen konnte, und lebt beispielhaft vor, wie alles Liebeserleben Bestand- teil war der Pflege und Gestaltung einer menschlichen Beziehung. Keine Begegnung fiel der Vergessenheit anheim. Für alles war er dankbar bis zuletzt.

Sexualität so erlebt und verstanden ist voll integriert in das soziale Verhalten bei höchstem Respekt vor der Freiheit des anderen.

Damit kommen wir an einen Punkt, der heute ebenfalls viel dis- kutiert wird: Was ist normal, und was ist unnormal? Was ist noch erlaubt? Was ist unerlaubt?

Das Einbeziehen der Sexualität in die Pflege einer menschlichen Beziehung ist so, daß alles als normal und erlaubt empfunden wird, was von beiden verständnisvoll und freilassend gewollt wird. So gesehen wäre schon eine Berührung oder gar ein Kuß unerlaubt, wenn einer der Partner es nicht will. Ja, ein einfaches Streicheln mit der Hand wäre unerlaubt und pervers, wenn die Würde und die Freiheit des anderen damit angetastet wären.

Darin sind sich heute die Mediziner und Sexologen einig: Der Begriff der Perversion als objektives Kriterium für abweichendes unnormales Sexualverhalten wird heute nicht mehr gebraucht. Vielmehr geht es darum herauszufinden, wer sich an einem bestimmten Verhalten stört. Von Perversion wird nur da gesprochen, wo im individuellen Fall die Würde eines anderen Menschen durch eine bestimmte Handlungsweise verletzt wird. So gesehen kommen viele Perversionen auch in der Ehe vor, wenn der sexuelle Umgang miteinander nicht mehr voll integriert ist in die reale menschliche Beziehung und die Würde des anderen dadurch verletzt wird.

Sexualität und Religiosität

Das kleine Kind hat wie schon gesagt eine ganz und gar sinnliche Beziehung zur Welt. Sein Wille richtet sich nach dem, was es sieht und hört und riecht und schmeckt. Wir nennen das Nachahmung durch die Sinnestätigkeit.

Diese Nachahmungsfähigkeit des kleinen Kindes ist ähnlich dem religiösen Verhalten: Vertrauen, Offenheit und Hingabe sind ihre Kennzeichen. Rudolf Steiner nennt deshalb diese erste Stufe der kindlichen Entwicklung auch die leiblich-religiöse. Sie ist in ihrer Intensität nur zu vergleichen mit inbrünstiger religiöser Hingabe beim Erwachsenen. Anstelle dieser religiösen Hingabe von oraler Sexualität zu sprechen, wie es Sigmund Freud getan hat,

363

empfinde ich als sehr oberflächlich und das Erleben des Kindes reduzierend und damit entwürdigend.

Diese spezifische Qualität des Religiösen, die nicht nur eine geistige und rein seelische Eigenschaft ist, sondern auch eine leibliche sein kann, weist darauf hin, was eigentlich Liebe auf allen diesen drei Ebenen ist. Sie macht verständlich, warum die Menschen, die das Glück haben, diese leibliche, seelische und geistige Liebe wirklich aneinander zu erleben, dies übereinstimmend als tiefste, religiöse Erfahrung beschreiben.

So haben diese oft belächelten Aussprüche: »Er betet sie an« oder »Sie himmelt ihn an« eine wahre Seite. Denn das körperliche Erleben mit einem anderen Menschenwesen in dieser unverhüllten Form hat ein geistiges Korrelat, das man nur mit der vollkommenen spirituellen Intuition vergleichen kann. Goethe hat auch dieser höchsten Stufe bewußten Liebeserlebens dichterisch Ausdruck verliehen:

»In unseres Busens Reine wohnt ein Streben,
 Sich einem Höheren, Reineren, Unbekannten
 Aus Dankbarkeit freiwillig hinzugeben
 Enträtselnd sich dem ewig Ungenannten;
 Wir heißen's: fromm sein! – Solcher seligen Höhe
 Fühl ich mich teilhaft, wenn ich vor ihr stehe.«

Diese Zeilen waren bestimmt für Ulrike von Levetzow, der er im hohen Alter noch einmal einen Heiratsantrag machte, aber dann doch auf sie verzichtete. Erst angesichts eines solchen ethischen Maßstabes ist es möglich, die volle Gewissensnot und Qual nachzuempfinden, denen Menschen – mehr oder weniger bewußt – ausgesetzt sind, die pervertiertes Sexualverhalten erleben oder selbst ausüben. Denn diese religiöse Dimension wird unbewußt von jedem Menschen empfunden. Sie ist da, auch wenn man sie noch nicht erlebt hat. Daher stellen sich auch immer früher oder später Schuldgefühle und Gewissensnöte ein, wenn dieser Bereich verletzt wird.

Zur Situationsbewältigung nach Mißbrauch

An körperlichen Gewalttaten, Überwältigungen und Züchtigungen wird deutlich, was eigentlich Unmenschlichkeit ist. Es ist, wie wenn man dem Bösen als solchem begegnet. Haß und Angst stellen sich ein. Es wird oft gefragt: »Warum wird so etwas zugelassen? Ich werde damit nicht fertig. Warum dürfen Menschen so etwas tun und noch dazu meist straffrei ausgehen?« – Der einzelne Mensch kommt in den inneren Konflikt, mit der Tatsache des Bösen in der Welt zurechtzukommen oder nicht.

Wer das Böse so direkt erlebt und nicht fertig wird damit und an seiner eigenen Identität zu zweifeln beginnt, der braucht etwas, was ihm wieder Sicherheit und Selbstvertrauen geben kann.

Er braucht eine neue Identität. Da kann es eine Hilfe sein, sich auf die drei Grundideale menschlicher Existenz zu besinnen: die Entwicklung zur Freiheit, zur Liebefähigkeit und zur Wahrhaftigkeit. Wer hier ernsthaft sucht, wird in der eigenen Biographie oder im sozialen Umkreis oder in Biographien bedeutender Menschen auf die – wenn auch nur mehr oder weniger bewußt – vorhandene Anlage dieser Qualitäten stoßen. Das Leben selber fordert die Entwicklung dieser Eigenschaften heraus.

Roswitha Bril-Jäger schildert in ihrem Büchlein: »In Stellvertretung« hierzu ein Beispiel. Ein junger Mann ist entschlossen, seine Freundin und sich selbst zu töten, da diese ihn verlassen möchte. Als er gerade den ersten Schuß abgegeben und damit seine Freundin getötet hat, kommt durch Zufall sein Freund vorbei, hört den Schuß und eilt an den Tatort. Diesem Freund gelingt es nun, ihn davon abzuhalten, auch den zweiten Schuß abzugeben und Selbstmord zu begehen, indem er ihm sagt: »Ich trete an deine Stelle.« Und er schaut ihn dabei so an, daß dieser junge Mann es nicht fertigbringt, die Waffe auf sich zu richten. Der Blick des Freundes trifft ihn so, daß er ihm nicht ausweichen kann und ihm verspricht, sich nicht umzubringen. Der Freund nimmt die Mordwaffe in die Hand und

stellt sich der Polizei. »In Stellvertretung« bekommt er le-
benslänglich wegen Mordes; zweimal wird ein Wiederaufnahmeverfahren angestrengt, aber er macht dem Rechtsanwalt gegenüber, der sich für ihn einsetzen will, keine Aussagen. Der wirkliche Mörder lebt inzwischen in einer glücklichen Beziehung und
verfolgt von Schweden aus diese Ereignisse. Nach dreieinhalb
Jahren, als er liest, daß das Wiederaufnahmeverfahren zum zweiten Mal abgelehnt wurde, entschließt er sich, hinzufahren und
sich dem Richter als der wirkliche Mörder zu stellen, damit der
Freund wieder auf freien Fuß kommt. Er fühlt sich jetzt stark,
für sein Versagen selbst einzustehen und braucht dessen »Stellvertretung« nicht mehr. Gemeinsam mit seiner Frau fährt er in
seine Heimatstadt.

Warum führe ich den Inhalt dieses Theaterstückes hier an? Es
zeigt, wie wir einen Weg des Verzeihens finden können, indem wir
die Schuld eines anderen objektiv als schwere Krise auf seinem Weg
sehen lernen und sie durch unser Verstehen annehmen und mittragen lernen können.

Dieses Motiv des Stellvertretens kann zwar auch bei Menschen
auftreten, die nicht unbedingt von Kindheit an eine Religion gehabt
haben. Aber es taucht natürlich leichter bei Menschen auf, die sich
der christlichen Religion angeschlossen haben, weil nur das Christentum die Vorbilder liefert für dieses stellvertretende Opfer und
für dieses Akzeptieren des Bösen. Es gibt keine Religion, in der für
den Umgang mit dem Bösen und mit dem Leid eines Unschuldigen,
der für andere trägt, was diese nicht selbst tragen können, Vorbilder
gegeben sind.

Insofern kann man in letzter Konsequenz das Problem der Sexualität, an dem sich gleichermaßen das Erleben des radikal Bösen und
der höchsten Kommunion und Liebefähigkeit zwischen Menschen
entzünden kann, nur bewältigen, wenn man eine Beziehung zu diesem Stellvertreter bekommt, das heißt zu der Christuswesenheit
selbst, durch die die genannten drei Ideale der Menschlichkeit vor-
bildhaft verwirklicht worden sind. Philosophische Ideale, meditati-

ves Bemühen, Religion und Lebenserfahrung kommen hier zusammen. So verschieden auch die Wege sein mögen – das Ziel ist gemeinsam.

Christus selbst hat sich mit diesen drei Idealen identifiziert. Er hat von sich gesagt, daß er die Wahrheit ist, daß wir seine Schüler sind, wenn wir untereinander Liebe haben. Die Freiheit aber gab er uns als Ziel der Entwicklung. Von diesen drei Idealen ist auch der menschenwürdige Umgang mit der Sexualität geprägt. An ihnen zu arbeiten hilft, auch mit den Schäden durch Mißbrauch und Perversion fertigzuwerden.

Fragen zum Thema

Frage: Ist es nicht das Wichtigste im Umgang mit der Sexualität, sie zuerst einmal von dem Signum der Schuld zu befreien?

Antwort: Ich habe ganz bewußt über diesen Bereich kein einziges Wort verloren, sondern die Schuld und das Böse nur da betrachtet, wo es sich um einen Mißbrauch handelt und die Opfer einen Schaden fürs Leben haben. Wenn Übergriffe auf die Freiheit und Würde eines anderen Menschen geschehen sind, die ihn unfrei machen, ihm Lieblosigkeit demonstrieren, ihn für ein Leben lang befangen machen und ihn in seiner Entwicklung behindern, kann eindeutig von Schuld am anderen Menschen gesprochen werden.

Dann habe ich mich bemüht, die Sexualität von dem Aspekt der Niedrigkeit zu befreien und zu zeigen, daß sie in Wahrheit religiösen Ursprungs ist. In diesem Bereich ist sie ganz frei von dem Signum der Schuld.

Sexualität wird nur dann als problematisch erlebt und führt zu Schuldgefühlen, wenn sie als körperlicher Vorgang nicht ganz und gar eingebettet ist in eine ehrliche seelische und geistige Beziehung. Jede Form von Sexualität wird pervers, wenn sie nicht integrierter Bestandteil einer solchen Beziehung ist. Insofern kann die

Sexualität erst durch das Interesse am anderen Menschen voll mit der Menschenwürde vereinbart werden.

In der früher geübten Tabuisierung drückt sich nur oberflächlich gesehen eine Diskriminierung der Sexualität aus. In Wirklichkeit kommt darin auch der Wille zum Ausdruck, in angemessener Weise darüber sprechen und sie nicht entwürdigen zu wollen. Weil dieses aber sehr schwierig ist, wird lieber geschwiegen. Sowohl diese zum Teil immer noch vorhandene Sprachlosigkeit deutet auf Lernprozesse hin, die noch stattfinden müssen, wie auch die heutige Flut von Veröffentlichungen und Rechtfertigungen zu diesem Thema.

Frage: Können Sie den Zusammenhang der Sexualität mit der geistigen Entwicklung näher erläutern?

Antwort: In diesem Zusammenhang hat uns Rudolf Steiner ein bahnbrechendes Forschungsergebnis mitgeteilt, nämlich das Gesetz von der Identität des Gedankenlebens und des biologischen Lebens. Dieses Gesetz läßt sich in allen Einzelheiten durch Beobachtung und Erfahrung belegen (vgl. auch S. 160 u. 299): In der körperlichen Entwicklung gibt es eine Aufbau- und eine Abbauphase zwischen Geburt und Tod, dazwischen ist ein Plateau, etwa zwischen dem 20. und 40. Lebensjahr. Die Entwicklung des Denkens geht aber mit dieser körperlichen Entwicklung nicht parallel, nur im ersten Lebensdrittel tut sie das. Der Säugling denkt im ersten Lebensjahr noch bedeutend weniger als das fünfjährige Kind, und das Fünfjährige denkt wiederum weniger als das Zehnjährige. Jahr für Jahr geht die Ausreifung des Körpers parallel mit immer neuen Möglichkeiten intelligenten Verhaltens. Die ganze differenzierte Entwicklung der Intelligenz ist ein getreuer Spiegel der Ausreifung der verschiedenen Organsysteme des Menschen. Man kann ablesen, aus welchem Organbereich bestimmte denkerische Möglichkeiten kommen – wir denken mit unseren Wachstumskräften.

Bezüglich der Fortpflanzungsorgane wäre nun zu fragen: Wie

erleben wir die Reproduktionskraft im Denken und das schöpferische Vermögen, so daß sich ganz Neues bilden kann?

Mit der Eingeschlechtlichkeit hängt die Tatsache zusammen, daß wir geistig in höchstem Maße produktiv sein können. Denn wir verwenden die Wachstumskraft für die Organe des jeweils anderen Geschlechts als rein geistiges Potential schöpferischer Gedankentätigkeit.

Daher kommt auch, daß Frauen in ihrer Denktätigkeit mehr das Unstete, Inkonstante, anregend Schöpferische haben, das der Funktionsdynamik der männlichen Fortpflanzungsorgane entspricht, die die Frau nicht körperlich ausbildet, sondern als geistige Potenz zurückbehält. Die Männer hingegen haben für ihre Denktätigkeit mehr das Systematische, das zur Reife bringen und Wartenkönnen sowie die Fähigkeit zur Kontinuität zur Verfügung, das der Funktionsdynamik der weiblichen Geschlechtsorgane entspricht, die der Mann körperlich nicht verwirklicht und als geistige Produktivität enthält.

Dieses unterschiedliche Gedankenleben von Mann und Frau macht das soziale Zusammenleben so interessant. Die Partner werden dadurch geistig produktiver und kommen dazu, auch »geistige Kinder« zu zeugen, wenn die Zusammenarbeit gut ist. Im gemeinsamen Arbeiten wird das männliche Denken befruchtet durch das weibliche, und das weibliche Denken entscheidend ergänzt und zur Reife gebracht durch das männliche.

So gesehen sind wir alle »Vollmenschen«, insofern wir geistig das schöpferische Äquivalent der andersgeschlechtlichen Kraft zur Verfügung haben, auch wenn wir sie physisch nicht verwirklichen. In gewisser Weise wird der Sündenfall in Folge der Geschlechtertrennung da überwunden, wo zu der körperlichen Kommunion beim Geschlechtsakt die seelisch-geistige hinzutritt. Wir Menschen leben im Paradies in dem Augenblick, wo Erkennen und Handeln wieder übereinstimmen. Nur dann sind wir in Harmonie mit uns und der Welt.

Frage: Wie kann man, wenn man sich in einer Problemsituation befindet, wenn man Probleme mit der Sexualität oder mit dem Mißbrauch an Kindern hat, im Einzelfall einen Weg finden, der zu dieser Identifikation mit sich selbst oder mit dem Stellvertreter führt?

Antwort: Dieser Weg muß von jedem Menschen selbst gefunden werden. Oft ist es jedoch angezeigt, die professionelle Hilfe einer Beratungsstelle anzunehmen.

Was wäre z.B. zu tun, wenn ein Triebtäter in die psychologische Behandlung kommt? Man wird ihm selbstverständlich keine Moralpredigt halten, sondern ihn zunächst einmal fragen: »Warum war das für dich so zwingend, so notwendig und – vielleicht auch so schön?« Man muß ihn erzählen lassen, was an diesem Vorgang für sein Erleben da war. Dann wird man ihn beschreiben lassen, warum er in gewissen Situationen auch sehr darunter gelitten hat. Das heißt man wird ihn da abholen, wo er steht, und jetzt versuchen, ihn im Gespräch in kleinen Schritten der Selbsterkenntnis aufmerksam auf das zu machen, was er eigentlich sucht, was er eigentlich vom Leben erwartet, wonach er sich im Grunde genommen sehnt und warum er das auf gesunden Wegen bisher nicht erreichen und entwickeln konnte.

Frage: Können Sie weitere Literatur zum Thema sexueller Mißbrauch nennen?

Antwort: Eine Literaturliste zum Thema »Sexueller Mißbrauch« liegt den Stadtjugendämtern vor. Außerdem gibt es Selbsthilfegruppen und Beratungsstellen.

Auch möchte ich raten, mit Menschen Ihres Vertrauens diese Fragen anzusprechen. Die Sexualität geht nicht nur den Fachmann an. Menschen mit Einfühlungsvermögen und Erfahrung können oft mehr Hilfen geben als sogenannte Fachleute.

Frage: Und wie ist das bei der Homosexualität?

Antwort: Die Homosexualität ist eine Variante sexuellen Verhaltens, die es ja für beide Geschlechter gibt. Sie wird eigentlich erst dann problematisch, wenn sie Vorbildcharakter bekommt oder verführerisch auf Jugendliche wirkt, oder aber wenn sie die geistige Entwicklung des Betroffenen behindert.

Das übersteigt jetzt ein wenig die Aussprachemöglichkeit. Ich kann nur soviel sagen: Auch mit der Homosexualität ist ein menschenwürdiger Umgang nur möglich, wenn zur körperlichen Liebe die seelische und geistige Bindung und Beziehung hinzutritt.

Wenn Sie sich mit Betroffenen unterhalten, kommen Sie eigentlich immer an den Punkt, an dem Sie aus der Entwicklung dieses Menschen heraus sein Verhalten verstehen können, so daß Sie ihn beraten können, wie er damit so sozial verträglich wie nur möglich umgehen kann.

In seltenen Fällen findet man auch Menschen, die davon wegkommen wollen. Das ist jedoch eine harte, innere Arbeit, die ohne eine gewisse geistige Schulung nicht zu bewältigen ist.

Frage: Wenn ein Fünfjähriger bei Erwachsenen sexuelle Verhaltensweisen provoziert, was soll man da machen, wie kann man das bewerten?

Antwort: Da besteht der Verdacht auf sexuellen Mißbrauch. Es ist dies ein Alarmzeichen, dem nachzugehen ist. Manchmal ist es jedoch etwas, was auch durch Nachahmungsverhalten entsteht.

Ich kenne keinen Fall, in dem ein Kind ganz von sich aus sexuelles Verhalten provoziert, ohne daß andere Kinder es vorgemacht haben oder ein Erwachsener Signale in diese Richtung gegeben hätte und damit das kindliche Verhalten verführt.

Ich würde Ihnen raten, zunächst einmal die Umgebungsverhältnisse des Kindes zu prüfen, ob es bei Freunden oder sogar im eigenen Haus Gelegenheit hat, sexuelle Betätigung zu sehen und inter-

essant zu finden. Dann können Sie versuchen, dieses aus der Nach-
ahmungswelt des Kindes zu entfernen. Dann wäre auch zu prüfen,
ob es sich um Provokationen handelt. Denn wenn die Beziehung
Ihres Kindes zu Ihnen so ist, daß das Kind gern mehr von Ihnen
hätte, als es von Ihnen hat, dann bekommt es auf diese Weise, indem
es derartige Provokationen (obszöne Gesten machen oder bestimmte Worte sagen) wiederholt, immer und zu jeder Zeit den
Grad an Aufmerksamkeit und Zuwendung, den es sich wünscht.
Das können Sie nur abstellen, indem Sie dem Schauspieler das Publikum entziehen, indem Sie das einfach nicht mehr ernst nehmen.
Hier wäre nötig, die Beziehung dann auf sinnvollere Art stärker als
bisher zu pflegen.

Frage: Besteht da ein Unterschied, ob die eigenen Eltern den sexuellen Mißbrauch vornehmen oder Freunde oder Bekannte? Und
wie kann dann vorgegangen werden?

Antwort: Wenn ein fremder Onkel oder irgendein Bekannter den
Mißbrauch an einem Kind vollzogen hat, so verursacht das kein so
schweres Trauma, als wenn es ein Familienmitglied gewesen ist, weil
im letzteren Fall die unschuldige Vater- oder Mutter-Kind-Liebe
mißbraucht wurde. Unter unschuldiger Liebe verstehe ich eine
Liebe, die in einem freien seelischen Geben und Nehmen verankert
ist. Und diese Beziehung wird dadurch getrübt, daß der Erwachsene
mit dem Kind etwas tut, das es weder verstehen noch beurteilen
kann. Da fühlt es sich ausgenützt und seiner Freiheit beraubt.
  Wie man dem Kind helfen kann, ist individuell verschieden.
  Aber eines habe ich immer erlebt: Der erste ganz entscheidende
Schritt in der Hilfe ist, daß zum Beispiel die Mutter versucht, dieses
Thema stellvertretend für das Kind zu tragen, daß sie die Seelennot
und die innere Unzufriedenheit eines Menschen, der zu diesem
Mißbrauch in der Lage ist, versteht, daß sie aufhört, diesen Men-
schen zu hassen; und daß sie echtes Mitleid mit dem Betreffenden
empfinden lernt.

Dann ist wichtig, daß das Kind die Möglichkeit hat, darüber zu sprechen, wenn es dies braucht und auch zu schweigen, wenn ihm danach ist. Ein wirkliches Verarbeiten geht nur über das Verstehen, es gibt kein anderes Verarbeiten! Verurteilen ist kein Verarbeiten, Im-Haß-Verharren ist kein Verarbeiten.

Wenn die Mutter das verstanden hat, dann wäre der zweite ganz wichtige Schritt, das feste Vertrauen zu entwickeln, daß die Identitätssuche auch unter erschwerten Bedingungen für ihr Kind möglich ist. Sie sollte alles tun, damit das Kind reiche andere Erfahrungen macht und sich mit der Welt identifizieren lernt.

Sie sollte sich klarmachen, daß jeder destruktive Gedanke – daß beispielsweise das Kind jetzt einen Knacks fürs Leben hat – hinderlich für seine Entwicklung ist. Sie muß sich diese ängstlichen, sorgenvollen, destruktiven Gedanken förmlich selbst aberziehen, aus Liebe zum Kind. Sie muß sich klarmachen: Immer wenn ich es schaffe, diese Gedanken »Ach mein armes Kind« und »Wie kann man das wieder gutmachen?« und »Du hast einen Knacks fürs Leben«, abzufangen durch ein Verständnis für den Täter, so ist das für das Kind wie eine unsichtbare seelische Arbeit, die es nachahmt, indem es die Mutter und ihr Verhalten innerlich miterlebt.

Und so wie die Kinder traurig werden, wenn die Mutter traurig ist, und fröhlich werden, wenn die Mutter fröhlich ist, so erleben sie auch mit, wenn die Mutter sich diese vergifteten Pfeile aus der Seele zieht und sagt: »Das Leben beginnt heute, und wir machen es uns schön, und wir lernen, wie man richtig Mensch wird.« Diese Art stellvertretender Bewältigung ist ein zweiter wichtiger Schritt.

Und ein dritter Schritt ist, daß die Mutter den richtigen Zeitpunkt findet, dem Kind von fachkundiger Seite her bei der Verarbeitung helfen zu lassen. Geschieht es zu früh, so kann es zu Fixierungen führen. Geschieht es zu spät, so können Fehlentwicklungen stattfinden.

Zwischenfrage: Es fehlt mir ein Schritt dazwischen. Ich denke, es muß auch ein Raum dafür dasein, daß zuerst Aggression und Wut da sein dürfen und nicht gleich das Verstehen für den Täter.

Antwort: Ja, das ist wahr. Es ist gut, daß Sie das erwähnen.

Denn das, was Sie schildern, diese Phase der Ohnmacht, der Wut und Verzweiflung, kann nicht übersprungen werden.

Aber wenn die Menschen sich dann zu einer Behandlung entschließen, beginnt der Prozeß, sich verarbeitend mit der Sachlage auseinanderzusetzen.

Die Beratungsstellen haben dabei eine ganz wichtige Funktion, denn dort finden die ersten Schritte statt. Hier kann man den eigenen Schmerz, die Verzweiflung und Wut artikulieren lernen – als ersten Schritt einer hilfreichen Verarbeitung.

Frage: Ist es nicht fatal, daß so oft die Mütter vom Mißbrauch wissen und die Sache aus Angst und Scham vertuschen?

Antwort: Hier hilft eben nur die Aufklärung in Kindergarten und Schule. Wenn von außen der Verdacht belegt werden kann, ist es für die betroffene Mutter leichter, den Weg zu finden, im Interesse des Kindes zu handeln. Oft bedeutet es auch für den Täter eine Erleichterung, wenn die Sache entdeckt wird und er von fachkundiger Seite geholfen bekommt, an seinem Problem zu arbeiten.

Anhang

Folgen von und Anzeichen für sexuellen Mißbrauch
Verletzungen und Krankheiten

- Verletzungen an den Geschlechtsorganen oder im Analbereich
- Bißwunden oder Blutergüsse am Unterleib, an der Brust, am Gesäß oder in anderen erogenen Zonen
- Striemen und blaue Flecken an der Innenseite der Oberschenkel
- blutige Unterwäsche
- Blutungen in der Mundhöhle
- Geschlechtskrankheiten, Aids
- Pilzinfektionen, Juckreiz im Genital- oder Analbereich
- wiederholte Entzündungen an den Geschlechtsorganen
- Schwangerschaft junger Mütter (insbes. bei ungeklärter Vaterschaft)

Psychosomatische Krankheiten

- Bettnässen, Einkoten
- Verdauungsstörungen
- Bauch- und Unterleibsschmerzen
- chronische Schmerzzustände
- Hautkrankheiten, Allergien
- Blutungen, Menstruationsbeschwerden
- Verspannungen, Haltungsschäden
- Lähmungen
- Ohnmachtsanfälle, Kreislaufschwächen
- Angst- und Erstickungsanfälle
- Asthma
- Schlafstörungen, Übermüdung, Alpträume
- Sprach- und Sehstörungen
- Konzentrationsstörungen
- Appetitlosigkeit

Emotionale Reaktionen

- starke Selbstzweifel
- Minderwertigkeitsgefühle
- Zweifel an der eigenen Wahrnehmung
- Angstzustände, Angst vor Männern, vor geschlossenen Räumen, vor Dunkelheit, vor Aids etc.
- Prüfungs- und Versagensängste
- starke Hilflosigkeit
- extremes Machtstreben
- Kontakt- und Beziehungsschwierigkeiten
- Leistungsabfall oder Leistungsverweigerung, Schulleistungsstörungen
- extreme Leistungsmotivation
- extreme Zukunftsangst
- Scham- und Schuldgefühle
- Ablehnung der eigenen Geschlechtsrolle
- zwanghaftes Verhalten, z. B. Waschzwang
- auffälliges Kleidungsverhalten, z. B. strikte Weigerung, die Kleidung zu wechseln; bei kleineren Kindern: extreme Schwierigkeiten beim Windelwechsel
- Flucht in eine Phantasiewelt
- psychische Krankheiten wie Depressionen, Phobien, Psychosen
- Rückfall in bereits überwundene Handlungsweisen, z. B. Babysprache, Daumenlutschen, Anklammern an die Mutter

Selbstzerstörerisches Verhalten

- Schnippeln
- Haare ausreißen
- Zigarette auf der Haut ausdrücken
- Nägelkauen
- Suchtverhalten
- Drogen-, Tabletten- und Alkoholabhängigkeit

- Bulimie, Magersucht
- Suizidversuche

Sozialverhalten

- übermäßige, oft dem Alter unangemessene Geschenke, z. B. der Lippenstift für die Achtjährige
- bei innerfamilialem sexuellem Mißbrauch: besondere Stellung in der Familie, z. B. Übernahme von Haushaltspflichten, starkes Verantwortungsgefühl gegenüber Geschwistern
- Mißtrauen gegenüber Nähe und Vertrauen
- übersteigertes Fremdeln
- Verschlossenheit
- stark aggressives Verhalten
- Einzelgängertum, soziale Isolation
- distanzloses Verhalten
- extremes Klammern an Bezugspersonen
- delinquentes Verhalten
- Weglaufen aus dem Elternhaus, Streunen, Trebegängertum
- auffällige Reaktionen auf bestimmte Männer- oder Frauentypen

Sexualverhalten

- sexualisiertes Verhalten
- altersunangemessenes Sexualverhalten und Wissen über Sexualität
- übersteigerte sexuelle Neugier
- Distanzlosigkeit gegenüber Männern
- Angst vor körperlicher Nähe, Berührungen
- Wiederholen des Erlebten in Rollenspielen, intensiven Doktorspielen
- exzessives Masturbieren
- ständig wechselnde Sexualpartner/Innen
- sexuelle Lustlosigkeit, Frigidität

– sexuelle Übergriffe auf jüngere Kinder
– bei Jungen: sexuelle aggressive Verhaltensweisen, abfällige Witze und Bemerkungen über Homosexualität
– bei Mädchen: auffälliges Verhalten während der Menstruation, Prostitution.*

Wichtig ist es, diese Anzeichen im Zusammenhang der Gesamtsituation des Kindes anzuschauen. Jedes Anzeichen für sich genommen kann sich ursächlich auch auf Krankheitserscheinungen beziehen.

---

* (Die Einteilung wurde aus Enders, Köln: »Was stimmt da nicht?«, 1990, S. 81 f. übernommen.)

Sinneserfahrung und Sinnespflege bei Kindern und Erwachsenen

Der Sonne Licht
Durchflutet
Des Raumes Weiten
Der Vögel Singen
Durchhallet
Der Luft Gefilde
Der Pflanzen Segen
Entkeimet dem Erdenwesen
Und Menschenseelen
Erheben in Dankgefühlen
Sich zu den Geistern der Welt.

RUDOLF STEINER

Welterleben durch die Sinne

Es gibt keine Information über unsere irdische Existenz, die nicht durch Sinneserfahrung vermittelt oder zumindest angestoßen wird. Unsere Sinne empfangen Botschaften von allen Qualitäten der Welt um uns her: Licht, Farbe, Bild, Rauhigkeit, Glätte, Gewicht, Bewegung, Form, Geschmack, Geruch, Wärme, Kälte, Klang, Wort, Gedanke. An diese Fülle von Wahrnehmungen schließt sich dann die verarbeitende Tätigkeit des Denkens an. Wenn Menschen im späteren Leben unter einem Mangel an Anregung für die Denktätigkeit leiden, müßte man sie fragen: Wie habt Ihr denn die ersten fünfzehn Jahre eures Lebens verbracht, die Zeit, in der die Sinnestätigkeit der Denktätigkeit gegenüber noch überwiegt und der Grund gelegt wird für Welt- und Selbsterfah-

379

rung durch die Sinne? Wer in Kindheit und Jugend nicht zu einem intensiven Welt- und Selbsterleben durch die Sinne angeleitet worden ist, dem fehlt später die Erfahrungsgrundlage für seine Gedankentätigkeit. Ihm fehlt aber auch die Grundlage für spontanes Miterleben und Mitempfinden der Dinge um ihn her. Gerade in der heutigen Zeit beobachten wir einen zunehmenden Mangel an Mitgefühl, an Mitleid mit dem, was einem begegnet. Wir stumpfen immer mehr ab gegenüber den wachsenden Schädigungen der gesamten Natur aber auch gegenüber Kriegen und Greueltaten. Hier ist ebenfalls zu fragen: Wie haben denn Sinneserfahrung und Sinnespflege in Kindheit und Jugend ausgesehen, daß jetzt so wenig Beziehung zu den Vorgängen um uns da ist, so daß man ihnen gegenüber leicht abstumpft? Und noch ein weiteres ist zu berücksichtigen: Durch die Sinnestätigkeit in der Kindheit lernen wir nicht nur die Welt mit all ihren Qualitäten und Erscheinungen kennen und lieben, sondern wir bilden infolge dieser Sinnestätigkeiten auch unseren eigenen Körper aus. Dies gilt insbesondere für die Zeit in der Kindheit, wo wir die spontane Nachahmungsfähigkeit besitzen, das heißt in der Zeit bis etwa zum 8. Lebensjahr. Diese angeborene Fähigkeit zur Nachahmung bewirkt in dieser Zeit, daß die Sinneseindrücke nicht spurlos an uns vorübergehen. Sobald etwas gesehen wird, ist die Bereitschaft da, es entweder körperlich zu genießen oder es mit Hilfe körperlicher Aktivität nachzuahmen. Diese nachahmende Eigentätigkeit ist zugleich auch der adäquate Reiz für die Ausbildung der sensiblen und motorischen Funktionen des Körpers. Denn sowohl die Sinnesfunktionen als auch die motorische Geschicklichkeit bilden sich erst langsam im Laufe der Kindheit zur vollen Funktionstüchtigkeit heran. Mit einbezogen in dieses körperliche Üben und Sich-Entwickeln sind aber auch alle anderen Organe bzw. deren Funktionen. Gerade bei jüngeren Kindern ist dies noch unmittelbar zu beobachten, wenn etwas Schönes, was sie sehen und was sie in große Freude versetzt, so durchschlagend wirken kann, daß sie vor Freude in die Luft springen oder aber auch einmal in die Hose ma-

chen können; diese starke körperliche Verarbeitung von Sinneseindrücken und Erlebnissen ist später nicht mehr möglich. Sie läßt in
dem Maße nach, als das Denken sich entwickelt und zur Verarbeitung der Sinneseindrücke benützt wird. Wenn die Kindergärtnerin
dasteht und in die Hände klatscht, fangen die Kinder sogleich auch
an zu klatschen. Das werden Schulkinder nicht mehr spontan tun,
allenfalls noch im 1. oder 2. Schuljahr. Später tun sie es nur noch auf
Aufforderung hin und wenn sie selber auch gefühlsmäßig oder gedanklich dazu motiviert sind. Es wird heute noch viel zu wenig
darauf Rücksicht genommen, in wie hohem Maße Wachstum, Entwicklung und Erhaltung des Organismus durch die Art seiner tätigen Inanspruchnahme geprägt werden. Es ist das große Verdienst
Rudolf Steiners, diese medizinisch orientierte Fragestellung in die
Pädagogik eingeführt zu haben. So wird im Vorschulalter in den
Waldorfkindergärten nichts Schulmäßiges gearbeitet, sondern konsequent darauf gesehen, daß die Kinder ihre Sinnestätigkeiten üben
können. Dadurch sind zugleich auch die wichtigsten Anregungen
gegeben für die körperliche Entwicklung.

Der Tastsinn

Der Tastsinn kommt bereits im Mutterleib schon intensiv zur Betätigung, wenn das Kind sich bewegt und dabei den eigenen Leib berührt, aber auch an der Uteruswand anstößt. Die Tastwahrneh-
mung wird jedoch abgeschwächt durch das gleichmäßige Wärmemilieu, das Kind und Mutter bei etwa 37° verbindet. Das ändert sich
schlagartig mit der Geburt, wo die trockene Luft und die Kleidung
sowie das Streicheln und Handling seitens der Pflegeperson zu intensiven Tasterlebnissen führt. Der Tastsinn ist über die ganze Haut
verbreitet. Seine Organe sind zum einen ungezählte kleine freie
Nervenendigungen und zum anderen spezialisierte Tastkörper-
chen. Sie befinden sich in besonderer Dichte an den Hautpartien,

wo wir empfindlich sind wie an den Fingerbeeren, am Rücken oder an den Innenseiten der Oberschenkel. Die vielen differenzierten Tasterfahrungen schließen sich für das Kind zusammen in dem Erlebnis: Ich stoße an der Welt an, ich bin da!

Schon wenn das Kind im Bett liegt, ruht es dort sicher auf einer festen Unterlage – es sackt nicht ins Bodenlose. Auch wenn es auf dem Arm gehalten wird, fühlt es die feste Stütze, den haltenden Arm. Dadurch wird ein Gefühl der Geborgenheit, der existentiellen Sicherheit geweckt. Diese Erfahrung vermittelt die Erlebnisgrundlage für das spätere bewußte Existenzvertrauen. Freud und andere Psychologen haben es auch das Urvertrauen genannt. Dieses Urvertrauen gründet in dem elementaren, allgemeinen Tasterlebnis und erfährt eine Vertiefung durch das Hinzutreten der anderen Sinneserfahrungen in feinerer Weise, als es bei dem Tasten der Fall ist. Denn es lebt etwas von dieser Prüfungsqualität der Tastbereitschaft auch in jeder anderen Sinnestätigkeit mit. Der wandernde Blick tastet die Farben und Formen der Umgebung ab, das Hören umgreift und unterscheidet die verschiedenen Lautgestaltungen und Töne. Auch Speisen und Gerüche, Wärme und Kälte werden auf spezifische Weise ertastet. Entscheidend ist aber auch, daß der Erwachsene, der sich dem Kind zuwendet, wirklich seelisch anwesend ist. Die Tasterfahrung des Kindes sucht letztlich auch das Wesen des Menschen zu erfahren, den es wahrnimmt. Äußere Geborgenheit bleibt unvollständig, wenn das innere Angenommensein nicht damit verbunden ist. Der Tastsinn integriert wie eine Art Ursinn das Mitarbeiten aller anderen Sinnesaktivitäten, um dann letztlich die volle Existenzerfahrung vom Dasein zu vermitteln.

Kommen dann im späteren Leben Zeiten der Verunsicherung, können diese eher verarbeitet und kompensiert werden, wenn tief im Unbewußten die Erinnerung an das Erlebnis der Geborgenheit da ist. Es ist dann eine instinktive Sicherheit gegeben, daß man wieder auf Grund kommen wird. Wer in der Kindheit diese liebevolle Pflege und Fürsorge nicht erfuhr, nimmt sich aus dieser Zeit eine bleibende Verunsicherung mit ins Leben, an deren Überwindung er dann arbeiten muß.

Die Erfahrung des Geborgenseins in der Welt legt auch den Grund für das spätere bewußte religiöse Empfinden. Urvertrauen in den göttlichen Schöpfer und seine Boten läßt die Dankbarkeit erwachsen dafür, daß die Welt so eingerichtet wurde, daß sie stützen, ernähren und tragen kann. Nicht umsonst werden innigste religiöse Kommunionserfahrungen und mystische Erlebnisse im Bild der Umarmung, das heißt des Sich-Bergens und liebevoll Umschließens dargestellt.

Möglichkeiten der Pflege

Beim Kind

Die Zeit, in der der Tastsinn besonderer Pflege bedarf, sind etwa die ersten neun Lebensjahre. Hier ist das Kind angewiesen auf den Wechsel zwischen liebevoller körperlicher Geborgenheit und Freigelassenwerden zu eigener Tätigkeit. Gerade dieser rhythmische Wechsel ist wichtig. Eltern, die ihre Kinder wenig loslassen und auch nachts zusammen mit ihnen im »family-bed« schlafen, vermitteln den Kindern zuwenig das Erlebnis des Alleinseins, was wiederum entscheidend wichtig ist für die Entwicklung des Selbstbewußtseins und der Selbständigkeit. Hier den richtigen Wechsel für das Kind herauszufinden, so daß es Geborgenheit da findet, wo das Alleinsein anfängt unerträglich zu werden, und aus der Geborgenheit entlassen wird, wenn Mut und Motivation für Eigentätigkeit da sind – das ist die Aufgabe. Durch diesen stummen Dialog zwischen Mutter und Kind: »Wann brauchst du wieder die Geborgenheit? Wann brauchst du das Alleinsein, um dich auch als Eigenwesen zu erleben?«, differenziert sich der Doppelaspekt des Vertrauens heraus als Selbstvertrauen und Weltvertrauen. Auch für die anderen

Sinne gilt etwas von dieser Doppelheit. Auch sie vermitteln einerseits eine bestimmte Welterfahrung und führen dadurch andererseits zu einer bestimmten Art des Selbsterlebens. Wenn das Kind Rauhigkeit oder Glätte, eine scharfe Kante oder einen runden Gegenstand tastet, erlebt es zugleich auch sich selbst an dieser Berührung. Je bewußter die Wahrnehmung verarbeitet wird und je aufmerksamer es sich den Vorgängen der Umwelt zuwendet, um so kraftvoller wird zugleich auch sein Selbsterleben und Selbstbewußtsein ausgebildet.*Im Waldorfkindergarten wird durch Spiele und Tätigkeiten dafür gesorgt, daß alle Sinne spezifisch und im Zusammenwirken geübt werden.**

Beim Erwachsenen

Die Bedeutung der Sinnestätigkeit für die Selbsterfahrung und das Selbstbewußtsein ist es auch, die die Schulung der Sinne für den Erwachsenen so wesentlich macht. Wo dies in der Kindheit zuwenig geschah und wo ein Mangel an Selbstbewußtsein und existentieller Sicherheit vorhanden sind, ist es besonders wesentlich.

Praktisch kann die Arbeit zur Aktivierung des Tastsinnes damit beginnen, verschiedene Qualitäten bei der Arbeit im Haushalt bewußt zu tasten. Beispielsweise kann man sich fünf Minuten nehmen und versuchen, einen Gegenstand genau zu betasten und sich ausschließlich darauf zu konzentrieren, was man dadurch von dem Gegenstand erfährt. Nicht was der Gegenstand bedeutet, wofür er gut ist, aus was er gemacht ist, ist hier entscheidend, sondern rein die Erfahrung über die Sinne. Was wir auch tasten, immer haben wir das Erlebnis der Berührung, der Begegnung, der gegenseitigen Beeindruckung. Es sind Erfahrungen einer differenzierten Festigkeit, Begrenzung, eines mehr oder weniger starken Widerstandes. Insbesondere an festen Gegenständen und vor allem am Fußboden, den

---

* Vgl. auch das Kapitel Gefühl und Emotionen.
** Vgl. »Plan und Praxis des Waldorfkindergartens«, in: Kindersprechstunde.

der Fuß bei jedem Schritt unbewußt ertastet, machen wir die Erfahrung der Unverrückbarkeit und Sicherheit, des existentiell Gestütztwerdens: Der Boden, auf dem ich stehe, ist sicher, er schwankt nicht. Wie schnell huscht man heute über so ein Erlebnis hinweg, ohne sich diese Qualität wirklich zum Bewußtsein zu bringen. Seelische Unsicherheiten, Alltagssorgen drängen sich dazwischen und lassen dieses warme, sichere Existenzvertrauen, das der Tastsinn vermitteln möchte, nicht aufkommen. Wer diese Übung jedoch täglich für einige Minuten durchführt und sich insbesondere die Kostbarkeit des sicheren Gehens und Stehens zum Bewußtsein bringt, wird aufmerksam darauf, wie die Denktätigkeit, zu der wir heute im Gegensatz zur Sinnesschulung bevorzugt erzogen werden, ständig bereit ist, die Sinneserfahrungen zu verdrängen, zu interpretieren und zu relativieren. Schon wenn wir zum zweiten oder dritten Mal die Übung machen, um das Erleben zu vertiefen, kann sich der Gedanke störend einstellen: das kenne ich doch schon, das habe ich schon einmal gemacht ... Es ist dies die entscheidende Klippe, die sich dem um Sinnesschulung bemühten Erwachsenen entgegenstellt und die überwunden werden muß: die Vorstellung: »Das kenne ich schon.« Sie muß ausgeschaltet werden, so daß es möglich wird, sich der reinen sinnlichen Erfahrung hinzugeben. Bei dieser Übung wird der destruktive Charakter der heutigen Intellektualität deutlich. Sie betätigt sich wie ein Vampir, indem sie die Sinneserlebnisse auf bekannt oder unbekannt, interessant oder uninteressant reduziert. Sie bewirkt, daß wir registrieren anstatt zu beobachten und saugt gleichsam das warme Erleben aus der Wahrnehmung heraus. Wenn es jedoch gelingt, diese Art des Denkens zurückzuhalten und sich dem Sinneseindruck zu überlassen, so stellt sich nach und nach eine Empfindung ein, die im Falle der Tasterfahrung das Erlebnis von Sicherheit, klarer Grenzziehung und Standfestigkeit ist. Es wird damit zugleich aber auch in bewußter Weise ein Stück Kindheitserleben zurückerobert, das uns verstehen läßt, in welch reiner Erlebniswelt die Kinder leben, bevor ihr Vorstellungsleben voll entwickelt ist.

Wir können beim Üben folgende Schritte unterscheiden:
1. die Wahrnehmung selbst;
2. die Konzentration auf die Empfindung, die durch diese Wahrnehmung geweckt wird;
3. das sich an die Empfindung anschließende Gefühl, das sich nur einstellen kann, wenn das registrierende Vorstellungsleben zurückgehalten werden kann;
4. volle Identifikation mit diesem Gefühl so lange, bis man von diesem Gefühl ganz durchdrungen ist und sich selbst darin erlebt.

Mit dem Tasterleben ist auch beim Erwachsenen die tiefere Erfahrung des Wesens verbunden. Wenn zwei Menschen sich in den Arm nehmen, so kann dies auf verschiedene Weise geschehen: Sie können sich dabei wirklich nahekommen, ja es kann sogar soweit gehen, daß der eine sich vollständig in dem anderen fühlt und die Grenzen wie verschwinden im Einssein. Es kann aber auch so sein, daß man gerade während der Umarmung erlebt, daß man sich in Wahrheit unendlich ferne ist und den anderen gar nicht wirklich erreicht. Im äußeren Tasten lebt auch hier mit das innere Ertasten dessen, was sich wesenhaft hinter der Grenze verbirgt. Mit dem Ertasten von Gegenständen ist es ebenso. Es können aber auch belebte, beseelte Wesen sein oder aber ein Mensch – in jeder Tasterfahrung verbirgt sich letztlich etwas Wesenhaftes, Reales. Das eigene Wesen grenzt an ein anderes an. Dieses kann sich als unbelebt, belebt, beseelt oder wie der Mensch selbstbewußtseintragend erweisen. Die Tasterfahrung ist um so vollkommener, je mehr die Empfindung des Ertastenden zur Wesensbegegnung mit dem Getasteten führt. So wie die lieblose Berührung oder die Umarmung, die keine Wesensbegegnung sucht, als abstoßend erlebt werden und das Grenz- und Trennungserlebnis verstärken als die eine Seite der Tasterfahrung, so verursacht die liebevolle Umarmung und das Empfinden des Geborgen- und Angenommenseins das Erleben der Wesensbegegnung und Vereinigung als der anderen Seite der Tasterfahrung.

Unter diesem Aspekt kann man auch einmal seinen Tageslauf ansehen und sich fragen: Begegne ich eigentlich von morgens bis abends Wesen, oder begegne ich meinen eigenen Vorstellungen, die ich mir von den Menschen und Dingen in der Umgebung gemacht habe? Was ist mir eigentlich wesentlich an meinem Tageslauf? Was begegnet mir wirklich? Was kommt mir entgegen? Wo ist die Grenze zwischen mir und den Dingen und meiner Arbeit? Wie ist eigentlich die Grenzerfahrung im Sozialen, wenn ich einem Menschen gegenübertrete? Wer dies versucht wird bemerken, wie stark er von seinen eigenen Vorstellungen geprägt ist und daß die vielen, vielen Begegnungen, die der Tag bietet, mehr zu einer Registrierung als zu einer wirklichen Wahrnehmung führen: Der ist so und so, die hat mich da und da geärgert, mit demjenigen möchte ich am liebsten nichts zu tun haben, mit diesem arrangiere ich mich ... Wir leben mit Vorstellungen von unseren Mitmenschen und haben wenig wirkliche Wesenserfahrungen, echte Begegnungen.

Rudolf Steiner hat in seiner Sinneslehre den Zusammenhang zwischen der Tasterfahrung und der Wesenserfahrung folgendermaßen formuliert: Was verborgen ist im Tastsinn, wird offenbar im Ichsinn. Das heißt die Selbsterfahrung am Tasterlebnis wird im Laufe des Lebens zum Organ für die Wesenswahrnehmung anderer Menschen und Dinge. So wie in der gewöhnlichen Tasterfahrung immer schon unbewußt die Wesensbegegnung miterlebt wird, so ist auch in der später unmittelbaren (d.h. ohne äußere Berührung möglichen) Erfahrung bewußter Wesensbegegnung immer die ursprüngliche Tastqualität noch latent, durch die sich Wesen auch rein seelisch-geistig abtasten und berühren können. Die Wahrnehmung des rein Wesenhaften vermittelt der von Rudolf Steiner erstmals beschriebene Ich-Sinn. Der Ich-Sinn ist beim kleinen Kind noch ganz mit dem Tastsinn verbunden und differenziert sich als eigenständiges Sinneserleben erst im Laufe der Entwicklung heraus.

Der Lebenssinn

Unter dem Lebenssinn verstehen wir gemäß der Sinneslehre Rudolf Steiners den Sinn für die momentane Lebensqualität, für Hunger und Durst, für Harmonie- und Disharmonieerleben im eigenen Körper. Man merkt den Kindern sofort an, ob sie sich in ihrer Haut wohlfühlen oder nicht. Organ für den Lebenssinn ist das vegetative Nervensystem, durch welches das Kind die inneren Aktivitätszustände der Organe und ihres Zusammenwirkens wahrnimmt. All diese Wahrnehmungen werden integriert in dem Grundempfinden, das der Lebenssinn vermittelt: Wie erlebe ich mich momentan in meinem Körper? Der Lebenssinn ist es, der uns das Vorhandensein von Hunger, Durst, Müdigkeit, Vitalität oder Schlappheit meldet. Wessen Lebenssinn nicht kultiviert wurde, neigt dazu, sich nie ganz wohl in seiner Haut zu fühlen. Eine solche Lebensgrundstimmung macht es den Menschen dann auch schwer, zu einer gewissen Grundzufriedenheit im Leben zu kommen. Sie werden leicht jeden Anlaß zur Unzufriedenheit aufnehmen. Wer jedoch auch schwierige Probleme verarbeiten kann, ohne dabei verstimmt zu werden, verdankt dies seinem gut ausgebildeten Lebenssinn.

Maßnahmen zur Pflege des Lebenssinns:

Beim Kind

1. Regelmäßige Mahlzeiten
2. regelmäßige Schlafenszeiten
3. Arbeit an einer harmonischen Atmosphäre zu Hause
Werden diese Hinweise berücksichtigt, so lernen die Organe während des Wachstums bereits ein harmonisches Zusammenwirken und vermitteln dem Gefühlsleben eine gesunde seelische Grundstimmung.

Beim Erwachsenen

Zunächst ist es wichtig sich klarzumachen, zu welchen Zeiten am Tage oder unter welchen Bedingungen man sich besonders unwohl fühlt. Woran kann das liegen? Es könnte zum Beispiel seine Ursache darin haben, daß man zwar von klein auf gewöhnt ist, dreimal täglich etwas zu essen, der eigene Organismus aber besser zurechtkäme mit kleineren, dafür aber häufigeren Mahlzeiten. Werden nun die Zwischenmahlzeiten eingeführt und die Portionen mittags und abends reduziert, ändert sich die Grundbefindlichkeit sogleich. Ähnlich ist es mit nicht optimalen Schlafenszeiten. In der Regel schlafen die Menschen zu wenig bzw. sehr unregelmäßig. Schon allein dieses führt zu einer gewissen Neigung zu Unzufriedenheit und Überreiztheit am Tage. Gelingt es, entweder mittags eine kleine Pause einzuführen oder alles daran zu setzen, abends früher ins Bett zu kommen, so ändert sich auch hier das Lebensgrundgefühl zum harmonischen und positiven. Wer darauf aus ist, die Ursachen für Unwohlsein systematisch zu beseitigen, bemerkt, in wie hohem Maße seine Lebenszufriedenheit von der Pflege dieses Sinnes abhängig ist.

Im Erwachsenenalter bedarf der Lebenssinn jedoch auch von der seelisch-geistigen Seite der Pflege. Sehr oft lassen sich die äußeren Bedingungen nicht mehr so herstellen, wie dies eigentlich für die körperliche Verfassung gut wäre. Das kann ausgeglichen werden durch eine systematische Arbeit am inneren Sinn für Harmonie. Es kann schon eine Wohltat sein, sich dreimal täglich einen wesentlichen Gedanken in Spruch- oder Prosaform für einige Minuten durch die Seele ziehen zu lassen, während dieser Zeit die Augen zu schließen und sich ganz an diesen Inhalt hinzugeben. Die Seele, deren Aufmerksamkeit während des alltäglichen Lebens ständig hierhin und dorthin gelenkt wird, findet hier einen Ruhepunkt und eine Grundorientierung, von der aus die verschiedenen Aktivitäten ihren inneren Zusammenhang erhalten. Gelingt es, solche inneren Besinnungspausen durchzuführen und hier die Qualität der Übereinstimmung und der Harmonie zu pflegen, so erwacht dadurch auch die Fähigkeit, soziale Spannungen leichter zu durchschauen und etwas zu ihrer Harmonisierung beitragen zu können. Der Lebenssinn ist eben zugleich auch der Sinn für Harmonie und Zusammenklang. Wer mit der Frage lebt, was er zur Harmonisierung, zur Verbesserung, zur Ordnung seiner Lebensverhältnisse beitragen kann, der arbeitet bereits an seinem Lebenssinn. Denn so, wie die Tasterfahrung das Gefühl des Vertrauens vermittelt, so geschieht dies beim Lebenssinn mit Bezug auf das Harmonieempfinden. Im Lebenssinn liegt aber wie im Tastsinn auch noch eine andere Sinnesqualität verborgen, die sich wiederum auf das Geistige richtet. So wie beim kleinen Kind Tastsinn und Ichsinn zusammenfallen und sich erst im Laufe des Älterwerdens voneinander differenzieren, so ist dasselbe der Fall für den Lebenssinn und den zunächst darin mittätigen Gedankensinn. Die Fähigkeit, den Gedankenzusammenhang wahrzunehmen, den ein anderer ausspricht, ja sogar solche Gedanken mitzuverstehen, für die der andere im Moment vielleicht gar nicht die passenden Worte findet, die er aber ausdrücken möchte, diese Fähigkeit bildet sich aus auf der Grundlage der Tätigkeit des Lebenssinnes. Diese Betätigung ist es, die später zum Organ für das Erstehen gedanklicher Zusammenhänge wird. Entsprechend formuliert es Rudolf Steiner: Was verborgen ist im Lebenssinn, wird offenbar im Gedankensinn. Was auf körperlicher Ebene das Wohlgefühl und das Zusammenstimmen der verschiedenen Organtätigkeiten ist, das entspricht auf geistiger Ebene dem Harmonieerleben, wie es jedem echten Verstehen zugrunde liegt. Einklang bedeutet immer Gesundheit. Und auf geistiger Ebene wird dieser Einklang, diese Gesundheit als Verstehen von Gedankenzusammenhängen erlebt.

Der Bewegungssinn und seine Pflege

Beim Kind

Der Bewegungssinn arbeitet körperlich über die Muskelspindeln (das sind Nervenorgane in der Muskulatur, die für die Eigenbewegung des Körpers über die Muskelspannungsänderungen sensibel sind). Mit diesem Sinn verbunden ist auch das Krafterleben, das mit der Muskulatur zusammenhängt. Der Bewegungssinn hat nun insbesondere in der Kindheit ganz entscheidende Bedeutung für die gesamte körperliche Entwicklung. Je geschickter und koordinierter ein Kind sich bewegen lernt und seinen Bewegungssinn aktiviert, um so differenzierter und leistungsfähiger wird auch das Nervensystem, das all diese Bewegungsmuster wahrnimmt und wahrnehmend verarbeitet und daran selber heranreift. Hirngeschädigte Säuglinge erhalten eine bestimmte Gymnastik mit Koordinations- und Bewegungsübungen, die gesundend auf das Nervensystem zurückwirken. So ist gerade heute eine altersentsprechende Bewegungsförderung von ganz besonderer Bedeutung, weil die Kinder sich generell viel zu wenig bewegen. Sie sitzen oft zu Hause, im Auto, in der Schule, vor dem Fernsehapparat. Die Stunden, in denen sie sich geschickt bewegen, sind gezählt. Das Ergebnis ist, daß von Jahr zu Jahr mehr Kinder mit Haltungs- und Skelettschäden bei den Schuluntersuchungen auffallen und es schon schwer ist, ein bewegungsmäßig ganz gesundes Kind zu finden. Dieser Bewegungssinn ist ebenfalls mit einem Gefühlserlebnis verbunden, was für die spätere Entwicklung tragende Bedeutung hat: dem Freiheitsgefühl. Jungens, die Skateboard fahren oder mit dem Fahrrad einen Berg herunterrasen, haben dabei ein Freiheitserlebnis. Bewegungsfreiheit bedeutet eben Freiheit erleben. Kinder, die zu Hause nichts anfassen dürfen, die man immer von allem möglichen fernhalten muß, werden ständig in ihrem Freiheitserleben eingeschränkt, und das bleibt als Erleben von Unfreiheit für das Lebensgefühl später bestehen, woran dann gearbeitet werden muß.

Beim Erwachsenen

Wie ist es beim Erwachsenen mit seinem Freiheits- und Bewegungsgefühl bestellt? Vielfach fühlt er sich von allen Seiten beengt, bedrängt, gebunden, verpflichtet. Wo hat er überhaupt noch einen Spielraum für freie Betätigung? Allenfalls noch im Sport! So ist es notwendig, dieses Freiheitserlebnis wieder bewußt zu pflegen, indem man über den Sport hinaus sich der Bewegungsübung zuwendet. Tanzen und Eurythmie sind hier ganz besonders zu empfehlende Bewegungsformen. Unter dem Gesichtspunkt der Sinnesschulung allerdings sollten diese Bewegungsübungen nicht begleitet sein von ehrgeizigen Vorstellungen: Wie tanze ich am besten und am schönsten oder was bedeutet diese oder jene Bewegung in der Eurythmie, sondern vielmehr so, daß ich mich der Bewegung hingebe und dabei zu erfahren versuche, was in ihr selber liegt an Betätigungs- und Freiheitsmöglichkeit. Diese gilt es dann im Gefühl eine Zeitlang festzuhalten und zu erleben.

In diesem Freiheitserleben, das an den Bewegungssinn gebunden ist, ist ebenfalls noch eine höhere Sinneswahrnehmung verborgen. Rudolf Steiner nennt sie Lautsinn oder Wortsinn bzw. Sprachsinn. Der Zusammenhang wird sogleich verständlich, wenn man sich einen Menschen vorstellt, der Bewegungen macht. Jede Bewegung, auch die kleinste Mimik drückt etwas aus, hat Sinn. Je freier und ungezwungener ein Mensch sich bewegt, um so genauer kann man an diesen Bewegungen ablesen, wie es gerade um ihn steht. Umgekehrt sieht man auch die Tarnungsmanöver, wenn Menschen beispielsweise die Hände immer in den Taschen haben oder beim Sprechen nur wenig das Gesicht verziehen. Das Bewegungsspiel des Menschen offenbart, was seelisch in ihm vorgeht. Diese Bewegungs- oder Körpersprache findet sich nun auf engem Raum konzentriert in den Sprachartikulationen bzw. Sprachbewegungen, die wir beim Sprechen vollziehen. Bewegung ist Sprache und Sprache ist Bewegung. Daher ist der Bewegungssinn zugleich die Grundlage für den später sich herausdifferenzierenden Sprachsinn, das heißt für die Fähigkeit, Sprache oder Bewegungsäußerungen ganz allgemein unmittelbar in ihrer Bedeutung auffassen zu können. Wer selber übt, sich ungezwungen und frei zu bewegen und zu seinen Äußerungen zu stehen, der wird auch immer fähiger, das Bewegungsspiel anderer Menschen zu sich sprechen zu lassen und richtig zu interpretieren. Das kann so weit gehen, daß man unmittelbar, wenn ein Mensch spricht, beurteilen kann, ob er die Wahrheit spricht oder nicht. Es liegt im Klang, in der Physionomie darin.

Entsprechend formuliert Rudolf Steiner: Was verborgen ist im Bewegungssinn, wird offenbar im Sprachsinn.

Der Gleichgewichtssinn und seine Pflege

Beim Kind

Der Gleichgewichtssinn wird auch so wie die anderen drei genannten Sinne unmittelbar nach der Geburt aktiv. Schon beim Heben des Kopfes ist der Gleichgewichtssinn beteiligt. Die gesamte Bewegungsentwicklung insbesondere des ersten Lebensjahres korrespondiert mit der Ausbildung des Gleichgewichtssinnes, dessen größte Leistung das aufrechte Stehen und freie Gehen ist. Die Empfindung, die durch den Gleichgewichtssinn in der Seele geweckt wird, ist die des inneren Gleichgewichtes, des In-sich-ruhen-Könnens. Menschen, die im späteren Leben Mühe haben, ihr inneres Gleichgewicht zu finden, sollten einmal Kindheit und Jugend daraufhin anschauen, welche Möglichkeiten sie dort hatten zur Schulung ihres Gleichgewichtssinnes über die ersten Etappen der Bewegungsentwicklung hinaus. Heutzutage wird sogar in dieser ganz frühen Zeit die Ausbildung des Gleichgewichtssinns dadurch beeinträchtigt, daß die Kinder schon, bevor sie laufen lernen, in ein »Gehfrei« kommen, wo ihnen durch das Gerät die Notwendigkeit aktiver Gleichgewichtsfindung abgenommen wird. Hinzu kommt aber auch, daß der Lebensraum der Kinder von so viel Hetze und Unausgeglichenheit bestimmt wird, daß sich dieses vom Seelischen her ebenfalls störend auf den Gleichgewichtssinn auswirkt. Hier kann die Heileurythmie manches ausgleichen helfen, um den Gleichgewichtssinn zusätzlich zu üben und die Übereinstimmung von innerem und äußerem Gleichgewicht zu veranlagen.

Beim Erwachsenen

Es gibt Menschen, die können nicht einen Moment stillsitzen, sie sind nervös und kennen das Gefühl der inneren Ruhe nicht. Was können sie tun, um an der inneren Gleichgewichtsfindung zu arbeiten? Zunächst gilt es einmal zu prüfen, wie leistungsfähig der Gleichgewichtssinn überhaupt ist. Da wird man merken, daß vieles, was man dem Gleichgewichtssinn allein zugeschrieben hat, auf der Zusammenarbeit mit den Augen beruht. Wer sich bemüht, mit geschlossenen Augen Übungen zu machen wie z. B. auf Zehenspitzen stehen, auf einem Bein stehen, hüpfen vorwärts und rückwärts stellt fest: Es ist bedeutend leichter mit offenen Augen! Wer im Dunkeln genauso sicher gehen kann wie im Hellen, hat einen nahezu ungestörten Gleichgewichtssinn.

Wer an seinem Gleichgewichtssinn arbeiten möchte, für den sind Gleichgewichtsübungen, wie sie Kinder von sich aus machen (Balancieren, Einbeinhüpfen, Stelzenlaufen u. ä.) und Eurythmie die wirksamsten Mittel. Zum Beispiel eine heileurythmische U-Übung: Stellen Sie sich auf beide Füße, stehen Sie weder auf den Hacken noch auf den Fußspitzen, sondern gerade ausbalanciert in der Mitte und nehmen Sie Ihre Arme oben über dem Kopf zusammen, so daß die Handflächen sich berühren. Und nun senken Sie ganz langsam die ausgestreckten Arme, wobei die Hände eng aneinander liegen, herunter und gehen parallel dazu langsam auf die Zehenspitzen mit geschlossenen Füßen immer höher und höher, bis

Sie ganz auf den Zehenspitzen sind und die gesenkten Arme ganz nach unten weisen. Dann machen Sie den umgekehrten Vorgang. Sie gehen langsam wieder herunter auf die ganze Fußsohle und nehmen parallel dazu die Arme wieder nach oben. Eine solche sogenannte U-Übung mit Gegenbewegung wäre eine wirksame Übung, den Gleichgewichtssinn zu stärken. Bei dieser Übung erleben wir nicht nur die Gleichgewichtsfindung unseres Körpers, sondern auch das Hereingestelltsein in den Raum. Die Qualitäten oben, unten, vorne, hinten, rechts und links werden zunehmend bewußt. Wer sein Sinneserleben schulen will, muß sich hier fragen: Wie erlebe ich mein Hinten? Fühle ich meinen Rücken, oder ist da in Wirklichkeit ein »Loch«? Viele Menschen sind mit ihrem Bewußtsein ganz nach vorne hin orientiert und wissen von ihrem Hinten sehr wenig. Genauso ist es mit dem Oben und dem Unten. Erlebe ich mich mehr in der Schwere nach unten gezogen oder aber mehr emporgehoben, mehr in der Leichte?

Dann kann man beginnen, wirklich daran zu arbeiten, sich in sich selber zu halten, die Mitte zu finden zwischen oben, unten, vorne, hinten, rechts und links, zwischen Schwere und Leichte, zwischen allen Bewegungsmöglichkeiten in der Ruhe. Dann kann auch der individuelle Schwerpunkt des Körpers gefühlt werden. Und so wie der Körper seinen Schwerpunkt hat, so hat auch die Seele ihren Ruhepunkt, wenn sie sich selbst bestimmt und zur Ruhe bringen lernt.

Es gibt heute viele Menschen, die äußerlich gesehen einen ordentlich ausgebildeten Gleichgewichtssinn haben, die jedoch innerlich den Ruhepunkt nicht finden, weil sie ausgeschaltet sind vom Sinneserleben durch ihren Verstand. Sie können sich die Qualität der Gleichgewichtsfindung seelisch nicht zum Erleben bringen obwohl sie körperlich über die Gleichgewichtsfindung verfügen. Gerade ruhelose, nervöse Menschen bedürfen einer solchen Schulung des Gleichgewichtssinnes, damit sie merken: Ich habe doch die Qualität der Ruhe, der Übereinstimmung mit mir selber in mir – ich habe sie nur völlig verdrängt und mein Empfinden dafür abgestumpft.

Hier kann auch die Vertiefung in einen Spruch helfen, der von innen her zum Erleben der Ruhe aufruft:

> Ich trage Ruhe in mir
> Ich trage in mir selbst
> Die Kräfte, die mich stärken.
> Ich will mich erfüllen
> Mit dieser Kräfte Wärme
> Ich will mich durchdringen
> Mit meines Willens Macht.
> Und fühlen will ich
> Wie Ruhe sich ergießt
> Durch all mein Sein,
> Wenn ich mich stärke,
> Die Ruhe als Kraft
> In mir zu finden
> Durch meines Strebens Macht.

> RUDOLF STEINER

Auch mit dem Gleichgewichtssinn ist ein anderer Sinn engstens verbunden: das Hören. Aufmerksam hören kann nur ein Mensch, der innerlich zur Ruhe kommen kann. Ausbildung von Gleichgewichtssinn und Hörsinn hängen eng miteinander zusammen. Schon im Säuglingsalter ist es wunderschön zu sehen, wie das Kind sein Bewegungsspiel unterbricht und intensiv zu lauschen beginnt, ja geradezu reglos auf den Klang eines Glöckchens oder aber das Summen einer Melodie oder ein liebevoll gesprochenes Wort hört.

Zusammenfassung

Diese vier Sinne haben gemeinsam, daß sie in erster Linie auf das Beherrschen bzw. Wahrnehmen des eigenen Körpers bezogen sind. Die Gefühle jedoch, die durch Sinnesempfindungen wie das Tasten,

das Harmonieerleben, das Bewegungsspiel und die Gleichgewichtsfindung angeregt werden, sind gerade solche, die für die
spätere geistige Entwicklung von besonderer Bedeutung sind: nämlich Existenzvertrauen, Harmonieerleben, Freiheitsgefühl und innere Ruhe. Auch die darin verborgenen höheren Wahrnehmungsfä-
higkeiten zielen auf das Erfassen des Seelisch-Geistigen hin:
Wesenserfahrung, Verstehen von Zusammenhängen, Sinnerleben
und Hören.

Ohne die Erfahrung der inneren Sammlung und Ruhe ist die geistige Entwicklung behindert.

Ohne Freiheitsgefühl erstirbt der Idealismus, der den Menschen
schöpferisch sein läßt im Hinblick auf ein Ziel.

Ohne das Erleben von Harmonie ist es schwer, mit dem Alltags-
leben fertigzuwerden.

Ohne Urvertrauen können sich weder Selbstvertrauen noch
Gottvertrauen entwickeln.

Werden diese vier leiborientierten Sinne nicht so ausgebildet, daß
sie auch der Seele die ihnen korrespondierenden Empfindungen
vermitteln können, hat die geistige Betätigung gleichsam keinen
Boden, sich der Welt gegenüber aufzuschließen und aktiv zu werden.

Der Wärmesinn

Um Wärme und Kälte der Umgebung unterscheiden zu können,
brauchen wir als Gradmesser unsere eigene Körperwärme. Wer einmal für sich erfahren möchte, wie er selbst das Thermometer für den
Wärmesinn ist, der kann folgenden Versuch machen: Man nimmt
drei Gefäße mit Wasser. Eines mit heißem Wasser, eines, wo das
Wasser Zimmertemperatur hat und eines mit kaltem Wasser. Taucht
man jetzt für eine Minute die eine Hand in das heiße Wasser und die
andere Hand in das kalte und prüft anschließend die Temperatur im

zimmerwarmen Wasserbecken, so erscheint das Wasser für die Hand, die im heißen Wasser war kühl und für die Hand, die im kalten Wasser war, warm. Daran können wir erkennen, wie subjektiv und abhängig von unserer eigenen Körperwärme unsere Wärmewahrnehmung für die Umgebung ist. Ebenso ist es mit unserem seelischen Empfinden für Wärme. Auch hier hängt es stark von unserer eigenen Seelenwärme ab, wie wir Wärme und Kälte in unserer Umgebung erleben.

Um ein gesundes Wärmeempfinden zu entwickeln, bedarf es gerade in der heutigen Zeit der sorgfältigen Pflege des Wärmesinns. Es gibt viele Menschen, die es aufgrund der modernen Bekleidungsgewohnheiten normal finden, kalte Hände und kalte Füße zu haben. Diese finden es dann auch nicht auffällig, wenn die Kinder zu kühl angezogen sind oder denken vielleicht sogar, das dies gut im Sinne der Abhärtung wäre. Das fein abgestufte Empfinden für Wärme und Kälte schult sich jedoch am eigenen Wärmeorganismus und wer die eigene Körperwärme nicht richtig erleben kann, wird auch unsensibler für die Wahrnehmung von Wärme und Kälte im Umkreis (vgl. hierzu Kap. 109). Der Erwachsene hingegen kann systematisch üben, die verschiedenen Wärmequalitäten mit denen er in Berührung kommt, bewußt zu erleben und an der eigenen Befindlichkeit zu messen. Sonnenwärme, Ofenwärme, seelische oder geistige Wärme, die unterschiedlichen Wärmequalitäten verschiedener Menschen – all das sind Schulungsmittel für den Wärmesinn.

Geschmacks- und Geruchssinn

Der Geruchssinn vermittelt uns unmittelbar die Beschaffenheit der Substanzen. Wir riechen flüchtige Stoffe, und immer sind es die Stoffe selbst, die das Geruchsorgan erregen. Anders ist dies beim Schmecken. Um etwas schmecken zu können, müssen wir es zunächst im Mund ein wenig auflösen. Durch chemische Prozesse dringen wir in das Innere der Substanzen vor und schmecken süß, sauer, salzig und bitter. Geschmacks- und Geruchssinn wirken eng zusammen. Jeder kann prüfen, wie langweilig die Speisen schmekken, wenn man sich die Nase zuhält. Der Geruchsinn vermittelt eine ganze Skala von Qualitäten, die zur Geschmacksempfindung hinzutreten und gleichsam das Aroma geben. Für die Erziehung dieser Sinne im Kindesalter ist es wichtig, daß schon bei der Nahrungszubereitung auf diese beiden Sinne Rücksicht genommen wird. An einem Apfel zu riechen, bevor man ihn ißt, die Speisen nicht alle einheitlich mit Ketchup zu übergießen, sondern in unterschiedlichen Geschmacksqualitäten zu servieren – das sind Aufgaben, die heute auch einer bewußten Pflege bedürfen. Gerade heute, wo die Luft in vielen Großstädten schon so schlecht geworden ist, daß man gar nicht mehr gerne atmet, ist diese Pflege des Geruchssinns von besonderer Bedeutung. Geruch und Geschmack haben eine starke Beziehung zum Lebenssinn, weil sie im eminentesten Sinn Ekel und Behagen vermitteln können. Es hängt aber auch das ganze emotionale Leben sehr stark mit diesen Sinnen zusammen im Sinne von elementarer Sympathie und Antipathie.

Vom Zusammenwirken der Sinne (Synästhesie)

Im Leben betätigen wir nicht jeden Sinn einzeln für sich, wie man dies bei der Schulung zu tun versucht. Vielmehr lernen wir von frühester Kindheit an, auch das Zusammenwirken der Sinnestätigkeiten zu besorgen. Kinder sehen nicht nur die bunten Blumen, sondern pflücken sie auch und riechen ihren Duft. Ja, zuweilen stecken sie sie auch in den Mund und sind froh, wenn man sie wie im Fall des Gänseblümchens essen darf und nicht im letzten Moment von den Erwachsenen aus Hand oder Mund gerissen bekommt. Auch glauben viele Menschen, man würde mit dem Auge eine Form wahrnehmen. Das stimmt jedoch nicht. Die Fähigkeit zum Formenwahrnehmen ist bedingt durch die Verbindung von Bewegungssinn und Sehsinn. Nur Licht und Farbe nimmt man mit dem Auge wahr. Welche Form aber die Farbgrenzungen haben, dazu bedarf es der Augenmuskeln, die aktiv die ganze Form durch Wandernlassen der Augen erfassen. Aus diesem Grunde ist – neben vielem anderen – auch das Fernsehen so besonders ungesund für das Kind, weil hier der Bewegungssinn im Formenwahrnehmen nicht geübt werden kann. Dadurch, daß das Bild wandert und die Augenmuskeln starr auf den Bildschirm gerichtet sind, kann kein aktiver Sehakt stattfinden. So entsteht ein nicht wirklichkeitsgemäßer atypischer Sehvorgang, der dem Erwachsenen längst nicht so schadet wie dem Kind, dessen Augen und Sehtüchtigkeit vor dem achten Lebensjahr noch nicht einmal voll entwickelt sind und bei dem sich die Zusammenarbeit der Sinne erst ausbilden muß. Hinzu kommt, daß viele Sinne von der Wahrnehmung ausgeschlossen bleiben: Tasten, Riechen, Schmecken, Bewegungssinn und insbesondere der Ichsinn, weil das Kind hier nicht dem Wesen begegnet, von dem es sieht und hört, sondern dem Geist der Apparatur und dem technischen Surrogat.

Vom Gesichtspunkt der Sinnesentwicklung kann man Kindern nichts Schlimmeres antun, als sie dem Fernsehen, sowie Radio und Kassetten auszusetzen. Je mehr Kinder und vor allem in je jüngerem Alter sie mit ihren Sinnen an diese Apparate angeschlossen werden, desto stärker kommt es durch die damit verbundene Reduktion in der Zusammenarbeit aller Sinne zu Störungen in der Entwicklung der Erlebnisfähigkeit.

Für die Schulung des Auges eignet sich die Natur mit ihren feinen Farbabstufungen am besten. Bei Spaziergängen immer wieder zu verweilen und Einzelheiten ins Auge zu fassen ist ideal. Für Kinder und Erwachsene bietet sich neben der Naturbeobachtung aber auch die künstlerische Therapie an. In der Maltherapie ist die Möglichkeit gegeben, zu einem völlig neuen aktiven Farberleben zu kommen.

Vgl. Rudolf Steiner, »Zur Sinneslehre«, Stuttgart 1990.

Sinnestätigkeit und Gefühlsleben

Jede Sinnestätigkeit ist von Empfindungen begleitet, auf die wir normalerweise viel zu wenig achten. Richten wir auf sie unsere Aufmerksamkeit, so verstärken sich diese Empfindungen, und es werden dadurch Gefühle geweckt, die den Menschen dann mit dem entsprechenden Sinneseindruck verbinden. Gleitet mein Blick beispielsweise über ein Narzissenbeet nur so hinweg, während der Verstand registriert, daß hier Narzissen wachsen, so kommt es zu keinem Gefühl, und die Sinnesempfindung bleibt sehr blaß. Verweile ich jedoch beim Anschauen, so verdichtet sich die Sinnesempfindung zu dem Gefühl, das mit der Farbe Weiß verbunden ist und sich als Reinheit und Frische und auch Lauterkeit in der Seele kundgibt. Wer in dieser Weise einige Minuten eine solche Frühlingsblumenpracht in sich aufgenommen hat, geht gestärkt und in seinem Gefühlsleben angeregt und bereichert hinweg, wohingegen der erstgenannte Betrachter nichts gewonnen hat. Die Farbigkeit unseres Gefühlslebens wird bestimmt durch die Vielfalt unserer Sinneseindrücke: der stofflichen Beschaffenheit, so wie sie das Tasten, Riechen und Schmecken vermittelt, der Formen, so wie sie Bewegungssinn und Sehsinn vermitteln, der Klänge, wie sie der Gehörsinn vermittelt, der Sinnbezüge, wie sie der Laut- oder Wortsinn vermittelt, bis hin zum Gedanken- und Wesensgehalt der Erscheinungen.

Fragen zum Thema

Frage: Wie wirken die Kinderkassetten, Märchenkassetten und Kinderhörspiele?

Antwort: Die Frage nach den Kinderkassetten möchte ich auf dem Hintergrund dessen, was ich darzustellen versuchte, so beantworten: Das Kind kann dem, was es hört, nicht wirklich begegnen. Der

Surrogatcharakter bleibt. Hinzu kommt, und das gibt es nur im Bereich der Elektronik, daß bei einer wiederholten Abhörung der Kassette auf Bruchteile von Sekunden genau die gleichen Worte im selben Zeitablauf gehört werden; das prägt sich dem Ätherleib* ein, der sonst von Rhythmen beherrscht wird, die immer ähnlich, nie aber gleich sind. Jedes von einem Menschen gelesene Märchen ist in bezug auf Frequenz, Wortlänge, Atempausen verschieden.

Der Ätherleib ist ja unsere Lebensorganisation. Und im Leben gehen Zahlenverhältnisse, Vorgänge, Rhythmen nie auf. Jeder Regelkreis im Bereich des Lebendigen, wie zum Beispiel der Blutzuckerspiegel, hat zwar seine Rhythmik. Er ist aber nie genau identisch mit dem Vorigen, sondern die Rhythmen atmen, sie verschieben sich – einmal sind sie ein bißchen länger, einmal ein bißchen kürzer. Deshalb ist ein Märchen, das jeden Abend erzählt wird, etwas, was sich dem Lebensorganismus des Kindes im Zuhören und Mitdenken lebensgemäß eingeprägt.

Durch das Hören von Kassetten im Kindesalter wird die Tätigkeit des Ätherleibes durch die starre Wiederholung etwas abgelähmt. Die Ablagerung von Festem wird gefördert.

Dazu kommt, daß die Kinder, wenn sie die Kassette hören, sich mit ihrer Aufmerksamkeit nicht wirklich einschalten können und die Informationen nicht so verarbeiten können, wie sie kommen, weil die Kassette die tatsächliche Verarbeitungsgeschwindigkeit des Kindes nicht berücksichtigen kann.

Ein erzähltes Märchen gibt dem Kind die Möglichkeit, in jedem Augenblick die Erzählung zu unterbrechen, nach einer Pause zu verlangen, eine Erklärung zu fordern oder etwas noch einmal hören zu wollen. Der Erwachsene ist beim lebendigen Verarbeitungsprozeß des Kindes dabei und kann ihn fördern.

Beim Kassettenhören wird vieles überhört, das Kind hängt noch

---

* Der Begriff Ätherleib entstammt der anthroposophischen Menschenkunde und gilt für die Summe der Wachstums- und Gedankentätigkeit, d.h. für die Lebenstätigkeit des Organismus, s. auch S. 323.

einem Ereignis nach und kann erst später wieder richtig zuhören, oder es schaltet ganz ab und spielt mit etwas anderem oder guckt sich ein Bilderbuch an; die Kassette läuft aber weiter, so daß dann das Unbewußte weiter informiert wird und nicht einmal mehr eine Verarbeitung stattfindet.

Es tut mir leid, daß ich nur Negatives über die Kassetten für Kinder gesagt habe, aber ich kann sie einfach nicht empfehlen – auf keinen Fall vor dem 9. Lebensjahr, solange die Grundreifung von Nervensystem und Sinnesorganen noch nicht abgeschlossen ist.

Frage: Was bewirkt Musik beim Einschlafen?

Antwort: Wer jeden Abend ein anderes Musikstück hört, entgeht der prägenden, die Lebensvorgänge dem Starren annähernden Wirkung, die durch die immer gleiche Musik ausgeübt wird. Aber Sie werden sagen: Gerade diese Gewohnheit schläfert so gut ein! Ich würde Ihnen raten: *Denken* Sie lieber jeden Abend dasselbe und versuchen Sie, eine Meditation zu machen. Das ist manchen Leuten so langweilig, daß sie gleich einschlafen. Dann sind Sie aber mit Ihrer Persönlichkeit dabei bis zum letzten Moment vor dem Einschlafen.

Beim Einschlafen trennt sich das Seelisch-Geistige vom Ätherisch-Physischen und morgens verbindet es sich wieder. Der eigentliche Leib bleibt im Bett (physischer Leib und ätherischer Leib), und die Träger der Persönlichkeit gehen hinaus (Astralleib und Ich). Und wenn sie sich beim Aufwachen wieder verbinden, dann ist der Mensch wieder ganz »in sich«, und er kommt besser in sich herein, wenn er sich bewußt getrennt hat.

Die Art, wie Sie einschlafen, bestimmt Ihr Aufwachen; wie Sie sich von ihrem Leib verabschieden und der geistigen Welt zuwenden, das bestimmt auch weitgehend die Qualität des Schlafes.

Wenn Sie sich vor dem Einschlafen diesen elektronischen Vorgängen hingeben, machen Sie etwas ganz anderes durch, als wenn Sie sich mit einer realen geistigen Wesensexistenz, meinetwegen einem Gedanken im Gebet oder in der Meditation befassen, in dem ja etwas Wahres, etwas Reales anwesend sein kann.

Es kommt hier wirklich darauf an, ob man etwas gewohnheitsmäßig tut und ob man weiß, was man tut. Man kann natürlich auch einmal bei Musik einschlafen, auch wenn man weiß, daß das nicht förderlich ist. Das ist etwas völlig anderes, als wenn man davon abhängig wird und es gewohnheitsmäßig macht und sich letztlich davon prägen läßt.

Kinder sind zu einem solchen bewußten Entscheidungsprozeß noch nicht in der Lage. Sie brauchen unseren Schutz. Deshalb ist es so wichtig, daß wir uns Gedanken darüber machen. Die Kinder sind ja weitgehend von uns abhängig. Wir tragen für ihr Gedeihen die Verantwortung.

Zwischenfrage: Sind Spieluhren auch schlecht zum Einschlafen für Kinder?

Antwort: Wenn die Spieluhren aus Metall sind und ihren Eigenklang haben, so ist das wie bei einem Saitenspiel. Die angeschlagene Saite, auch eine Leier, die man zupft, macht ja einen metallischen Klang, das ist eine Wirklichkeit, die dem Material entspricht, auch wenn kein Mensch zupft. Der Vorgang ist überschaubar und kann ganz wahrgenommen werden. Auch sind die Stücke meist recht kurz, so daß die Kinder mit der Aufmerksamkeit dabeibleiben.

Zwischenfrage: Aber die Spieluhr spielt jeden Abend dasselbe!?

Antwort: Das ist richtig. Wesentlich ist aber, daß es natürliche, nachvollziehbare Klänge sind. Die akustische Realität ist anders als bei der Elektronik. Besser ist jedoch das gute alte Abendlied oder aber das Spiel einer Kinderharfe.

Frage: War die Wesenswahrnehmung früher besser, und war dann der Mensch auch besser?

Antwort: Jede Zeit hat ihre Aufgaben und fördert die Ausbildung bestimmter Fähigkeiten.

Die Wesenswahrnehmung war früher unmittelbarer und intensiver und nicht zu vergleichen mit heute. Das sieht man daran, wie Menschen früherer Zeit menschliche Begegnungen beschreiben, und wie das heute beschrieben wird.

Schon wenn Sie nur bis in die Goethezeit zurückgehen, was da noch an Wesensbegegnungen geschildert wird – da muß man sich heute sehr anstrengen, um sie noch annähernd so zu erleben. Die Menschen früher hatten aber auch nicht diese Fülle von Eindrücken zu bewältigen, mit der wir heute konfrontiert sind. Wir sind einfach überfordert und das wird noch verstärkt durch die Zersplitterung der Aufmerksamkeit! Heute haben wir aber die Möglichkeit, ein globales Bewußtsein zu entwickeln und uns viel weitgespannter zu interessieren und zu informieren als früher.

Frage: Ist die Frage der Bekleidung wirklich so wichtig für die Entwicklung des Wärmesinns?

Antwort: Die Bekleidung hat eine ganz entscheidende Bedeutung, da das Kind, wenn es nicht warm genug angezogen ist, nicht kennenlernt, was der Zustand der Wärmebehaglichkeit ist. Sehen wir einmal von den physiologischen Auswirkungen ab, daß ein Wärmeverlust für den Körper immer einen sinnlosen Energieverlust bedeutet und daß die Infektanfälligkeit größer ist, wenn man kühle Hände und Füße hat, so ist das mangelnde Wärmeerleben ein einschränkender Faktor für das Wahrnehmen von Wärme in der Umgebung. Hierzu gehört auch die Betrachtung der Synthetikfasern. Kunststoffasern lassen immer einen Feuchtigkeitsfilm auf der Haut entstehen, da nur Naturfasern Feuchtigkeit leicht binden. Dadurch entsteht bei Wind oder Luftzug ein Kältereiz auf der Haut infolge der Verdunstungskälte. Auch hierdurch kann die Wärmewahrnehmung immer wieder Einschränkungen erfahren.

Frage: Welche Möglichkeit des Nachholens für die Sinnespflege hat man, wenn zum Beispiel Adoptivkinder vor ihrer Adoption zuwenig mit Sinneseindrücken versorgt wurden, oder wenn Kinder im Schulalter nicht bereit sind, sich auf Sinneswahrnehmungen einzulassen?

Antwort: Welches sind denn die Symptome einer nicht genügend ausgebildeten Sinnesaktivität im Vorschulalter? Es sind dies meist Desinteresse, Oberflächlichkeit, Konzentrationsstörungen und ein Mangel an Mitgefühl und Selbstvertrauen.

Konzentrationsstörungen und Oberflächlichkeit fallen dem Lehrer besonders auf. Hier etwas nachzuholen ist nicht leicht. Denn es muß dem Erwachsenen gelingen, dem Kind vorzumachen, was es heißt, sich konzentriert mit einer Sache zu beschäftigen und ein lebhaftes Interesse dafür zu haben. Da spielt es zum Beispiel eine große Rolle, wie ein Lehrer Buchstaben an die Tafel malt. Ist er mit voller Konzentration dabei, oder schreibt er mit lockerer Hand und demonstriert, wie leicht es ihm fällt? Tritt er vielleicht noch einmal etwas von der Tafel zurück und verbessert liebevoll eine kleine Ecke, die er vorher nicht beachtet hat, oder begnügt er sich mit dem Dargestellten? Jede Sorgfalt und jedes Interesse, das der Erwachsene aufwendet, kann sich dem Kind mitteilen und sein Interesse anfachen. Interesse weckt Interesse, und auch konzentriertes Arbeiten wirkt ansteckend, wenn man das Kind miteinbezieht. Je kleiner die Kinder sind, um so mehr kann das Nachholen nur über das Vorbild des Erwachsenen gehen. Ab dem 9./10. Lebensjahr kann dann auch ein gezielter Förderunterricht eingesetzt werden, in dem die Kinder insbesondere durch künstlerische Tätigkeiten in ihrer Aufmerksamkeit und ihrem Konzentrationsvermögen gefördert werden können. Ideal ist es auch, wenn ein Musikinstrument bei einem Lehrer gelernt werden kann, den das Kind verehrt. Gelingt auf einem Gebiet die liebevolle Hinwendung zu einem Vorgang oder Lerngegenstand, so strahlt das sogleich auf das ganze übrige Lernverhalten aus.

Frage: Welche Folgen hat es, wenn Kinder isoliert gefördert werden, beispielsweise durch Montessori-Pädagogik?

Antwort: Die Montessori-Pädagogik ist eine im guten Sinne experimentelle Pädagogik, bei der sich ein Erwachsener überlegt hat: Wie bringe ich dem Kind eine bestimmte Fähigkeit bei? So werden Spiele erfunden, durch die etwas Bestimmtes gelernt werden kann. Auf mich wirkt diese Vorgehensweise etwas abstrakt und intellektuell. Die Kinder sollten Farben und Formen in der Natur selber studieren oder aus lebendigen Erzählungen hervorgehen sehen und sich nicht durch Legespiele klarmachen müssen.

Frage: Sind die behinderten Kinder nicht besonders benachteiligt, weil sie die Möglichkeiten der Sinnespflege nicht so gut wahrnehmen können wie ein gesundes Kind?

Antwort: Ja, das ist vielfach so. Deshalb bin ich sehr dafür, daß behinderte Kinder tagsüber zumindest über mehrere Stunden in gute Einrichtungen gebracht werden, wo die Sinnespflege geübt wird und die Kinder eben nicht vor dem Fernseher sitzen oder Kassetten hören. Gerade diese Kinder sollten intensiv mit der Natur, mit dem Wasser, mit der Erde, mit Steinen, mit Wärme und Kälte in Berührung kommen und auch die Möglichkeit haben, Tieren zu begegnen und wahrzunehmen, wie diese gepflegt werden. Auch die sensomotorische Integrationstherapie hat sich hier bewährt.

Frage: Wie wirkt es denn, wenn man ein Buch vorliest?

Antwort: Das Geschichten vorlesen ist ein großer Unterschied zum Kassette hören, weil man den Leser, den Erwachsenen jederzeit unterbrechen kann, weil seine Stimme jedes Mal wieder anders klingt, weil der Erwachsene wahrnehmen kann, ob das Kind mitkommt oder nicht, ob es noch bei der Sache ist oder eine Frage hat. Das Vorlesen ist ein lebendiger Prozeß, bei der die gegenseitige Wahrnehmung eine wichtige Rolle spielt. Wie anders ist die Atmosphäre, wenn am Abend eine gemütliche Runde beisammen sitzt und einer etwas vorliest, als wenn eine Gruppe von Menschen gemeinsam eine Kassette anhört. Nur ist es heute tatsächlich schon eine Frage, ob diese Unterschiede – infolge der bereits eingetretenen Korrumpierung der Sinne – überhaupt noch wahrgenommen werden können.

Frage: Welche Bedeutung hat es, wenn ein Sinn ausfällt, z. B. durch Blindheit oder Taubheit?

Antwort: Es gibt einen Ursinn, der sich in allen Sinnen ausspricht, und das ist die gerichtete tastende Aufmerksamkeit unserer eigenen Persönlichkeit, das heißt die reine Ichtätigkeit. Jede Sinneswahrnehmung wird blind, wenn der Wahrnehmende – die menschliche Persönlichkeit – nicht wahrnehmen will, gar nicht anwesend ist in dem Vorgang. Fällt nun ein Sinn aus, so verteilt sich die Kraft der Aufmerksamkeit auf die übrigen Sinne, wodurch sich deren Wahrnehmungsfunktion verstärkt. Eine Einschränkung in der Sinneswahrnehmung kann so zu gleicher Zeit auch eine Verstärkung an einer anderen Stelle bedeuten. Das kann man besonders gut an den Blinden erleben, deren Tastsinn sich bedeutend differenzierter ausbildet und die feiner hören können als wir Sehenden.

Frage: Was macht die Reizüberflutung, wenn man zuviele Sinneseindrücke hat, mit dem Ich? Was passiert, wenn zuwenig Sinneseindrücke da sind, wie beispielsweise bei der Mutter zu Hause?

Antwort: Die Reizüberflutung – das kennen wir alle – stumpft uns ab, macht uns oberflächlich, weil wir soviel gar nicht verarbeiten können. Demgegenüber hat die Hausfrau und Mutter den großen Vorteil, in ihrem beschränkten Umkreis zu Hause um so intensiver das wahrzunehmen, was sich darbietet. Es ist hier gleichsam das Gegenteil von Oberflächlichkeit gegeben: die Notwendigkeit der

Konzentration. Denn für die Hausfrau und Mutter wird es nur dann langweilig, Tag für Tag dieselben Dinge zu tun und zu sehen, wenn sie sich nicht immer wieder etwas Neues dabei denken kann und dadurch ihre Aufmerksamkeit für die Dinge modifizieren lernt. Ein und dieselbe Sache immer wieder von einer neuen Seite zu betrachten, das ist letztlich Konzentration. Dem Denken kommt hier die aktive Aufgabe des immer neu Fragens zu anstelle der passiven Registrierung dessen, was man schon kennt. Um dies zu lernen, hat es sich bewährt, wenn bestimmte Zeiten eingeplant werden, in denen sich die Hausfrau zum Beispiel künstlerisch betätigen und dadurch neue Anregungen holen kann. In manchen Familienzusammenhängen darf die Mutter einfach zweimal im Jahr für eine halbe oder eine Woche verreisen. Zumeist kommt sie dann mit neuen Ideen und wieder richtig gerne in ihren Alltag zurück. Solche Möglichkeiten einrichten zu helfen und auch dafür zu sorgen, daß sie durchgehalten werden, möchte ich den Ehemännern sehr ans Herz legen.

Frage: Warum ist gerade ein sensibler Mensch, der, wie ich meine, eine intensive Sinneserfahrung hat, so wenig selbstbewußt?

Antwort: Sie berühren mit Ihrer Frage einen Aspekt, den wir noch nicht erwähnt haben. Ich habe bei der Sinnesschulung und -wahrnehmung bisher immer das aktive Menschen-Ich betont. Es kommt jedoch unseren geöffneten Sinnen die Fülle der Welterscheinungen ebenfalls aktiv entgegen: Wärme, Kälte, Licht und Dunkelheit machen ja einen Eindruck auf uns! Wenn wir diesen kräftigen Sinneseindrücken nicht viel entgegensetzen, können uns diese Qualitäten überwältigen. Sensible oder empfindliche Naturen neigen dazu – gerade weil sie in ihrer Persönlichkeit zarter und empfindlicher sind –, sich von den Sinneseindrücken zu stark überwältigen zu lassen. Gerade sensitive Menschen müssen lernen, den Sinneseindrücken mehr Eigenaktivität entgegenzubringen und dadurch deren Wirkung abzuschwächen.

Für den Umgang mit den Sinnen spielt die Intentionalität, das heißt die gerichtete Aufmerksamkeit die entscheidende Rolle. Je sensibler das Nervensystem ist, um so intensiver wirken die Eindrücke der Welt auf uns ein. Wenn wir uns diesen Eindrücken nicht aktiv entgegenstellen und diese ergreifen und verarbeiten, sind wir in der Gefahr, uns zu sehr an die Sinneseindrücke zu verlieren. Das bedeutet aber eine Schwächung unserer Persönlichkeit.

Frage: Wie unterscheiden wir die Vorstellung von der Empfindung?

Antwort: Wenn Sie sich einmal überlegen, wie überhaupt etwas in Ihre Vorstellung kommt, so bemerken Sie, daß fast alles, was in Ihrer Vorstellung ist, zuvor ein Sinneseindruck war. Daher hat es auch Philosophen gegeben, die gesagt haben, daß wir überhaupt nur das denken können, was wir schon irgendwann einmal sinnlich wahrgenommen oder begriffen haben. Sowohl das Denken als auch das Fühlen haben einen direkten Anschluß an die Sinneserfahrung, bzw. beide schließen sich an die Sinnesempfindung an.

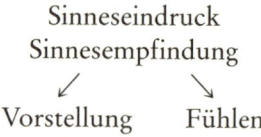

Die Sinnesempfindung läßt sich in ihrer Stellung zwischen dem Sinneseindruck und dem Denken und Fühlen eigentlich nur mit Hilfe der anthroposophischen Menschenkunde befriedigend beschreiben. Die Sinnesorgane haben ihren Sitz im physischen Leib. Der ätherische Leib, mit dessen Hilfe wir die Erfahrungen des physischen Leibes erleben, bietet nun wiederum für den Astralleib die Grundlage. Was im ätherischen Leib nur unbewußt lebt oder erlebt wird, wird vom Astralleib ins Bewußtsein gehoben. Die Tätigkeit des Astralleibes, die Lebenszustände des Ätherischen bewußt zu machen, ist identisch mit dem Wecken der Empfindungen, von dem ich verschiedentlich jetzt gesprochen habe. Wird jedoch eine Empfindung zum Gefühl verdichtet, so gelangen wir aus dem Gebiet des Ätherischen heraus in das rein Seelische bzw. Astralische hinein. Daher haben die Sinnesempfindungen diesen reinen und zarten Charakter. Sie sind ätherischer Natur. Ihnen haftet nichts Emotionales an. Das tritt erst durch die Eigendynamik des Astralleibes hinzu, der die Empfindung in das Gefühlsleben aufnimmt. Sinnesempfindung hingegen hat ihren Ursprung im ätherischen Organismus, wird aber durch die Tätigkeit des astralischen Leibes dem Bewußtsein zugänglich.

Frage: Ist es nicht ein besonderes Übungsmittel für Erwachsene, wenn sie sich vom Bewegungssinn der Kinder anstecken lassen?

Antwort: Mit Kindern leben ist ohnehin das Beste, was es gibt für die Sinnesschulung. Sie leben uns täglich vor, was es heißt, mit offenem Sinn durch die Welt zu gehen und allem seine Aufmerksamkeit und sein Interesse zuzuwenden. Kinder haben eben noch die Fähigkeit für primäre Sinneserfahrungen, die uns Erwachsenen sehr oft schon abgeht. Wer als Erwachsener Sinnesschulung betreibt, betreiben will, muß tatsächlich »wie die Kinder« werden, wenn er Fortschritte machen will. Er muß mit Bewußtsein tun, was die Kinder unbewußt in ihrer Hingabe an die Welt vollziehen.

Frage: Wie kann man den Gleichgewichtssinn bei Kindern anregen?

Antwort: Da gibt es eine Fülle kindgerechter Spiele und Tätigkeiten: Angefangen vom Stelzenlaufen, vom Einbeinhüpfen, vom Balancieren, bis hin zum Ball fangen, Ringe werfen, Rutschen, Wippen und Blinde-Kuh-Spielen. Nur im Falle echter Störungen einer oder mehrerer Sinnesfunktionen braucht man einen dafür ausgebildeten Therapeuten.

Geistige Gesundheit –
Was ist und wie finden wir das Schöpferische im Menschen?

Und es fragt sich, ob Schöpfung nicht noch täglich und unter unseren Augen stattfindet.
KARL SNELL

Das Schöpferische im Menschen –
Menschliche Schöpfung

Die gewaltlose Revolution, die im Herbst 1989 Hunderttausende von Menschen in verschiedenen Ländern des Ostens auf der Straße zusammengeführt hat, so, als ob sie sich verabredet hätten und die Ereignisse von langer Hand vorbereitet worden wären, hat die Frage nach dem Schöpferischen im Menschen ganz neu ins Bewußtsein gebracht. Was liegt vor, wenn mit einem Male dem einzelnen etwas möglich ist, wozu er Jahre davor nie den Mut hatte? Was geschieht, wenn sich viele einzelne plötzlich zu gemeinsamem Tun zusammenfinden und eine Veränderung im sozialen Leben der Menschen herbeiführen, deren Auswirkungen sich noch durch Jahrzehnte hin bemerkbar machen werden? Karl Snell hat in seinem Aufsatz »Die Schöpfung als eine kontinuierliche und gegenwärtige«* auf dieses Phänomen hingewiesen: »Jede neue Gliederung in dem Organismus der menschlich-sozialen Zustände, jeder neue Anbruch in dem Schachte der Ideen, jedes neuerwachende Schönheitsideal in der schaffenden Phantasie des Künstlers, jeder neu-

---

* Karl Snell, »Schöpfung des Menschen«, Stuttgart 1981

eröffnete, im tiefen Inneren erlebte Rapport der sichtbaren und unsichtbaren Welt, jede innige Hingabe an die Gemeinschaft des Geistes und des höheren Menschheitslebens, jede Opferwilligkeit und jeder mächtige Entschluß zum Guten, sie alle sind der immersprießende Trieb göttlichen Schaffens und Wirkens, sie sind die gegenwärtige Schöpfung, nicht weniger mächtig und gewaltig als diejenige, durch welche die Berge gegründet wurden ...«

Was ist das Schöpferische im Menschen? Was kommt zum Vorschein, wenn Neues in der Geschichte geschieht? Von Anfang an sind die Menschen als schöpferische Wesen aufgetreten, die sich und die Umwelt veränderten und Bauwerke, Landschaftsgestaltungen, Dorf- und Städtegründungen hervorbrachten. So wie in der Natur in viel größeren Zeiträumen als es die historisch zu überblickkenden sind, sich Pflanzenarten entwickelt haben und wieder ausgestorben sind, so hat sich in ständigem Werden und Vergehen menschliche Zivilisation in kürzeren oder längeren Zeiträumen entfaltet, um dann wieder neuen Impulsen und Intentionen Platz zu machen. Auch eine Plastiktasse ist etwas Neues, das zum Beispiel erst in unserem Jahrhundert entstanden ist. Allerdings sind menschliche Schöpfungen dieser Art inzwischen so beherrschend geworden, daß sie die Naturschöpfungen immer mehr zurückdrängen. Das Artensterben bei Pflanzen und Tieren, der Tod der Wälder sind Warnsignale, daß die Menschenschöpfung heute die Naturschöpfung zu überwältigen beginnt. Das Schöpferische der Menschen äußert sich heute vorwiegend im äußerlich-technischen Fortschritt. Fortschritt im Ausbilden sozialer Fähigkeiten ist demgegenüber zurückgeblieben.

Ist das Schöpferische erschöpfbar?

Wir leben bereits im Jahrhundert sich anbahnender oder schon eingetretener ökologischer Erschöpfungszustände. Auch dem Menschen geht es nicht besser.

»Burn out« heißt ein alltägliches Syndrom und betrifft insbesondere Menschen in sozialen Berufen. Am Anfang der sozialen Tätigkeit (Sozialarbeiter, Krankenschwestern, Erzieher und andere) sind die Menschen noch getragen vom Willen zur Hilfeleistung, sind angeregt durch Mitleid und den Wunsch, dem anderen in seiner Bedürftigkeit beizustehen. Mit der Zeit erschöpft sich jedoch diese idealistische Einstellung und weicht einer zunehmenden Leere und Erschöpfung. Man fühlt sich »ausgebrannt«. Es kommt zum Aussteigen aus dem Beruf, zum Berufswechsel oder aber zu längeren Ausfällen durch Krankheit.

Der Erschöpfte sucht zunächst Ausgleich mit Hilfe der Freizeitindustrie oder einer anderen Entspannungstechnik. Er bemerkt das Nachlassen seiner Produktivität und beginnt sich mit äußeren oder inneren Mitteln anzuregen und abzulenken. Das kann eine Zeitlang den Zustand erträglich machen, ist jedoch keine nachhaltige Hilfe, wenn es nicht gelingt, die Produktivität selbst neu zu beleben. Dieses aber fällt heutzutage besonders schwer. Werden Schulklassen befragt, wie sie sich die Zukunft vorstellen, so bekommt man erschreckende Antworten: Die meisten Schüler können sich nur noch die jetzigen Verhältnisse vorstellen, bloß perfekter, ohne echte Weiterentwicklung. Nur wenige sind in der Lage, ganz neue kulturverändernde Ideen in Wort oder Bild zur Darstellung zu bringen. Verwunderlich ist es nicht. Es wird ja von klein auf durch technische Surrogate dem Kind die Notwendigkeit abgenommen, selbst tätig zu sein, um sich anzuregen. Anstelle von Eigenbewegung treten Fortbewegungsmittel, statt aktiver Sinneserfahrung wird durch akustische und optische Medien passiver Konsum angestrebt, statt selber Theater zu spielen oder zu malen: ein perfektes Angebot.

Hinzu sind in den letzten Jahren noch die Subliminalkassetten gekommen, die die Lernprozesse als solche ersetzen sollen. Auf den Gebrauchsanweisungen steht zu lesen: Möglichst nicht hinhören, dann wirkt es am besten! Lassen Sie Ihr Unterbewußtsein für sich arbeiten! Es ist ein Lernen unter Ausschalten des bewußten Lernvermögens auf dem Gebiet von Fremdsprachen, Mathematik, Verhaltensmustern und Entspannungstechniken. Der Mensch gerät so immer mehr in Abhängigkeit. Er wächst mit den elektronisch und elektromagnetisch arbeitenden Kräften und Geräten seelisch zusammen, ohne sich dessen wirklich bewußt zu sein.

Oder: Computerspiele werden empfohlen mit dem Prädikat: Fördert die Kreativität. Welche Art der Kreativität ist das? Man kann mit den Computerspielen seine Kombinations- und Reaktionsmöglichkeiten trainieren. Es wird jedoch nichts wirklich Neues erlernt. Nur das, was sowieso schon da ist, wird optimiert und bestätigt.

Was ist das Schöpferische?

Wer Entstehung und Entwicklung der Arten betrachtet, bemerkt eine durchgehende Gemeinsamkeit im Verhalten der Naturwesen untereinander: Eines dient dem anderen. Die mineralischen Substanzen bilden verbunden mit den absterbenden Pflanzen den Erdboden als Lebensgrundlage für das Pflanzenwachstum. Die Pflanzen sind in der Lage, mit Hilfe des Sonnenlichtes mineralische Substanzen und Wasser so zu verarbeiten, daß neue artspezifische Substanzen entstehen: Zellulose, Stärke, Zucker, Fette, Öle und vieles mehr. So wie man auf der einen Seite sagen könnte: der Boden wird von den Pflanzen »ausgeplündert«, indem wichtige Salze und Mineralien entzogen und in die Pflanze aufgenommen werden, so kann auf der anderen Seite auch der Eindruck entstehen: Der Boden, die Mineralien geben sich an die Pflanzen hin, damit sie sich entwickeln können. Die Sonne, der Himmel und die Erde sind füreinander da und lassen im Zusammenwirken die Pflanzen entstehen. Ein Ähnliches ist bei den Tieren zu beobachten. Viele Tiere mit zum Teil sehr großen, massigen Körpern wie Elefanten oder Kühe und andere Huftiere sind reine Vegetarier. Sie erhalten ihr Leben nur durch Pflanzenkost. Auch hier könnte gesagt werden, daß ein Naturreich das andere überwältigt oder aber, daß das eine vom anderen getragen und erhalten wird. Auch bei den Raubtieren ist es so: Sie sind überwiegend Fleischfresser und ernähren sich von bestimmten Tieren, wobei zwischen den Arten, die fressen, und denjenigen, die gefressen werden, ein aufeinander abgestimmtes ökologisches Gleichgewicht herrscht. Im gesunden ökologischen System dient eine Art der anderen als Existenzgrundlage, ohne selbst zugrunde zu gehen.

Blicken wir auf den Menschen, so wird sogleich deutlich, daß er alle drei Naturreiche als Lebensgrundlage für sich braucht, ja daß auch er ohne das Sonnenlicht, den Luftkreis und das Wasser nicht leben könnte. Die ganze Schöpfung gibt sich also an den Menschen hin, damit er werden kann. Daraus ist ersichtlich, daß die gesamte Naturschöpfung auf den Menschen hinorientiert ist, daß sie ihn gleichsam hervorbringen und unterhalten *will*. Das treibt die Evolution vorwärts, daß der Mensch von der Welt augenscheinlich gewollt ist, daß die Pflanzen so gebaut sind, daß der Mensch sie verdauen kann, daß die Tiere gerade so gewachsen sind, daß sie dem Menschen Nahrung und Kleidung geben können, und daß die mineralische Welt so beschaffen ist, daß bis in die Gegenwart hinein Zivilisation und Technik möglich werden. Dieses Hinorientiertsein der Natur auf den Menschen ist das Rätsel der Schöpfung und zugleich auch die große Frage an jeden einzelnen von uns: Wie gehst du mit dieser Tatsache um? Die Menschheit hat im Laufe ihrer Entwicklung die Natur immer mehr zurückgedrängt und beherrschen gelernt. Nun aber, da das ökologische Gleichgewicht zwischen Natur und Mensch an den Grenzen seiner Belastbarkeit angekommen ist, wird die Frage nach dem Schöpferischen im Menschen zugleich zur Überlebensfrage der Menschheit: Welche Ideen sind nötig, damit der Mensch zu anderen Wertsetzungen kommt und im Naturzusammenhang in größtem Ausmaß Heilungsprozesse bewirkt werden können und die kommerziellen Interessen sich am Gemeinwohl orientieren? Die Frage ist letztlich: Wie soll sich die Entwicklung auf der Erde fortsetzen? An was muß sich der Mensch hingeben, damit seine Entwicklung auf etwas Höheres, als er selber ist, hinorientiert sein kann, so wie dies bei den anderen Naturwesen auch der Fall ist?

Wir können zwar kein Naturreich beobachten, das über uns Menschen steht und dem wir zur Wahrung und Weiterentwicklung dienen. Wohl aber können wir Menschen begegnen, die bereits wesentlich weiterentwickelt sind als wir. Wir erleben, daß sie schon viel menschlicher sind, als wir es sind. Der Mensch ist ja im Unterschied zum Tier kein vollkommen ausgebildetes Wesen. All seine Eigenschaften lassen sich noch vervollkommnen und weiter ausbilden. Ja, viele Fähigkeiten sind im Menschen nur veranlagt und haben sich bisher nur an einzelnen herausragenden Menschen gezeigt.

Wie unsere bisherige Betrachtung zeigt, geht es im Naturzusammenhang immer dann schöpferisch weiter, wenn die einen Naturwesen sich an die anderen hingeben. Auch der Fortpflanzungsakt selbst ist durch Hingabe und Empfangen gekennzeichnet. Wenn dann der Embryo in der Mutter heranwächst, geschieht auch weiterhin die völlige leibliche Hingabe der Mutter an das Kind, so wie sich der Boden an die werdende Pflanze hingibt. Der Embryo entnimmt dem mütterlichen Blut alle Stoffe und alles Wasser, das er zum Aufbau seines Leibes braucht. In der Säuglings- und Kleinkinderzeit setzt sich dies dann im sozialen aufeinander Angewiesensein fort. Wenn die Eltern sich nicht an den Bedürfnissen ihrer Kinder in den ersten Lebensjahren orientieren und sich für ihr Fortkommen ganz einsetzen, kann eine wirklich menschliche Entwicklung nicht stattfinden. Opfer und Hingabe sind auch hier Voraussetzung und Begleiterscheinung der Entwicklung. Das was

417

so auf der körperlichen Ebene gilt, findet seine Fortsetzung in der Rücksichtnahme auf seelische und geistige Bedürfnisse. Denn der Mensch ist nicht nur »naturschöpferisch«. Er geht über Fortpflanzung und Nahrungsbeschaffung hinaus in wissenschaftliche künstlerische und religiöse Betätigungen hinein. Daher müssen wir fragen: Wodurch wird der Mensch über das Naturschöpferische hinaus auch ein seelisch und geistig schöpferisches Wesen?

Was macht uns schöpferisch?

Kürzlich habe ich einen jungen Mann gefragt: Was macht dich eigentlich schöpferisch? Da sagte er: »Der Zufall. Manchmal kommt es, und dann fühle ich mich unheimlich produktiv, und manchmal kommt es nicht.« Das ist eine realistische Antwort. Er empfindet es so. Entsprechend gibt es auch Wissenschaftler, die sagen: Die ganze Evolution wird vom Zufall bestimmt. Wenn Sie Goethe gefragt hätten: Was hat dich schöpferisch gemacht und erhalten dein ganzes Leben hindurch? Dann hätte er vielleicht geantwortet: die Begegnung und das Gespräch mit anderen Menschen. Jede seiner Lebensphasen war gekennzeichnet durch neue Menschenbegegnungen, denen er ein Wecken neuer Möglichkeiten, ein Schöpferischwerden verdankte. Er sagt ja dann auch in seinem »Märchen«: »Was ist erquicklicher als das Licht? Das Gespräch!«

Würden wir den Komponisten Bruckner gefragt haben: Was hat dich schöpferisch gemacht? So würden wir ganz anderes erfahren haben. Er war Organist, ein Kirchenmusiker, der allsonntäglich auf der Empore saß, um pünktlich den Gottesdienst zu begleiten. Erst als er Anfang 40 war, brach plötzlich etwas Neues in ihm auf: Er wurde in einem Maße schöpferisch, daß er die Musikgeschichte seiner Zeit einen entscheidenden Schritt weiterbrachte und modernste Klangelemente schon vorwegnahm. Insbesondere seine Symphonien sind bis heute unerreichte, die Musik revolutionierende Kunstwerke. Würde man ihn gefragt haben, was hat dich schöpferisch gemacht? So hätte er wohl geantwortet, daß es die tiefe Verehrung und Dankbarkeit gewesen sind, die ihn von klein auf der Musik gegenüber erfüllt haben. Er liebte diese reinen Gesetze der Harmonie und des Zusammenklangs und die gewaltige Dissonanz schmerzlicher Gegensätze und erlebt deren Widerhall in der menschlichen Seele. Er verbrachte ein Leben in Dankbarkeit und verehrungsvoller Hingabe an die Musik und wurde durch diese Intensität der Hingabe schöpferisch. Und wie nach langer Vorbereitung eine Blütenknospe mit einem Mal aufgeht, so hat sich in ihm das musikalische Vermögen lange vorbereitet, bis es dann für die Welt hörbar werden konnte.

Und wie war es bei Mozart? Schon als kleiner Junge war er ein musikalisches Genie, und er verstirbt noch vor dem Erreichen der Lebensmitte. Mozart war vom ersten Musizieren an genial und schöpferisch und wuchs sogleich über die Musiker seiner Zeit hinaus. Es gibt viele Wunderkinder, die später nicht mehr schöpferisch sind. Mozart jedoch wurde im Laufe seines Lebens immer schöpferischer. Seine grandiosesten Werke stehen am Ende seines Lebens. Würde man ihn gefragt haben: Was hat dich schöpferisch gemacht?, so würde er die eigentümliche Antwort gegeben haben: »Ich bin jeden Abend mit dem Gefühl eingeschlafen, der Herrgott könnte mich in dieser Nacht zu sich holen.« Er hat immer im Bewußtsein seines möglichen Todes gelebt, und die Nähe der jenseitigen Welt war es, die ihn letztlich schöpferisch machte und schöpferisch erhielt. Und seine Musik – ist sie nicht wie aus der jenseitigen Welt? Sie ist wie ein Engeljubilieren, von unnachahmlicher Reinheit. Da finden nicht die tiefen Seelentragödien statt, die wir bei der Musik von Beethoven oder Bruckner wahrnehmen, die den ganzen Weltschmerz des Erdenmenschen in ihren Kompositionen zum Ausdruck bringen. Wenn man Mozarts Musik hört, hat man das Gefühl, daß seine Musik aus einer anderen Welt kommt, aus der Zeit »danach«. Sie erlöst und befreit und führt in andere Erlebnisbereiche, als es die irdischen sind. Mozarts Werke sind angesichts des

Todes geschrieben. Durch sie leuchtet die Heiterkeit herein, die den Sieg des Menschengeistes über das Sterben kennt.

Sie sehen, es gibt ganz unterschiedliche Prinzipien, die den Menschen schöpferisch machen können. Aber eines ist bei all diesen Erweckungsprozessen, durch die die Menschen seelisch und geistig produktiv geworden sind, immer gleich, ist sozusagen Urtypus des Schöpferischen: die Begegnung, das sich in Beziehung Setzen-Können, das Befruchtet-Werden in der Hingabe an etwas, dem gegenüber man sich öffnen kann. Wir sehen, daß das, was die Natur macht, indem ein Naturreich dem anderen dient und zur Entwicklung verhilft, sich auch bei jedem einzelnen Menschen vollzieht: leiblich, wenn ein neuer Mensch sich bildet, seelisch-geistig, wenn die Hingabe an etwas Seelisches oder Geistiges möglich wird. Wir werden durch die Art unserer Hingabe an das, was uns interessiert, geprägt und dadurch selbst verwandelt in dieser oder jener Richtung.

Was kann die schöpferischen Fähigkeiten zum Erliegen bringen oder behindern?

Wer sich an das materielle Dasein, an die Erfordernisse der technischen Zivilisation hingibt, wird von ihnen ebenso geprägt, wie er geprägt wird, wenn er sich an ideelle Werte und Aufgaben hingibt. Die *einseitige Prägung* durch das materielle Dasein entspricht dem Wesen der mineralischen Welt: Sie ist verhärtend und ertötend, wie das leblose Mineral erstorben ist.

Wer den Einflüssen der technischen Zivilisation nichts auf seelischem und geistigem Gebiet entgegensetzen kann, wird früher oder später in die Erschöpfung seiner Produktivität hereinkommen. Eine andere Ursache ist das Kritisieren. Kritik wirkt sich immer dann lähmend auf die schöpferischen Kräfte aus, wenn man ihr nichts entgegensetzen kann und nicht mehr wagt, die eigene Sache

Gespräches scherzhaft zur Mutter des Jungen: »Na, wenn er das S ganz richtig aussprechen kann, dann wird er auch ich sagen können.« Daraufhin antwortete der Kleine, der das mitangehört hatte, entrüstet: »Mama, Simi kann doch ich sagen!« Ja, er konnte es sagen, aber er wußte noch nicht, was das bedeutet. Deshalb sprach er immer noch der Nachahmung entsprechend von sich in der dritten Person und benützte den Namen, den die anderen zu ihm sagten. Einige Wochen später war es dann auch bei ihm soweit, und er sagte sehr selbstbewußt und überzeugt zu sich »ich«. Von diesem Zeitpunkt an ist das Selbstbewußtsein bei der weiteren Entwicklung mitbeteiligt. Damit beginnt aber auch die Möglichkeit, daß, je nachdem wie wir dem Kind begegnen und sein Selbstbewußtsein stärken oder schwächen, die Produktivität beeinträchtigt oder gefördert werden kann. Denn jetzt, da dieses Selbstbewußtsein erwacht ist, kann es auch verletzt werden und die Motivation zur Tätigkeit verlieren. Solange jedoch dieses Selbstbewußtsein noch schläft, sind die Kinder in der Regel offen und in der nachahmenden Tätigkeit schöpferisch an ihre Umgebung hingegeben. Wenn sie nur einigermaßen gesund sind, spielen und arbeiten sie ständig vor sich hin. Sie üben das Stehen, das Gehen, das Laufen, das Wippen, das Krabbeln. Sie finden alles, was ihnen begegnet gut, stecken es in den Mund, untersuchen es. Solange sie wach sind, gibt es keinen Moment, in dem nicht etwas getan wird. Erst wenn das Selbstbewußtsein erwacht, läßt dies nach. Jetzt werden die zuvor mehr unbewußten schöpferischen Aktivitäten durch bewußte Lernvorgänge mehr und mehr abgelöst. Dies gelingt problemlos, wenn in den für das Selbstbewußtsein noch unbewußten ersten Jahren das Vorbild und damit die Hingabemöglichkeit an etwas Förderndes gegeben sind. Wo dies nicht zureichend geschieht, treten mehr oder weniger deutliche Hospitalismussymptome auf. Die Beeinträchtigungen der Produktivität reichen von Verhaltensstörungen bis hin zum Entwicklungsstillstand sowie bis zu körperlichen Störungen wie Nahrungsverweigerung, Infektanfälligkeit und erhöhter Sterblichkeit. Ebenso wird die Entwicklung zur Produktivität beeinträchtigt durch alles, was die Kinder zur Passivität verurteilt wie zum Beispiel der Fernsehkonsum, alles, was sie unbeweglich macht wie langes Autofahren, Herumsitzen und Herumhocken. Vieles was sich heute im Erwachsenenalter als Mangel an schöpferischer Aktivität zeigt, hat seine Wurzeln in den toten Zeiten der Kindheit, als das Willensvermögen und die Aktivitätsbereitschaft der Kinder sich nicht genügend ausleben durften, sondern durch falsches Verhalten der Umgebung zurückgestaut und abgelähmt worden sind.

In den Grundschuljahren: Beziehung – Sympathie – Liebe

Wenn die Kinder dann in die Schule kommen, erfolgt die Anregung des schöpferischen Vermögens nicht mehr ausschließlich über die Sinne, das heißt über das Vorbild. Mehr und mehr wird es wichtig, ob die Kinder selber Sympathie zu dem haben, was sie tun sollen. Sie werden tätig und schöpferisch, wenn ein seelischer Anreiz dafür gegeben ist. Das schöpferische Vermögen wird abhängig von Gefühlen der Lust und Unlust, so wie es zuvor abhängig war von den Sinnesbeobachtungen. Wie kann in dieser Zeit nun die Seele vor Unlust geschützt werden? Dadurch, daß die Kinder erleben, daß wir Erwachsene unsere Arbeit gerne tun und daß es uns Freude macht, wenn die Kinder helfen. Wenn die Kinder den Erwachsenen liebhaben, tun sie sogar auch Dinge, zu denen sie von sich aus keine Lust gehabt hätten. Diese Liebe zum Erwachsenen und insbesondere auch zum Lehrer in der Schule wird zur stärksten Lernmotivation. Das ist aber auch notwendig. Denn Lernen kann nicht immer nur Spaß machen, und hier überbrückt die Liebe zum Lehrer die sonst mit Notwendigkeit eintretende Unlust und Versagensangst. Gestört wird daher die Produktivität in diesem Alter durch jede Form der Lieblosigkeit, der Distanzierung, des Kritisierens, das nicht konstruktiv erscheint, des Miesmachens, das die Lust zum Tun nimmt. Antipathie ist die gefährlichste Lernblockade. Wenn ein Schüler sagt: »Mein Lehrer ist so blöd« oder »er kann mich nicht leiden«, so fällt es ihm auch dann schwer, von ihm zu lernen, wenn er intelligent ist. Er hat bald zu nichts mehr richtig Lust und kann am Schluß auch nicht viel.

Das liebevolle Interesse am Kind jedoch pflegt und schützt das schöpferische Vermögen und läßt es sich nach jeder Richtung hin entwickeln.

Jugendalter: Einsicht – Hingabe – Begeisterung

Mit der Pubertät ändert sich die Situation wieder grundlegend. Lust und Unlust spielen jetzt nicht mehr die entscheidende Rolle, um schöpferisch zu sein oder zu bleiben. Jetzt wollen die Jugendlichen verstehen, warum sie etwas tun sollen. Sobald sie es einsehen, haben sie auch Lust dazu, selbst wenn es etwas ist, was sie persönlich vielleicht aus eigenem Antrieb nicht getan hätten, weil ihnen die Lust dazu fehlte. Gelähmt wird das schöpferische Vermögen dieses Alters durch arrogantes, ironisches und konventionelles Verhalten; gefördert hingegen wird es durch Fragestellungen, Ernstnehmen des Jugendlichen und tabulose Ehrlichkeit.

Wir haben es also mit Stufen der Entwicklung des schöpferischen Vermögens zu tun:

Vorschulzeit – schöpferisch werden durch das Vorbild, Anregung zum Tun durch die Sinne

Grundschulzeit – schöpferisch werden aufgrund von Sympathie mit der Sache oder durch Liebe zum Erwachsenen, der sich dem Kind zuwendet.

Jugendalter – schöpferisch werden durch Einsicht in den Sinn einer Sache, Erwachen von Begeisterung für die Wahrheit und Hingeben an Ziele und Ideale.

Körperliche, seelische und geistige Produktivität entwickeln sich so in Kindheit und Jugend nacheinander als Grundlage für schöpferisches Verhalten im späteren Leben. Jedes Lebensalter hat andere Entwicklungsbedingungen, um die schöpferischen Kräfte des Menschen freizusetzen: zunächst ist es die körperliche Geschicklichkeit, dann die seelische Erlebnisfähigkeit und schließlich, bestimmt durch Interessen und Einsicht, die Begeisterung und Hingabe an Aufgaben und Ziele.

Dieses schrittweise Produktiv-Werden im Willen, im Gefühlsbereich und im Denken ist in erster Linie eine Frage der Erziehung. Es wird gefördert durch Rücksicht auf die Entwicklungsbedingungen des Kindes und gestört durch Nachlässigkeit und Fehlverhalten.

Lebensmitte: Fragen – Lernen – Verarbeiten

Die Bedeutung des Denkens

Wie geht die Entwicklung des schöpferischen Vermögens nun im Erwachsenenalter weiter? Bisher haben Elternhaus, Schule und Ausbildungssituation immer wieder die Anregungen für das Wekken des schöpferischen Vermögens gegeben. Jetzt müssen wir selbst unseren Beitrag viel stärker dazu leisten als zuvor. Die Anregungen und Hilfen von außen lassen nach. Ja, sehr oft ist es sogar so, daß seitens der Umwelt eher lähmende und behindernde Einflüsse an uns herankommen. Die Frage muß also lauten: Wie geht der Mensch mit seinem bis dahin entwickelten schöpferischen Vermögen um? Wie trägt er der Tatsache Rechnung, daß sein Gefühls- und Willensleben in hohem Maß von seiner Einsicht und seiner schöpferischen Gedankentätigkeit abhängig sind? Wie pflegt der Mensch sein Denken so, daß es ihn lebenslang schöpferisch hält? Die Frage kann aber auch so gestellt werden: *Was* an seinem Denken hält den Menschen schöpferisch? Blicken wir auf die Gedankenentwicklung des Menschen ganz allgemein hin und vergleichen wir sie mit seiner körperlichen Entwicklung, so zeigt sich hier nur im ersten Lebensdrittel eine deutliche Entsprechung: Körperliche und geistige Entwicklung gehen Hand in Hand. Der ausgewachsene Mensch ist zugleich auch der geistig mündige Mensch. Im letzten Lebensdrittel kehrt sich dieses um. Die körperlichen Kräfte lassen nach, chronische Krankheiten können auftreten, und die Regenerationsmöglichkeiten reichen nicht mehr aus, um den Leib gesund und frisch zu erhalten. Hingegen entwickelt sich beim gesund alternden Menschen das geistige Vermögen dennoch stetig weiter. Ein fünfzig-, sechzig- oder gar siebzigjähriger Mensch kann Gedanken von ganz neuer Qualität, neuer Weitsicht, neuer Tiefe denken, zu denen er in der Jugend oder in der Lebensmitte noch nicht in der Lage gewesen ist.

Daß der Mensch trotz des physiologischen Altersabbaues sich geistig weiterentwickeln und weiter schöpferisch sein kann, ja, daß dieses Schöpferische sogar zunehmen kann, gehört zu den Rätseln der menschlichen Entwicklung. Wäre das bewußte Leben durch das Leben des Körpers bedingt im Sinne des marxistischen Grundsatzes: das Sein bestimmt das Bewußtsein, so müßte jeder Mensch in der zweiten Lebenshälfte in seiner geistigen Leistungsfähigkeit nachlassen entsprechend dem Nachlassen der körperlichen Leistungsfähigkeit. Gerade das Gegenteil ist aber der Fall. Bestimmt also das Bewußtsein das Sein? Die Biographie des Menschen zeigt uns, daß beides in gleicher Weise gilt: So wie wir im ersten Lebensdrittel beobachten können, wie das Reifen des gedanklichen Vermögens Hand in Hand geht mit der Reifung des gesamten Organismus, so beobachten wir im letzten Lebensdrittel eben das Umgekehrte. Dieser Widerspruch löst sich erst, wenn das Forschungsergebnis Rudolf Steiners ernst genommen wird, das er in seinem Buch

»Grundlegendes für eine Erweiterung der Heilkunst« in knappster Weise so formuliert hat: »Es ist von der allergrößten Bedeutung zu wissen, daß die gewöhnlichen Denkkräfte des Menschen die verfeinerten Gestaltungs- und Wachstumskräfte sind.«

Rudolf Steiner hat die Identität der Lebenstätigkeit und der Denktätigkeit entdeckt und in seine pädagogischen und medizinischen Vorträgen beschrieben. Es ist dies der Schlüssel zum Verständnis der Psychosomatik, aber auch zum Verständnis der schöpferischen Denktätigkeit. Dieselben Kräfte, die in Vererbung, Wachstum und Entwicklung organisch produktiv waren, sind es, die in dem Maße, wie Reifung, Wachstum und Entwicklung fortschreiten und abgeschlossen sind, von ihrer Arbeit am Körper befreit werden und als reine, abstrakte Wachstums- und Entwicklungsgesetzmäßigkeit auftreten für das Bewußtsein: das heißt, als schöpferische, bildende und gestaltende Gedankentätigkeit. Daher können wir im Denken alles noch einmal abstrakt vollziehen, was unser Körper konkret in der Fülle seiner Gesetzmäßigkeiten tut. So wie es körperliche Funktionen gibt in der Verdauung, die Stoffe zerstören und wieder aufbauen können, so gibt es auch ein destruktives und analytisches oder ein konstruktives und synthetisches Denken. So wie der Körper ein Immunsystem besitzt, das Fremdes abweist, so vermögen wir auch durch unser Denken Gedanken, die nicht zu unseren Einsichten passen, spontan abzuweisen, oder lassen sie erst gar nicht an uns herankommen. Wenn wir etwas Neues lernen wollen oder einen neuen Gedanken verarbeiten wollen, müssen wir ihn genauso verdauen, wie wir eine physische Nahrungssubstanz verdauen, wenn sie integrierter Bestandteil unseres Organismus werden soll. Der große Unterschied zwischen der Wachstumstätigkeit und der Denktätigkeit ist nur der, daß für unsere Wachstumstätigkeit von der Natur her ein klarer Bauplan vorliegt, daß für unsere Denktätigkeit jedoch das selbstbewußte Menschen-Ich sich den Bauplan selbst vornehmen und entscheiden muß, womit es sich beschäftigen will und wofür es diese schöpferischen Möglichkeiten einsetzen möchte.

Wenn die Nerven- und Sinnesorgane fertig ausgebildet sind, steht dem Denken die Fähigkeit für abbildendes, koordinierendes und differenzierendes Denken zur Verfügung.

Die Kraft, die die rhythmischen Organe wie Herz und Lunge gebildet hat, wird frei für eine rhythmische Gedankentätigkeit: das heißt für das Abwägen und das Urteilen.

Diejenige Kraft hingegen, die Stoffwechselorganisation und Gliedmaßenskelett gebildet hat, wird frei für das Denken als das schöpferische produktive Vermögen selbst und dasjenige, das den jungen Menschen geistig auf eigene Füße und zu seiner persönlichen Meinung kommen läßt, bis dahin, daß wir auch davon sprechen, ob wir ein geistiges Rückgrat besitzen oder nicht. Die Stoffwechselaktivität, die bei jedem Menschen das ganz individuelle Eiweiß entstehen läßt, auf das sich die »biologische Individualität« gründet, zeigt sich auf der Ebene des Denkens als individuelles geistig schöpferisches Vermögen. Im Menschen selber geht die Naturschöpfung in eine seelisch-geistige Schöpfung über, indem dieselben Kräfte, die in der Natur schöpferisch waren, sich von dieser Naturtätigkeit zurückziehen können, um dem Menschen als schöpferisches Denken zur Verfügung zu stehen.

Gesetzmäßigkeiten schöpferischen Alterns: die zweite Geburt

Wer beginnt, die Identität von Wachstums- und Denktätigkeit zu verstehen, für den wird klar, warum der Mensch auch im Alter weiterhin schöpferisch sein kann, selbst wenn der Organismus in seine involutive Phase eintritt und der Abbau den Aufbau überwiegt. Denn jetzt werden im letzten Lebensdrittel neue Kräfte für das Denken frei: Die Regenerationskräfte, deren sich der Körper nicht mehr genügend bedienen kann, lösen sich beim Altersabbau heraus und stehen nun als schöpferische Möglichkeiten dem Denken zur Verfügung. Das Lebensglück des alternden Menschen hängt davon ab, ob er sich dieser verwandelten Regenerationskräfte bedienen kann oder nicht. Wer gelernt hat, ein Leben lang zu lernen, wird auch im Alter diese Kräfte für neue Lernvorgänge nutzen können. Wer jedoch schon in der Lebensmitte in seiner geistigen Entwicklung stehengeblieben ist, wird es im Alter schwerhaben, diesen neuen Kraftzuwachs geistig fruchtbar zu machen. Sehr oft wird diese Unfähigkeit in Form der sogenannten Lebensmittekrise bewußt. Sie ereignet sich in der Regel zwischen 35 und 45 Jahren und bricht, meist ausgelöst durch innere oder äußere Schicksalsschläge auf oder aber durch Begegnung mit neuen Menschen oder durch einen Berufswechsel. Oft zeigt sie sich auch einfach dadurch, daß das meiste im Leben geleistet ist, das Haus gebaut ist, die Kinder das Haus verlassen, der Beruf nichts wesentlich Neues mehr bringt und plötzlich die Frage dasteht: Was habe ich denn noch vor mir? Wie soll es weitergehen? Geht dieser Trott jetzt noch so fort bis ins Rentenalter – und was dann?

Besonders schwer wird dies von den Frauen erlebt, deren Leben in der Regel nicht so abwechslungsreich ist wie das der Männer, und die durch die für das häusliche Leben notwendige Regelmäßigkeit noch stärker in einen monotonen Alltagsablauf eingebunden sind. Wie kann es ihnen gelingen, die Kräfte, die beispielsweise durch den Beginn des Klimateriums freiwerden, wenn die Fortpflanzungsorgane ihre Tätigkeit einstellen, jetzt zu neuer geistiger Produktivität aufzurufen? Interessanterweise sind es ja zwischen vierzig und fünfzig die Stoffwechselorgane und das Gliedmaßensystem, die durch das Aufhören der Fortpflanzungstätigkeit und durch vermehrtes Auftreten von rheumatischen oder Ablagerungskrankheiten deutlich machen, daß sie zuerst in die altersbedingte Rückbildung eingetreten sind. Zwischen fünfzig und sechzig Jahren folgen dann die Organe der rhythmischen Funktionsordnung, Herz, Kreislauf und Atmung, und zwischen sechzig und siebzig dann diejenigen Organsysteme, die sich am frühesten voll entwickelt haben, die Sinnesorgane und das Zentralnervensystem. Die Involution im Alter geschieht in der Reihenfolge, nur jetzt umgekehrt, wie es die Evolution in der Jugend war: Nerven-Sinnesfunktion, rhythmische Funktion und Stoffwechsel-Gliedmaßenreife folgten nacheinander in charakteristischen Entwicklungsschritten, wie es jetzt die langsame Rückbildung, meist begleitet vom Auftreten diskreter oder offensichtlicher chronischer Erkrankungen dieser Organe, im Alter ist.

An dieser Gesetzmäßigkeit läßt sich auch ablesen, woran sich der Mensch orientieren kann, wenn er in diesem letzten Lebensdrittel schöpferisch bleiben beziehungsweise es wieder werden will. Es muß ihm gelingen, dasjenige, was auf der körperlichen Ebene nicht mehr zur Verfügung steht, seelisch-geistig zu nutzen. Das sind zunächst die Produktivkräfte seines Fortpflanzungs- und Stoffwechselsystems und seines Skelettsystems. Die Kräfte, die aus diesen Organsystemen für die Denktätigkeit freiwerden, entsprechen denjenigen des Jugendalters, die wir schon erwähnt haben: Idealismus und selbständig schöpferisches Ideenvermögen. Für den Menschen zwischen vierzig und fünfzig ist dieses denn auch die Aufgabe: Wie finde ich den Ansatz für einen neuen Lebensidealismus, gerade jetzt, wo ich in der Krise bin und eigentlich nicht mehr so recht weiß, was jetzt noch Neues kommen soll? Es ist tatsächlich so, daß man es in diesem Lebensalter durch die Lebensmittekrise hindurch schaffen muß, sich selbst noch einmal in einem freien Entschluß neu zu wollen und sich gleichsam noch einmal neu zu gebären. Geistige Wiedergeburt oder »zweite Geburt« heißt die Aufgabe. Oft sind die auf diesem Wege neugefundenen Ideale von seelischen und geistigen Geburtswehen und Schmerzen begleitet, die den körperlichen bei der physischen Geburt in nichts nachstehen. Wem es gelingt, die Ideale seiner Jugend durch die Lebensmitte hindurch zu erneuern und noch einmal aus einem freien Entschluß heraus sich zur Richtschnur zu machen, der erwirbt sich die Möglichkeit für ein schöpferisches Altwerden. Wird dieser neue Idealismus jedoch nicht erworben, so tritt als Gegenbild Nörgelei und Kritiksucht auf. Kritik ist ja verkappter Idealismus – man weiß alles besser und wie es noch idealer zu machen wäre und sieht sich deshalb genötigt, viel zu kritisieren. Man erlebt jedoch nicht das Schöpferische der Ideale und die eigenen Möglichkeiten zu deren Verwirklichung. Daher wird auch zuwenig bemerkt, wie schwer es ist, kleine ehrliche Fortschritte auf diesem Wege zu machen. Verbitterung und eine gewisse Starrheit im Urteil sind dann häufig die Folge einer solchen Lebensgewohnheit. Neue Gesichtspunkte können nicht mehr gefunden werden. Die Entwicklung bleibt stehen.

Die schöpferischen Kräfte, die zwischen fünfzig und sechzig aus der Involution der rhythmisch arbeitenden Organe Herz und Atmung frei werden, führen für den, der sie in die bewußte Handhabe bekommt, zu einer gesteigerten Urteilsfähigkeit. Dadurch treten neue soziale Fähigkeiten auf: Man lernt im Urteil ganz von sich selber abzusehen und einzutauchen in die Belange der Notwendigkeiten, die für die anderen und die Umwelt zutreffen. So wie der Körper beim Älterwerden immer mehr auf die eigene Regeneration verzichtet, so lernt auch die Seele auf die Selbstdarstellung zu verzichten und sich immer mehr den Belangen der Umwelt gegenüber zu öffnen und sich an deren Notwendigkeiten und Fragen zu orientieren. Menschen, die dieses bewußt üben, werden zu Heilfaktoren im sozialen Leben und sind insbesondere von jüngeren Menschen verehrt und gefragt. Es sind dies auch Menschen, die in der Regel keine Schwierigkeiten haben, Jüngere nachkommen und rechtzeitig in die berufliche Position hereinwachsen zu lassen, so daß sie selber dann, wenn sie die berufliche Position verlassen, auf eine gesicherte Nachfolge blicken können. Menschen, die keine Nachfolger finden, weil keiner so gut ist wie sie selbst, haben diese verwandelte selbstlose Urteilsfähigkeit nicht genügend ausbilden können. Daher können sie alles nur im Vergleich mit sich selber anschauen und können mit ihrem Urteil nicht in die objektiven Verhältnisse untertauchen. Wem es jedoch gelingt, diese Urteilskräfte von sich selbst immer stärker loszulösen, der gewinnt eine neue Herzlichkeit und Milde für das Beurteilen anderer Menschen und vor allem einen

Sinn für Gerechtigkeit und Ausgewogenheit, so daß auch die unterschiedlichsten Menschen sich in ihren Fähigkeiten und Bestrebungen anerkannt und verstanden fühlen können.

In der dritten Etappe, zwischen sechzig und siebzig, werden wiederum neue schöpferische Möglichkeiten frei aus dem Bereich der Nerven- und Sinnesorgane, die sich jetzt immer weniger regenerieren können. Werden diese Kräfte geistig genützt, so führen sie zur Fähigkeit des geistigen Anschauens und zum intuitiven Erfassen großer Zusammenhänge. Ein neues anschauendes, schöpferisches gedankliches Vermögen – die eigentliche Altersweisheit – kann entstehen.

Das Leben neu in die Hand nehmen zu lernen durch den erworbenen Idealismus, neu schöpferisch zu werden im Sozialen durch eine verwandelte Urteilskraft und neu den Blick auf das Wesentliche zu richten und geistig wirklich schauen zu lernen, was zur Fortentwicklung des Menschen beiträgt, das sind die Weiterbildungsstufen des Schöpferischen im Menschen im letzten Drittel der Biographie. Damit wird deutlich, daß so, wie im ersten Lebensdrittel die Erziehung einen wesentlichen Einfluß auf die Entfaltung der schöpferischen Fähigkeiten gehabt hat, diese nun im letzten Lebensdrittel ganz von der Selbsterziehung abhängig ist.

Geistige Gesundheit: die Ich-Natur des Menschen in Leib, Seele und Geist

Auf drei Ebenen ringt der Mensch täglich um die Erhaltung seiner Gesundheit: auf der körperlichen, der seelischen und der geistigen. Immer wieder treten neue Belastungen oder Beeinträchtigungen auf, die es zu bewältigen und zu kompensieren gilt. Dabei ist die Gefahr des Erkrankens immer dann gegeben, wenn es dem Menschen nicht mehr gelingt, bestimmte Funktionen oder Organsy-

433

steme im Dienste des ganzen Organismus zu halten. Im Seelischen ist es entsprechend. Ein Mensch, der von seinen Emotionen oder Affekten überwältigt wird und seine Handlungen nicht kontrollieren kann, erlebt diesen Mangel an Selbstbeherrschung als krankhaft. Entsprechend gilt dies auch für die geistige Ebene. Wahnideen, Halluzinationen oder aber Zwangsgedanken fesseln den Menschen geistig und geben ihm nicht die Möglichkeit, diese unwillkürlich auftretenden Bewußtseinsinhalte in sein übriges Gedankenleben folgerichtig zu integrieren. Krankheit zeigt sich so auf allen Ebenen immer als Integrationsverlust, wohingegen Gesundheit gerade die integrierende Tätigkeit ist, die letztlich zur vollen Selbstbeherrschung führt. So gesehen erscheint das, was wir durch die kindliche Entwicklung hindurch als das schöpferische Lernvermögen wahrgenommen haben, zugleich als die integrierende gesunderhaltende Fähigkeit des Menschen. Jeder Lernprozeß fügt zum schon Vorhandenen etwas Neues hinzu, und der Mensch ruht nicht eher, als bis das Neue zum Alten paßt und sich der Gesamtpersönlichkeit eingefügt hat.

Damit ist aber auch deutlich, daß geistige Gesundheit, so wie überhaupt Gesundheit, nicht etwas ist, das der Mensch hat und in der Krankheitssituation verliert, sondern daß vielmehr in jedem Lebensalter an einer altersentsprechenden körperlichen, seelischen und geistigen Gesundheit gearbeitet werden muß im Sinne von altersentsprechenden Lernvorgängen. Der alte Spruch: Mens sana in corpore sano – in einem gesunden Körper wohnt ein gesunder Geist – zeigt nur einen Teil der Wahrheit. Wir müssen heute danach fragen, was die Entwicklungsbedingungen für einen gesunden Körper sind. Diese schließen das Ringen um Gesundheit als aktive Eigenleistung des Menschen mit ein. Heute erleben wir häufig die Situation, daß Menschen sich seelisch und geistig kaputt und unproduktiv fühlen, auch wenn sie körperlich noch gesund sind. Und umgekehrt gibt es eine Vielzahl von Menschen, die an verschiedenen Krankheiten leiden und dennoch sich einer erstaunlichen seelischen und geistigen Frische und Leistungsfähigkeit erfreuen. Dieses scheinbar Widersprüchliche kann auch nur verständlich werden, wenn der Zusammenhang des Körpers mit den seelisch-geistigen Produktivkräften gesehen wird, und wenn vor allem eines ins Auge gefaßt wird, worauf wir bis jetzt noch nicht geblickt haben: der Kern der menschlichen Persönlichkeit selbst, das menschliche Wesen, das »Ich«. Wer ist es denn letztlich, der als kleines Kind zu sich Ich sagt und dann ein Leben lang weiter auf der Suche nach sich selber ist und an sich und an der Welt arbeitet? Wer benützt die Gedanken, die Gefühle, die körperlichen Ausdrucksmöglichkeiten zur Selbstdarstellung und zur Arbeit in der Welt? Wer ist dieses geheimnisvolle Menschenwesen, das all die Vielzahl von Funktionen und Gesetzmäßigkeiten zur Gesamtpersönlichkeit integriert und durch diese sich selbst als ein einmaliges Einzelwesen zur Darstellung bringt? *In diesem Ich liegt letztlich das Geheimnis des Schöpferischen im Menschen beschlossen.* Alles andere ist nicht mehr und nicht weniger als sein Arbeitsmaterial, an dem er seine schöpferischen Möglichkeiten betätigen kann. Und letztlich hängt die Fähigkeit des Menschen, schöpferisch zu sein und zu bleiben, davon ab, ob er sich als ein solch umfassendes, zur Tätigkeit an sich und der Welt aufgerufenes Wesen erkennt oder nicht. Erziehung und Selbsterziehung haben keine andere Aufgabe, als den Menschen so weit zu sich selbst zu führen, daß er erkennt, wie er an sich arbeiten kann und muß, wenn er wirklich Mensch werden will. Das Ich des Menschen ist es, welches im ständigen Lernen und Werden sein Dasein hat. Wenn wir uns nicht selber wollen, uns mit unserem Ich nicht identifizieren, werden wir unproduktiv und verlieren uns selbst. Zunächst wirken am Menschen sowie auch an den anderen Naturwesen draußen die leibbildenden Kräfte und Gesetze der äußeren Natur. In dem Maße aber, wie die Entwicklung fortschreitet, befreien sich diese an das Naturdasein hingegebenen Kräfte und Gesetzmäßigkeiten von ihrer Arbeit am Leib und stehen dem Menschen als Kräfte seiner inneren Natur, als Gedanken-, Gefühls- und Willenskräfte zur freien schöpferischen Betätigung zur Verfügung. Lernen auf jeder Stufe der kindlichen und Jugendentwicklung bedeutet nichts anders, als sich in altersentsprechender Weise der sich von der Tätigkeit am Leib emanzipierenden schöpferischen Kräfte zu bedienen.

Ich und Welt

Wir haben unsere Betrachtung damit begonnen, die drei Reiche der Natur im Hinblick auf den Menschen anzuschauen. Der Mensch besitzt ein Skelett aus mineralischen Substanzen, er hat Gewicht und Raumerfüllung und einen individuellen Schwerpunkt, wie es die unbelebten Körper auch haben. Daneben ist er ein Lebewesen, das den Gesetzen der Vererbung und der Fortpflanzung unterliegt und sein zeitliches Anfang und Ende im Laufe eines Entwicklungszyklus' hat. Damit umfaßt er auch die Gesetzmäßigkeiten des Lebens wie die Pflanzen. Schauen wir auf seine Gefühlswelt, auf seine Bewegungsfähigkeit und sein seelisches Verhalten, so finden wir hier alle Regungen wieder, die wir bei den verschiedenen Tierarten auch finden: Sanftmut und Aggressivität, Leichtigkeit und Schwerfälligkeit. Die tierischen Äußerungsmöglichkeiten stehen integriert dem menschlichen Seelenleben zur Verfügung, ohne daß er in eine bestimmte Verhaltensweise verfallen müßte, wie es für die einzelnen Tierarten gilt. Darüber hinaus aber hat der Mensch dasjenige, was kein Naturwesen hat: die schöpferische Gedankentätigkeit und das Vermögen, alle Gesetze des Seelischen und Körperlichen, die in den anderen Naturreichen noch nicht selbstbewußt vorhanden sind, von seinem Wesensmittelpunkt aus zu beherrschen, das heißt selbstbewußt zu handhaben. Was ist also dieses Selbst, das in der Lage ist, alle Naturgesetze, alle Wirksamkeiten in den Naturreichen auf sich zu beziehen und zu beherrschen? Es ist dies nichts anderes als das Mittelpunktswesen der gesamten Natur und aller Schöpfung. Im Worte »Ich« kommt die Natur selbst zu sich, das heißt zu ihrem Selbstbewußtsein. In jedem einzelnen Men-

schen faßt sich die Entwicklungspotenz der ganzen Schöpfung zusammen und erkennt sich selbst. Diesen Vorgang hat Rudolf Steiner
in seiner Schrift »Grundlinien einer Erkenntnistheorie der Goe-
theschen Weltanschauung« folgendermaßen zum Ausdruck gebracht:

»Der Mensch läßt sich nicht von einer äußeren Macht Gesetze
geben, er ist sein eigener Gesetzgeber. Wer sollte sie ihm nach unserer Weltansicht auch geben? Der Weltengrund hat sich in die Welt
vollständig ausgegossen; er hat sich nicht von der Welt zurückgezo-
gen, um sie von außen zu lenken, er treibt sie von innen; er hat sich
ihr nicht vorenthalten. Die höchste Form, in der er innerhalb der
Wirklichkeit des gewöhnlichen Lebens auftritt, ist das Denken und
mit demselben die menschliche Persönlichkeit. Hat somit der Weltengrund Ziele, so sind sie identisch mit den Zielen, die sich der
Mensch setzt, indem er sich darlebt. Nicht indem der Mensch irgendwelchen Geboten des Weltenlenkers nachforscht, handelt er
nach dessen Absichten, sondern indem er nach seinen eigenen Einsichten handelt. Denn in ihnen lebt sich jener Weltenlenker dar. Er
lebt nicht als Wille irgendwo außerhalb des Menschen; er hat sich
jedes Eigenwillens begeben, um alles von des Menschen Willen abhängig zu machen.«

Wie man die Weisheit der Welt, die sich in den verschiedenen
Naturerscheinungen und Naturwesen zeigt, auch nennen mag –
eines ist gewiß: Sie wirkt im Menschen so zusammen, daß er das
Ergebnis dieses Zusammenwirkens in seiner Natur als Ich bezeichnet und sein eigenes Wesen darin erlebt und sich zum Bewußtsein
bringen kann. Diese Einsicht kann auch einen neuen Zugang vermitteln zum Wort aus dem brennenden Dornbusch, durch das sich
der Gott des Alten Testamentes dem Moses gegenüber kundgetan
hat: Ich bin der Ich-bin. Auch werden die sogenannten Ich-Bin-
Worte aus dem Johannes-Evangelium unter diesem Aspekt neu zugänglich. Christus identifiziert sich durch sie mit dem Brot des Lebens, dem Licht der Welt, der Tür, dem guten Hirten, dem Weg, der
Wahrheit und dem Leben, der Auferstehung und dem Leben und

dem rechten Weinstock. Es sind dies alles Worte von der Identifikation, durch die er sein Wesen ausspricht. Was er da zur Nachfolge für jeden Menschen im Großen ausgesprochen hat, ist letztlich das Geheimnis des Ich selber: Es liegt in seinem Wesen, sich mit allem, was da ist, identifizieren zu können, weil es mit allem letztlich auch verbunden ist. So wie es nur in der Begegnung mit der Welt und mit anderen Menschen zu sich erwachen und schöpferisch werden kann, indem es seine Betätigungsmöglichkeiten erkennt, so liegt in ihm auf der anderen Seite auch verborgen, was die Entwicklung auf der Erde weiterführen kann: neue Ziele, neue Ideale des Werdens, die Verwirklichung des in ihm veranlagten, aber noch nicht voll entwickelten Menschentums. Geistige Gesundheit wird in dem Maße erreicht, als dem Ich die Identifikation mit sich selbst und den Belangen der Welt gelingt und es sich als in Entwicklung befindlich erkennt. Geistig krank beginnen wir da zu werden, wo wir uns und der Welt gegenüber resignieren oder uns schon so vollendet erleben, daß wir uns distanzieren und hochmütig auf das Treiben der anderen hinblicken. Das Ich selbst, als geistiger Wesenskern des Menschen, kann nicht erkranken. Es ist das schöpferische höhere Wesen in uns. Es kann jedoch am Tätigwerden gehindert werden, wenn das leiblich-seelische Gefüge in Unordnung kommt. Durch Erziehung und Selbsterziehung können die körperlichen und seelischen Kräfte unterstützt werden, dem Ich und seinem schöpferischen Vermögen zu dienen.

Selbstverwirklichung

Die Frage nach der Selbstverwirklichung führt uns wieder zum Anfang unserer Betrachtung zurück: Was treibt die Evolution? Was läßt den Menschen in jedem Lebensalter anders sein? Wodurch verwirklicht er sich selbst?

Die Frage nach dem Schöpferischen im Menschen ist zugleich die

Frage nach dem Lebensziel, dem er hingegeben ist und das ihm Zukunft gibt. So möchte ich zum Abschluß dieser Betrachtung auf das Lebensideal hinweisen, mit dem sich Christus als dem Zentralen identifiziert hat: das Ideal der Liebe. Wo Liebe und Mitgefühl sich regen, findet Öffnung und Begegnung, Angeregtwerden im Geben und Nehmen, findet Entwicklung statt. Auch ist die wirkliche Liebe nie ausschließlich, sondern immer einschließend, umfassend und entspricht damit der Natur des menschlichen Wesens, das heißt seines Ichs selbst, das integrierend tätig ist. Je größer unsere Liebefähigkeit wird, um so größer wird auch unser schöpferisches Vermögen und das Ausmaß unserer geistigen Gesundheit sein.

Fragen zum Thema

Frage: Sie sagten, Kritik wirke hemmend, Fragen machen schöpferisch. Ist es dann ein Widerspruch, wenn man Kritik in Form von unbequemen Fragen anbringt?

Zusatzfrage: Können Streitgespräche nicht auch kreativ sein?

Antwort: Ich gebe zu, daß die Kritikfähigkeit in meiner Darstellung schlecht weggekommen ist. So bin ich froh, daß wir jetzt noch etwas zu ihrer Rehabilitierung tun können.

Was bewirkt Kritik? Was ist das Positive an der Kritik und am Streit und an unbequemen Fragen? Das Positive ist, daß man daran aufwacht, sich daran reibt, eventuell auch wund wird – beißende Kritik oder schneidende Kritik sind ja sprechende Ausdrücke. Auch Streit hat mit Kampf und mit Verwundung zu tun. Ein Streit mit gewissen Regeln und unter Wahrung der Menschenwürde kann recht produktiv sein, wenn die Verwundungen nicht ausgedehnter sind als die Heilungschancen. Auch in der Selbsterziehung ist es ja so, daß man sich durch Einsicht in die eigenen Fehler und Schwächen gerade soviel Schmerz zufügt, daß man daran aufwacht und sich ernstlich vornimmt, das eine oder das andere jetzt besser zu machen. Andererseits wird man für dieses Bessermachen nicht die nötige Kraft haben, wenn man nicht auch in der Lage ist, sich über Fortschritte und über Gelungenes zu freuen. Zuviel Lob macht bequem und unproduktiv sowie andererseits zuviel Schmerz lähmt, so daß man sich schlußendlich nichts mehr zutraut. Kritik und Streit können nur so lange die Produktivität fördern, als sie noch im Gleichgewicht sind mit Bejahung und Unterstützung. Und dies ist letztlich auch eine Frage der Selbsterziehung und der Menschenkenntnis, richtig abzuschätzen, was man einem anderen Menschen zumuten kann. Die Redewendung »ich sage es dir im Guten« deutet ja an, daß man es auch im Schlechten sagen kann. Dies abzustimmen entscheidet letztlich darüber, ob Kritik hemmend und lähmend auf die schöpferische Kräfte wirkt oder anregend.

Frage: Hat derjenige, der die Altersweisheit nicht erwirbt, in seinem Leben grundsätzlich etwas falsch gemacht?

Antwort: Zunächst würde ich schauen, was der betreffende Mensch anstelle der Altersweisheit entwickelt hat. Was ich hier als Ideal menschlicher Entwicklung dargestellt habe, wird ja längst nicht von jedem erreicht, auch nicht vom Ansatz her. Dazu sind – verzeihen Sie daß ich das so direkt sage – viele Erdenleben nötig. Es treten jedoch Vorstufen einer solchen Entwicklung auf. Beispielsweise gibt es viele Menschen, die im Alter in liebenswürdiger Weise Phasen ihrer Kindes- und Jugendentwicklung wiederholen. Sie haben wieder Lust, Karl May zu lesen und interessieren sich für die Spiele ihrer Enkel. Diese seelische Offenheit läßt sie anteilnehmend und zufrieden sein und gibt ihnen das Erleben sinnvoller Integration in das Leben, auch wenn geistig weiter keine neuen Schritte möglich sind.

Ob man geistig originell schöpferisch bleiben kann im Alter, hängt zumeist stark von der Art der Erziehung und Selbsterziehung im ganzen vorigen Leben ab. Wer nicht gelernt hat, geistig produktiv zu sein, wird es im Alter nur schwer zuwege bringen.

Vielleicht sollte ich in diesem Zusammenhang doch auch noch anmerken, daß die jetzt gestellte Frage zugleich die Frage nach dem menschlichen Schicksal ist. Was heißt es: Dies habe ich richtig, jenes habe ich falsch gemacht? Läßt sich auf dem weiter aufbauen, was man richtig gemacht hat, lassen sich die Fehler der Vergangenheit zu einem späteren Zeitpunkt wieder ausgleichen und verwandeln? Tiefe Resignation kann den alternden Menschen befallen, wenn er im Rückblick auf sein Leben feststellen muß, daß er manches unwiederbringlich falsch gemacht hat und sich selber bestimmter Zukunftsmöglichkeiten beraubt hat. Wenn hier nicht ein Gedanke sich durchsetzt, der mit der Würde des Menschen untrennbar verbunden ist: der Gedanke nämlich, daß wir nicht nur einmal leben, sondern uns durch wiederholte Erdenleben hindurch zum wahren Menschtum hinentwickeln, so wäre alles, was ich hier versucht habe darzustellen, sehr relativ. Je mehr der Mensch seine Unvollkommenheiten und Unproduktivität erkennt, um so mehr wird deutlich, daß – wie schon bemerkt – viele Erdenleben und viele Erfahrungsmöglichkeiten nötig sind, um wirklich ganz zum eigenen Wesen und seinen Entwicklungsmöglichkeiten durchzustoßen. Wenn im Johannes-Evangelium zu lesen ist: Ihr werdet die Wahrheit erkennen, und die Wahrheit wird euch frei machen – so ist damit ja ein gewaltiges Entwicklungsziel angesprochen, das kein Mensch in einem Erdenleben erreichen kann. Es gehört gerade zu den wichtigsten Voraussetzungen geistiger Produktivität, daß man bereit ist, aus seinen Fehlern zu lernen und dasjenige, was in diesem Leben nicht mehr zu ändern ist, zu akzeptieren und die Hoffnung auf Verwandlung auf ein nächstes Erdenleben zu richten. Für diejenigen, für die der Gedanke an wiederholte Erdenleben etwas Befremdliches hat, möchte ich das Buch empfehlen von Emil Bock »Wiederholte Erdenleben – Die Wiederverkörperungsidee in der deutschen Geistesgeschichte« (s. Lit. S. 456). Hier wird dokumentiert, daß nahezu alle repräsentativen Gestalten des deutschen Geisteslebens und Kulturlebens bis hin zu Friedrich dem Großen vom Gedanken an die Wiederverkörperung überzeugt waren. Auch die christlichen Grundwerte sind ohne diesen Gedanken nicht zu verstehen. Denn auch so etwas wie »Liebet eure Feinde, tut wohl denen, die euch hassen, segnet, die euch fluchen« ist ja ein Entwicklungsziel, das nur schwerlich in einem Erdenleben zu üben, geschweige denn zu erreichen ist.

Frage: Was hat es mit Kindern auf sich, die revoltieren und provozieren?

Antwort: Das Provozieren und Revoltieren bei Kindern ist Ausdruck ihres schöpferischen Vermögens in einer Phase, in der es noch nicht durch die Einsicht gelenkt ist. Durch provozierendes Verhalten möchten die Kinder zum Ausdruck bringen, daß der Erwachsene sich im Umgang mit ihnen nicht richtig verhalten hat und daß ihnen unter Umständen auch die notwendige Aufmerksamkeit und Zuwendung fehlt. Totales Verweigern und Revoltieren hingegen macht in der Regel deutlich, daß man die Situation des Kindes nicht richtig eingeschätzt hat oder aber daß es zur Zeit total erschöpft ist. Der Erwachsene sollte diese Verhaltensweisen nie persönlich nehmen, sondern sachlich, als Ausdruck der momentanen Lebenssituation der Kinder und sich dementsprechend verhalten.

Was den Erwachsenen anbetrifft, so brechen blutige Revolutionen da aus, wo schöpferische Einfälle und Ideen für die Entwicklung fehlen. Kritik und Zerstörung treten in den Vordergrund, wenn hilfreiche Ideen nicht wirksam werden können. Bei einer gewaltlosen Revolution braucht man Ideen, man braucht Geduld und muß Sinn haben für den rechten Augenblick, damit Entwicklung möglich wird.

Frage: Inwiefern können Krankheiten im letzten Lebensdrittel nicht auch eine Möglichkeit darstellen für den Menschen, schöpferische Kräfte zu entfalten?

Antwort: Für die körperlichen Krankheiten ist dies in der Mehrzahl der Fälle tatsächlich möglich. Beispielsweise hilft es einer Rheumatikerin oder einem Diabetiker sehr zu wissen, daß es in dem Alter, indem in der Regel diese Krankheiten auftreten, zwischen vierzig und fünfzig, darauf ankommt, ein neues Lebensideal zu finden. Wird daran energisch gearbeitet, ist dieses zugleich die beste Psychotherapie, die die Behandlung mit Medikamenten ergänzt und in der Wirksamkeit erhöht. Entsprechend hilft es einem Herzinfarkt-Patienten, wenn er weiß, daß es für ihn jetzt wichtig ist, sein eigenes Leben und das seiner Umgebung neu beurteilen und bewerten zu lernen. Und für denjenigen, dessen Sinnesorgane und dessen Nervenfunktionen im Alter nachlassen, wird es die entscheidende Hilfe sein, wenn er einen Zugang zum religiösen Leben findet. So wie kleine Kinder es unendlich genießen, wenn sie in einem Elternhaus leben, in dem abends vor dem Schlafengehen gebetet wird und eine verehrungs- und andachtsvolle Stimmung entsteht, so sind es gerade diese Qualitäten der Hingabe und der Ergebenheit, die auch dem alternden, unsicher werdenden Menschen neue Kraft und Stärke geben können.

Frage: Was ist, wenn Kinder keine religiöse Erziehung erhalten?

Antwort: Dann wird es dem Kind erschwert, später an seine schöpferischen Möglichkeiten, insbesondere im Alter, heranzukommen. Denn eine religiöse Erziehung, die nicht dogmatisch ist, sondern wirklich Gefühle von Verehrung und Andacht gegenüber einer höheren Welt weckt, ist die allerbeste Erziehung zu jener Hingabe und Begegnungsfähigkeit, die einen ein ganzes Leben lang schöpferisch sein läßt. Ein Mensch, der nicht lernt, sich an Ziele und Ideale, an eine höhere Daseinswelt hinzugeben, wird es schwer haben, seine schöpferischen Möglichkeiten zu entfalten. Die religiösen Werte haben zu allen Zeiten den Menschen die Hinwendung zu der über die Natur hinausliegenden Gedanken- und Ideenwelt gezeigt und auf geistige Wesen verwiesen, die sich durch bestimmte Ideale oder Taten beschreiben lassen. In der Hingabe an diese Welt des Geistes und der in ihr beheimateten ideellen inneren Werte, entwickeln wir uns über uns selbst hinaus in die nur durch aktive Hingabe und Arbeit an uns selbst mögliche wahre Menschlichkeit hinein.

Frage: Wie geht man mit einem Erwachsenen um, der immer kritisch ist?

Antwort: Man kann lernen, mit den Kritikern umzugehen, indem man das Wesen der Kritik verstehen lernt. Wer zum Beispiel verstanden hat, daß jemand, der kritisiert, in der Regel seinen eigenen Seelenzustand beschreibt, kann ihn eher akzeptieren. Beispielsweise kritisieren gerade die Menschen immer das unsoziale Verhalten der anderen, deren Sozialverhalten selbst zu wünschen übrigläßt. Man bemerkt am anderen das am schnellsten, was einem selber mangelt. Wer diese Projektion nicht bemerkt, kritisiert dann gerne den anderen, ohne zu merken, daß er unbewußt sich selbst beschreibt. Wer jedoch seine eigenen Schwächen kennt und an sich arbeitet, wird diese nicht so stark projizieren und neigt daher auch nicht so sehr zur Kritik am anderen.

Ist die Kritik jedoch in der Sache selbst begründet, so sieht man sie in der Regel gerne ein und empfindet sie nicht als negativ, sondern vielmehr als konstruktive Hilfe, die Angelegenheit jetzt besser zu machen oder zu verändern.

Frage: Was ist, wenn die schöpferischen Möglichkeiten im Kindesalter nicht genügend gefördert wurden? Muß man davon ausgehen, daß damit unkorrigierbare Störungen entstanden sind für das spätere Leben?

Antwort: Das Schöne am Menschsein ist, daß es keine Zeit des Lebens gibt, wo man nicht an der Freisetzung und Benützung seines schöpferischen Vermögens arbeiten kann. Und so gibt es auch noch im Erwachsenenalter viele Möglichkeiten, insbesondere durch gezielte künstlerische Aktivität, um Versäumnisse in der Kindes- und Jugendentwicklung nachzuholen.

Frage: Warum regt gerade künstlerische Tätigkeit das schöpferische Vermögen an?

Antwort: Weil die künstlerischen Tätigkeiten eine rein menschliche Schöpfung sind. Sie sind geradezu Ausdruck der schöpferischen Fähigkeiten des Menschen. Ich habe zu Beginn dieses Abends von der Metamorphose der Wachstumskräfte in Gedankenkräfte gesprochen. Mit dieser Metamorphose hängt auch die schöpferische Phantasie zusammen. Phantasie ist die nicht ganz vollständig in die Abstraktheit des Denkens metamorphosierte Wachstumskraft. Sie behält noch mehr von der Eigendynamik der Lebenstätigkeit zurück. Daher ist das Denken von sich aus produktiver und lebendiger. Phantasiekraft ist es, aus der heraus der Künstler dann tätig wird. Er formt nach seinen Ideen die verschiedensten Gestalten, und in allem, was er auch gestaltet, findet man immer die Wachstumsgesetze und Bildeprinzipien des menschlichen Körpers in irgendeiner Form nachgebildet. In der phantasievollen Denktätigkeit zeigen sich die Gesetzmäßigkeiten, die er zum Beispiel in der Bildhauerei und Malerei handhabt. Es sind jedoch mit dem körperlichen Wachstum auch noch andere Gesetzmäßigkeiten als die plastischen verbunden. Diese finden sich in den anderen Künsten. Ich habe von ihnen heute abend nicht im einzelnen gesprochen. Beispielsweise liegt unserem Gefühlsleben eine ganz andere Gesetzmäßigkeit zugrunde als unserem Gedankenleben. Im Gefühlsleben herrschen Harmonie und Disharmonie, Anspannung und Entspannung, Einklang und Mißklang, Konsonanz und Dissonanz vor. Alles ist Klang, Intervall, entspricht einem ganz bestimmten Zahlenverhältnis, einer Proportion. Jeder Ton entspricht einem Zahlenverhältnis. Diese Zahlenverhältnisse und Proportionen finden sich auch beim Aufbau der menschlichen Gestalt. Sie sind Teil der Wachstums- und Bildegesetze des Menschen. Sie differenzieren sich bei der Metamorphose der Wachstumskräfte in seelisch-geistige Kräfte heraus als die Kräfte des Gefühlslebens, die zeitlebens stärker mit dem Leib verbunden bleiben, als es die reinen Gedankengesetzmäßigkeiten der

Lebensgesetze sind. Daher wird das Gefühlsleben zu schöpferischer Regsamkeit insbesondere durch Musiktherapie angeregt. Ein Mensch, der nicht mehr recht empfinden kann, dessen Inneres wie erstorben ist, wird so seelisch neu belebt und regsam und kann dann auch sein Denken produktiver benützen, wenn das Gefühlsleben wieder Freude und Lust am Dasein empfindet.

Noch stärker mit dem Leib verbunden als das Fühlen ist das Wollen des Menschen. Seine Gesetzmäßigkeiten werden künstlerisch frei gehandhabt in der Sprachkunst. Im Leib hingegen dienen diese Gesetzmäßigkeiten direkt der integrativen Tätigkeit des Ich, mit deren Hilfe alle Naturprozesse und Gesetze auf die menschliche Persönlichkeit hinorientiert und abgestimmt werden. In den Gesetzen der Sprache spricht der Mensch sich selber und sein Verhältnis zur Welt aus. In den Konsonanten bildet er Gegenständliches ab, wohingegen er in den Vokalen mehr seinen eigenen Seelenzustand zum Ausdruck bringt, was sich dann auch an der typischen Art der Sprachmelodie, die jedem Menschen eigen ist, zeigt. In den künstlerischen Gesetzmäßigkeiten ist die seelische und geistige Natur des Menschen bereits veranlagt. Lernt sich der Mensch ihrer bedienen, so wird er zum Künstler. Der Nicht-Künstler aber lernt durch künstlerische Übungen seine menschlichen Produktivkräfte zu pflegen, zu erneuern und anzuregen.

In der durch Rudolf Steiner inaugurierten neuen Bewegungskunst Eurythmie haben wir eine alle diese künstlerischen Gesetze umfassende Integrationskunst vor uns. Eurythmie ist bewegte Plastik in farbiger Beleuchtung und in mehrfarbigen Gewändern. Sie ist zugleich aber auch sichtbare Musik und sichtbare Sprache, wenn entsprechende Kunstwerke eurythmisiert werden. Daher kommt ihr – insbesondere in Heileurythmie abgewandelt – eine herausragende therapeutische und die Produktivität anregende Bedeutung zu.

Sachregister

Literatur

Bauer, Dietrich/Hoffmeister, Max/Görg, Harmut, »Gespräche mit Ungeborenen. Kinder kündigen sich an«, 3. Aufl., Stuttgart 1991.

Bock, Emil, »Wiederholte Erdenleben. DIe Wiederverkörperungsidee in der deutschen Geistesgeschichte«, Stuttgart 1975 (vergriffen).

Boogert, Arie, »Beim Sterben von Kindern. Erfahrungen, Gedanken und Texte zum Rätsel des frühen Todes«, Stuttgart 1986.

Buddemeier, Heinz, »Illusion und Manipulation. Die Wirkung von Film und Fernsehen auf Individuum und Gesellschaft«, Stuttgart 1987.

Craemer, Ute, »Favela-Kinder. Sozialarbeit am Rande der Gesellschaft. Brasilianisches Tagebuch«, 4. Aufl. Stuttgart 1987.

Enders, Ursula, »Sexueller Mißbrauch von Kindern«. Expertise zum 5. Jugendbericht der Landesregierung NRW.

–: »Zart war ich, bitter war's«, 4. Aufl. Köln 1991.

–: »Was stimmt da nicht?«, Köln 1990.

Fintelmann, Volker, »Alterssprechstunde. Ein Ratgeber zum Umgang mit dem Alter«, Stuttgart 1991.

Gleich, Sigismund von, »Die Wahrheit als Gesamtumfang aller Weltansichten«, Stuttgart 1986.

Glöckler, Michaela, »Elternsprechstunde. Erziehung aus Verantwortung«, 2. Auflage Stuttgart 1991.

–: »Die männliche und weibliche Konstitution. Medizinisch-menschenkundliche Aspekte zur Ehe« (Vorträge 40), 2. Aufl. Stuttgart 1989.

–: »Vom Umgang mit der Angst. Eine biographisch-menschenkundliche Studie« (Vorträge 48), Stuttgart 1990.

–:/Schily, Otto/Debus, Michael, »Lebensschutz und Gewissensentscheidung. Diskussion über den § 218«, Stuttgart 1992.

Goebel, Wolfgang/Glöckler, Michaela, »Kindersprechstunde. Ein medizinisch-pädagogischer Ratgeber«, 10. Aufl. Stuttgart 1992.

Hertoft, Preben, »Klinische Sexologie«, Köln 1989.

Hoffmeister, Max, »Die übersinnliche Vorbereitung der Inkarnation«, Basel 1979.

Hollwich, F./Dickhues, P., »Die Wirkung von Tages- und Kunstlicht auf den tierischen und menschlichen Organismus«, in: Forster, Med. 90. Jg. (1972), Nr. 1.

Husemann, Armin J., »Der musikalische Bau des Menschen. Entwurf einer plastisch-musikalischen Menschenkunde«, 2. Aufl. Stuttgart 1989.

Husemann, Friedrich, »Vom Bild und Sinn des Todes«, Stuttgart 1977.

Kniebe, Georg, »Die Temperamente in der modernen Psychologie«, Erziehungs-
kunst, Jahrgang 1991, Heft Nr. 11.

Koob, Olaf, »Drogensprechstunde. Ein pädagogisch-therapeutischer Ratgeber«, 2.
Aufl. Stuttgart 1991.

Korselt, Trude, »Matthias – unser mongoloides Kind«, Stuttgart 1987.

Lange, Petra, »Hausmittel für Kinder«, Rowohlt TB, Reinbek b. Hamburg.

Leinhas, Emil, »Aus der Arbeit mit Rudolf Steiner«, Basel 1950.

Lenz, Johannes, »Das Ereignis des Todes«, Stuttgart 1986.

Lusseyran, Jacques, »Das wiedergefundene Licht«, Stuttgart 1971.

Meves, Christa, »Zeitloses Maß in maßloser Zeit«, Freiburg 1991.

Moody, R., »Leben nach dem Tod«, Reinbek b. Hamburg 1977.

Raimbault, Ginette, »Kinder sprechen vom Tod«, 2. Aufl. Frankfurt 1982.

Rittelmeyer, Friedrich, »Ich bin. Reden und Aufsätze über die sieben ›Ich-bin‹-
Worte des Johannes-Evangeliums«, Stuttgart 1992.

–: »Meditation. Zwölf Briefe über Selbsterziehung«, Stuttgart 1989.

Sixel, Detlef, »Rudolf Steiner über die Temperamente. Zusammenfassende und referierte Texte«, Dornach 1990.

Sleigh, Julian, »Freiheit erproben. Das 13.–19. Lebensjahr. Verständnishilfen für
Eltern«, Stuttgart 1992.

Snell, Karl, »Die Schöpfung des Menschen«. Vorlesungen über die Abstammung des
Menschen, Hrsg. von Friedrich A. Kipp, Stuttgart 1981.

Stave, Uwe, »Die Umwelt des kleinen Kindes. Früherziehung zur Lebenstüchtig-
keit«, Stuttgart 1992.

Steiner, Rudolf, »Von Seelenrätseln«, GA 21, Dornach 1976.

–: »Die Theosophie des Rosenkreuzers«, GA 99, Dornach 1962.

–: »Theosophische Einführung in übersinnliche Welterkenntnis und Menschenbe-
stimmung«, GA 9, Dornach 1973.

–: »Heilpädagogischer Kurs«. Zwölf Vorträge, GA 317, Dornach 1975.

–: »Anweisungen für eine esoterische Schulung«, GA 245, Dornach 1976.

–: »Anthroposophie, Psychosophie, Pneumatosophie«, GA 115, Dornach 1965.

–: »Das Leben nach dem Tode«, Themen aus dem Gesamtwerk, Bd. 15, Stuttgart 1987.

–: »Offenbarungen des Karma«, GA 120, Dornach 1975.

–: »Die Geheimwissenschaft im Umriß«, GA 13, Dornach 1977.

–: »Wie erlangt man Erkenntnisse der höheren Welten?«, GA 10, Dornach 1975.

–: »Theosophie. Einführung in übersinnliche Welterkenntnis und Menschenbestim-
mung«, GA 9, Dornach 1973.

–: »Esoterische Betrachtungen karmischer Zusammenhänge«, Bd. 1–6, GA
235–240.

–: »Mein Lebensgang«, GA 28, Dornach 1962.

–:/Wegmann, Ita, »Grundlegendes zu einer Erweiterung der Heilkunst nach geisteswissenschaftlichen Erkenntnissen«, GA 27, Dornach 1977.

Treichler, Rudolph, »Die Entwicklung der Seele im Lebenslauf«, 3., erw. und durchges. Auflage Stuttgart 1990.

Vogt, Felicitas, »Wege zur Freiheit. Sucht und Versuchung«, Stuttgart 1991.

Wais, Mathias, »Biographie-Arbeit. Lebensberatung. Krisen und Entwicklungschancen des Erwachsenen«, Stuttgart 1992.

MICHAELA GLÖCKLER
Elternsprechstunde
Erziehung aus Verantwortung
5. Auflage, 464 Seiten, Pappband

Dieses Buch ist ein vielseitiger pädagogischer Ratgeber, der sowohl auf Alltagssorgen eingeht als auch große Zusammenhänge darlegt, die ein Verständnis für das Einmalige einer jeden Biographie vermitteln. Dabei werden Themen aus dem Alltagsgeschehen ebenso behandelt wie Fragen nach den spirituellen Hintergründen der Phänomene: Welchen Sinn hat das Böse in der Entwicklung? Was gewinnen Medizin und Pädagogik durch Einbeziehung der Wiederverkörperungsidee? Wie sind Leib, Seele und Geist in Gesundheit und Krankheit verbunden? Zum Verständnis geistiger Behinderungen. Angst und Aggressivität. Der Vater in der Erziehung. Die alleinerziehende/berufstätige Mutter. Strafe, Belohnung, Gewissen. Altersentsprechendes Lernen. Und über allem: Erziehung zu Liebefähigkeit.

MICHAELA GLÖCKLER
Die männliche und weibliche Konstitution
Medizinisch-menschenkundliche Aspekte zur Ehe
»Vorträge« 40. 2. Auflage, 40 Seiten, kartoniert

MICHAELA GLÖCKLER
Vom Umgang mit der Angst
Eine biographisch-menschenkundliche Studie
»Vorträge« 48. 36 Seiten, kartoniert

Urachhaus

WOLFGANG GOEBEL /
MICHAELA GLÖCKLER

Kindersprechstunde

Ein medizinisch-pädagogischer Ratgeber
11., gründlich durchgesehene und ergänzte Auflage,
630 Seiten, 32 z.T. farbige Abbildungen,
Zahn- und Gesundheitspaß als Beilage, Pappband

Dieses Buch ist ein umfassender ärztlicher und pädagogischer Ratgeber
für Eltern und alle, die mit Kindern zu tun haben. Es ist sowohl ein
Nachschlagewerk für Fragen im akuten Krankheitsfall als auch eine
grundlegende Darstellung des Kindes in seiner Entwicklung und der
dazu erforderlichen Pflege und Erziehung. Aus der langjährigen Erfahrung im klinischen Bereich und in der ambulanten Kinderarztpraxis des
Gemeinschaftskrankenhauses Herdecke entstanden, basiert dieses
Werk unter Berücksichtigung der modernen Schulmedizin auf den
menschenkundlichen Grundlagen der Waldorfpädagogik und der an-
throposophisch orientierten Medizin.
Der Stoff ist so gegliedert, daß im ersten Teil die Betrachtung alltäglicher Krankheitssituationen im Mittelpunkt steht. Im zweiten Teil
werden die kindliche Entwicklung dargestellt und Anregungen zu deren Förderung gegeben. Der dritte Teil befaßt sich mit therapeutischen Gesichtspunkten der Pädagogik, wobei auch Wege zur Bewältigung typischer Konflikt- und Krisensituationen in der Erziehung auf-
gezeigt werden. Der Anhang enthält neben einem ausführlichen Regi-
ster viele praktische Anleitungen und einen Gesundheitspaß mit
Zahnpaß.
»Eine interessante, anschauliche und umfassende Darstellung, die auch
auf Probleme und Fragen der Eltern verständnisvoll eingeht ... Nach
Meinung einiger Tester war es das interessanteste Buch ... empfehlens-
wert als Nachschlagewerk und Lesebuch.«
    test (Vergleichstest von 20 Ratgebern durch die Stiftung Warentest)

Urachhaus

JULIAN SLEIGH
Freiheit erproben
Das dreizehnte bis neunzehnte Lebensjahr
Verständnishilfen für Eltern
Aus dem Englischen. 136 Seiten, kartoniert

Die Zeit des Erwachsenwerdens bringt mancherlei Veränderungen
und Konflikte mit sich. Die Eltern erleben Zeiten voller Sorge,
wenn sie erkennen, daß sie keine Kontrolle mehr über den Jugendlichen haben und daß sie ihn loslassen müssen. Für ihn selbst sind
dies aufregende Jahre der Selbstfindung, in denen viel Dunkles aufbrechen kann, die aber auch voller Zauber sind. In diesem Alter hat
die Liebe der Eltern zu ihrem Kind ihre größte Bewährungsprobe.

OLAF KOOB
Drogensprechstunde
Ein pädagogisch-therapeutischer Ratgeber
2. Auflage, 372 Seiten, Pappband

Ein erfahrener Arzt und Drogenberater wendet sich mit diesem
umfassenden Ratgeber nicht nur an die direkt Betroffenen, sondern
vielmehr an *alle* Eltern und Erzieher, indem er überzeugend darstellt, wie schon vom Säuglingsalter an die Disposition zu späterer
Drogenabhängigkeit gefördert oder gebremst wird. So liegt gerade
in der Familie *die* Chance, das Kind vor einer Drogenkarriere zu
bewahren. Die einzig wirksame Suchtprophylaxe besteht darin, im
Elternhaus seelische Bedingungen zu schaffen, die das elementare
Bedürfnis nach Wärme, Liebe und Geborgenheit befriedigen.
Phantasiekräfte, Eigeninitiative und Sehnsucht nach Bildern lassen
sich in die richtigen Bahnen lenken, wenn Eltern, Lehrer und Erzieher in Kenntnis der kindlichen Entwicklungsgesetze handeln.

Urachhaus

Religiöse Erziehung
Von MARIEKE ANSCHÜTZ
112 Seiten, kartoniert

Von der Religion des kleinen Kindes
Von MARTA HEIMERAN
6. Auflage, 160 Seiten, kartoniert

Feiern der Jahresfeste mit Kindern
Für Eltern dargestellt von BRIGITTE BARZ
4., erw. Auflage, 172 Seiten, kartoniert

Kinderspiel – lebensentscheidend
Von HEIDI BRITZ-CRECELIUS
5. Auflage, 232 Seiten, kartoniert

Kinderkrankheiten und Entwicklungsstörungen
Menschenkundliche Grundlagen
»Lebenshilfen« Bd. 7. 220 Seiten, kartoniert

Das Kind in unserer Verantwortung
Geburt und erste Lebensjahre
»Lebenshilfen« Bd. 8. 112 Seiten, kartoniert

Das Kind im Vorschulalter
Pädagogik im Elternhaus
»Lebenshilfen« Bd. 9. 160 Seiten, kartoniert

Musik für kleine Kinder
Von RITA JACOBS
2. Auflage, 68 Seiten, 25 Notenbeispiele, Pappband

Lieder
Für Ferien, Fahrt und Lagerfeuer
Hrsg. von DIETER HORNEMANN
4., erweiterte Auflage, 192 Seiten, kartoniert

Urachhaus